《不动产登记暂行条例》

条文解析（案例应用版）

李显冬 主编

中国政法大学出版社

2015·北京

图书在版编目（CIP）数据

《不动产登记暂行条例》条文解析：案例应用版/李显冬主编.—北京：中国政法大学出版社，2015.1

　ISBN 978-7-5620-5880-9

　Ⅰ．①不…　Ⅱ．①李…　Ⅲ．①不动产－登记制度－条例－案例－中国 Ⅳ．①D923.25

　中国版本图书馆CIP数据核字（2015）第019042号

出　版　者　　中国政法大学出版社

地　　　址　　北京市海淀区西土城路 25 号

邮寄地址　　北京 100088 信箱 8034 分箱　邮编 100088

网　　　址　　http://www.cuplpress.com（网络实名：中国政法大学出版社）

电　　　话　　010-58908285（总编室）58908334（邮购部）

承　　　印　　固安华明印业有限公司

开　　　本　　880mm×1230mm　1/32

印　　　张　　13.5

字　　　数　　370 千字

版　　　次　　2015 年 1 月第 1 版

印　　　次　　2015 年 1 月第 1 次印刷

定　　　价　　39.00 元

编　委　会

◎ **主　编**

李显冬

◎ **副主编**

倪淑颖　申艳红　金丽娜

◎ **撰稿人**

倪淑颖	申艳红	金丽娜	牟　彤	田淑燕	李小兵
郭东妹	谢　涛	王胜龙	赵传毅	焦　健	魏　昕
苏继成	邢国威	向定卫	李婷婷	田春雨	张瑶瑶
李　蕾	李　琼	沙雪妮	林美灵	尹程香	高　颖
高　哲	高海玲	陈绍芳	李显冬		

序　言

十八届四中全会强调依法治国，依法治国包括了法治国家，包括了如何建设一个法治社会，还包括如何建设一个法治政府和如何建立一个法治市场。我们说市场经济就是法治经济，其自然必须符合市场经济的规律，而市场规律体现到市场经济里就表现为了自主和平等的基本原则。如此，所谓市场自由其实就是民事主体能维权；而所谓市场秩序无非就是政府要维护市场的稳定，维权和维稳一样都不能少，而其中维权才是最核心的问题。

正因如此我们常常说，市场既需要有自由，也需要有秩序，这两者并不矛盾。因为只有加强秩序才能使市场机制更为健全，其两者是一种相辅相成的关系。目前，我国经济最大的问题就是政府在市场自由方面介入过多，而在市场秩序方面却管得太少，市场秩序的混乱在中国至今仍然有很多问题。但主要原因显然在于，市场自由在本质上难以与利益的追求相分离，尤其是在各种资源分配上，更是如此。

所以，不动产的登记问题既是个民生问题，又是个法律问题，但首先是个民法问题，其次才是行政法问题。不动产统一登记工作同样需要处理好私权体系的构建，即如何才能构建起抵御公权力滥用的篱笆墙的问题。

现在我们市场秩序的混乱，业已使我们明白，如果不强化秩序管制，显然难以形成诸如不动产这些稀缺资源的正常流转市场，而反过来看，市场上的混乱往往又是政府管的过多所致，"大政府、小市场"的局面始终难以得到根本扭转。故既然现在的不动产统一登记立法正是为加强市场的管理，这种管理就不能是离开了权利保护内容的管理，而更多的恰恰应是维持市场交换秩序的管理。作为基于法律行为的物权变动的生效要件，不动产登记直接体现当事人的意思自治。不动产毋庸置疑具有广泛的使用和交换价值，所以市场自由才要求政府在不动产的流转问题上，扮演的更多是市场秩序维护者的角色，而不是过多地来直接干预市场交换关系。

故此，不动产统一登记立法仍然需要坚持《物权法》的基本原则，同《物权法》的其他规定配套协调。不动产登记的机构设置、程序设计、簿册规制等问题的统一便是此种市场秩序维护者角色的应有之义。这次《不动产登记暂行条例》的出台正体现政府在市场秩序维护方面的功能之强化，其颁行使我国学界对不动产统一登记的长期呼吁终于得以实现，弥补了我国长期以来不动产登记基本法的缺位，贯彻了依法行政的基本原则，使不动产统一登记这一重大问题做到"于法有据"。

四中全会《决定》提到："实现立法和改革决策相衔接，做到重大改革于法有据、立法主动适应改革和经济社会发展需要。实践证明行之有效的，要及时上升为法律。实践条件还不成熟、需要先行先试的，要按照法定程序作出授权。"特别提出在重大改革问题上必须于法有据，这是一个新阶段。前一个阶段更多是摸索着前进，或者以改革来促立法，现在改革要有法律作为依据，要依法改革。

毋庸讳言，《不动产登记暂行条例》中多数条款既然仍然为一种原则性的规定，要想落实它们，一方面从立法上看，不可避免地需要实施细则予以配套完善；另一方面在实践中，包括土地和房屋在内的不动产统一登记工作依然需要将那些行之有效的解决纠纷的临时应急措施，不断予以法律定型化。

对中国人而言，任何学习和研究都侧重于解决实际问题的考量。故对研习法律之人来说，要想取得理性的效果必须采取正确之方法。法律的学习和适用，都必将涉及法律的解释问题；而法律解释的重要方法之一即为案例的研究。显冬从事案例研究已二十余年，编纂有诸套实务研究丛书，并以其近三十年的民法理论为支撑，带领他的亲传弟子，历经半年多的专研，才完成了此本《〈不动产登记暂行条例〉条文解析（案例应用版)》的编撰工作。

作为我的学生，显冬的这本书，系统总结了我国学界关于不动产登记领域的理论研究成果并辅之以司法审判实例，希望能够对社会各界理解不动产统一登记有所启迪。自然，其通俗易懂的风格，无疑也可使其作为老百姓办理不动产登记时"看得懂，记得住，用得上"的参考读物。

是为序以飨各位读者。

江　平

2015 年 1 月于恭和苑

目　录

第一条 立法目的及依据

为整合不动产登记职责，规范登记行为，方便群众申请登记，保护权利人合法权益，根据《中华人民共和国物权法》等法律，制定本条例。

☑ 相关法条

《物权法》第6条规定：不动产物权的设立、变更、转让和消灭，应当依照法律规定登记。动产物权的设立和转让，应当依照法律规定交付。

《物权法》第9条规定：不动产物权的设立、变更、转让和消灭，经依法登记，发生效力；未经登记，不发生效力，但法律另有规定的除外。

依法属于国家所有的自然资源，所有权可以不登记。

《物权法》第10条规定：不动产登记，由不动产所在地的登记机构办理。

国家对不动产实行统一登记制度。统一登记的范围、登记机构和登记办法，由法律、行政法规规定。

《物权法》第14条规定：不动产物权的设立、变更、转让和消灭，依照法律规定应当登记的，自记载于不动产登记簿时发生效力。

《土地登记办法》第1条规定：为规范土地登记行为，保护土地权利人的合法权益，根据《中华人民共和国物权法》、《中华人民共和国土地管理法》、《中华人民共和国城市房地产管理法》和《中华人民共和国土地管理法实施条例》，制定本办法。

《房屋登记办法》第1条规定：为了规范房屋登记行为，维护房地产交易安全，保护权利人的合法权益，依据《中华人民共和国物权法》、《中华人民共和国城市房地产管理法》、《村庄和集镇规划建设管理条例》等法律、行政法规，制定本办法。

《林木和林地权属登记管理办法》第1条规定：为了规范森林、林木和林地的所有权或者使用权（以下简称林权）登记工作，根据《中华人民共和国森林法》及其实施条例规定，制定本办法。

《水域滩涂养殖发证登记办法》第 1 条规定：为了保障养殖生产者合法权益，规范水域、滩涂养殖发证登记工作，根据《中华人民共和国物权法》、《中华人民共和国渔业法》、《中华人民共和国农村土地承包法》等法律法规，制定本办法。

☑条文解析

一、物权变动的公示与公信

物权，是指权利人依法对特定的物享有直接支配和排他的权利。物权作为一种支配权和绝对权，具有排他、优先、追及和物权请求权效力。它不仅涉及当事人的利益，而且也涉及国家利益、社会利益乃至第三人的利益。基于物权的强大效力，我国规定了物权法定主义，这当然就意味着，物权的种类和内容，由法律规定，而物权变动则奉行公示与公信原则。

所谓物权公示，指凡物权的享有与变动，均须进行公示。动产物权以占有交付的公示形态，而不动产物权以登记，作为物权存在的表征。只要是信赖该表征而有所作为者，即使该表征与实质的权利不符，对于信赖该表征的人也无任何影响，此之谓公信原则。

近现代社会之中，不动产物权的种类繁多，不动产物权人对土地及其定着物的占有关系十分复杂，通常它们都要涉及社会公共利益和第三人的利益，且不动产的直接占有人往往可能不是特定不动产的所有人，而是非所有人。譬如，非所有人完全可以根据建设用地使用权、土地承包经营权、地役权等他物权关系，以及租赁、借用等债权关系占有他人的不动产。正因为不动产占有关系可能出现的复杂的法律事实的构成，而不动产占有关系又动辄会涉及社会的公共利益或是第三人的利益，为了加强对不动产占有关系的法律调整，使设定在不动产上的各种物权可以一目了然，自 18 世纪末期以来，各国均以登记作为不动产物权的享有与变动的公示方法。[1]

不动产登记通过明确地展现不动产上物权的归属和内容，发挥着不动产物权公示的社会功效。

二、不动产登记的私法功效

（一）不动产物权是否发生变动关键看其是否完成登记

由于原则上登记是基于法律行为的不动产物权变动的生效要件，而对于依法应当登记的不动产物权变动，物权变动的效力自记载于不动产登记簿时发生。故此，不动产登记既有利于明确物权的归属，也有利于法院或仲裁委员会裁决因不动产物权归属引发的各种纠纷。

（二）不动产登记具有推定的法律效力

《物权法》第16条第1句规定："不动产登记簿是物权归属和内容的根据。"凡是登记簿上记载了某项物权，就推定该项权利存在；凡是登记簿记载了的权利人就被推定为不动产物权的权利人。登记的权利人仅需要证明其不动产物权经过登记就足以证明依登记内容所记载的物权的存在及该物权的种类、内容、次序，并得以行使其权利。对登记的推定效力存在疑问的人，负有提出相反证据推翻该推定力的证明责任。登记的推定力发生了举证责任倒置的法律效果，对于确定物权的归属、保护权利人的物权具有极为重要的意义。该效力有利于权利人。

（三）不动产登记制度可以有效地维护不动产交易的安全

由于不动产登记簿能够真实、准确地展现不动产上的物权归属和内容，且不动产登记簿具有善意保护效力，故而进行不动产物权交易的当事人只需要查询登记簿等登记资料，就可以准确地判断作为交易标的物的不动产上的物权归属与内容，使交易效率得以极大提高。即便不动产登记簿上记载的物权归属与内容和真实情况不一

---

[1] 梁慧星、陈华彬：《物权法》，法律出版社2010年版，第88页。

致，只要权利人、利害关系人没有申请更正登记或异议登记，善意信赖登记簿记载的人就应当得到保护，其可以如同登记簿没有错误时那样取得相应的不动产物权。此即为不动产登记簿的公信力。

须注意的是，近现代物权法赋予登记簿册的记载以公信力，其目的系在于保护善意第三人的利益，所以如果错误登记造成第三人的不利益，则该错误登记即不具有公信力。

三、不动产登记的公法功效

（一）登记体现着国家在特定领域所进行的一种公权治理活动

登记机构的登记作业，不但要冠以国家名义并以国家信誉为担保，且为了达到诸如确保征收税赋、建筑管理、土地用途正当等目的，登记机构具有审查登记申请并决定是否予以登记等法定的职权。[1]

所以譬如我国所实行的世界上最严格的土地管理制度，就需要以科学完善的不动产登记制度作为其前提和基础。不动产登记由此为国家对不动产尤其是对土地的行政管理奠定了制度基础。

通过土地登记，确定土地权属的界限、界址位置、面积等，可以为土地用途、土地规划、用地审批、征地补偿、耕地保护等土地管理的各个环节奠定基础。不动产登记能够为国家进行宏观调控（如调控房地产市场），推行各种调控政策提供决策依据。

（二）登记同时也是登记机构依法定程序行使行政职权的过程

不论是当事人申请登记还是登记机构审查申请、登记簿的公开等，它们都以程序化的登记行为体现出来，由此将权利人、利害关系人等民事主体与登记机构等公法主体联系在了一起，让它们在登记进程中各居其位，又各负其责。

不动产登记既是能产生不同实体法律效果的法律事实，又是体

---

[1] 常鹏翱：《不动产登记法》，社会科学文献出版社 2011 年版，第 3 页。

现国家在不动产领域进行治理的行政程序的实现过程，前者重在落实登记记载的法律效力，而后者重在规范不动产登记机构的记载。[1]

（三）物权法和不动产登记法分离又合作的法律架构历久弥新

在大陆法系的德国、瑞士等国，作为独立实证法的不动产登记法已有上百年的历史，其主要作用是保障民法典中物权法的实施，旨在合理规范不动产物权秩序。物权法和不动产登记法这两个法律范畴的配合和互补，主要是通过不动产登记法律行为的媒介，来共同规范不动产物权的内容、效力、顺位等重要法律事项。可以说，物权法和不动产登记法既分离又合作的法律架构，经过域外百余年的实践检验，根基相当牢靠，合理性难以撼动。我国学者从20世纪90年代开始关注不动产登记问题，呼吁制定统一的不动产登记法，并逐渐在理论界达成共识，当然在不动产登记的理论基础问题上仍存在一些分歧。

从现行立法状况来看，我国至今尚未制定专门的不动产登记法，已经制定的法律和法规中虽有不动产物权登记之规定，但是其理论基础尚不明确统一。我国的《物权法》对不动产物权登记问题未作十分详细的规定，仍有大量的空白需要专门的不动产登记法律或法规来予以填补。

四、此前我国不动产登记制度的主要缺陷

此前我国不动产登记理论存在基础模糊不清、制度设计简单粗糙、缺乏可操作性等问题。[2]

（一）不动产登记基础理论模糊不清

其首先表现于对物权行为理论的认识问题之上。对于应否采用德国的物权行为理论，有学者主张，采用其可以解决我国目前物权

---

[1] 常鹏翱：《不动产登记法》，社会科学文献出版社2011年版，第3~6页。

[2] 于海涌：《论不动产登记》，法律出版社2007年版，第1~32页。

法领域的争论，[1]有学者则声称无论如何不能把德国的物权行为理论搬到中国的土壤中来。[2]即使在反对物权行为理论的学者内部，亦有学者主张我国的物权变动模式应采登记对抗要件，不登记只是不能对抗第三人；而有学者主张采登记要件主义，认为登记是物权变动的必要条件；又有学者认为在立法中可以多种登记模式并用。

基础理论的模糊不清，自然会导致有关制度设计的混乱局面，致使"具体制度往往违背物权法的基本原则"。

（二）物权登记多头管理、分级登记、政出多门、各自为政

此前我国不动产登记部门主要是依据行政管理的职能来确定，分散于土地管理部门、房产管理部门、林业管理部门、草原管理部门、海洋管理部门等多个不同的行政管理部门。同一行政部门内部还存在级别的划分，进行中央、省市甚至县的分级管理。登记申请人在确定负责登记的具体机关时往往无所适从。

不同的登记部门往往会制定出不同的登记规则，在登记种类、登记程序等几个方面存在明显差异，出现"政出多门、各自为政"的局面。譬如在《土地登记规则》中，土地登记卡的重要性远远大于土地证书，土地登记卡才是当事人享有权利的至关重要的合法性依据，而土地证书只是由权利人所持有的权利凭证。但根据《城市房屋权属登记管理办法》，房屋权属证书被认为是权利人依法拥有房屋所有权的唯一合法凭证，其证明效力似乎远远大于登记机关的登记。

（三）我国此前物权登记的范围不明

应登记之物、应登记之权利、应登记之法律关系，此三者为不动产登记应予明确的范围。由于我国《物权法》对登记范围的规定不明，这就很难使不同部门制定的登记规则在确定登记对象时保持整齐划一，尤其对于他物权，似乎根本没有具体的法定形态。

---

〔1〕 孙宪忠："物权行为理论探源及其意义"，载《法学研究》1996年第3期。
〔2〕 梁慧星："制定中国物权法的若干问题"，载《法学研究》2000年第4期。

（四）此前的物权登记重视行政管理而轻视公示服务

不动产登记的两大重要作用为加强国家对不动产的管理和对不动产进行公示以维护交易的安全快捷。但在我国目前的不动产登记中，一个明显的错误倾向就是片面地认为不动产登记主要是为了加强行政管理，忽视了登记在公示方面的作用。当前的登记规则主要对申请、审核、批准、注销、罚款等行为进行规定，而较少涉及第三人的查询。我国不动产登记还存在"重视城市、忽视农村"的现象。当然，这些情况随着《物权法》等一系列法律法规的出台已有所改善，而随着《不动产登记暂行条例》的颁行，将得以根本改变。

五、我国不动产登记立法的指导思想

规范我国的不动产登记立法，应首先明确不动产登记立法的基础理论；其次理清不动产登记立法的组织规范，包括不动产登记机构和不动产登记簿；然后建立完善的不动产登记立法的程序规范，包括登记信息的共享与保护；最后为不动产登记立法的实体规范，主要是涉及登记行为后果的实体法律规范。有关立法体现了我国未来不动产登记制度的整体指导思想。

（一）维护交易安全，以明确不动产登记的基本规则为立法宗旨

淡化行政管理的色彩，突出不动产登记在公示公信方面的基本功能，保护当事人的合理信赖，维护交易安全。

（二）以《物权法》为依据尊重实践和其他与不动产统一登记不冲突的现行立法

既整合吸收了现行《土地登记办法》、《房屋登记办法》等切实可行的内容，又按照统一登记的要求进行了完善。

（三）将《不动产登记暂行条例》定位于主要为程序法

《不动产登记暂行条例》主要针对不动产统一登记中的程序性问题做了原则性规定。一方面，关于不动产问题的实体争论仍有待于相关理论和《物权法》的完善，本条例在既有理论的基础上主要针对程序性问题进行导向性规定，规范实践中不动产统一登记工作的

开展；另一方面，条例的原则性特征决定了需要后续实施细则的制定进行对具体举措的配套完善，切实保证不动产统一登记工作的依法、有序、统一开展。

（四）以便民利民和保障交易安全为导向来落实不动产登记实质上的统一

《中共中央关于全面深化改革若干重大问题的决定》明确提出："完善产权保护制度。产权是所有制的核心。健全归属清晰、权责明确、保护严格、流转顺畅的现代产权制度。""对水流、森林、山岭、草原、荒地、滩涂等自然生态空间进行统一确权登记，形成归属清晰、权责明确、监管有效的自然资源资产产权制度。"不动产的统一登记是新一届政府深化改革、加强产权保护的重要举措，也是完善社会主义市场经济体制和建设现代市场体系的必然要求，对于规范不动产交易秩序、保护不动产权利人合法财产权，提高政府治理效率和水平，尤其是方便企业、方便群众，具有极其重要的意义。不动产统一登记的相关立法也要以便民利民和保障交易安全为基本导向，以保护私权、完善社会主义市场经济建设为根本目的。

六、《不动产登记暂行条例》贯彻落实了国务院确定的"四统一"精神

《不动产登记暂行条例》的设计，依据现行诸多法律规范，其主要包括《物权法》、《土地管理法》、《城市房地产管理法》、《农村土地承包法》、《森林法》、《草原法》、《渔业法》、《海域使用法》、《矿产资源法》、《水法》、《信托法》、《民事诉讼法》等，对于不动产登记统一工作做了诸多规定，终于使登记机构、登记簿册、登记依据和信息平台四个方面都得以统一。

自 2013 年 4 月，国务院办公厅发布了包括 72 项改革方案、提出明确时间表的《关于实施国务院机构改革和职能转变方案任务分工的通知》，其中规定由国土资源部会同住房城乡建设部、法制办、税务总局等有关部门负责，于 2014 年 6 月底前出台《不动产统一登记

条例》。2013 年 11 月，国务院第 31 次常务会议明确，由国土资源部负责指导监督全国土地、房屋、草原、林地、海域等不动产统一登记职责，基本做到登记机构、登记簿册、登记依据和信息平台"四统一"。

《不动产登记暂行条例》根据 2013 年 3 月全国人大通过的《国务院机构改革和职能转变方案》有关要求，贯彻国务院确定的登记机构、登记簿册、登记依据和信息平台"四统一"精神，主要遵循四条原则。

（一）整合不动产登记的职责

明确一个部门负责登记，并对机构设置、簿册管理、基本程序、信息共享与保护提出统一要求。

（二）维护物权法律关系的预期稳定

注重稳定连续、保护权利，明确已经发放的权属证书继续有效，已经依法享有的不动产权利不因登记机构和程序的改变而受到影响。

（三）方便群众从事物权商品交易

逐步实现一个窗口对外，并简化程序，降低交易成本，减少群众负担。

（四）严格事关国计民生的物权管理

重点规范登记行为，强化政府责任，提高登记质量，增强不动产登记的严肃性、权威性和公信力。

在统一不动产登记依据的基础上，确保实现登记机构、登记簿册和登记信息管理平台的统一。

2014 年 12 月 22 日，国务院法制办、国土资源部负责人就《不动产登记暂行条例》的有关问题回答了记者提问，在提到制定条例所把握的基本原则时，再次突出强调了上述四条原则："为贯彻落实《国务院机构改革和职能转变方案》有关要求，条例主要遵循四条原则：一是统一规范，明确一个部门负责登记，并对机构设置、簿册管理、基本程序、信息共享与保护提出统一要求。二是严格管理，重点规范登记行为，强化政府责任，提高登记质量，增强不动产登记的严肃性、权威性和公信力。三是物权稳定，明确已经发放的权属证书继续有效，已经依法享有的不动产权利不因登记机构和程序的改变而受到影响。四是简明扼要，主要围绕实现'四统一'作出原则规定，对一些操作性规定，在今后的配套实施细则和技术规程中予以细化。"

☑裁判要旨

在物的归属关系的确认之诉中，不动产权属证书仅具有初步证明力。依据《物权法》和《不动产登记暂行条例》的相关规定，不动产登记簿是确定不动产物权归属和内容的根据，不动产权属证书仅是其外在的表现形式。但即便是不动产登记簿中的记载，也仅仅具有权利公示推定的证据效力。在有相反证据的情况下，法院应当综合审查所有相关证据，确认其真伪，判断各证据证明力的大小，依据优势证据原则确认物权的最终归属。

☑典型案例

郑磊与吴重凡不动产登记纠纷上诉案[1]

◎案情简介▸▸▸

2000 年 9 月 5 日，吴重凡与北京中海信房地产开发有限公司（以下简称中海信公司）签订《北京市内销商品房预售契约》，购买了该公司开发的国英绿景公寓两套底商房屋，总价款为 770 多万元。吴重凡与银行签订贷款合同，贷款 616 万元，期限 20 年。

2002 年 11 月 15 日，郑磊与吴重凡签订了一份协议书，内容为：一，国英绿景公寓两套底商房屋系郑磊的住房，但由于其尚未取得

---

〔1〕 "郑磊与吴重凡不动产登记纠纷上诉案"，载 http://www. pkulaw. cn/fulltext_form. aspx? Db = pfnl&Gid = 119202176&keyword = &EncodingName = &Search_ Mode = accurate.

北京市户口，故使用吴重凡名义购房，而实际购房付款人均为郑磊，现该房由郑磊管理使用。二，鉴于上述情况，吴重凡对该房产不具有实际产权和使用权，也不对该房产承担任何风险及法律责任，不承担该房产发生的任何费用；不得擅自将该房产处置、转让、设置抵押或担保；不得就该房产向郑磊提出任何权利主张。三，郑磊对上述房产享有实际的产权和完全的使用权（包括收益权），同时，由于上述房产尚在吴重凡名下，吴重凡应为郑磊出具全权授权书，由郑磊自用或出租、经营使用该房产，并收取租金等收益，该收益与吴重凡无关。同日，吴重凡给郑磊出具了授权委托书。

关于争议房屋的付款情况，在诉讼期间，郑磊向法院提交了支付全部购房款的发票原件、贷款银行的储蓄存款存折原件（户名为吴重凡）和吴重凡的身份证原件，同时郑磊明确陈述了贷款银行及每月按揭还款数额。吴重凡对付款的地点、月供的付款数额、付款时间均不能明确陈述，对存折开户日期的陈述也是错误的。2007年3月28日，北京市西城区房屋管理局向吴重凡颁发了上述房屋的产权证。

现双方因产权问题发生争议，郑磊诉至法院，请求判决确认位于北京市西城区后广平胡同国英绿景公寓两套底商房屋为郑磊所有。吴重凡不同意郑磊的诉讼请求，认为吴重凡签订了房屋购买合同，支付了房款，并依法取得产权证书。《物权法》明确规定，不动产物权的设立、变更、转让，经依法登记发生效力，吴重凡已经明确取得了上述房屋的所有权。吴重凡辩称双方签订的协议书应属无效，双方间的纠纷应属于债务纠纷，不能对抗吴重凡已经取得产权的事实。

审理判析▶▶▶

北京市第一中级人民法院经审理认为，公民的合法民事权益受法律保护。郑磊与吴重凡于2002年11月15日签订的协议书系双方当事人的真实意思表示，不违反法律、行政法规的强制性规定，应属合法有效，双方当事人均应依约履行义务，行使权利。

在签订该协议书之前，吴重凡已经与中海信公司签订了上述房屋的预售契约，对于购房的相关事实是清楚的。在 2002 年 11 月 15 日签订的协议书中，双方明确约定，郑磊使用吴重凡的名义购买上述房屋，实际购房付款人均为郑磊，吴重凡对于该房产不具有实际产权和使用权，不得就该房产向郑磊提出任何权利主张。双方的约定，内容明确，系各方的真实意思表示。吴重凡称该协议无效，缺乏依据，对其主张不予支持。

对本案诉争的房屋，虽然吴重凡拥有产权证，但是并不能提供其对该房屋实际享有所有权的充分证据。根据双方所签订的协议及履行情况，可以明确，郑磊系以吴重凡的名义购买了该房屋。从双方提交的付款情况的证据来看，郑磊持有交付房款的发票原件，还持有储蓄存款存折的原件和吴重凡身份证的原件，并能够明确每月实际存款的数额等情况。吴重凡辩称是其支付了房款和银行月供，但未能提供任何证据证明其曾经交付过上述款项。因此，应认定是郑磊实际支付了购房款及银行月供。这与双方在协议书中的约定也是相吻合的。

房屋产权证书是登记机关颁发给权利人作为其享有权利的证明，具有证据资格，但并不能直接决定实体法律关系的存在与否。房屋产权证书是权利的外在表现形式，只具有推定的证据效力，与实际权利状况并不一定完全吻合。

本案中，经实体审查，虽然该房屋的所有权证上显示所有权人为吴重凡，并且吴重凡也实际持有该房的所有权证书，但并没有证据证明其对该房屋拥有实体所有权。依据相应的证据，可以认定郑磊是以吴重凡的名义购买了上述房屋，并实际支付了全部购房款，是该房屋的真正购买人，是该房屋的实际所有权人。综上，原告郑磊要求依法确认位于北京市西城区后广平胡同国英绿景公寓两套底商房屋为郑磊所有的诉讼请求依据充分，依法予以支持。依据《物权法》第 33 条、《民事诉讼法》第 64 条第 1 款之规定，判决：依法确认位于北京市西城区后广平胡同国英绿景公寓两套底商房屋为郑磊所有。

宣判后，被告吴重凡不服一审判决，向北京市高级人民法院提起上诉。理由为：双方于 2002 年 11 月签订的协议书应属无效，而且根本没有实际履行；吴重凡是房屋所有权证登记的产权人，双方关于房屋所有权的约定不能对抗吴重凡合法取得的房屋所有权证；郑磊持有购房发票原件不足以证明其支付了购房款和银行月供，故请求撤销原审判决，依法改判确认诉争房屋归吴重凡所有，驳回郑磊的诉讼请求。

北京市高级人民法院经审理认为，本案涉及两个法律关系，一是吴重凡作为买受人与中海信公司之间形成的房屋买卖法律关系，二是郑磊依据协议书与吴重凡之间形成的委托购房法律关系。郑磊本应以自己名义购买诉争房屋，取得诉争房屋的所有权，但其以保留所有权的意思表示，依据协议书委托吴重凡购买诉争房屋，致使吴重凡对房屋享有法律上的所有权，而郑磊自身则享有事实意义上的所有权。由于物权直接体现了物权公示原则的要求，因此法律赋予法律物权以权利正确性推定的效力，即法律物权人在行使权利时，无须举证证明其权利的正确性；而事实物权人欲取得法律的认可和保护，就必须举证来推翻法律物权的正确性推定，以证明事实物权的正确性。

本案中，吴重凡取得诉争房屋的产权登记，可以推定其为权利人，但依据郑磊提交的协议书、购房发票等相关证据，可以确认吴重凡取得诉争房屋法律上的所有权系基于郑磊的委托，吴重凡作为受托人负有将诉争房屋返还给郑磊的义务，郑磊才对该房屋享有事实上的所有权。依据物权人的真实权利优先保护的原则，郑磊有权要求吴重凡注销其产权登记，并将诉争房屋的产权变更登记到郑磊名下。吴重凡辩称其已取得诉争房屋的产权证书，协议书不能对抗房屋权属证书的效力，缺乏法律依据，不予支持。判决：驳回上诉，维持原判。

本案属于典型的借名登记案件，其争议焦点在于：在法律物权与事实物权发生分离的情况下，如何确定不动产物权的归属关系，如何认识不动产权属证书及不动产登记簿的作用、不动产登记的性质及效力等问题。

《物权法》规定，不动产物权的设立、变更、转让和消灭，依照法律规定应当登记的，自记载于不动产登记簿时发生效力。不动产登记簿是证明物权归属和内容的根据，不动产权属证书是权利人享有该不动产物权的证明。不动产权属证书记载的事项，应当与不动产登记簿一致；记载不一致的，除有证据证明不动产登记簿确有错误外，以不动产登记簿为准。权利人、利害关系人认为不动产登记簿记载的事项错误的，可以申请更正登记。

依据上述法律规定，我国确立了不动产物权登记生效的基本原则。这自然也就意味着，不动产登记簿成为确认不动产物权归属和内容的根据，即不动产物权的权属情况以不动产登记簿记载的内容为准，不动产登记簿载明的物权登记具有公信力。

而不动产物权登记的公信力首先是指，合法登记的不动产物权的权利人在法律上被推定为真正的权利人，即便事实上登记的权利人并非真正的权利人。但是，不动产登记簿并不具有绝对的终极意义上的确定物权归属的效力。不动产物权登记可能因登记人员的过失或申请人的欺诈等造成不动产登记的权利状况与实际权利状况不符，实际权利人和利害关系人都可以依据相反证据提出异议，要求依法确认不动产物权的真正归属，有关机关应进行实质性审查，依法予以确认。

其次，不动产登记簿的公信力延伸出了不动产物权的善意取得制度：善意第三人因无过失地相信不动产登记簿的内容，认为登记的权利人是不动产物权的真正权利人，而以合理价格从登记权利人处受让该不动产并依法进行了相关登记，即依法取得该不动产物权，不受不动产登记权利人并非真正权利人的影响。

不动产登记簿是国家机构依法持有的统一的、公开的记载不动产自然状况和物权变动状况的档案簿册，国家强制力保证带来的权威性和传统大陆法系民法理论促成了不动产登记簿的高度公信力和证明力。而不动产权属证书则是登记机构依法定程序完成不动产物权登记之后，向登记权利人颁发的其享有该不动产物权的证明。相对于不动产登记簿，不动产权属证书由私人保管，出现伪造、变造、涂改的可能性更大，对外公开性也有所欠缺，所以证明力较弱，只具有初步的证明效力。

但无论是不动产权属证书还是不动产登记簿，都不是确定不动产物权归属的绝对意义上的最终证据，它们作为一个单一的证据，并不能最终确定实体法律关系的真实内容。而不动产物权作为一项民事权利，在发生争议时，其内容的确认最终要通过民事诉讼程序和规则，综合各种证据情况，进行法律判断和价值判断。

本案中，郑磊委托吴重凡购房，吴重凡以自己的名义签订购房合同和贷款合同，房屋产权证也只能办理在吴重凡名下。但是，该房屋的所有权到底归谁？双方的委托关系是否存在？这就需要通过民事确认之诉来进行最终认定。

吴重凡称房屋产权登记在其名下，具有公示公信力，自己就是合法的真正的房屋所有权人，这是对物权法中不动产登记公示公信制度的错误理解。郑磊与吴重凡之间的关系，是房屋的登记权利人与真正权利人之间的确认房屋最终归属的内部关系，是解决名实不符的问题。究竟该不动产物权归属于谁，不能仅凭不动产登记而予以简单确认。

吴重凡所称的公示公信力，是其作为房屋登记的权利人与善意第三人之间的外部关系所产生的法律关系的后果。如果吴重凡将该房屋以合理价格出卖给善意第三人，并已经将房屋过户到该善意第三人名下，则该行为符合《物权法》第106条的规定，构成善意取得，善意第三人依法取得所涉房屋的所有权。因为对于善意第三人而言，相信不动产登记簿的内容是法律所赋予的登记的公示公信力的体现，其没有义务去审核登记正确与否。不动产登记的内容在面对善意第三人时被推定为真实有效。

上述的内外部关系之讨论对应于民法理论上的法律物权与事实物权之区分问题。所谓法律物权，指不动产登记制度建立以后，已经纳入登记的物权以及由占有表示的物权；所谓事实物权，指真正权利人实际享有的物权。物权法贯彻公示原则后，法律物权与事实物权的区分必然存在。《物权法》的基本使命就是确定物的支配秩序和交易秩序，当物的权利支配和利益归属一致时，说明物权在权利归属上是正确的，物权人对这种物权的享有也是正当的。

比较法上对于物权正确性有两种判断标准：一是"事实标准"，它起源于罗马法，旨在保护真正权利人，意味着只有从该物权人处取得的物权，才是合法有效的物权，经典表述为"任何人只能向他人转让属于他自己的权利"；二是"法律标准"，它起源于日耳曼法，意味着只要占有不被反证推翻，物的占有人就被推定为物权人，第三人从占有人处取得动产的占有，也就取得了动产物权且可以对抗原所有权人，经典表述为"以手护手"。物权公示具有权利正确性推定效力，即不动产登记簿上记载的不动产物权和动产占有的事实表征的物权是真正的物权。法律物权的权利正确性通过法定公示方式予以推定，其居于优先地位。而事实物权对应于与法律物权分离的真正物权，其在不存在交易第三人或恶意第三人的情况下（即内部关系中）能够对抗法律物权。

法律物权与事实物权的关系可表述为：

其一，在不涉及第三人利益的场合。物权公示形式所表现的内容必须与当事人的意思表示相符合，才产生物权变动的效力。在事实物权人的物权变动的意思表示不存在或不真实时，物权变动也就是无效的，法律物权人就不能取得物权。具体地，事实物权人可通过异议登记或更正登记等变为法律物权人。

其二，在涉及第三人利益的场合。依据物权公示公信原则，此时自应保护第三人的利益，由于法律物权具有权利正确性推定力，第三人可予以合理信赖。所以若其为善意第三人，则只要该第三人取得的法律物权是基于对物权公示形式的信赖，这种物权取得就是正当的。第三人取得物权后，法律物权和事实物权的分离就不复存在，称为"善意第三人的法律物权对原事实物权的对抗和吸收"，原事实物权人寻求保护的方式为对原法律物权人请求权的行使。当然如果其为恶意第三人，物权公示公信的效力就失去意义，法律物权仍处于优先保护的地位。[1]因此，登记记载的权利人应当推定为法律上的权利人。

我国《物权法》第16条确认了此种登记的效力。所以在处理本案的纠纷时，对登记的推定效力存在疑问的人，负有提出相反证据推翻该推定力的证明责任。登记的推定力因此即发生了举证责任倒置的法律效果。鉴于涉案利害关系人具有足够的证据可以证明自己是真正的权利人，故而可以申请更正登记，或向本案提起确权之诉。

如此，就确认本案所涉房屋的真正权利人而言，法院要依法查明相关事实，理清所涉及的法律关系，依民事诉讼规则做出确认判决。吴某取得了诉争房屋的产权登记，可以推定其为权利人，但依据郑某提交的协议书、购房款发票、购房款的实际支付情况等相关证据，可以确认吴某取得诉争房屋法律上的所有权系基于郑某的委托，二者之间的委托关系真实有效。

因此，吴某作为债权法律关系中的受托人，依据合同自负有将诉争房屋返还给郑某的债权义务，郑某即应对该房屋享有案涉房屋所有权移转请求权。现吴某拒绝承认郑某对诉争房屋享有权利，郑某依据协议书请求确认其对该诉争房屋享有请求被告移转法律上的

---

〔1〕 孙宪忠、常鹏翱："论法律物权和事实物权的区分"，载《法学研究》2001年第5期。

所有权，符合法律规定，故两审判决均确认诉争房屋应归郑某所有，既有法律依据，亦有事实依据，是正确的。

第二条　不动产登记的定义及对象

本条例所称不动产登记，是指不动产登记机构依法将不动产权利归属和其他法定事项记载于不动产登记簿的行为。

本条例所称不动产，是指土地、海域以及房屋、林木等定着物。

☑相关法条

《物权法》第 6 条规定：不动产物权的设立、变更、转让和消灭，应当依照法律规定登记。动产物权的设立和转让，应当依照法律规定交付。

《物权法》第 9 条规定：不动产物权的设立、变更、转让和消灭，经依法登记，发生效力；未经登记，不发生效力，但法律另有规定的除外。

依法属于国家所有的自然资源，所有权可以不登记。

《物权法》第 10 条规定：不动产登记，由不动产所在地的登记机构办理。

国家对不动产实行统一登记制度。统一登记的范围、登记机构和登记办法，由法律、行政法规规定。

《物权法》第 14 条规定：不动产物权的设立、变更、转让和消灭，依照法律规定应当登记的，自记载于不动产登记簿时发生效力。

《土地登记办法》第 2 条规定：本办法所称土地登记，是指将国有土地使用权、集体土地所有权、集体土地使用权和土地抵押权、地役权以及依照法律法规规定需要登记的其他土地权利记载于土地登记簿公示的行为。

前款规定的国有土地使用权，包括国有建设用地使用权和国有农用地使用权；集体土地使用权，包括集体建设用地使用权、宅基地使用权和集体农用地使用权（不含土地承包经营权）。

《房屋登记办法》第 2 条规定：本办法所称房屋登记，是指房屋登记机构依法将房屋权利和其他应当记载的事项在房屋登记簿上予以记载的行为。

☑ **条文解析**

一、不动产登记内涵解读

（一）《物权法》及相关法律均未对不动产登记加以界定

学界对不动产登记的含义存在不同的认识。有学者认为：不动产登记是指国家登记机构将不动产物权变动的事项记载于不动产登记簿并供公众查阅。[1] 亦有学者认为：不动产登记是指经权利人申请，国家有关登记部门将申请人的不动产物权事项记载于不动产登记簿的事实。[2]

通说认为，不动产登记是指，不动产登记机构依当事人的申请、有关国家机关的嘱托或依法定职权，将不动产的自然状况、权利状况及其他依法应当登记的事项记载于不动产登记簿的活动。

不动产登记制度应当包括整个因不动产登记而产生的法律关系，涉及应登记的权利主体、应登记的标的物、具有登记能力的登记权利和应登记的事项、应登记的法律关系，涵盖的登记类型包括首次登记、变更登记、转移登记、注销登记、更正登记、异议登记、预告登记、查封登记等。

（二）不动产登记的四要素

对不动产登记的全面界定至少应当包含登记主体、登记客体、登记内容以及登记簿四个要素。

1. 不动产登记的主体。如果说登记是一种法律事实，那么参与登记活动的主体包括登记机构、申请登记的当事人，某些情况下可能包括嘱托登记机构进行登记的国家机关。

---

[1] 王利明：《物权法研究》（上卷），中国人民大学出版社 2007 年版，第 301 页。

[2] 孙宪忠："论不动产物权登记"，载《中国法学》1996 年第 5 期。

2. 不动产登记的客体，即申请登记的法律规定应予登记的不动产的范围。不动产登记的客体限于不动产。

3. 不动产登记的内容，即不动产登记记载的具体事项。该登记的内容是不动产的自然状况、权利状况以及其他依法应当登记的事项。

4. 不动产登记簿，指不动产登记的事项记载的载体。凡事项均应当记载于不动产登记簿之上，并可供不特定的第三人查阅。

（三）不动产登记的法律特征

1. 不动产登记的行政事务属性。不动产登记在公法领域而言，是登记机构依申请将不动产物权的设立和变动的事实记载于登记簿的国家行政事务。

（1）不动产登记是由当事人与登记机构共同参与进行的活动。除非有法律的明确授权或受到其他国家公权力机关的嘱托，否则不动产登记机构不得在没有当事人申请的情况下进行登记活动。因为不动产物权变动的核心在于当事人实施的民事法律行为，而意思表示又是民事法律行为的核心。

（2）不动产登记同时也是由登记机构依法进行的行政行为。鉴于能否登记以及如何登记不可能任由当事人自行决定，一方面，只有国家依法设立或确定的不动产登记机构才能负责不动产登记事务，其他任何国家机关或单位均无权从事不动产登记活动；另一方面，不动产登记机构应当按照法定的权限和法律规定的程序进行不动产登记活动。国家进行的不动产登记不仅仅是对当事人民事活动的管理，而更应是以维护交易安全与效率为其全部目的，以促进民事活动的开展。

（3）登记的本质就是私权通过公示以取得社会公信力。登记就是将有关不动产物权设立、移转、变更等情况登录、记载于登记簿上，以备公众查阅。在物权的公示方法中，最重要的就是不动产的登记制度，而不动产登记簿是证明物权设立及变动的重要根据。登记行为本身含有公权力行使的因素，登记簿可以说是国家建立的财产档案。[1]登记簿所记载的内容应当是公开的，应当允许他人查阅。在登记机构将登记事项记载于登记簿以后，登记机构将向登记权利人发放权利证书。不管不动产的登记程序如何复杂，实质性的要件仍是记载于登记簿。一方面，如果登记申请人提出申请以后，登记的申请已经获得有关部门的同意但没有完成登记手续，仍然不构成登记；另一方面，在记载于登记簿之后，即使权利人尚未领取产权证，也并不影响登记的完成。[2]

2. 不动产登记是在不动产物权变动基础上进行的公示。依《物权法》第二章的规定，物权变动指物权的设立、变更、转让和消灭。不动产登记就只能是在不动产物权变动时，亦即其设立、变更、转让和消灭时进行的登记。故而不动产登记的事项，主要是不动产物权的变动状况，而非不动产本身品质的登记。虽然不动产本身的状况，如宗地界址、门牌号码、建筑物附图等也是登记内容，但是其只是为不动产物权变动提供基础而已，登记的核心仍然是不动产的物权状态。[3]

物权登记的目的在于向公众公示不动产物权的设立、变更（指物权内容和客体的变化）、转让（物权主体的变更）、消灭及其他情形（如对不动产物权进行查封、财产保全等），如果某种物权虽然已经发生了变动，但没有在登记簿上予以记载并公示，则在法律上视为物权变动未曾发生。

由于在发生物权变动时，登记必须以当事人之间的合意为基础，故其只能应当事人的登记请求才发生，体现着对平等主体之间的法律关系的确认和保护。登记完成后当事人即取得、消灭物权或变更物权内容，引起当事人之间法律关系的产生、变更或消灭，因此登

---

[1] 胡康生主编：《中华人民共和国物权法释义》，法律出版社 2007 年版，第 49 页。

[2] 王利明：《物权法论》，中国政法大学出版社 2008 年版，第 70~71 页。

[3] 王利明：《物权法论》，中国政法大学出版社 2008 年版，第 71 页。

记从另一侧面而言又是可以产生私法效果上的民事法律事实。

（四）大陆法系民法"三足鼎立"的物权变动规制格局

1. 德国物权变动的形式主义。针对基于法律行为的物权变动，以德国民法为代表规定，物权因法律行为而变动时，除须有债权行为（如买卖合同）外，还须当事人就物权的变动达成一个独立于债权行为之外的合意（物权合意），以及履行交付或登记的法定形式。[1]

2. 法国、日本物权变动的债权意思主义。以法国、日本民法为代表，物权的设定和移转只因当事人的意思表示而发生效力，一个法律行为除有特别情事外，即可发生债权与物权变动的双重效果，物权行为无独立性可言，交付或登记的公示手段只是对抗第三人的要件。[2]

3. 奥地利的债权形式主义。以奥地利民法为代表的物权因法律行为而变动时，除需要当事人之间有债权合意外，仅须践行登记或交付的法定形式，即生物权变动的效力。[3]

4. 我国登记生效为原则而登记对抗为例外的物权变动模式。《民法通则》、《物权法》规定的基于法律行为的不动产物权变动原则采债权形式主义（即登记生效模式），例外采债权意思主义（即登记对抗模式，如地役权和土地承包经营权的变动）。

基于此，不动产登记主要具有如下效力：[4]

（1）自记载于不动产登记簿之日起才发生物权变动的效力。《物权法》第9条第1款规定："不动产物权的设立、变更、转让和消灭，经依法登记，发生效力；未经登记，不发生效力，但法律另有规定的除外。"凡是以法律行为发生的物权变动，都是从登记之日起

---

〔1〕 孙宪忠："再谈物权行为理论"，载《中国社会科学》2001年第5期。

〔2〕 葛云松："物权行为理论研究"，载《中外法学》2004年第6期。

〔3〕 参见梁慧星、陈华彬：《物权法》，法律出版社2010年版，第79~85页。

〔4〕 参见王利明：《物权法论》，中国政法大学出版社2008年版，第74~78页。

发生物权变动的效果。即使法院就双方当事人提起的确权之诉所做的确权判决生效，取得权利的一方也必须办理登记才能处分该房屋。《物权法》第 14 条规定："不动产物权的设立、变更、转让和消灭，依照法律规定应当登记的，自记载于不动产登记簿时发生效力。"记载是指将登记的事项记录于不动产登记簿之中，包括能够查阅和公示。

（2）登记记载的权利人应当推定为法律上的权利人。我国《物权法》第 16 条确认了比种登记的效力。对登记的推定效力存在疑问的人，负有提出相反证据推翻该推定力的证明责任。登记的推定力发生了举证责任倒置的法律效果。当然，如果其他利害关系人具有足够的证据可以证明自己是真正的权利人，则其可以申请更正登记，也可以提起确权之诉。

（五）善意取得受保护的法律效力

依物权公示公信原则，为保护善意第三人，维护交易安全，鼓励交易，我国《物权法》第 106 条规定了善意取得。登记记载的权利人在法律上推定其为真正的权利人，即便以后事实证明登记记载的物权不存在或存有瑕疵，对于善意信赖该物权的存在（不知登记错误且对不知无重大过失，同时登记簿无异议登记）并以市场手段从事了基于法律行为的物权交易且已进行公示的人，法律仍然承认其依此取得的物权的效力。市场经济条件下，任何人与他人从事不动产的交易或者在不动产之上设定物权，只能相信登记；而不能相信其他的权利证明手段。自登记名义人处取得物权的人，受下列保护。[1]

1. 善意取得时真正权利人可因此而丧失所有权之效力。自登记名义人处取得所有权的人，登记名义人即便不是真正的所有权人，取得人仍确定地取得其名义下登记的所有权，真正权利人因此而丧

---

〔1〕 参见梁慧星、陈华彬：《物权法》，法律出版社 2010 年版，第 96~97 页。

失所有权。

2. 物权不登记不得对抗善意第三人。自登记名义人处取得财产所有权的人，如果该财产上存在没有登记的抵押权，则该财产被视为不存在抵押权的财产。

3. 业已登记的物权不论真实与否均可对抗真正物权人。抵押权登记名义人实际上并不享有抵押权，但由登记名义人处受让抵押权的，可以真正地取得抵押权。

4. 未登记的限制物权不限制享有处分权的物权变动。自处分权受限制的登记名义人处受让物权的人，如所受的限制未记载于物权登记簿册，则受让人受让的物权不受登记名义人所受限制的影响，受让人仍能确定地取得受让的物权。

5. 基于登记信其享有权利而履行的给付即具有履行的效力。向登记名义人履行给付义务，如登记名义人并非真正的权利人，但第三人基于登记信其享有权利而履行给付义务，则第三人所做的履行有效，真正的权利人不得再请求第三人履行给付义务，其所受的损失只能请求登记名义人赔偿。

（六）我国物权变动的区分原则

我国《物权法》第 15 条规定："当事人之间订立有关设立、变更、转让和消灭不动产物权的合同，除法律另有规定或者合同另有约定外，自合同成立时生效；未办理物权登记的，不影响合同效力。"该条被称为"区分原则"，强调的是：买卖等债权行为仅发生债的效力，债的发生的效力可以与物权变动的效力区分开来。具体而言：

1. 必须区分合同的效力与登记的效力。

（1）合同一经成立就可发生效力。如果当事人之间仅就物权的变动达成合意，而没有办理登记，合同仍然有效成立，只要不违反合同的生效要件，即依法产生法律上的履行效力，只是不能发生物权变动的效力。如果物权不能变动从而导致出卖人不能履行合同，则只能转化为违约责任来处理。

（2）除法律另有规定或者合同另有约定外合同成立即可生效。这里的"法律另有规定或合同另有约定"，是对合同生效时间的规定，与物权变动时间无关，指如果法律规定了特别的生效要件或者当事人约定了生效条件或始期，则应当从条件成就或者期限届满时合同才能生效。不能将此条理解为当事人可以通过合同来改变法律规定的公示方法以及公示效力。

（3）登记的效力仅仅针对物权的变动。登记是对已经生效的由当事人达成的关于物权变动的合同的履行行为，其效力仅针对物权的变动。在没有办理登记之前，物权不能发生转移，佀是因为合同已经生效，所以依有效合同而交付之后，买受人因此享有的占有权仍然受到保护。

2. 我国《物权法》的区分原则与德国法上的区分原则之异同。我国《物权法》并没有明文肯认物权行为理论，该区分原则与德国法上认可的负担行为和处分行为的区分原则亦有不同。

（1）我国法上的区分原则有利于贯彻合同严守原则。一方面，如果将登记作为合同生效的条件，没有办理登记就导致合同无效，这不利于违约责任的确立；另一方面，在买卖不动产的情况下，登记已经构成出卖人的一项重要义务，买受人基于有效的合同可以行使登记请求权。

（2）我国法上的区分原则还有利于保护善意一方当事人。区分原则认为，即使不肯认无因性同样可以鼓励交易。譬如，抵押人在将其房产设置抵押以后，一旦抵押权人向其发放借款，就以未经登记合同不生效为由，拒绝办理抵押登记。如若没有区分原则，对方当事人也无权依据有效的合同行使登记请求权或要求其承担违约责任，造成实践中大量规避法律现象的出现。

二、不动产登记的范围仅限于不动产

《物权法》没有对不动产的概念进行界定，《不动产登记暂行条例》在此对不动产进行了明确定义。

在我国法上，不动产是指土地以及地上定着物（包括建筑物、构筑物、林木等）。此外，由于《物权法》第46条也将矿藏、水流、海域等看作是独立于土地的物，故此，我国法上的不动产应当包括：土地、地上定着物、矿藏、水流、海域。

（一）法律上的"土地"不同于自然状态下的土地

自然状态下的土地是指，处于地球表面人类日常生产、生活活动所及的三维空间之内的，由土壤、沙砾、岩石、矿物、水、空气、生物等七种物质构成的，处于不同地貌、地势、地物、地质、水文及相关的气候状态的自然综合体。[1]

法律上的土地是指，依某一特定的官方标识在不动产登记簿上被加以说明的地球表面的特定空间。土地所有权的范围除地面外，并及于土地上下一定范围的立体空间。不过，自20世纪六七十年代以来，已开始将土地作横的区分，即将土地的上空或地下划定一定的范围，作为独立物而设定空间建设用地使用权（空间地上权），我国《物权法》第136条第1句规定的"建设用地使用权可以在土地的地表、地上或者地下分别设立"，便有该意旨的体现。[2]传统民法认为，土地中的沙、土或岩石，为土地的构成部分，在未分离成为独立物之前，不得成为物权的客体。土地的出产物，与土地尚未分离的，为该不动产的一部分，不得为物权的客体。但在用益物权特别是准用益物权中，譬如矿业权，业已突破了这种约束。[3]

我国《物权法》第46条规定："矿藏、水流、海域属于国家所有。"第47条规定："城市的土地，属于国家所有。法律规定属于国家所有的农村和城市郊区的土地，属于国家所有。"由此可见，《物权法》将矿藏、水流、海域看作是独立于土地的物，它们是独立的不动产。土地中的矿产资源，本为土地的构成部分，但我国法律将

---

〔1〕 周诚：《土地经济学原理》，商务印书馆2003年版，第5页。

〔2〕 梁慧星、陈华彬：《物权法》，法律出版社2010年版，第45页。

〔3〕 崔建远、晓坤："论矿业权的客体"，载《法学》1998年第2期。

其自土地所有权中分离，为国家所有，人民只能通过矿业权制度（准物权性质）采掘之。水面也可作为所有权的客体并依法办理所有权登记，只是水面的渔业权自所有权中分离，应依《渔业法》的有关规定登记。

依《物权法》第9条第2款，依法属于国家所有的自然资源，主要指矿藏、水流、海域、城市土地、国有的森林、山林、草原、滩涂等，因已明确其专属于国家所有，因此所有权可以不登记。但基于国有自然资源产生的他物权应当依法登记。

（二）我国实行世界上最严格的土地用途管制制度[1]

国家编制土地利用总体规划，规定土地用途，将土地分为农用地、建设用地和未利用地。其中，农用地是指直接用于农业生产的土地，包括耕地、林地、草地、农田水利用地、养殖水面等；建设用地是指建造建筑物、构筑物的土地，包括城乡住宅和公共设施用地、工矿用地、交通水利设施用地、旅游用地、军事设施用地等；未利用地是指农用地和建设用地以外的土地（《土地管理法》第4条第2、3款）。但是依我国《担保法》第92条第1款的规定，林木是独立于土地的单个的不动产，可作为抵押权的客体而设定林木抵押权。

（三）地上定着物的法律属性

"土地附着物"亦称"地上定着物"，是指依据社会交易观念，通过持续附着于土地之上从而实现其经济上目的的物，包括建筑物、构筑物及其附属设施。

1. 地上定着物具有固定性。地上定着物必须是持续的、稳定的而非临时性的存在于土地上的，因此临时搭建的帐篷、戏台等不属于地上定着物。即便是海上构筑物、如码头、海上固定平台、海底隧道、桥梁、高架屋、人工渔礁等，虽然构筑物所有权人是因为取

---

[1] 孙文盛："中国将继续实行最严格的土地管理制度"，载《人民日报》2006年6月26日。

得海域使用权而有权利用特定海域建造这些构筑物，但是该构筑物也必须是固定在海底的土地之上。

2. 地上定着物具有附着性，即该物应当附着于土地上，并非是独立的可自由移动的物。

（四）地上定着物的具体范围

1. 建筑物、构筑物及其附属设施。建筑物、构筑物及其附属设施也被统称为"房屋"。《房屋登记办法》第96条规定："具有独立利用价值的特定空间以及码头、油库等其他建筑物、构筑物的登记，可以参照本办法执行。"

从语言学上说，建筑物的含义要大于房屋，指人工建造的供人们进行生产、生活等活动的房屋或场所，如住宅、厂房、车站等。建筑物因倒塌、失火而毁损后是否仍为建筑物，应依其残存部分能否继续维持供人出入并可达经济上使用之目的确定。未完成的建筑物，社会交易观念仅认可其为各种材料之组合而为动产，从而当然可以成为物权的客体。一栋建筑物原则上为一个建筑物所有权，唯区分所有建筑物的各专有部分可独立成为物权的客体，各共有部分可成为全体业主或部分业主的共有所有权的客体。

2. 违章建筑物原则上无从办理所有权登记。我国台湾地区通说认为，违章建筑物已符合定着物之要件，为独立于土地之外的不动产，应由原始建筑人取得其所有权。因此，违章建筑物并不因其无从办理所有权登记而不得成为所有权的客体。[1]

3. 构筑物。构筑物是指，在土地上建造的，人们一般不直接在里面进行生产和生活活动的工程建筑，包括桥梁、道路、铁路、隧道、涵洞、水坝、码头、石舫、烟囱、水塔、凉亭、假山、雕塑、单位立柱式广告牌、埋藏在地下的油罐等。

4. 附属设施。附属设施是指附着于建筑物、构筑物，有助于发

---

　　[1]　（台）谢在全：《民法物权论》（上册），文太印刷企业有限公司2004年版，第28页。

挥建筑物、构筑物功能的不可移动的设施，如安装在大楼里的电梯等。

5. 其他地上定着物。其他地上定着物是指建筑物、构筑物之外的人工种植在土地上的树木、农作物等。

（五）近代各国处理土地与土地上的定着物的关系

1. 以德国为代表的"地上物属于土地"的模式。该模式认为定着物为土地的重要部分，不能单独作为所有权、用益物权和担保物权的客体。这种制度的形成，与德国和欧洲其他国家的建筑传统有关（房屋大多是以石头建筑在土地上的城堡）。

2. 以日本为代表的"分立主义"模式。该模式认为定着物并非土地的构成部分，它与土地是两个独立的不同之物，其可单独成为所有权、用益物权和担保物权的客体。

我国立法和实务界均将土地及土地上的定着物作为不同的物来对待，实行"分立主义"，使土地上的定着物可以作为独立的不动产，成为不动产物权的客体，便于流通，有利于实现对土地和其上定着物的充分利用。[1]

✅裁判要旨

在欠款纠纷中，根据和解协议，债务人将约定的土地使用权抵偿给债权人以清偿债务，但债权人未到有关机关办理不动产过户登记手续的，抵偿债务的土地使用权不发生物权移转效力，即抵偿债务的土地使用权仍属债务人所有。

---

〔1〕 梁慧星、陈华彬：《物权法》，法律出版社 2010 年版，第 44～47 页。

☑典型案例

潍坊海龙府食品有限公司诉张贤宝所有权确认纠纷案[1]

🔍 案情 简介▸▸▸

海龙尼福公司就其与山孚公司之间的欠款纠纷向仲裁委员会申请仲裁后，仲裁委员会裁决山孚公司偿还海龙尼福公司欠款本金及利息。后因山孚公司未按期履行还款义务，海龙尼福公司向法院申请执行。申请执行后，海龙尼福公司与山孚公司达成执行和解协议，约定山孚公司以其名下的土地使用权和建筑物抵偿欠款本金及利息。为此，法院制作协助执行通知书，请求相关部门将山孚公司名下所属土地使用权、建筑物过户给海龙尼福公司的子公司海龙府公司。潍坊市市属企业改革领导小组办公室下发文件，同意将涉案房产先行过户至山孚公司名下，有关部门据此办理相关手续。之后，因张贤宝与山孚公司、海龙府公司建设工程施工合同纠纷，张贤宝申请法院对山孚公司名下的涉案房地产予以查封。法院裁定拍卖涉案房地产，以抵偿债务。

海龙府公司不服裁定提出异议被驳回，遂以裁定错误为由向法院提起诉讼，请求确认涉案房地产为其所有。

张贤宝答辩称，涉案不动产登记在山孚公司名下，按照法律规定是山孚公司的财产。海龙尼福公司与山孚公司达成的执行和解协议，是当事人的自行约定，且从工商登记看，海龙府公司与海龙尼福公司无法律上的关系，海龙府公司不能直接受让，也无权主张权利，海龙府公司的诉讼请求无事实和法律依据，应予驳回。

---

[1] 《人民法院指导案例裁判要旨汇览》（物权·房地产卷），中国法制出版社2013年版，第11~12页。

🔍 **审理**判析 ▸▸▸

在欠款纠纷中，债务人根据和解协议将约定的土地使用权抵偿给债权人以清偿债务，但债权人未到有关机关办理不动产过户登记手续的，抵偿债务的土地使用权不发生物权移转效力，即抵偿债务的土地使用权仍属债务人所有。

一审法院判决：驳回海龙府公司的诉讼请求。

海龙府公司不服一审判决，以依照相关法律规定，虽然其没有办理过户手续，但涉案土地使用权及地上附着物仍为其所有为由，提出上诉，请求撤销原判，依法改判。

二审法院判决：驳回上诉，维持原判。〔1〕

🔍 **法理**研究 ▸▸▸

根据《物权法》第9条第1款的规定，不动产物权的设立、变更、转让和消灭，经依法登记，发生效力；未经登记，不发生效力，但法律另有规定的除外。本条的"法律另有规定"主要包括如下情形。

首先，非基于法律行为的不动产物权变动不以登记为生效要件。物权法规定：因人民法院、仲裁委员会的法律文书或者人民政府的征收决定等，导致物权设立、变更、转让或者消灭的，自法律文书或者人民政府的征收决定等生效时发生效力。因继承或者受遗赠取得物权的，自继承或者受遗赠开始时发生效力。因合法建造、拆除房屋等事实行为设立或者消灭物权的，自事实行为成就时发生效力。

其次，某些基于法律行为的不动产物权变动自合同成立时生效，登记仅为对抗要件，如地役权、土地承包经营权。

最后，《物权法》第9条第2款规定："依法属于国家所有的自

---

〔1〕 山东省高级人民法院民事审判第一庭编：《民事审判指导》（2011年第1集），中国法制出版社2011年版。

然资源，所有权可以不登记。"

所以土地使用权及其上建筑物的所有权经双方当事人申请转移登记后才发生物权移转的效力。但当事人之间就物权移转达成的债权合意仍合法有效，债权合意和物权变动的效力相对独立判断。

《民事诉讼法》第230条规定了执行和解制度：在执行中，双方当事人自行和解达成协议的，执行员应当将协议内容记入笔录，由双方当事人签名或者盖章。申请执行人因受欺诈、胁迫与被执行人达成和解协议，或者当事人不履行和解协议的，人民法院可以根据当事人的申请，恢复对原生效法律文书的执行。和解协议是平等主体的双方当事人自行达成的反映真实意思表示的合意，具有民法上类似合同的效力。所以和解协议不具有强制执行力，亦不具有撤销原执行文书的效力，更不能直接突破物权法的基本原理导致物权变动，其仅具有中止或终结执行的效力，当事人据此取得的是对另一方当事人有关财产或行为的请求权。

不动产登记原则上实行申请原则，没有当事人的申请，登记机构不得擅自开始登记程序。除此之外，还存在登记机构依职权主动进行的登记（如《土地登记办法》第58条）和嘱托登记两种特殊的登记启动方式。嘱托登记是国家公权力机构为了履行维护公共利益、维持私人合法权益等公共职责，要求登记机构通过登记行为予以协助的行为，目的在于实现国家公权力，故其应适用于旨在通过登记实现国家公权力的情形。目前我国的嘱托登记主要表现为人民法院所为的嘱托，即查封裁定书和协助执行通知书。

《土地登记办法》第63条规定："国土资源行政主管部门应当根据人民法院提供的查封裁定书和协助执行通知书，报经人民政府批准后将查封或者预查封的情况在土地登记簿上加以记载。"《房屋登记办法》第35条第2款规定："因人民法院或者仲裁委员会生效的法律文书取得房屋所有权，人民法院协助执行通知书要求房屋登记机构予以登记的，房屋登记机构应当予以办理。房屋登记机构予以登记的，应当在房屋登记簿上记载基于人民法院或者仲裁委员会生效的法律文书予以登记的事实。"嘱托来自国家公共事务领域，应遵循更严格的法律程序，如嘱托文书必须采用符合法律规定的公函形式等。[1]法院就和解协议制作的协助执行通知书不同于直接基于生效裁判的协助执行通知书，因和解协议不具有强制执行力，体现为私人领域的平等主体之间的意思自治，非为国家公权力行使的体现。

海龙府公司主张涉案土地使用权及地上附着物所有权的依据是海龙尼福公司与山孚公司达成的执行和解协议，但该执行和解协议只是执行案件当事人之间的一种自行约定，不属于法律规定的不动产物权变动的除外情形，不能发生物权移转的效力，即当事人在执行和解协议中约定以不动产抵偿债务的，仍需在不动产登记管理机关办理房地产过户登记才发生物权移转的效力。

海龙府公司提供的协助执行通知单、潍坊市市属企业改革领导小组办公室文件等证据，既不能证明海龙府公司已在不动产登记管理机关办理涉案房地产过户登记手续，又不能直接作为嘱托文件要求登记机构予以转移登记，因此，涉案房地产所有权未发生移转的法律效力。综上，海龙府公司主张涉案房地产归其所有，既无事实依据，又无法律根据，法院难以支持。

第三条 不动产登记类型

不动产首次登记、变更登记、转移登记、注销登记、更正登记、异议登记、预告登记、查封登记等，适用本条例。

☑ **相关法条**

《物权法》第6条规定：不动产物权的设立、变更、转让和消灭，应当依照法律规定登记。动产物权的设立和转让，应当依照法律规定交付。

《物权法》第19条规定：权利人、利害关系人认为不动产登记簿记载

---

〔1〕 常鹏翱：《不动产登记法》，社会科学文献出版社2011年版，第104～105页。

的事项错误的，可以申请更正登记。不动产登记簿记载的权利人书面同意更正或者有证据证明登记确有错误的，登记机构应当予以更正。

不动产登记簿记载的权利人不同意更正的，利害关系人可以申请异议登记。登记机构予以异议登记的，申请人在异议登记之日起十五日内不起诉，异议登记失效。异议登记不当，造成权利人损害的，权利人可以向申请人请求损害赔偿。

《物权法》第20条规定：当事人签订买卖房屋或者其他不动产物权的协议，为保障将来实现物权，按照约定可以向登记机构申请预告登记。预告登记后，未经预告登记的权利人同意，处分该不动产的，不发生物权效力。

预告登记后，债权消灭或者自能够进行不动产登记之日起三个月内未申请登记的，预告登记失效。

☑条文解析

一、不动产首次登记

（一）不动产首次登记的内涵外延

不动产首次登记又称初始登记、设立登记，即首次取得不动产物权的登记，它标志着物权的新生。不动产权利首次登记的，申请人应当申请不动产初始登记。它包括所有权的首次取得登记和他物权的设立登记，既适用于通过登记来设定物权，当然是在登记生效主义的情形下，如房屋抵押权登记；也适用于通过登记的方式将已经设定的物权表示出来，譬如在登记对抗主义的情况下，或因建造房屋等事实行为取得所有权的情形。本条例第14条第2款第1项规定：尚未登记的不动产首次申请登记的，可以由当事人单方申请。

（二）所有权的首次登记

1. 房屋所有权的首次登记。在房屋合法建成后，所有权无须登记即已产生，首次登记或初始登记只是房屋所有权能被自由处分的要件（《物权法》第30～31条）。

依《房屋登记办法》第30条的规定，我国国有土地范围内的房屋所有权初始登记由建造人单方申请即可，需要提交建设用地使用权证明、建设工程符合规划的证明、房屋已竣工的证明、房屋面积测绘报告、房产平面图等材料。

考虑到我国大部分的商品房涉及建筑物区分所有权，难以由全体业主申请首次登记。《房屋登记办法》第31条规定，房地产开发企业申请房屋所有权初始登记时，应当对建筑区划内依法属于全体业主共有的公共场所、公用设施和物业服务用房等房屋一并申请登记，由房屋登记机构在房屋登记簿上予以记载，不颁发房屋权属证书。

依《房屋登记办法》第83条的规定，村民个人申请农村集体土地范围内的房屋所有权初始登记时除提交上述材料外，还要提交房屋所在地农民集体经济组织出具的申请人为本组织成员的证明；农民集体经济组织申请的，还要提交村民会议同意或者由村民会议授权经村民代表会议同意的证明。

《房屋登记办法》第84条规定，不动产登记机构受理申请后，要在房屋所在地的农民集体经济组织内进行公告，经公告无异议或者异议不成立的，方可予以登记。

2. 集体土地所有权的首次登记。2010年《中共中央、国务院关于加大统筹城乡发展力度进一步夯实农业农村发展基础的若干意见》要求加快农村集体土地所有权等的确权登记颁证工作，力争用三年时间把农村集体土地所有权证确认到每个具有所有权的农民集体经济组织。

《土地登记办法》第32条规定，农民集体土地所有权人应当持集体土地所有权证明材料，申请集体土地所有权初始登记。它可能是证明土地权属的历史资料，也可能是法院的有效法律文书或人民政府的有效决定等。依《村民委员会自治法》第24条的规定，申请时还需提供经村民大会或者由村民会议授权经村民代表会议讨论通过的证明。

应注意的是，在申请时，土地归农民集体所有的，应由村集体经济组织或者村民委员会申请；土地归村内两个以上农民集体所有的，申请人应为村内的各该集体经济组织或者村民小组；土地归乡镇农民集体所有的，申请人应为乡镇集体经济组织。但上述申请人均不能作为农村土地所有权主体，登记簿以及所有权证书上的主体应是村（组、乡）农民集体。

为确保登记正确，宜在农民集体向不动产登记机构申请初始登记，登记机构予以审查后，公告申请人、土地情况、利益关系人异议等相关事宜，在公告期限内无异议或者异议不成立的，由登记机构办理登记。

3. 森林、林木所有权的首次登记。当事人申请森林、林木所有权首次登记的，应当提供森林、林木权属证明材料、土地承包经营权合同或者农用地使用权权属证明，办理森林、林木所有权首次登记的，应当一并办理土地权利登记。

（三）他物权的首次登记

1. 国有建设用地使用权的首次登记。我国《物权法》第139条规定，取得国有建设用地使用权必须经过登记。《土地登记办法》第26～31条根据权利取得原因的不同，依据划拨、出让、划拨转为出让、租赁或授权经营，规定要提供不同的申请材料。如依法以出让方式取得国有建设用地使用权的，当事人应当在付清全部国有土地出让价款后，持国有建设用地使用权出让合同和土地出让价款缴纳凭证等相关证明材料，申请出让国有建设用地使用权初始登记。

国有建设用地使用权在地上或者地下分别设立的，宜由当事人持空间范围的国有建设用地划拨决定书，或者出让合同等材料，单独申请地上或者地下国有建设用地使用权。地上或者地下国有建设用地使用权与地表国有建设用地使用权一并设立且与地面连为一体的，宜与地表国有建设用地使用权一并申请初始登记。

2. 集体建设用地使用权的首次登记。《土地登记办法》第33和34条，根据权利取得原因的不同规定要提供不同的申请材料，依法使用本集体土地进行建设的，当事人应当持有批准权的人民政府的批准用地文件，来申请集体建设用地使用权初始登记。该权利取得方式主要包括农村集体经济组织使用乡（镇）土地利用总体规划确定的建设用地兴办企业、开展乡镇村公共设施、公益事业建设或者与其他单位、个人以集体建设用地使用权入股、联营等形式共同举办企业等。

3. 土地承包经营权的首次登记。土地承包经营权因承包合同有效成立而产生，是否进行初始登记由当事人自由决定，不登记仅是不能取得对抗第三人的效力。

《土地登记办法》第 35 条规定，当事人申请土地承包经营权的初始登记，应当提交承包合同，主要适用于依法以承包方式在耕地、林地、草地、水域、滩涂以及荒山、荒沟、荒滩等土地上从事种植业或者养殖业生产活动的情形。

《土地管理法》第 15 条第 2 款和《农村土地承包法》第 48 条第 1 款规定，如果农民集体所有的土地由本集体经济组织以外的单位或者个人承包经营，还应提交村民会议 2/3 以上成员或者 2/3 以上村民代表的同意证明以及报乡（镇）人民政府的批准文书。

以家庭承包方式取得承包经营权的，由发包方申请登记；以招标、拍卖、公开协商等方式取得承包经营权的，由承包方申请登记。

4. 宅基地使用权的首次登记。《土地管理法》第 62 条第 3 款规定，申请宅基地使用权初始登记的，应当提交经乡（镇）人民政府审核并经县级人民政府批准的文书等材料。

依国土资源部《关于进一步加快宅基地使用权登记发证工作的通知》第 3 点的规定，农村村民一户只能拥有一处宅基地，除继承外，不受理申请第二宗宅基地使用权登记申请；对城镇居民在农村购买和违法建造住宅进行宅基地使用权登记的申请，不予受理；严格执行宅基地面积标准，原则上不得超过省（市、区）的标准。农民集体经济组织成员利用集体所有的土地建造住宅及其附属设施的，自然应可以一并申请宅基地使用权和房屋所有权的初始登记。

5. 地役权的首次登记。地役权基于当事人的书面约定产生，是否登记完全取决于当事人申请与否，不登记只是不能产生对抗第三人的法律效力。

当事人申请地役权的初始登记时，应提交取得地役权的合同原件、需役地和供役地的权属证明等材料。地役权不指向供役地全部的，理论上申请人还应通过相关部门描绘具体位置图后，向登记机构提交该位置图。

依《土地登记办法》第37条的规定，登记机构在办理地役权初始登记时，应将地役权分别登记在供役地和需役地的登记簿中。

供役地、需役地分属不同国土资源行政主管部门管辖的，当事人可以向负责供役地登记的国土资源行政主管部门申请地役权登记。负责供役地登记的国土资源行政主管部门完成登记后，应当通知负责需役地登记的国土资源行政主管部门，由其记载于需役地的土地登记簿。地役权的移转登记、变更登记和注销登记，同样适用这些规定。

依《物权法》第161条的规定，不动产登记机构在审查地役权的初始登记申请时，对申请人与登记簿中记载的需役地权利人和供役地权利人是否一致，对地役权所涉及的供役地具体位置是否在供役地登记簿记载的范围之内，对地役权期限是否超过土地承包经营权、建设用地使用权等用益物权的剩余期限，均应重点予以审查。

6. 不动产抵押权的首次登记。不动产抵押权的客体包括建筑物和其他土地附属物、建设用地使用权以及以招标、拍卖、公开协商等方式取得的荒地等土地承包经营权以及正在建造的建筑物。抵押权是他物权，必须依托于既有的不动产记载而存在，所以其客体首先已经登记。由于抵押权又是担保物权，以所担保的债权作为其存续前提，因此，其所担保的债权也是登记的对象。

依《土地登记办法》第36条第1款和《房屋登记办法》第43、88条的规定，当事人应当持不动产权利证书、主债权债务合同、抵押合同以及相关证明材料，申请以建筑物、建设用地使用权、土地承包经营权为客体的一般抵押登记。

《房屋登记办法》第 60 条规定，以在建工程为客体申请一般抵押权初始登记的，除上述材料外，还应提交建设用地使用权证书或记载土地使用权状况的房地产权证书、建设工程规划许可证。

《房屋登记办法》第 51 条第 5 项规定，申请最高额抵押权初始登记的，除须提供上述材料外，还应当提交包括一定期间内将要连续发生的债权的合同或者其他登记原因证明材料。

我国《物权法》第 184 条规定，对抵押人与抵押客体登记簿记载的权利人、抵押合同中的抵押人是否一致，对抵押权人与抵押合同中的抵押权人是否一致，以及申请抵押登记的不动产有无法律禁止抵押的情形，不动产登记机构应予重点审查。在办理一般抵押权登记时，登记机构应记载所担保的债权信息；在办理最高额抵押权登记时，应当记载最高债权额、债权确定的期间。

同时应予注意，依法以合法竣工或者在建的房屋等建筑物以及森林、林木抵押的，该房屋等建筑物以及森林、林木占用范围内的土地使用权一并抵押。以建设用地使用权抵押的，该土地上依法竣工或者在建房屋等建筑物一并抵押。

7. 海域使用权的首次登记。当事人申请海域使用权初始登记的，应当提交宗海界址图、项目用海批复或者海域使用权出让合同以及海域使用金缴纳凭证等必要材料。

（四）土地总登记

1. 土地总登记的概念。土地总登记是登记机构在一定时间内对全国或者某个地区的土地及其权利状况进行的全面的、统一的登记，以便于国家了解土地及其权利状况，为国家管理土地、实施土地政策提供依据，是地籍整理工作的一个重要方面。

通常而言，不动产登记机构为完成辖区内全部不动产或者特定区域、特定类型不动产的初始登记，可以在一定时间内组织进行总登记。

2. 土地总登记的法律特征。

（1）土地总登记是第一次登记。据此可确定土地物理状况和权利状况，并在此基础上办理诸如设立地役权、抵押权等不动产物权变动的登记。

（2）土地总登记是静态登记，而土地权利移转、分割、合并、设定、增减或消灭等被称之为动态登记。

（3）土地总登记为全面登记，即指在一定时间内对辖区内全部土地或者特定区域内土地进行的全面登记。

（4）土地总登记是任意登记。我国大陆地区的土地实行公有制，为国家或集体所有，即便土地权利人逾期未申请登记，该土地也不是无主土地。

3. 土地总登记的程序。

（1）土地总登记调查地籍，即调查每宗土地的坐落、种类、界址、所有权人、其他物权人或者使用人的姓名、住址及使用状况。

（2）公布土地总登记登记区及登记期限，即通过公布举办总登记的区域范围，以便土地权利人申请登记；通过公布每一登记区接收登记申请的期限，以便土地权利人有所依循。

（3）接收土地总登记文件，即在申请登记时，登记机构接收登记申请人提出的文件，这些文件包括登记申请书、登记原因证明文件等，对于无保管或使用机关的公有土地或者因地籍整理而发现的公有土地，由登记机构直接登记。

（4）审查并公告土地总登记，即登记机构接收申请或嘱托后即应审查，如申请或嘱托形式要件不完备，登记机构限期令申请人或嘱托人补正等。

（5）进行土地总登记并发给书状、造册，即将审查公告确定的土地标示及其权利状态登载于登记簿，并给权利人颁发权利证明文件，而每一登记区应依登记结果编造登记总簿以永久保存。

我国《土地登记办法》第三章专门规定了土地总登记。

二、不动产变更登记

（一）不动产变更登记的内涵外延

所谓不动产变更登记是针对不动产物权内容、范围、期限或者顺位所进行的变更，其不涉及权利主体的变更。

不动产变更登记的具体情形包括：权利人姓名或者名称变更的；不动产坐落、名称、用途、面积等自然状况变更的；不动产权利期限发生变化的；同一权利人分割或者合并不动产的；抵押权顺位、担保范围、主债权数额，最高额抵押债权额限度、债权确定期间等发生变化的；地役权的利用目的、方法、期限等发生变化的；法律、行政法规规定的其他不涉及不动产权利转移的变更情形。

（二）所有权的变更登记

1. 房屋所有权的变更登记。《房屋登记办法》第 85 条规定，发生下列情形之一的，权利人应当在有关法律文件生效或者事实发生后申请房屋所有权变更登记：房屋所有权人的姓名或者名称变更的；房屋坐落变更的；房屋面积增加或者减少的；同一所有权人分割、合并房屋的；法律、法规规定的其他情形。

《房屋登记办法》第 37 条规定，申请房屋所有权变更登记，应当提交下列材料：登记申请书；申请人身份证明；房屋所有权证书或者房地产权证书；证明发生变更事实的材料；其他必要材料。

2. 森林、林木所有权的变更登记。森林、林木的林种、面积等发生变更的，当事人可以持原不动产权属证书以及证明发生变更事实的材料申请森林、林木所有权变更登记。

（三）他物权的变更登记

1. 土地承包经营权的变更登记。凡退耕还林、退耕还湖、退耕还草等导致承包土地用途、面积改变的，当事人可以持原不动产权属证书以及其他证明发生变更事实的材料申请土地承包经营权变更登记。

应当注意，土地承包经营权、建设用地使用权、海域使用权等用益物权到期后，依照法律规定续期的，权利人应当申请变更登记。

2. 不动产抵押权的变更登记。权利人申请抵押权变更登记的情形包括：抵押权顺位变更或抵押权人放弃抵押权顺位的；最高额抵押担保的债权确定；担保范围变更的；债务履行期限变更的；法律、行政法规规定变更抵押权的情形。我国《房屋登记办法》第62条规定，在建工程竣工并经房屋所有权初始登记后，当事人应当申请将在建工程抵押权登记转为房屋抵押权登记。

申请抵押权变更登记的，当事人应当提交的材料包括：不动产权属证书、抵押人与抵押权人变更抵押权的书面协议和其他证明材料。因抵押权的顺位、被担保债权的数额发生变更申请抵押权变更登记的，还应当提交其他抵押权人的书面同意文件。

三、不动产转移登记

（一）不动产转移登记的内涵外延

针对不动产物权主体的变化，法律规定了不动产物权的转移登记。其基础既可以是买卖合同等法律行为，也可以是继承等非法律行为。

具体来说既包括买卖、继承、遗赠、赠与、互换不动产等情形；也包括，以不动产作价出资（入股）的；法人或者其他组织因合并、分立等原因致使不动产权属发生转移的；不动产分割、合并导致权属发生转移的；共有人增加或者减少以及共有不动产份额发生变化的；因人民法院、仲裁委员会的生效法律文书导致不动产权属发生转移的；因主债权转移引起不动产抵押权转移的；因需役地不动产权利转移引起地役权转移的以及法律、行政法规规定的其他不动产权利转移的情形。

（二）所有权的转移登记

1. 我国的土地所有权不能在土地交易市场中转移。国家依法征收农民集体所有土地时，因国家土地所有权无须登记，故这种转移也无从办理登记。

2. 现实中的不动产所有权转移登记只适用于房屋所有权。在房屋所有权转移登记的法律基础是买卖、赠与、互易、出资等债权行为时，应由双方当事人共同提出转移登记申请，其中所有权出让人必须是不动产登记簿中记载的房屋所有权人，受让人则是债权行为的相对人。在房屋所有权转移登记的法律基础是继承、法院判决等非法律行为的其他事实时，可以由房屋所有权取得人单方提出转移登记申请。

3. 当事人在申请房屋所有权转移时应向不动产登记机构提交的材料。依《房屋登记办法》的相关规定，当事人在申请时应向不动产登记机构提交以下材料：

（1）所转移的房屋所有权的证明；

（2）符合管制形式的房屋所有权转移的基础原因事实；

（3）法律上的利害关系人的同意证明；

（4）税务部门出具的完税或者减免税证明；

（5）符合特定政策要求的材料，如经济适用房等政策房。

（6）其他必要材料。

实践中办理房屋所有权转移登记的，应当一并办理建设用地使用权的转移登记。

（三）不动产他物权的转移登记

1. 建设用地使用权的转移登记。依据《土地登记办法》第39条至第43条的规定，建设用地使用权的转移登记申请需要基于不同原因而提交不同的材料。

（1）依法以出让、国有土地租赁、作价出资或者入股方式取得的国有建设用地使用权转让的，当事人应当持原国有土地使用证和土地权利发生转移的相关证明材料。

（2）因依法买卖、交换、赠与地上建筑物、构筑物及其附属设施涉及建设用地使用权转移的，当事人应当持原土地权利证书、变更后的房屋所有权证书及土地使用权发生转移的相关证明材料。涉及划拨土地使用权转移的，当事人还应当提供有批准权的人民政府的批准文件。

（3）因法人或者其他组织合并、分立、兼并、破产等原因致使土地使用权发生转移的，当事人应当持相关协议及有关部门的批准文件、原土地权利证书等相关证明材料。

（4）土地使用权抵押期间，土地使用权依法发生转让的，当事人应当持抵押权人同意转让的书面证明、转让合同及其他相关证明材料。

2. 土地承包经营权的转移登记。土地承包经营权的转移登记为任意登记。根据《农村土地承包法》第 37 条的规定，当事人申请时应持流转合同等必要材料。

3. 地役权的转移登记。地役权的转移登记为任意登记。当事人办理地役权的转移登记需要以地役权已经办理初始登记为基础，且地役权应附于作为其基础性权利的土地承包经营权、建设用地使用权等进行转移，除非当事人特约排除该种转移的附随性。

在地役权的基础权利依法律行为而转移时，应由基础权利受让人与需役地权利人共同申请办理地役权转移登记，在地役权的基础权利非依法律行为而转移时，应由基础权利取得人单方申请。当事人申请办理地役权的转移登记，除了向不动产登记机构提交书面的申请书以外，还应提交身份证明、地役权证明、需役地权属证明、导致地役权转移的原因事实等材料。

登记机构在审查地役权的转移登记申请时，应重点把握的问题是：①地役权转让人与需役地转移前的权利人是否一致；②地役权受让人与需役地转移后的登记簿记载的权利人是否一致；③申请人与登记簿中记载的需役地权利人和供役地权利人是否一致；④转移的地役权范围与需役地转移后的登记簿记载的范围是否相符；⑤转移的地役权期限是否超过土地承包经营权、建设用地使用权等用益物权的剩余期限；⑥当事人是否约定排除地役权与土地承包经营权、建设用地使用权等的共同转让。

（四）不动产抵押权的转移登记。

凡因主债权转让而导致抵押权转让时，当事人可以持原不动产权利证明、转让协议、已经通知债务人的证明等相关证明材料，来申请抵押权的转移登记。

如果是在不动产抵押期间，不动产抵押权依法发生转让的，当事人应当持抵押权人同意转让的书面证明、转让合同及其他相关证明材料，来申请不动产抵押权的转移登记。

如果是在最高额抵押权担保的债权确定前，最高额抵押权发生转移的，当事人应持最高额抵押权担保的债权尚未确定的证明材料、最高额抵押权发生转移的证明材料，来申请最高额抵押权的转移登记。

四、不动产注销登记

不动产注销登记即涂销不动产登记簿上既有的记载，向社会公众表明既有不动产物权消灭的信息。

（一）不动产的设权性注销

依法律行为而消灭不动产物权的情形可以称为设权性注销，主要是物权人放弃权利、当事人双方约定废止权利和约定权利存续期限届至，在放弃权利的情形，可由登记权利人单方申请注销登记，在后两种情况，应由当事人双方共同申请注销登记。

（二）不动产的更正性注销

依非法律行为而消灭不动产物权的情形可以称为更正性注销，此时在登记簿中仍存续的物权实际上已消灭，该登记即为错误，注销这种登记即为更正错误登记。主要是由自然灾害等原因导致的不动产灭失、法院判决等公权力行为导致的不动产物权消灭，宜由权利人或者利害关系人单方申请。

依《房屋登记办法》和《土地登记办法》的有关规定，不动产更正性注销的申请材料应包括：原不动产物权证明；不动产物权消灭事由证明；涉及的其他权利人的同意证明。只有在当事人怠于申请时，登记机构基于掌管登记簿和维持正确登记的职责，才能在法定程序要件下注销登记：登记机构责令当事人限期申请；当事人逾期不申请的，登记机构进行注销公告；公告期满，登记机构直接注销登记。

（三）不动产嘱托注销登记

在依法收回国有土地、海域等不动产权利；依法征收、没收不动产；因人民法院、仲裁机构的生效法律文书致使原不动产权利消灭，当事人未办理注销登记等情形下，人民法院或者有关人民政府可以依法通知不动产登记机构办理注销登记，被称之为嘱托注销登记。

（四）不动产注销登记时的审查

登记机构在审查注销登记申请时，重点审查如下事项：第一，不动产物权消灭事由是否为法律行为。第二，以不动产灭失为由申请注销时不动产是否确实灭失。当事人以不动产灭失为由申请注销时，不动产是否确实灭失，在此情形下，登记机构可以实地查看，该条例第 19 条第（三）项有相关规定。第三，其他事由是否真实存在，如供役地权利人以解除地役权合同为由申请注销时，地役权合同法定解除的事由是否存在。第四，所涉及其他权利人是否同意。

而且还应注意，不动产登记被依法注销后，应当收回不动产权属证书或者不动产登记证明；确实无法收回或者当事人拒不交回的，不动产登记机构可以在登记簿上注明，并公告废止。

五、不动产更正登记

（一）不动产更正登记的概念

所谓不动产更正登记，指权利人、利害关系人或者登记机构认为不动产登记簿记载的事项有错误时，对错误事项进行更正的登记。《物权法》第 19 条第 1 款规定："权利人、利害关系人认为不动产登记簿记载的事项错误的，可以申请更正登记。不动产登记簿记载的权利人书面同意更正或者有证据证明登记确有错误的，登记机构应当予以更正。"

（二）依法可予更正的情形

根据法律的规定，可予更正的情形包括：

第一，权利人发现登记簿记载错误，并在申请更正登记时提供证据加以证实的，不动产登记机构应予以更正。

第二，登记簿记载的权利人以外的利害关系人提出更正登记。如系登记簿记载的权利人以外的利害关系人，譬如，主张自己才是不动产真正的所有权之人提出更正登记，当然只有在不动产登记簿记载的权利人书面同意之时，登记机构才能予以更正。因为，如果登记簿记载的权利人不同意更正，则说明在当事人之间存在有关不动产权利归属的争议，而此争议属于司法管辖的范围，登记机构并非司法机关，不宜直接对争议作出裁决从而自行决定是否进行更正。

第三，登记机构如果有证据证明登记确有错误的可自为更正。此时，不受登记簿记载的权利人是否同意的限制。

《房屋登记办法》第75条第2款规定，办理更正登记期间，权利人因处分其房屋权利申请登记的，房屋登记机构应当暂缓办理。《土地登记办法》第56条和58条、《房屋登记办法》第74条和75条、《水域滩涂养殖发证登记办法》第14条均有不动产更正登记的相关规定。

六、不动产异议登记

（一）不动产异议登记的内涵外延

所谓异议登记，指登记机构将利害关系人对不动产登记簿登记事项的异议记载在登记簿上的行为。《物权法》第19条第2款规定："不动产登记簿记载的权利人不同意更正的，利害关系人可以申请异议登记。登记机构予以异议登记的，申请人在异议登记之日起十五日内不起诉，异议登记失效。异议登记不当，造成权利人损害的，权利人可以向申请人请求损害赔偿。"

依此规定，异议登记发生于利害关系人要求对登记簿进行更正登记而登记簿上的权利人不予同意的情形。异议登记一经完成，即可对抗现时登记的权利的正确性，即中止不动产登记权利正确性推定的效力和公信力效力，从而使第三人无从主张根据登记的公信力善意取得不动产物权。

（二）异议登记是一种临时性保护措施

登记机构在进行异议登记之后，申请人应在异议登记之日起 15 日内向人民法院提起诉讼，要求确认自己在不动产上的物权。逾期不起诉的，异议登记失效。之所以作此限制，是因为申请人在异议登记之日起 15 日内不起诉，表明他不积极行使其权利，法律没有特别加以保护的必要，也避免进一步影响登记簿记载的权利人的利益和正常的交易秩序。

异议登记申请人在登记机构进行异议登记之日起 15 日内提起了诉讼，则异议登记将继续保持其效力，直至法院作出生效的判决；如果异议申请人败诉，则申请人或登记簿记载的权利人可申请注销异议登记，权利人因此遭受损失的，如交易机会的丧失，可以向异议申请人要求损害赔偿；如果异议申请人胜诉，即法院判决申请人是真正的不动产权利人，则登记机构可根据生效的司法文书或协助执行通知书等进行更正登记。

我国《土地登记办法》第 60 条和 61 条、《房屋登记办法》第 76 条和 78 条以及 79 条都有关于异议登记的规定。

七、不动产预告登记

我国《物权法》第 20 条规定："当事人签订买卖房屋或者其他不动产物权的协议，为保障将来实现物权，按照约定可以向登记机构申请预告登记。预告登记后，未经预告登记的权利人同意，处分该不动产的，不发生物权效力。预告登记后，债权消灭或者自能够进行不动产登记之日起三个月内未申请登记的，预告登记失效。"

（一）不动产预告登记的功能

不动产预告登记的功能在于，通过不动产登记簿上的记载，使一项旨在引起不动产物权变动的债权请求权获得某些物权的效力，进而使该债权获得保全，其必要性产生于债权的平等性和非排他性。

（二）不动产预告登记的效力

债权一经预告登记即具有否定其后于债权标的物上成立的物权的效力，未经预告登记的权利人同意，出卖人或转让人处分该不动产的，将不发生物权变动的效力。

例如，买受人甲就其请求开发商乙转移 A 商品房所有权的债权办理了预告登记之后，开发商乙把 A 商品房出卖于丙或抵押于丁银行，即使办理了过户登记手续或抵押登记手续，也不发生 A 商品房所有权的转移，A 商品房抵押权也不设立。

（三）不动产预告登记对其保全的债权具有附随性

不动产预告登记随债权状态的改变而变动：当债权转让或消灭时，预告登记随之转让或消灭；并且，自能够进行不动产登记之日起 3 个月内未申请登记的，预告登记亦失效。同时，一旦预告登记的权利人不按照债权债务关系的要求适当履行义务，登记义务人就有权提出抗辩，只要该抗辩有效成立，预告登记保全的请求权就无从实现，预告登记也因此失去应有的效力。

不动产买卖、抵押；商品房等不动产预售；以预售商品房等不动产设定抵押权等情形可以由当事人按照约定申请不动产预告登记，《房屋登记办法》第 70～73 条详细规定了预购商品房预告登记、预购商品房抵押权预告登记、房屋所有权转移预告登记、房屋抵押权预告登记等情形下应当提交的各项材料。

八、不动产查封登记

（一）不动产查封登记之内涵外延

不动产查封登记在我国《物权法》中没有明确规定，属于民事强制执行的一种措施。

不动产查封登记是为了保全债权人执行名义所载债权的实现而对债务人对执行标的物的处分权进行的限制，法院是有权查封的主体。查封限制了处分权人对自己权利的处分，无论对特定的处分权人还是不特定的处分权人，均利害攸关，为了表达这种重要信息，针对不动产的查封可以登记，此即查封登记。未经登记的查封不得对抗其他的已经登记的查封。

（二）查封登记应当以已办理权属登记的权利为基础

查封登记具有限制登记的特点。查封登记应当以已有的权利登记为基础，未被登记的不动产权利可以被查封，但无从为查封登记。

如《土地登记办法》第65条规定，对被执行人因继承、判决或者强制执行取得，但尚未办理变更登记的土地使用权的查封，国土资源行政主管部门依照执行查封的人民法院提交的被执行人取得财产所依据的继承证明、生效判决书或者执行裁定书及协助执行通知书等，先办理变更登记手续后，再行办理查封登记。

（三）我国针对未办理权属登记的不动产权利有预查封

其效力与查封等同，登记机构也可由此办理预查封登记，但在我国登记簿物的编成机制下，这种规定在实务中的操作实难想象，不如对此类不动产采用通知权利人、管理人或者占有人，并在显著位置张贴公告的方式予以查封来得更为实际。

为妥当保护债务人的利益，还可根据实际查封的不同价值，查封不动产的全部或部分。当然，如果查封登记的对象已经转移给他人，并完成登记，即不能再为查封登记；同一不动产权利在查封登记后，其他法院再嘱托查封登记的，登记机构只能为之办理轮候查封登记，并书面告知该不动产权利被查封的事实及查封的有关情况。

（四）查封登记效力具有相对性

只要债务人针对查封登记的不动产权利所为的转让、抵押、出租等转移、设定权利负担等行为有碍债权保全或者实现，该行为就不得对抗债权人。而债务人所为的无碍债权的行为仍然有效。同时查封登记应规定一定的期限。

《土地登记办法》第63条和67条，最高人民法院《关于人民法院民事执行中查封、扣押、冻结财产的规定》等均有少许关于查封登记的规定。

☑ 裁判要旨

一般情况下，房屋登记机构基于债务人的意思表示，为债务人办理房屋转移登记，债权人的债权可以通过债务人转让房屋所获对价得到清偿，不影响其债权的实现，故认为债权人在房屋转移登记案件中一般不具有原告的诉讼主体资格。最高人民法院《关于审理房屋登记案件若干问题的规定》第4条中规定了四种债权人具有原告诉讼主体资格的情形，但并未排除其他一定情况下的债权人也可以具有原告的诉讼主体资格。房屋登记机构为债务人办理房屋转移登记，在债务人下落不明，债权人无法通过其他途径获得债权清偿，其实际占有使用的涉案房屋也因被诉的登记确权行为而必须迁让的情形下，若否认其行政诉讼的原告资格，债权人的合法权利将得不到救济。此种情形下，房屋登记机构做出的涉案房屋登记行为必然会对债权人的权利义务产生影响，债权人与被诉的具体行政行为之间具有法律上的利害关系，根据最高人民法院《关于执行〈中华人民共和国行政诉讼法〉若干问题的解释》第12条的规定，债权人应当具有原告诉讼主体资格。

☑ 典型案例一

江苏天客贸易有限公司诉南京市住房和城乡建设委员会房屋行政登记案——房屋转移行政登记案件适格原告的认定[1]

🔍 案情 简介 ▸▸▸

原告江苏天客贸易有限公司（以下简称天客公司）诉称：1996年9月25日，原告与天宇新公司签订《南京市外销商品房房屋买卖

---

〔1〕 "江苏天客贸易有限公司诉南京市住房和城乡建设委员会房屋行政登记案"，载《人民法院案例选》2013年第4辑。

契约》，约定原告向天宇新公司购买坐落于本市正洪街18号18层的B、C、F座房屋，合同签订后，原告向天宇新公司支付了购房款102万元。

由于原告此后又向天宇新公司购买了正洪街18号26层其他房屋，为了能够将26层整层房屋买下以方便使用，原告于1997年4月23日又与天宇新公司达成《协议书》，约定将原告购买的18层B座调整至26层B座，房屋价款不变。

协议签订后，该26层B座房屋交付原告使用至今。因天宇新公司涉嫌刑事犯罪，该公司一直无人办公，2006年该公司又被吊销了营业执照，原告一直无法联系天宇新公司办理涉案房屋登记。2009年7月21日，殷余林等人到原告处称上述房屋系其所有，原告才知道被告已经于2009年3月为中信银行南京分行办理了正洪街18号26层B座房屋的产权证。

之后中信银行南京分行又将该房屋拍卖给殷余林，被告于2009年7月为殷余林办理了产权证。原告得知上述情况后，向法院提起民事诉讼，南京市中级人民法院于2010年11月22日作出（2010）宁民终字第4380号民事判决书，确认拍卖违法，中信银行南京分行与殷余林关于正洪街18号26层B座房屋的买卖无效。

原告查阅中信银行南京分行在被告处办理房产证的资料；发现档案材料中信银行南京分行提交的资料根本不真实，且不完整，完全不符合法律规定的办理房屋产权证的要件。而被告在知道该房屋存在纠纷的情况下，亦未了解房屋实际情况，就给中信银行南京分行发放了产权证。

原告认为，原告购买了正洪街18号26层B座房屋并支付了购买款，且已经合法使用该房屋十几年，人民法院的生效判决也已经确认了原告合法购买和合法占有该房屋的事实，原告与被诉具体行政行为具有法律上的利害关系，是本案的适格主体；中信银行南京分行单方面申请办理该房屋的产权证，不符合相关法律规定，被告在中信银行南京分行不具备办证条件的情况下，违法向中信银行南京分行发放产权证，损害了原告的合法利益。为此原告提起行政诉讼，请求判决确认被告向中信银行南京分行颁发白转字第314388号房屋产权证的具体行政行为违法。

被告南京市住房和城乡建设委员会（以下简称南京市住建委）辩称：（2009）白民四初字第817号民事判决书及（2010）宁民终字第4380号民事判决书已查明一切矛盾的起因均系天宇新公司一房二卖，但当前我国民事立法采用的是债权形式主义的物权变动模式，即当事人之间存在有效的债权合同并办理了交付或者登记手续，才能产生物权变动的法律效果。出卖人将商品房数次出卖所签订的合同，不违反法律的禁止性规定，均应当是有效的合同。

在此情形下，登记机构依申请原则为先申请登记手续的买受人办理权属登记是符合法律规定的。本案原告未办理房屋权属登记虽有多种原因，但与登记机构无关。被告认为，根据最高人民法院《关于执行〈中华人民共和国行政诉讼法〉若干问题的解释》第12条的规定，适格原告应当与被诉具体行政行为存在法律上的利害关系，否则不具有原告诉讼主体资格。

本案原告虽持有购房协议和付款发票等与正洪街18号26层B座房屋在民事法律关系上存有事实上利害关系的材料，但这仅属债权债务上的利害关系。根据我国《物权法》的规定，原告对该房屋物权的归属存有争议，应请求确认权利，待物权得以确认后再向登记机构申请异议登记以获得登记制度保护，在此之前原告与房屋登记在"法律上"不存在利害关系。否则，债权人以侵犯了自己的债权为由均可任意提起行政诉讼。原告与中信银行南京分行以及天宇新公司之间的民事法律关系应按最高人民法院《关于审理商品房买卖合同纠纷案件适用法律若干规定的解释》的规定，通过民事途径予以解决，并非本案行政诉讼理涉范畴。原告与天宇新公司之间的债权债务关系与房屋登记不具有行政法律上的利害关系，也不符合最高人民法院《关于审理房屋登记案件若干问题的规定》第4条规定的情形，本案中，原告不具备主体资格。请求法院依法驳回原告的起诉。

第三人中信银行南京分行述称：1995 年 11 月 22 日，该行与天宇新公司签订借款协议，同时签订了宁房买卖契字 9501704 号商品房买卖契约，并于 1995 年 11 月 30 日办理了鉴证手续。契约约定，天宇新公司将其开发的位于本市正洪街 18 号 26 层 B 座的房产出售给该行，但该行未向天宇新公司支付购房款。依据上述协议和商品房买卖契约的约定，其在天宇新公司未能履行还款义务时取得了该房屋的产权。2001 年 9 月 20 日，其与天宇新公司签订了"协议书"，约定天宇新公司授权其对该房屋进行全权处理并由天宇新公司出具了相关委托手续。其依据相关规定对该房屋进行登记申请并依法取得了产权证，完全符合法律规定。原告如果认为该房屋应归其所有，应首先通过民事诉讼确认其对该房屋拥有所有权，然后才能以利害关系人的身份通过行政诉讼撤销房屋登记。在没有依法确认原告与该房屋有利害关系的情况下，原告不具备本案的诉讼主体资格。

综上所述，请求法院依法驳回原告的起诉。

审理判析▸▸▸

法院经审理查明：1995 年 11 月 30 日，南京天宇新股份有限公司（以下简称天宇新公司）与中信银行股份有限公司南京分行（以下简称中信银行南京分行）签订《南京市商品房买卖契约》，并经南京市房地产市场管理处鉴证，约定将正洪街 18 号东宇大厦第 27 层、28 层、29 层 B 座出售给中信银行南京分行。2004 年 3 月 11 日，双方解除第 27 层、28 层的房产买卖关系，仍保留第 26 层 B 座的房产买卖关系，并在买卖契约上注明且在注明的文字上加盖了南京市房地产市场管理处商品房买卖契约登记专用章。

1996 年 9 月 25 日，天宇新公司又与原告签订《南京市外销商品房买卖契约》，约定由原告购买东宇大厦 18 层 B、C、F 座房屋。1996 年 10 月 30 日，原告向天宇新公司支付了购房款 102 万元。1997 年 4

月23日，原告与天宇新公司签订《协议书》，约定将原告与天宇新公司于1996年9月25日签订的《南京市外销商品房买卖契约》中的东宇大厦18层B、C、F座调换成26层B座，鉴于原告已对18层B座进行了装修，且已一次性付清房款，调换后的房款总价102万元不变，原告拥有的房屋面积为248.7平方米。

协议签订后，原告入住东宇大厦26层B座至今。2009年3月17日，中信银行南京分行向被告南京市住房和城乡建设委员会（以下简称市住建委）提出东宇大厦26层B座房屋所有权登记申请。2009年4月8日，被告向中信银行南京分行颁发了白转字第314388号房屋所有权证，将正洪街18号26层B座、建筑面积为253.1平方米的房屋所有权人登记为中信银行南京分行。2009年6月，中信银行南京分行将涉案房屋拍卖并过户，白转字第314388号房屋所有权证被收回涂销。后天客公司就该拍卖提起民事诉讼；该拍卖因程序违法被撤销，涉案房屋又重新过户至中信银行南京分行名下，被告又重新向中信银行南京分行颁发了该房屋的所有权证。

江苏省南京市白下区人民法院于2011年7月13日作出（2011）白行初字第10号行政判决：确认被告市住建委向第三人中信银行南京分行颁发白转字第314388号房屋所有权证的具体行政行为违法。

宣判后，被告南京市住建委和中信银行南京分行均不服，向江苏省南京市中级人民法院提起上诉。南京市中级人民法院于2011年12月12日以同样的事实作出（2011）宁行终字第100号行政判决，对一审判决予以维持。

法理研究 ▸▸▸

本案是因一房二卖引发的行政纠纷，各方当事人争议的焦点在于：首先，天客公司在未办理房屋产权登记的情况下，作为债权人，是否具有原告诉讼资格；其次，对房屋所有权登记行为如何进行司法审查。

一、天客公司是否具有原告主体资格

在房屋登记机构基于债务人的意思表示为债务人办理房屋转移登记的情形下，因债务人通过转让房屋可获对价，该对价可以清偿债务，债权人的权利并不因房屋所有权登记行为的发生而受到影响，故债权人与房屋管理机关做出的房屋登记行为之间不具有《行政诉讼法》上所规定的"法律上利害关系"，没有对房屋登记提起行政诉讼的主体资格。

考虑到特殊债权人的权利保护，最高人民法院在《关于审理房屋登记案件若干问题的规定》（法释〔2010〕15 号）第 4 条中，对房屋转移登记中债权人的起诉资格以示范性列举的方式作出了规定。

对于在本案中如何适用最高人民法院该条司法解释，法院内部存在意见分歧。第一种意见认为，为保护天客公司的合法权利，应当赋予其原告主体资格。第二种意见认为，最高人民法院的司法解释中，只有特殊债权人才有原告主体资格的观点是非常明确的，本案并不符合该司法解释第 4 条规定的为债务人办理房产转移登记的情形，天客公司不是特殊债权人，故不具有原告主体资格。

二审法院最终采纳了第一种意见，主要是考虑司法的目的在于使受到损害的权利得到救济，现实生活纷繁复杂，如果一概否认债权人的行政诉讼原告主体资格，就会使部分债权人的权利无法得到救济。对此，最高人民法院行政庭也在一些场合强调，该司法解释第四条并非是完全列举，只是把司法实践中已经形成共识的四种情形先进行明确，并不排斥在实践中继续探索。

本案中，天客公司、中信银行南京分行均与天宇新公司签订了房屋买卖契约，天客公司全额支付了正洪街 18 号东宇大厦 26 层 B 座房屋的房款，并自 1997 年起一直实际占有、使用该房屋。后天客公司、中信银行南京分行均未能办理产权登记，涉案房屋的权属仍属于天宇新公司所有，天客公司和中信银行南京分行同为债权人，均可对该房屋主张权利，在天宇新公司没有其他财产的情况下，天客公司和中信银行南京分行的债权均可通过变卖该房产获得清偿。我国《物权法》规定，不动产物权的设立、变更、转让和消灭经依法登记发生效力，南京市住建委将涉案房屋所有权登记在中信银行南京分行名下并为其颁发所有权证的具体行政行为将使涉案房屋确定为中信银行南京分行所有。因天宇新公司下落不明，天客公司无法以天宇新公司其他财产或转让涉案房屋所获取的对价清偿其债权，其实际占有使用的涉案房屋也将因被诉的登记确权行为而必须迁让，天客公司对涉案房屋的占有使用及对天宇新公司的债权等权利均因被诉具体行政行为的发生而受到损害。

如果否认天客公司的行政诉讼原告主体资格，其受损的合法权利将无从得到救济。因此，市住建委做出的涉案房屋登记行为必然会对天客公司的权利义务产生影响，根据《中华人民共和国行政诉讼法》第2条的规定，天客公司与被诉的具体行政行为之间具有法律上的利害关系，应当具有原告诉讼主体资格。

二、房屋登记行为的合法性审查

目前，关于房屋转移登记方面的法律法规较多，在程序方面，《房屋登记办法》对申请登记方式、申请材料的提交及房屋登记机关办理登记的流程均有明确的要求。

审查房屋登记行为是否合法，主要是对申请人及申请方式是否符合规定、提交的申请材料是否齐备、房屋登记机关是否已经恪尽审查义务、办理程序是否合法等进行审查。如果转移登记符合规定或仅存些许瑕疵但不影响整体的合法性，则房屋登记行为应当得到支持。

本案中，对被诉房屋登记行为是否合法的争议点在于，中信银行南京分行的登记申请是单方申请还是双方申请，提交的材料是否完备。天客公司认为，中信银行南京分行的登记申请是单方申请，一审判决支持了原告的观点。中信银行南京分行则认为，其提出的申请有天宇新公司的授权，为双方申请，一审法院认定事实错误。

根据《房屋登记办法》第 12 条的规定，申请房屋权属登记可以分为双方共同申请和单方申请两种情况。除《房屋登记办法》第 12 条第 2 款及第 36 条规定的情形可以单方申请外，一般情况下房屋所有权登记均应由有关当事人双方共同提出申请。

根据上述规定，中信银行南京分行申请涉案房屋所有权登记不属于《房屋登记办法》规定的可以单方申请登记的情形，涉案的登记申请只能是双方申请。因行政诉讼中，被诉行政行为的合法性须由被告举证证明，被告市住建委提交的证据显示，《南京市房屋权属登记申请书》中没有转让方天宇新公司的签章，登记材料中也没有天宇新公司出具的授权委托材料，因此，市住建委提交的证据不能证明房屋权属转移登记由天宇新公司与中信银行南京分行共同申请，不符合《房屋登记办法》关于双方申请房屋所有权转移登记的规定。

因此，市住建委为中信银行南京分行办理房屋所有权登记并颁发产权证的行为没有法律依据。

☑裁判要旨

在物的归属关系的确认之诉中，不动产权属证书仅具有初步的证明作用。依据物权法的相关规定，不动产登记簿是确定不动产物权归属和内容的根据，不动产权属证书仅是其外在的表现形式。并且，即便是不动产登记簿中的登记，也仅仅具有权利公示推定的证据效力，在有相反证据的情况下，法院应当综合审查所有相关证据，确认其真伪，判断各证据证明力的大小，依据优势证据原则确认物权的最终归属。

☑ **典型案例二**

殷领娣不服温县国土资源局核发土地证书案[1]

🔍 **案情**简介▶▶▶

1994年3月4日，殷领娣之夫段印安以自己的名义在温县岳村乡三家庄村南取得土地一块，面积210平方米，1994年冬季开始建私房，1996年后半年将房建成。在段印安建房期间，温县清查干部职工建私房办公室查到段印安建房没有合法用地手续，即责令段印安补办有关用地手续。段印安在按规定补办了有关用地手续后，温县人民政府于1996年6月27日给段印安颁发了国有土地使用证。

房屋建成后，段印安未领取房屋所有权证书。1998年3月12日，段印安给其胞弟段哲安出具证明一份，称其建房所用款项、物资是段哲安所安置，同意将原证主"段印安"更改为其弟"段哲安"。段哲安持该证明到温县土地管理局请求办理土地使用权变更登记。温县土地管理局在填土地登记审批表时将"变更"二字划掉，留下"初始"两字。经初审合格，同意登记，并于1998年5月20日将该宗土地的使用权变更为"段哲安"，同日报温县人民政府批准。

温县人民政府于1998年5月15日起草温政土（1998）17号关于对段印安土地使用权变更为段哲安使用的批复，并于1998年7月17日下发。段印安于1998年6月15日病故，县政府的批文未送达段印安本人或其家属。殷领娣于1998年8月5日向法院提起行政诉讼，要求撤销温县土地管理局将段印安为使用者的国有土地使用证变更为段哲安的行政登记行为。

法院经审查认为，温县土地管理局在给段哲安办理土地使用登

---

[1] 参见 http://www.fawuzaixian.com/wenku/view/id/703934/view/anli/hw/QkA=/item/，访问日期：2014年12月18日。

记过程中，将变更登记改为初始登记，并按初始登记进行调查、登记、审核、使用已废止的《土地登记规则》办理变更登记，属事实不清，程序违法，适用法律法规错误。

法院作出（1998）温行初字第47号行政判决，撤销了温县土地管理局关于段印安的国有土地使用证变更为段哲安的行政登记行为。焦作市中级人民法院的（1998）焦行终字第60号行政判决，维持了法院的一审判决。后殷领娣与段哲安、段小引因该房产发生纠纷，殷领娣向法院提起民事诉讼。审理过程段哲安对温县人民法院的行政判决及焦作市中级人民法院的二审判决不服，向焦作市中级人民法院申诉，法院裁定中止了殷领娣与段哲安、段小引的房产纠纷诉讼。焦作市中级人民法院再审判决维持了温县人民法院的一审及焦作市中级人民法院的二审行政判决。

2001年5月26日，段哲安向温县土地管理局申请，要求恢复其土地使用权，同年6月8日，段哲安向温县土地管理局提出更正申请，要求对其合法使用的土地进行更正登记。温县土地管理局经调查核实后，依据段印安出具的证明，段印安与段哲安签订的土地使用权变更协议及温县人民政府温政土（1998）17号文件，认定段印安申请该宗土地权属合法，来源清楚，四至界限清楚，其申请的变更手续齐全，符合变更登记条件，准予更正登记，建议温县人民政府为段哲安核发新证，并于2001年9月28日报温县人民政府批准，温县人民政府为第三人核发了温国用（2001）字第000146号国有土地使用证。

2002年1月27日，段哲安持该证到温县房产管理局领取了房屋所有权证书。原告殷领娣不服，于2001年10月26日向法院提起了行政诉讼，要求撤销温县土地管理局的土地登记行为及温县人民政府为段哲安颁发的国有土地使用证。

诉讼中，原告殷领娣以起诉未经过复议程序为由，申请撤回起诉，法院裁定准许原告殷领娣撤回起诉。后殷领娣向焦作市人民政府递交了复议申请书，焦作市人民政府在法定期限内未做出复议决定，殷领娣于 2002 年 6 月 20 日向温县人民法院提起行政诉讼，要求撤销土地管理部门的土地登记行为及政府为段哲安颁发的国有土地使用证。

🔍 **审理**判析 ▸▸▸

温县人民法院经审理认为：原告之夫段印安所持温县人民政府 1996 年 6 月颁发的国有土地使用证载明土地用途为住宅用地，且当时房屋已建成，但其未办理房屋产权证书。段印安给第三人出具的证明材料及土地使用权转让协议从表面上看是依法转让土地使用权的行为，但其实质是转让地上建筑物一并转移土地使用权的行为，参照《土地登记规则》第 37 条第 1 款之规定："涉及房产变更的在房产变更登记发证后 15 日内，持转让合同或者协议，土地税费缴纳证明文件和原土地证书等申请变更登记。"

本案中，原告殷领娣作为段印安的妻子于 1998 年对温县土地管理局将该案土地使用者由段印安变更为段哲安的土地登记行为不服，向法院提起诉讼，涉及该案土地上的房屋究竟是原告夫妻的共同财产还是第三人所有的房产纠纷，未能确认，温县土地管理局的登记行为被法院判决撤销后，理应在房屋权属被确认后依照有关法律规定行使职权，但被告温县国土资源局却无视原告和第三人房产纠纷的存在，依照第三人的申请，实施了将该宗土地的使用者由段印安变更为段哲安的土地登记行为，导致温县人民政府为第三人段哲安颁发了国有土地使用证，此次纠纷，被告温县国土资源局应负主要责任。

综上，被告温县国土资源局的土地登记行为事实不清，主要证据不足，违反法定程序，且适用法律、法规错误，依法应予撤销，被告温县人民政府为第三人段哲安核发的温国用（2001）字第 000146 号国有土地使用证也应依法予以撤销。被告温县人民政府为第三人核发了国有土地使用证后，原告在法定期限内向法院提起诉讼，因未经复议，原告主动撤回了起诉，后原告向焦作市人民政府申请复议，焦作市人民政府在法定期限内未予答复，原告向法院提起诉讼，因此，原告对二被告的行为未放弃诉权，原告的起诉未超过起诉期限，原告要求撤销二被告的具体行政行为，应予支持，但原告要求被告赔偿经济损失 1000 元，不符合《中华人民共和国国家赔偿法》规定的赔偿范围，不予支持。依照《中华人民共和国行政诉讼法》第 54 条第 2 项第 1、2、3 目，参照最高人民法院《关于执行〈中华人民共和国行政诉讼法〉若干问题的解释》第 56 第 4 项之规定，该院于 2002 年 8 月 12 日作出判决：撤销被告温县国土资源局将原告爱人段印安的土地使用证变更为第三人段哲安的变更登记行为；撤销温县人民政府为第三人段哲安核发的温国用（2001）字第 000146 号国有土地使用证。驳回原告要求被告赔偿 1000 元的诉讼请求。案件受理费 100 元，其他诉讼费用 310 元，共计 410 元，由被告温县国土资源局负担。

一审宣判后第三人段哲安不服向河南省焦作市中级人民法院提出上诉称：①温县国土资源局的土地使用权变更登记，完全是依照段印安生前所签署的文件进行的，其主要原因是支付土地使用费，购买建房材料的现金，都是由我实际支付的，只是因段印安人熟，就办成段印安的名字；②段印安、段哲安的证词是基本的证据，还有诸多的原始书证予以佐证，说本案证据不足不对；③我与我哥的行为不是转让是变更，因为这就是我的，只是我哥代办的，房是我一手出钱盖好的，从 1996 年住到现在；④《土地登记规则》第 37 条第 1 款规定不适用本案，我的房产一不需要变更，二也没有搞过房产登记，所以也无法变更登记；⑤原来的判决始终未谈到房屋权属纠纷；⑥一审判决认为殷领娣未放弃诉权是毫无根据的。

被上诉人温县人民政府答辩称：①一审判决认定未超过起诉期限不对，且判决第一项无任何意义；②土地使用权变更过程中，我们是依法进行的，变更结果是合法有效的；③一审法院认为，变更行为属于转让地上建筑物，一并转移土地使用权的行为，并由此认定变更土地使用权程序违法是不正确的；④一审认定是按照初始登记程序进行的是不正确的。

被上诉人温县国土资源局答辩意见和温县人民政府一致。

被上诉人殷领娣答辩称：①政府在不做出复议决定，不履行职责时并未告知殷领娣诉讼期限；②在转让土地使用权时，地上附着物已经形成，是殷领娣全家共同建成，虽然未办理房产证，但上诉人是以胁迫方式取得段印安证明而申请变更土地登记的。殷领娣是住宅共同使用人，即是土地共同使用人。

焦作市中级人民法院经审理认为：根据国家土地管理局《关于变更土地登记的若干规定》的通知（〔1993〕国土〔籍〕字第33号）第5条"土地权属变更登记申请经土地管理部门审核，符合规定要求的，报人民政府批准后进行注册登记"，以及《中华人民共和国土地管理法》第11条"单位和个人使用的国有土地，由县级以上人民政府登记造册，核发证书，确认使用权"的规定，对当事人产生效力的是政府的发证行为，温县国土资源局的准予变更使用权者为段哲安的登记行为，只是履行其作为职能部门的具体审核职责，该行为对外既无表现形式，也不产生效力，不构成具体行政行为，故殷领娣对温县国土资源局的起诉应予驳回。

本案中，争议土地是以段印安的名义取得的，用途是住宅，房产也于1996年在该争议土地上建成，并且段印安也于1996年取得了国有土地使用证，因此，争议土地原属段印安取得，房产也是在其取得土地使用权的土地上所建是毫无异议的，在土地上已有房产存在的情况下，段印安1998年所出的证明材料及土地使用权转让协议，实质是转让地上建筑物一并转让土地使用权的行为，而争议土地是段印安夫妻关系存续期间取得的，该房产也是在其夫妻关系存续期间所建，而在殷领娣已对该房产提出异议，房产权属纠纷仍未解决的情况下，温县人民政府为段哲安核发国有土地使用证是错误的，应予撤销。殷领娣要求赔偿1000元经济损失依据不足，不予支持。殷领娣在向焦作市人民政府申请复议而复议机关未予答复的情况下，于 2002 年 6 月 21 日提起诉讼并未超过法定起诉期限。

综上，一审判决撤销温县人民政府为段哲安核发的温国用（2001）字第 000146 号国有土地使用证和驳回殷领娣要求赔偿 1000 元的诉讼请求是正确的，应予以维持，但一审判决撤销温县国土资源局将段印安的土地使用证变更为段哲安的变更登记行为不当，应当驳回殷领娣对温县国土资源局的起诉。段哲安的上诉请求缺乏依据，不予支持。依照《中华人民共和国行政诉讼法》第 61 条第（二）项的规定，该院于 2002 年 11 月 5 日作出如下判决和裁定：判决撤销温县人民法院（2002）温行初字第 10 号行政判决第一项；判决维持温县人民法院（2002）温行初字第 10 号行政判决第二、三项；裁定驳回殷领娣对温县国土资源局的起诉。

一审诉讼费用 410 元，殷领娣承担 100 元，温县人民政府承担 310 元；二审案件受理费 100 元，其他费用 30 元，共 130 元由段哲安承担。

🔍 **法理** 研究▸▸▸

本案主要涉及两个问题：

一、土地局的土地登记行为是否可诉

所谓土地登记是法定土地登记机关依照规定程序将土地的权属、用途、面积、等级、价格等情况记录于专门簿册的一种法律行为。土地登记在我国简单地说就是对土地登记注册和颁发证书。根据原国家土地局颁布的《土地登记规则》第 4 条和第 19 条的规定，土地登记注册工作由县级土地管理部门负责，县级人民政府审核后颁发土地证书。

结合本案的情况，殷领娣申请土地局办理土地变更登记手段，是在封闭状态下进行的，土地局实施登记行为的一整套手续既未向行政相对人送达，也未向外界公布，对行政相对人不产生任何效力；

殷领娣对土地局土地登记行为不服提起的诉讼没有实际意义，而对殷领娣权益产生影响的是县政府的发证行为，因此，法院依照最高人民法院《关于贯彻执行〈中华人民共和国行政诉讼法〉若干问题的解释》第 1 条第 6 项之规定，裁定驳回殷领娣对县土地局的起诉是正确的。

二、段哲安与段卯安达成的土地使用权转让协议能否作为办理土地使用权变更登记的依据

要想弄清楚这个问题，首先必须正确认识《土地登记规则》第 37 条第 1 款第 1 项规定的土地使用权的概念及转让条件。土地使用权，从其字面意义上说，是指非土地所有人对他人的土地享有的利用土地的权利。但根据我国的《城市房地产管理法》及《城镇国有土地使用权出让和转让暂行条例》之规定，土地使用权有着特定含义，一般仅指土地使用人依法享有的对国有土地的开发、利用、经营的权利。土地使用权的取得有两种方式，一是通过出让方式取得；二是通过划拨方式取得。通过出让方式取得的土地使用权的使用者只要履行了土地使用权出让合同中的相应义务，即可转让该土地使用权；而通过划拨方式取得的土地使用权若转让，需先由土地使用人通过与国有土地管理部门签订土地使用出让合同，交纳土地出让金。

关于土地使用权转让时依附于土地上的房屋及其他建筑物是否随之转移的问题，我国民法长期确认的原则是所谓"地随房走"的原则。《城镇国有土地使用权出让和转让暂行条例》的颁布，使"地随房走"的原则受到了挑战，这就形成了究竟应采用"房随地走"原则还是应采用"地随房走"原则的争议。然而，无论采用哪一项原则，有一点是非常明确的，即我国立法认为房屋和土地的权利不可侵害，所以 1994 年颁布的《城市房地产管理法》回避了这两个原则的争议，规定了房地产不可分离的原则。确认这一原则，的确有利于对房地产的统一管理，并有利于减少因土地和房屋分离而引起的交易中的各种纠纷。本案中，殷领娣取得的土地是经县政府划拨

方式取得的，且其使用的土地上房屋已经建成。段印安之妻殷领娣在得知段哲安向土地管理部门申请办理土地变更登记这一事实后，向土管部门提出异议，且殷领娣与段哲安的房屋权纠纷正在法院诉讼之中，因此，县土地管理部门不能仅依据段哲安与段印安之间达成的土地使用权转让协议为段印安办理土地使用权变更登记，温县人民政府为段印安核发国有土地使用证的行为是错误的，依法应予撤销。

☑裁判要旨

根据《行政诉讼法》的相关规定，公民、法人或者其他组织认为行政机关和行政机关工作人员的具体行政行为侵犯其合法权益的，有权依照本法向人民法院提起诉讼。只有行政机关做出的具体行政行为方有可诉性。而具体行政行为是指行政机关行使行政权力，对特定的公民、法人和其他组织做出的有关其权利义务的单方行为，具体可分为：设定权利或者义务的行为；剥夺、限制权利或者撤销义务的行为；变更权利或者义务的行为；不作为。行政机关收取相对人商品房项目初始登记所提交的相关材料并出具收件收据的行为，是一种确认和证明行为，并没有设立相对人的权利与义务，因此不是可诉的具体行政行为。

☑典型案例三

陈海松等二十人诉厦门市国土资源与房产管理局房屋权属案[1]

◎案情简介▸▸▸

同安区人民法院经审理查明：厦门市国土局所属厦门市房地产交易权籍登记中心同安工作站于 2008 年 2 月 27 日收取毅达公司就

---

[1] "陈海松等二十人诉厦门市国土资源与房产管理局房屋权属案"，载 http://www.pkulaw.cn/fulltext_ form.aspx? Db = pfnl&Gid = 117954401&Encoding Name = .

"毅达城市广场"进行项目初始登记的资料，并出具收件收据一份，后于 2008 年 7 月 7 日向毅达公司就同一项目补充提交的材料再次出具收件收据一份。

原告诉称：原告二十户业主分别于 2003 年至 2005 年期间，向第三人毅达公司购买了其开发的"毅达城市广场"项目内的商品房，根据双方所签《商品房买卖合同》的约定，毅达公司应在商品房交付使用后的 365 天内，将办理权属登记需由其提供的资料报产权登记机关备案，如因毅达公司的责任，致使原告不能在规定期限内取得房地产权属证书，则毅达公司应向原告支付相应违约金。后毅达公司未在合同约定的期限内履行向权属登记机关办理"毅达城市广场"项目商品房产权初始登记义务，导致原告不能及时办理所购商品房的房地产权属证书。原告向毅达公司索赔逾期办证违约金时，毅达公司却声称其早在 2008 年 2 月 27 日即已取得被告厦门市国土局所属的厦门市房地产交易权籍登记中心同安工作站（以下简称权籍中心同安工作站）出具的"毅达城市广场"项目的初始登记收件收据（以下简称项目初始登记收件收据），并以此认为其无须向原告支付 2008 年 2 月 27 日之后的逾期办证违约金。

原告认为，"毅达城市广场"因存在私改规划、违规超建等问题，在 2008 年 2 月 27 日根本不具备申请办理项目初始登记备案的条件和标准，被告所属的权籍中心同安工作站却违反法律规定的条件、标准和程序，违法向该公司出具项目初始登记收件收据，并在此基础上核准该公司的备案申请，导致毅达公司以该工作站核发的文件及相关法律规定作为依据，拒不向原告履行逾期办证违约金的赔付义务，直接影响到原告及小区其他业主合法权益的实现。请求撤销被告于 2008 年 2 月 27 日所出具的"毅达城市广场"项目初始登记收件收据，并撤销被告有关审批通过"毅达城市广场"项目初始登记备案的决定。

被告辩称：原告与被告受理"毅达城市广场"项目初始登记申请而出具的收件收据间不存在行政法上的利害关系，原告不具备提

67

起行政诉讼的主体资格。且被告出具的收件收据仅是被告受理申请人登记申请而出具的收件凭证，并非房屋初始登记的备案决定，不是行政法规定的具体行政行为，不属于人民法院的受案范围。

第三人诉称：原告与被告不存在利害关系，不具备诉讼的主体资格。被告出具的收件收据不是具体行政行为，不具备可诉性。第三人在2008年2月27日，已经按被告的要求向被告提交项目初始登记所需要的材料，在进行该项目初始登记的分项流程中是符合法律规定的。原告的诉讼请求没有法律依据，应予驳回。

审理 判析 ▶▶▶

厦门市同安区人民法院认为，被告厦门市国土资源与房产管理局负责本行政区域城市规划区内国有土地范围内的房屋权属登记管理工作。其审查房屋所有权登记申请人提交的相关材料，判定符合房屋权属登记和确认房屋产权归属关系法定条件的，无须做出备案的行政决定，即可进行房屋权属登记并发放与登记类型相对应的证书。其出具的"收件收据"行为本身，只证明收受第三人毅达公司申请办理"毅达城市广场"商品房项目初始登记所提交的相关材料的事实，并没有设立原告和第三人的权利与义务，不是可诉的具体行政行为。原告的请求事项不属于行政审判权限范围，其起诉依法应予驳回。原告请求撤销被告有关审批通过"毅达城市广场"项目初始登记备案的决定，因缺乏具体行政行为存在的事实，不符合起诉的条件，依法也应予以驳回。

根据《中华人民共和国行政诉讼法》第44条第1款第1项和第11项的规定，判决如下：驳回原告陈海松等二十人的起诉。

一审宣判后，原告陈海松等二十人不服一审判决，提起上诉。上诉人认为：①一审法院认定被上诉人向第三人出具"毅达城市广场"商品房项目初始登记收件收据的行为属于不可诉的具体行政行为，在法律适用方面存在错误；②一审法院有关被上诉人审批通过

"毅达城市广场"项目初始登记备案决定的这一行政行为根本不存在的认定结论，更是完全无视客观事实，一审法院在事实认定方面的草率态度，实在难以令人对其裁决表示信服；③有关被上诉人在出具收件收据过程中存在的违法情形，一审法院本已查明，但在其裁决书中却只字不提。

综上，请求：①撤销（2009）同行初字第3号行政裁决书之裁决内容，判令撤销被上诉人于2008年2月27日所出具的"毅达城市广场"项目初始登记收件收据及撤销被上诉人有关审批通过"毅达城市广场"项目初始登记备案的决定；②本案一、二审诉讼费用由被上诉人承担。

被上诉人答辩称：原审裁定认定事实清楚，适用法律正确，程序合法，请求二审予以维持。收件收据不具有可诉性，没有确定双方的权利义务关系，这只是一份凭据而已。

原审第三人厦门毅达置业有限公司述称：①上诉人并没有证据证明原审认定事实不清，适用法律错误；②收件收据只是整个程序中的一部分，并不是具体行政行为，只要第三人按规定提交申请材料，被上诉人就会出具收据；③品房初始登记才是具体行政行为，不存在备案或备案决定。综上，原审裁定是正确的，应予以维持。

厦门市中级人民法院认为，被上诉人向原审第三人出具"收件收据"，是其对接收原审第三人提交的"毅达城市广场"项目申请初始登记材料的确认及证明，并非对"毅达城市广场"项目的权属初始登记，亦未对原审第三人及上诉人的权利义务产生实际影响。根据最高人民法院《关于执行〈中华人民共和国行政诉讼法〉若干问题的解释》第1条第2款"公民、法人或者其他组织对下列行为不服提起诉讼的，不属于人民法院行政诉讼的受案范围：……（六）对公民、法人或其他组织权利义务不产生实际影响的行为"之规定，被上诉人发出的讼争"收件收据"不属于法院行政诉讼受案范围，上诉人对此提起行政诉讼应予驳回。

上诉人请求撤销被上诉人有关审批通过"毅达城市广场"项目

初始备案的决定，我国现行法律法规并未赋予被上诉人对房屋权属登记前进行备案的决定的义务，被上诉人亦未通过对"毅达城市广场"项目初始备案的决定对原审第三人及上诉人设立权利义务，上诉人的诉讼请求缺乏事实依据。根据《中华人民共和国行政诉讼法》第41条"提起诉讼应当符合下列条件：……（三）有具体的诉讼请求和事实根据；……"之规定，上诉人对此提起的诉讼不符合起诉条件，应予驳回。

综上，原审判决事实认定清楚，程序合法，法律适用正确，应以维持。上诉人的上诉理由不能成立，应予驳回。

依照《中华人民共和国行政诉讼法》第61第1项的规定，判决驳回上诉，维持原判。

法理研究▶▶▶

本案行政诉讼是由业主状告房地产开发公司讨要交房逾期违约金的民事诉讼而引起的。在厦门地区的民事审判惯例中，逾期违约金的止算点为"至出卖人取得权属登记机关出具办案权属登记收件收据之日止"。于是乎，本案原告意图通过行政诉讼撤销房屋权属登记机关同安工作站于2009年2月27日向毅达公司就接收"毅达城市广场项目"材料出具收件收据的行为，以达到将逾期违约金的补偿日期延后的目的。而本案的审理焦点即在于：权属登记机关收取登记资料而出具收件收据的行为是否为行政行为？

根据行政法学的相关理论，具体行政行为是指行政机关行使行政权力，对特定的公民、法人和其他组织做出的有关其权利义务的单方行为，具体可分为：设定权利或者义务的行为；剥夺、限制权利或者撤销义务的行为；变更权利或者义务的行为；不作为。

就本案而言，建设部《简化房地产交易与房屋权属登记程序的指导意见》附件二——"房地产交易与房屋权属登记程序流程图及程序流程各环节职能"载明，房屋权属登记的整个流程为：受理——初审——复审——审批——缮证——收费发证——归档七个环节。其中受理环节出具的收件受理单，即为本案被告受理第三人申请"毅达城市广场"项目房屋权属初始登记材料而出具的"收件收据"，仅仅是项目初始登记受理环节中一个收件的行为。换言之，只要申请人提交了材料就必须出示收件收据，该收件收据也仅仅证明申请人已经提交了相关材料，而未对产权登记设定任何的权利和义务。就房屋权属登记来说，申请人申请房屋初始登记后登记机关经审查予以登记发证即颁发"大产权"证的行为是设定了具体权利义务的具体行政行为，而颁发"大产权"证前受理申请而出具收件收据的行为并不是行政法规定的四种具体行政行为之一，没有具体的权利义务内容。打个比方说，该"收件收据"就好比法院送达法律文书的"送达回证"，是不能作为一个独立行为单独撤销的。

第四条　不动产登记的原则及本条例的溯及力

国家实行不动产统一登记制度。

不动产登记遵循严格管理、稳定连续、方便群众的原则。

不动产权利人已经依法享有的不动产权利，不因登记机构和登记程序的改变而受到影响。

☑ 相关法条

《物权法》第 10 条规定：不动产登记，由不动产所在地的登记机构办理。

国家对不动产实行统一登记制度。统一登记的范围、登记机构和登记办法，由法律、行政法规规定。

《物权法》第 18 条规定：权利人、利害关系人可以申请查询、复制登记资料，登记机构应当提供。

《物权法》第 22 条规定：不动产登记费按件收取，不得按照不动产的面积、体积或者价款的比例收取。具体收费标准由国务院有关部门会同价格主管部门规定。

《物权法》第 246 条规定：法律、行政法规对不动产统一登记的范围、登记机构和登记办法作出规定前，地方性法规可以依照本法有关规定作出规定。

☑ 条文解析

一、不动产登记的模式

（一）德国——日耳曼式的权利登记制

1. 登记是在按地区划分权限的公共部门中进行。德国的不动产登记机关是土地登记局，它在性质上属于各个司法管辖区的初级地方法院，登记官则为司法官。

2. 采用"登记为特定化原则"。登记簿记载了不动产所有权特征的标示，从而将现实中存在不动产准确地反映在登记簿之中，使得登记簿成为不动产的法律表现。

3. 采用"物权登记法定化原则"。登记簿记载的物权类型和内容必须符合法律规定，或者说，登记簿记载的权利必须具有"登记能力"。

4. 申请才登记的原则。登记是应利害关系人的要求进行的。不动产物权变动的当事人受制于意思表示的约束力，为了诚信履行合同义务和实现合同目的，他们具有启动物权程序的动力和压力，由这类民事主体引起的登记启动机制被称为登记申请。

当然，申请原则也有例外，比如，德国《土地登记簿法》第 53 条第 1 项规定："土地登记机关因为违反法律规定而为登记，导致土地登记发生错误的，应依职权为异议抗辩。"

5. "先登记的权利优先于后登记的权利"，即所谓"优先原则"（《德国民法典》第 879 ~ 881 条），被称之为"顺位"，优先的次序具有财产价值，可以成为法律行为的标的物。

6. 采用"登记连续性原则"。即每一项权利的拥有人在处分权利时都要在登记簿上登记，这样就在权利人之间形成了权利链条，从而保证交易的纯净性。

7. 全面遵守"合法性原则"。要求登记官对权利处分行为进行预先审查。不过，此项原则在德国登记实务中受到限制。

8. 单独的物权合意。受古老的"移交"思想影响，除了引致当事人之间债的关系的行为之外，还需要达成改变登记权利人所有人的真正共识。

9. 采用"物权公示原则"，即在依法律行为进行不动产物权变动的场合，进行登记对当事人之间预先商定的物权变动是必不可少的，不登记物权不得变动（《德国民法典》第 873、875、877、925 条）。

10. 已作的登记构成相关权利的推定。这是一项可反驳的推定，即可被相反的证据推翻（《德国民法典》第 891 条）。但对第三者的善意取得而言，推定可转化为不可反驳。由于登记被视为真实、正确的，所以相信登记并以此为基础进行交易的人不应受到损害（《德国民法典》第 891 条）。

德国的"权利登记制"作为以不动产负担的物权性权利为对象的登记之鼻祖，为后世的瑞士以及我国台湾地区等沿袭，此种制度又被称为"日耳曼制度"、"连续登记制度"。[1]

（二）法兰西的"契据登记制"

1. 登记在按地区划分权限的公共部门进行

2. "契据登记"，即登记的方式是将文件转录到有关簿册上，这意味着登记只是将提交的证书按照原顺序抄写在簿册上。由于法国的不动产物权变动以当事人达成意思表示一致的时间为生效时间，实行"债权意思主义"。故此种登记一般被称为"契据登记"，此种不以权利为对象而以证书抄写为对象的登记，堪称法国登记法的一大特色。

---

〔1〕 以上参见李昊等：《不动产登记程序的制度建构》，北京大学出版社 2005 年版，第 25～33 页。

3. 非"特定性原则"。其登记的参照系不是标的物而是人，后者构成登记工作的基础。

4. 并非所有的物权都需要登记。例如自 1953 年起，"死因的移转"及"宣告程序的行为及判决"才需要登记。

5. 形式审查原则。法国不进行"合法性审查"，所以登记人员并不作预先审查，只是对文件的形式要件进行检查。

6. 登记只有对抗性效力。物的移转因合同的效力便可完成，登记只是对抗第三人的一种条件。

7. 非登记连续性原则。在这种模式下，物并非登记的基础；不过，1995 年 1 月 4 日的法令创设了登记连续性原则和标的物档案并使其与地籍登记相协调。

8. 其没有可反驳的推定。

9. 由于没有以上这些条件，登记也就不具有"公信力"。

法国作为"契据登记制"的鼻祖，以引发不动产物权变动的原因（主要是合同等行为）为对象，这种登记又被称为"转录制度"。

（三）澳大利亚的托伦斯式登记模式

1. 设立专门登记机构。有一个中央登记局，由一名总局长负责，并由不同领域的专家、技术人员协助。

2. 实质审查。经过对标的物实质状况及所有权的严谨确认而形成的标的物的注册是登记的最基本要件。

3. 登记效力的唯一性。在标的物注册后，任何应登记而未登记的行为都无效。

4. 完全遵从"特定性及合法性原则"。登记人员可依职权通过任何途径去避免登记行为中的错误。

5. 登记凭证构成有关登记完整性及真实性的推定。就实体方面而言，登记凭证一式两份，其中有标的物地籍图的一份交给利害关系人，这种登记凭证构成有关登记完整性及真实性的推定，是不可置疑的。

6. 物权的产生取决于登记而非有关的合同。这使不动产的法律交易更加安全、有效率和快捷。

7. 须设立登记错误赔偿的专门保险。国家是唯一对因登记错误而对第三人可能造成损害负责的机构，为减少针对国家的赔偿诉讼的风险而设立了一种专门的保险。

日耳曼式登记、法兰西式登记和托伦斯式登记为三种经典的不动产登记制度模式，影响甚为深远。[1]

二、我国的不动产统一登记

(一) 统一登记已有法律授权

2007 年的《物权法》第 10 条明文规定："国家对不动产实行统一登记制度。统一登记的范围、登记机构和登记办法，由法律、行政法规规定。"

2013 年 4 月，国务院办公厅发布了包括 72 项改革方案、提出明确时间表的《关于实施国务院机构改革和职能转变方案任务分工的通知》，其中规定由国土资源部会同住房城乡建设部、法制办、税务总局等有关部门负责，2014 年 6 月底前出台《不动产统一登记条例》。

2014 年 2 月 24 日，经国务院批复同意，由国土资源部牵头九部门建立不动产登记工作部际联席会议制度。

2014 年 3 月 26 日，不动产登记工作第一次部际联席会议在京召开。部际联席会议召集人、国土资源部部长、国家土地总督察姜大明表示，从今年开始，通过基础制度建设逐步衔接过渡，统一规范实施，用 3 年时间全面建立不动产统一登记制度，用 4 年时间运行统一的不动产登记信息管理基础平台，实现不动产审批、交易和登记信息实时互通共享和依法查询，形成不动产统一登记体系。

---

[1]　以上参见常鹏翱：《不动产登记法》，社会科学文献出版社 2011 年版，第 21~41 页。

（二）不动产统一登记是社会发展的必然趋势

早在《物权法》起草过程中，不少部门、专家就意识到不动产统一登记是必然趋势，但统一登记涉及行政管理体制改革，受到部门体制的约束，统一登记机构的确定需要一个过程，因此才有了《物权法》第 10 条第 2 款的过渡性规定。《物权法》第 246 条也曾作出授权性规定："法律、行政法规对不动产统一登记的范围、登记机构和登记办法作出规定前，地方性法规可以依照本法有关规定作出规定。"一些地方已经据此颁布了相应的地方性法规。

1. 长期以来将登记作为行政机关行使行政管理的一种职权。由于没有明确其本质上为一种公示方法，从而造成了登记机构与行政机关的设置与职能合一的问题。

事实上，登记虽然具有政府管理经济的职能，但它首先是一种物权变动的公示方法，也正因为如此，登记的职责并不需要与各个政府机关的管理职责相重合，有必要将所有的登记事务和机构都统一起来，同时解决作为登记之正当性依据的"显规则"和"潜规则"并存的局面。

2. 我国目前需要有在全国范围内统一适用的登记法。在既有的行政格局下，大多数的规范性文件均明文规定了登记规则，这些规则属于通过法定程序而形成的"显规则"。与此同时，很多主管登记部门根据当地实践，出于各种考虑，又制定了适用于自己辖区范围内登记事务的内部规定，属于"潜规则"。两种规则不统一的局面与建立统一市场基本经济诉求是相违背的。因此，实行统一的不动产登记制度势在必行。我国不动产分类繁多，有诸多登记部门，容易发生权力交叉、权责不明的情况，《不动产登记暂行条例》的出台无疑是对权责统一、高效便民等行政法原则的贯彻。

（三）实行统一的登记制度的理由

所谓不动产的统一登记制度，就是指由一个登记机构统一负责有关不动产的登记事务，并在登记范围和登记规则、程序等方面实现统一。孙宪忠教授认为包括五个统一：统一登记的依据、统一法律效果、统一登记程序、统一登记制度、统一登记簿和权属证书。主要基于如下理由：

1. 建立一套完整的不动产登记程序和规则的需要。弱化实践中登记严重分散情况下各机构分头从事的现象。

2. 为当事人办理登记和查阅登记提供方便的需要。一方面，因登记机构分散，不利于有关交易当事人查阅登记，很难给交易的当事人提供全面的信息。另一方面，分散的登记给有关当事人进行登记造成极大不便。例如，如果某一块土地上有林木，就要在两个机关分别登记。

3. 维护交易的安全和秩序的需要。在登记制度严重分散的情况下，由于信息不能得到全面的披露，少数不法分子利用登记制度的弊端将房、地分别抵押，甚至分别转让，也有一些当事人将企业财产整体抵押之后，又将部分财产重复担保。在建立统一的登记制度之后，通过建立全面的信息披露制度，就可以为交易有秩序的进行奠定良好的基础。

4. 提高商品交换效率的需要。随着现代担保制度的发展，各国比较流行的一种担保方式就是集合物的担保，如将整个企业的财产用来进行担保。对应地，便要求统一登记制度的建立和完善。

5. 提高政府治理效率和水平的需要。各部门之间的职能交叉，容易导致各部门之间的争权夺利或者扯皮推诿，降低行政办事效率，严重影响政府形象。整合分散在不同部门的相同或相似的职责，理顺部门职责关系，可以大大减少政府行政成本，提高办事效率，提高政府的公信力。

（四）不动产登记应当遵守的原则

1. 一体登记原则。房屋等建筑物、构筑物和森林、林木等定着物应当以土地、海域为基础一体登记。

2. 属地登记原则。不动产登记由不动产所在地的不动产登记机构负责。

3. 连续登记原则。其指未办理不动产初始登记的，不得办理不动产其他类型登记。

在进行不动产交易时，必须核实该不动产的登记情况，及时完成登记程序。该条第 2 款规定不动产登记遵循严格管理、稳定连续、方便群众的原则，这些原则主要是为了规范登记机关的行政行为。权利人可以进行预登记、异议登记和变更登记，可以申请查询、复制登记资料，这些都是方便群众原则的体现。

更进一步说，为方便群众，以后的细化规定中可以就登记费用等问题做优惠规定。譬如，可以规定："农村集体经济组织、农民申请集体土地所有权、集体土地使用权、宅基地使用权及其地上所建房屋的所有权、以家庭承包方式取得的土地承包经营权的初始登记，除按规定收取证书工本费外，不得收取其他费用。"

4. 不动产登记不溯及既往的原则。即权利人已经依法享有的权利不因登记机构和登记程序的改变而受到影响。同时，条例实施后，不动产登记机构应当启用统一的不动产登记簿册、不动产权属证书和不动产登记证明。已经依法制作的各类不动产权属证书的效力继续有效。依据法不溯及既往原则，条例施行前已经办结的因不动产登记而产生的纠纷，即应适用当时的法律、行政法规和规章的规定。

我国不动产统一登记的实施必须注重理顺和协调各方利益关系，合理界定统一登记的顺序，可以以基础工作较为完善的土地和房屋登记为突破口，然后逐步在统一标准、范围、规范依据的标准之上依次完善其他不动产的统一登记工作。

☑**裁判要旨**

双方签订房屋买卖契约，并且经过公证，但是没有办理房屋过户登记的，买方能否取得房屋所有权，对抗法院的强制执行？如果买方没有办理过户登记，即使经过公证，也不能取得所有权。

☑ **典型案例一**

陈应根诉张广兴等张作海财产损害赔偿纠纷案 [1]

🔍 **案情**简介 ▸▸▸

雷州市人民法院在执行申请执行人陈应根与被执行人张广兴、张作海财产损害赔偿纠纷一案中，案外人张广超对执行标的提出书面异议。

异议人张广超称，被执行人张广兴于 2003 年 1 月 3 日将其位于雷州市客路镇康平路 43 号的房地产〔土地面积 112 平方米，建筑面积 343.92 平方米；土地使用证号：雷府国用（2001）字第 0017040 号，房产证号第 C6898830 号〕转让给异议人，有双方签订的《房屋转让协议书》、被执行人张广兴出具的《收款收据》和雷州市公证处出具的（2003）雷证内经客字第 01 号《公证书》予以证实，足以认定。

雷州市人民法院在执行陈应根与张作海、张广兴财产损害赔偿纠纷一案中，于 2013 年 11 月 20 日作出（2014）湛雷法执字第 2 - 1 号执行裁定书，将异议人的房屋查封。异议人认为法院的查封行为违法，依照《中华人民共和国民事诉讼法》第 227 条的规定提出异议，请求中止对雷州市客路镇康平路 43 号房地产的执行。

异议人向本院提交的证据有：

1. （2003）雷证内经客字第 01 号公证书，证明张广兴于 2003 年 1 月 3 日将雷州市客路镇康平路 43 号房地产以价款 198 000 元转让给异议人；

2. 公证费收据（编号：1913001），证明异议人办理购房公证，缴交公证费 300 元；

---

〔1〕 "陈应根诉张广兴等张作海财产损害赔偿纠纷案"，载 http://www.pkulaw.cn/full-text_ form.aspx? D₀ = pfnl&Gid = 119752347&keyword = &EncodingName = &Search_ Mode =.

3. 收据，证明张广兴于 2003 年 1 月 10 日收到异议人交付的购房款 198000 元，异议人已经履行协议书义务。

🔍 审理 判析 ⟩⟩⟩

经查明，陈应根诉张广兴、张作海财产损害赔偿纠纷一案，法院 2013 年 4 月 27 日作出（2012）湛雷法民初字第 1367 号民事判决，限张作海、张广兴在判决生效之日起十日内连带赔偿陈应根损失 485 590 元。案件受理费 3 300 元，评估费 1 940 元，工程测量费 1 300 元，均由张作海、张广兴负担。

张作海、张广兴不服该判决向湛江市中级人民法院上诉，湛江市中级人民法院 2013 年 9 月 27 日作出（2014）湛中法民一终字第 474 号民事判决，驳回上诉，维持原判。上述判决发生法律效力后，本院根据陈应根的申请立案执行。在执行过程中，本院于 2013 年 11 月 20 日作出（2014）湛雷法执字第 2－1 号执行裁定，查封被执行人张广兴坐落于雷州市客路镇康平路房地产［土地使用权面积 112 平方米，建筑面积 343.92 平方米；土地使用权证号：雷府国用（2001）字第 0017040 号，房产证号：第 C6899830 号］一宗。案外人张广超遂向本院提出异议。

另查明，张广兴与张广超于 2003 年 1 月 3 日签订了一份房屋转让协议，协议约定：张广兴将位于雷州市客路镇康平路 43 号房地产以 198 000 元转让给张广超，同日在雷州市公证处办理了（2003）雷证内经客字第 01 号公证书，但至今未办理产权变更登记手续。2013 年 8 月 8 日，张广兴以上述房地产作抵押，向雷州市农村信用合作联社客路信用社借款 40 万元。

法院认为，位于雷州市客路镇康平路 43 号的房地产，雷府国用（2001）字第 0017040 号国有土地使用证及第 C6899830 号房地产权证均登记在张广兴的名下，应为张广兴的财产。虽然张广兴与张广超于 2003 年 1 月 3 日签订一份房屋转让协议，约定将雷州市客路镇康平路 43 号房地产以 198 000 元转让给张广超，并办理了公证，但由于双方未办理产权过户登记手续，且张广兴还于 2013 年 8 月 8 日以上述房地产作抵押，向雷州市农村信用合作联社客路信用社借款 40 万元，根据《中华人民共和国物权法》第 6 条"不动产物权的设立、变更、转让和消灭，应当依照法律规定登记"和第 14 条"不动产物权的设立、变更、转让和消灭，依照法律规定应当登记的，自记载于不动产登记簿时发生效力"的规定，张广兴与张广超的房地产转让行为不能对抗陈应根申请对该房地产的执行。因此，张广超请求中止对该房地产的执行，异议理由不成立，本院不予支持。

当事人、案外人如对土地使用权发生争议，可依法申请当地人民政府处理；如对房屋等财产权属发生争议，可通过诉讼或者其他程序解决。依照《中华人民共和国民事诉讼法》第 227 条及最高人民法院《〈关于适用中华人民共和国民事诉讼法〉若干问题的解释》第 15 条的规定，裁定如下：驳回异议人张广超的异议请求。

🔍 **法理** 研究 ▸▸▸

物权公示公信原则说的是两个方面的问题：第一个方面，物权变动以什么方式确定。比如购买房屋或者电视，买主什么时候拥有该房屋或者电视的所有权，以什么方式确定？某人决定将其所有的房屋与他人共有，以什么方式确定共有权？房屋出售什么时候丧失所有权，以什么方式确定？这些都是物权的设立、变更、转让和消灭的方式问题，称为物权变动。

第二个方面，由于物权是排他的"绝对权"、"对世权"，要求权利人之外的人都负有不作为的消极义务，因此必须让广大的义务人清楚地知道谁是权利人。而且，权利人转让自己的物时，也要让买主知道他有无资格转让该物。这都要求以令公众信服的特定方式确定，让大家很容易、很明白地知道该物是谁的，以维护权利人和社会公众的合法权益。

物权公示的主要方法是：不动产物权的设立、变更、转让和消灭经过登记发生效力，动产物权的设立、转让通过交付发生效力。也就是说，要获得不动产的所有权，就要进行登记；变更不动产所有权，也要进行登记。另一方面，要了解一项不动产的归属，需要查询不动产登记簿，要了解动产的归属，需要查看该动产的占有人。

简单地讲，确定物的归属就是不动产看登记，动产看占有。不动产不能移动，要靠不动产登记簿标明四至界限，除登记错误需要依法更正的外，不动产登记簿是最重要的不动产归属的证据。不动产登记簿是公开的，有关人员都能查阅、复制，因此，不动产登记簿的公示性是最强的，最能适应市场交易安全便捷的需要，能最大限度地满足保护权利人的要求。因此不动产的登记对于维护权利人的合法权利，排除他人的不当干涉至关重要。

☑ **裁判要旨**

物权法规定了不动产统一登记制度，但没有做具体细化。各类不动产登记长期分别立法、分别管理的状况给当事人带来诸多不便。

☑ **典型案例二**

赵学贵诉临泽县总工会不动产登记纠纷案[1]

🔍 **案情** 简介 ▸▸▸

原告赵学贵与被告临泽县总工会不动产登记纠纷一案中，原告赵学贵诉称，2010年12月31日，原被告签订了一份《房屋拆迁安置补偿协议》，该协议对房屋拆迁安置补偿的方式、补偿价款、违约责任等进行了约定，临泽县公证处于2011年1月5日对协议进行了

---

[1] "赵学贵诉临泽县总工会不动产登记纠纷案"，载 http://www. pkulaw. cn/full-text_ form. aspx? Db = pfnl&Gid = 120811771&keyword = % E4% B8% 8D% E5% 8A% A8% E4% BA% A7% E7% 99% BB% E8% AE% B0&EncodingName = &Search_ Mode = accurate.

公证。按照协议约定，被告应在一年内给原告办理房产证和土地使用权证，如违约应承担违约金50 000元。但至今被告没有给原告办理两证，导致原告将置换后的房屋出售给他人后，房款不能及时拿到手并向他人承担违约金，造成了很大损失，故起诉要求被告立即履行给原告办理房产证和土地使用证的义务，并承担违约金50 000元。

被告临泽县总工会辩称：原被告签订《房屋拆迁安置补偿协议》及公证的情况属实。合同签订后，被告于当年3月份就开始办理房产证和土地使用证，由于办理两证要经过许多程序，再加上原告不积极配合办理两证，尤其是不负责办理四至确认书，导致2013年6月份才办理完毕房产证，2014年3月办理完毕土地使用证，房产证办理完毕后，被告就通知原告到临泽县房产管理局领取了房产证。合同约定，被告在一年内办理两证，但并没有约定一年内必须办理完毕并交给原告，同时，原告还拖欠被告的房屋置换金20010元未付，所以被告没有违约。另外，原告诉称的将置换后的房屋出售给王国红，王国红仅给原告定金20000元，剩余的36万因没有给王国红交付两证而未支付，不符合常理，王国红的证词不真实。被告认为，被告已按约将置换后的房屋交付给原告，原告已实际占有该房屋，没有给原告造成损失，原告要求的违约金过高，违约金与实际损失不符。综上，请求法庭驳回原告的诉讼请求。

🔍 **审理**判析 ▶▶▶

案件经审理查明：2010年12月31日，原被告签订了一份《房屋拆迁安置补偿协议》，协议约定，被告因修建办公楼，需拆除原告的门面房屋，实行房屋等面积置换，被拆除的原告的门面房面积为38.15平方米，被告提供的置换门面房位于其办公楼一层自东向西数第一间，面积为51.49平方米，超出原告的房屋面积13.34平方米，超出部分的面积，按照每平方米1 500元的价格，由原告支付给被告差价 20 010 元，该款可一次性付清，或分三年或五年付清。协议还约定，置换后的房屋由被告在一年内给原告负责办理房产证、土地使用证，但原告需提供资料协助被告办理，办理房地产证的税费及土地出让金全部由被告承担，如任何一方违约，则由违约方向对方承担违约金 50 000 元。协议签订后，被告从 2011 年 3 月份着手为原告办理房产证和土地使用证，至 2013 年 6 月 5 日，被告为原告办理了房产证，被告通知原告到临泽县房产管理局交纳了 1 207 元的税费并领去了房产证，后因办理土地使用证的需要，原告又将房产证交给了被告，被告于 2014 年 3 月 18 日办理了土地使用证。2013 年 3 月 30 日，原告和王国红达成房地产买卖协议，约定原告将该商铺出售给王国红，价格为 38 万元，在签订协议之日付定金 2 万元，原告将该商铺的房产证和土地使用证交给王国红后付 26 万，剩下 10 万元于 2014 年 4 月 20 日全部付清，如一方违约应承担违约金 10 万元。因原被告为两证的交付、违约责任的承担发生矛盾，原告起诉要求处理。

本案争议的焦点：一是，被告在办理房产证和土地使用证期间，原告是否履行了积极配合提供相关资料的义务；二是，被告是否违约，如违约给原告造成的损失是多少，被告应承担违约金的数额是多少。

围绕第一个争议的焦点，双方均没有向法庭提交书面证据，但办理房产证和土地使用证所需的原告的身份证复印件，原告已提交给被告，至于办理两证所需的四至确认书，被告从房产部门领取后一直在被告处，被告已负责找相关人员签了确认书；被告没有证据证明在办理两证的过程中，原告不配合的事实存在。围绕第二个争议的焦点，原告向法庭提交了房屋拆迁安置补偿协议书和公证书，以证实被告没有在一年内为原告办理完毕两证，故被告违约并应承担违约金，经质证，被告认为，协议内容属实，但协议并没有约定被告必须在一年办理完毕两证，并交给原告。因双方对该协议没有异议，法庭采信；原告还向法庭提交了和王国红签订的房地产买卖协议复印件并由王国红出庭作证，王国红证实，该协议内容属实，至今只给原告购房款2万元，其余的按约定支付，证人已将该房屋出租给天安财产保险股份有限公司张掖支公司临泽代办点了。经质证，被告认为该买卖行为不符合常理，不真实，法庭经调查天安财产保险股份有限公司张掖支公司临泽代办点负责人刘光科，刘光科证实临泽代办点使用的房屋是从王国红处租赁的，2014年有租赁合同，已交到张掖支公司，2013年是否有租赁合同不确定，本院到天安财产保险股份有限公司张掖支公司调取2013年和2014年的租赁合同，经张掖支公司和临泽代办点相关人员联系，刘光科向本庭提交了临泽代办点和王国红妻子张玉花签订的2014年的房屋出租协议，无2013年的房屋出租协议。被告虽对王国红的证言和协议提出异议，但无反驳证据，故对该协议的真实性予以采信。被告向法庭提交了缴纳测绘费发票的复印件一份，已为原告办理完毕的房产证和土地使用证，被告单位的房产证和土地使用证的复印件，证明被告于2011年3月就开始办理两证，但由于受办证程序和原告不配合的影响，导致2013年6月和2014年3月才办理完毕两证，经质证，原告认为，上述证据均属实，但原告履行了办证的配合义务，被告于2013年6月才办理了房产证，被告违背协议约定要求原告向房产管理部门交纳了税费后，领取了房产证，后因被告办理土地使用证，又收回了房产证，被告的行为违约。对被告提交的上述证据，因原告无异议，应予采信。

法院认为，原被告签订了房屋拆迁安置补偿协议书并进行了公证，双方应严格按照协议履行各自的义务，协议约定，被告在一年内给原告负责办理房产证、土地使用证，但直到2013年6月和2014年3月才为原告办理完毕两证，实属违约；被告辩解其在一年内负责办理两证，并不是一年内办理完毕并交给原告，且原告还拖欠被告的房屋置换的差价未付，故不应给原告两证。被告的该辩解理由与合同约定的内容不符，不予采纳，故被告应承担违约金。被告已实际为原告办理完毕两证，经法庭建议，被告当庭交付给原告该商铺的所有权证和土地使用证，予以确认。在庭审中，被告提出了双方约定的违约金过高，要求调整，根据《中华人民共和国合同法》第114条第2款"约定违约金低于造成的损失的，当事人可以请求人民法院或者仲裁机构予以增加；约定的违约金过分高于造成的损失的，当事人可以请求人民法院或者仲裁机构予以适当减少"的规定，和《合同法解释二》第29条"当事人主张约定的违约金过高请求予以适当减少的，人民法院应当以实际损失为基础，兼顾合同的履行情况、当事人的过错程度以及预期利益等综合因素，根据公平原则和诚实信用原则予以衡量，并作出裁决。当事人约定的违约金超过造成损失的30%的，一般可以认定为合同法第114条第2款规定的过分高于造成的损失"的规定，违约金是以补偿性为主，惩罚性为辅，违约金的调整方法既要以弥补当事人损失为原则，又要体现一定的惩罚性。本案中，双方在履行合同的过程中，被告将置换后的房屋按约交给了原告，原告实际占有并已出售该房屋，虽被告通知原告到房产管理部门交纳税费后领取了房产证，但因原告拖欠被告的房屋置换金，所交纳的税费和房屋置换金可相互抵顶，符合常理，不存在被告有过错。原告提供的协议和证人王国红的证词，证实了原告没有及时拿到购房款26万的事实，确实给原告造成了一定的损失，其损失应以26万元、一年期的定期存款年利率3.25%计算，期限自2013年3月30日至2014年4月29日（起诉日），计算为9154元。综合本案的实际情况，认定双方约定的违约金过高，应予以调整，调整后的违约金以不超过造成损失的30%为宜。综上，根据《中华人民共和国合同法》第114条、最高人民法院《关于适用〈中华人民共和国合同法〉若干问题的解释（二）》第29条的规定，判决如下：

被告临泽县总工会支付原告赵学贵违约金12 000元，限被告于判决生效后一次性付清。

案件受理费1 250元，减半收取625元，由原告承担300元，被告承担325元。

此处仅讨论被告为原告办理土地使用证和房产证义务的问题。《不动产登记暂行条例》出台之前，房屋由房管部门负责登记，土地由国土部分负责登记，尽管确定了"房地一致"的原则，但两证办理分属不同部门依不同规定，导致实践中两证的分离，由此带来当事人的诸多不便，如交易成本的增加、欺诈行为等，影响交易的安全和效率。

为彻底贯彻不动产公示公信原则，维护不动产登记簿的公信力，制定统一的尤其是房地统一的不动产登记制度大有必要。两证归由一部分负责登记、颁发一证，为交易双方带来便利的同时也有效遏制了实践中房地分别抵押等不当行为的发生。

第五条　登记能力

下列不动产权利，依照本条例的规定办理登记：

（一）集体土地所有权；

（二）房屋等建筑物、构筑物所有权；

（三）森林、林木所有权；

（四）耕地、林地、草地等土地承包经营权；

（五）建设用地使用权；

（六）宅基地使用权；

（七）海域使用权；

（八）地役权；

（九）抵押权；

（十）法律规定需要登记的其他不动产权利。

☑相关法条

《物权法》第 5 条规定：物权的种类和内容，由法律规定。

《物权法》第6条规定：不动产物权的设立、变更、转让和消灭，应当依照法律规定登记。动产物权的设立和转让，应当依照法律规定交付。

《物权法》第9条规定：不动产物权的设立、变更、转让和消灭，经依法登记，发生效力；未经登记，不发生效力，但法律另有规定的除外。

依法属于国家所有的自然资源，所有权可以不登记。

《土地登记办法》第2条规定：本办法所称土地登记，是指将国有土地使用权、集体土地所有权、集体土地使用权和土地抵押权、地役权以及依照法律法规规定需要登记的其他土地权利记载于土地登记簿公示的行为。

前款规定的国有土地使用权，包括国有建设用地使用权和国有农用地使用权；集体土地使用权，包括集体建设用地使用权、宅基地使用权和集体农用地使用权（不含土地承包经营权）。

☑**条文解析**

一、不动产登记的适用范围在德国法上被称为"登记能力"

（一）不动产登记的适用范围

包括不动产登记所适用的主体、权利客体、应登记的权利和应登记的法律关系。其中在进行登记前，首先需要确定的是哪些权利可以进行登记，这在德国法上被称为"登记能力"。

（二）不动产登记的客体是不动产上的权利

不动产登记绝非意味着登记机构只要将不动产的自然状况（如位置、面积等）记载于不动产登记簿上即可，更重要的是将不动产上的权利记载于登记簿之上。在实行登记生效主义的国家或地区，不动产上的物权变动唯有记载于不动产登记簿后，方能发生效力（如我国《物权法》第14条）。正是由于不动产登记的客体是不动产上的权利，所以不动产登记也称不动产权利登记。

（三）核心问题即在于哪些权利可以被登记于不动产登记簿

不动产登记并非要对所有不动产上的权利进行登记，登记簿亦无须记载不动产上的所有权利。只有那些对权利交易具有重大法律意义从而需要公示的权利，才应当在不动产登记簿上加以记载并公示。否则，不仅会违背不动产登记的目的，而且将加重不动产登记机关的负担。[1]由此，产生了所谓"登记能力"的问题。

依德国法的规定，具有登记能力的权利和权利地位包括：土地物权和视同土地的权利、在土地物权上所成立的物权、处分限制和取得禁止、异议和预告登记；不具有登记能力的权利和法律关系包括：未被承认的物权、债权性权利与债权性约定、个人情况、绝对的处分限制、法律行为方式的处分限制、公法性法律关系和负担以及《德国民法典》第1179a条规定的抵押权的注销请求权。[2]

我国《物权法》第5条规定："物权的种类和内容，由法律规定。"以此确立了我国的物权法定主义。包括：当事人不得创设法律所不认可的新类型的物权（"类型强制"）和当事人不得创设与物权法定内容相悖的物权（"类型固定"）。当事人只能依照法律规定的物权类型及其内容行使物权权利和为有关物权的法律行为，如设立、移转、变更或消灭物权等，否则将不产生物权法上的效力。所以首先《物权法》及相关法律明文规定的不动产物权均有登记能力。

在我国，由于《物权法》对基于法律行为的不动产物权变动以登记生效主义为原则，例外地采取了登记对抗主义（如土地承包经营权、地役权等），因此在判断哪些不动产上的权利具有登记能力时，应当既考虑物权法定主义；又考虑物权的公示公信原则。故原则上所有的不动产物权，无论是以登记为生效要件还是对抗要件的，均具有登记能力，除非法律另有规定。其物权变动应当办理公示。

---

〔1〕 参见［德］鲍尔、施蒂尔纳：《德国物权法》（上册），张双根译，法律出版社2004年版，第289页。

〔2〕 参见［德］鲍尔、施蒂尔纳：《德国物权法》（上册），张双根译，法律出版社2004年版，第290~295页。

二、我国法律规定的具有登记能力的不动产权利

（一）不动产物权

1. 不动产所有权。①自然资源的国家所有权，如土地的国家所有权、海域的国家所有权、水流的国家所有权、矿藏的国家所有权；②自然资源的集体所有权，如集体土地所有权；法律规定属于集体的森林、山岭、草原、荒地、滩涂等自然资源上的集体所有权，如自留山等；③建筑物与其他土地附着物的所有权。

2. 不动产他物权。①建设用地使用权；②耕地、林地、草地等土地承包经营权；③宅基地使用权；④集体土地上其他类型的建设用地使用权；⑤养殖权、捕捞权；⑥取水权、海域使用权；⑦探矿权、采矿权等。

（二）不动产物权上成立的他物权

1. 抵押权。包括建设用地使用权上的抵押权；建筑物和其他土地附着物上的抵押权；以招标、拍卖、公开协商等方式取得的荒地等土地承包经营权上设立的抵押权；因乡镇、村企业的厂房等建筑物被抵押而在该建筑物占用范围内的建设用地使用权上成立的抵押权；

2. 地役权等。

（三）其他权利

物权法定只是在静态意义上指明了物权品质的限定性，并为其流转奠定了基础，但权利交易不仅限于此，其他并非物权的限制因素也能起到相当的作用，它们的登记能力也因法律规定而正当化。

例如，在我国，因诉讼保全或强制执行对不动产实施的查封，实际上起到处分限制的功效，依法可登记；权利人、利害关系人对登记簿记载事项错误的异议也有登记能力；以债权为对象的预告登记；不动产信托财产关系等（类似地，《瑞士民法典》第647条第1款规定："共有人可以约定与法律规定不同的收益和管理方法，并得记载于不动产登记簿。"）。

民法的根基为意思自治，所以物权法不可能完全是强行性规范。实践中，存在与物权有关联的意思表示，它们亦能借助登记技术进行公示，如建筑物区分所有权构造之下不动产共有人之间的管理协议，一旦涉及共有人之外的份额受让人，这些协议就有了予以揭示的必要，所以不妨承认类似体现私人自治之意思表示的协议的登记能力。同理，当事人在法定框架之外约定产生的权利若能在解释上归入具有登记能力的意思表示，也可进入登记簿。

（四）我国法上不具有登记能力的不动产权利

1. 未被承认的物权。

2. 债权性的权利。

3. 绝对的处分限制。法定的负担和法定物权（如《合同法》286 条规定的法定抵押权）；主体或内容不明晰的法律关系（《土地登记办法》第 18 条第 1 款第 1 项）和违背公法管制事项的法律关系（《土地登记办法》第 18 条第 1 款第 2～4 项）。

在上述具有登记能力的不动产权利中：集体土地所有权、房屋所有权、建设用地使用权、海域使用权的设立、变更、转让和消灭，经依法登记发生效力；未经登记，不发生效力，但法律另有规定的除外。

以家庭承包方式取得的土地承包经营权，自合同生效时设立；土地承包经营权互换、转让，未办理登记的，不得对抗善意第三人。

宅基地使用权、地役权以及以家庭承包以外的方式取得的土地承包经营权，自批准或者合同生效时设立。处分已经登记的宅基地使用权、地役权以及以家庭承包以外的方式取得的土地承包经营权的，应当办理登记；未经登记不发生效力。

值得注意的是，《物权法》第 9 条第 2 款规定："依法属于国家所有的自然资源，所有权可以不登记。"这些资源的所有权之所以不需要进行登记，主要是因为《物权法》及其他法律已经明确其为国有，且专属于国家所有。这些财产上的所有权不得转让，所以，即使不登记也不影响权利的归属和交易安全。

此外，考虑到基于国有自然资源产生的他物权，如建设用地使用权等需要登记，所以，所有权不登记并不影响对这些资源有效率地利用。当然，对于一些并非专属于国家所有的自然资源，如土地、森林、草原等，国家也可能会和集体之间发生争议，所以从长远来说还是应当登记。[1]

综上，不动产的设立、变更、转让和消灭，应当依照法律规定登记，未经登记，不发生效力。依法属于国家的自然资源，可以不进行所有权登记，但是该条规定集体土地所有权应予登记，有利于集体土地所有权的权属明确、减少纠纷。

三、本条的适用应注意我国物权法的区分原则

（一）不动产登记是不动产物权变动生效且取得对抗力的必要条件

关涉不动产的合同应由合同法调整，与不动产的登记与否无关，只要该合同主体合法、意思表示真实、没有违反法律和行政法规的强制性规定，就是合法有效的，不因不动产没有登记而无效，当事人仍然受合同约束，如果履行不能，应负违约责任。

不动产的登记产生公示公信效力，取得物权的优先效力与对抗效力，因此登记是善意取得的必要条件，相当程度上是先决条件。只有经过合法有效的登记，才可能发生善意取得。

（二）对于某些特殊的不动产而言，登记并不是物权变动的生效要件

我国《物权法》第28条至第30条规定了不需要登记的不动产物权，包括因人民法院、仲裁委员会的法律文书或人民政府的征收决定，因继承或者受遗赠，因合法建造或者拆除房屋等事实行为导致物权设立、变更、转让和消灭的，只需要决定生效或者事实发生即可。

但是对于这些不动产的再次变更，《物权法》第31条规定了登记生效要件。对于土地承包经营权，我国《物权法》第127条规定，

---

[1] 王利明：《物权法论》，中国政法大学出版社2008年版，第72页。

土地承包经营权自土地承包经营权合同生效时设立，县级人民政府进行登记造册，因此土地承包经营权的设立无须登记，人民政府的登记只是为了方便行政管理，不是土地承包经营权生效的程序。但是进行转让、互换、转包时需要登记取得对抗效力。《不动产登记暂行条例》对《物权法》应予登记的不动产权利类型进行了具体规定，立法技术上，采取列举加概括的立法技术，既明确规定了应予登记的典型的不动产权利类型，又通过兜底条款为拓展应予登记的不动产类型留下空间，以适应社会发展。

☑ 裁判要旨

房屋物权变动买行公示公信原则，只要经过合法有效的登记，就取得该不动产的物权，取得对世性的权利。善意第三人购买了出租的房屋并办理了出租房屋产权过户登记的，与房屋承租人优先购买权的行使发生冲突，基于公示公信的原则，应当优先保护善意第三人的利益，以维护交易秩序的安全。

☑ 典型案例

方金珠以优先购买权受侵害为由诉福建省德化
艺鹏陶瓷有限公司房屋买卖合同纠纷案[1]

🔍 案情简介 ▶▶

1999 年 12 月 31 日原告方金珠与被告福建省德化艺鹏陶瓷有限公司（下简称艺鹏有限公司）签订了一份"承租合同"，合同约定：被告将位于城后路的店面 15 间中的 3—4 号店面租给原告，月租金1600 元，租赁期限 5 年。合同签订后，原告按合同约定交清租金。

---

〔1〕 "方金珠以优先购买权受侵害为由诉福建省德化艺鹏陶瓷有限公司房屋买卖合同纠纷案"，载 http://www.pkulaw.cn/fulltext_form.aspx? Db = pfnl&Gid =117485280&keyword.

2002 年 3 月 29 日被告将 3—4 号店面卖给许月丽、许喜妹。原告现仍然租用 3—4 号店面。原告于 2002 年 7 月 15 日提起诉讼。原告称，被告应该首先通知自己店面要出卖，并且给予自己三个月的考虑期限，但是被告没有通知自己，因此被告和第三人的合同侵犯了自己的优先购买权，该合同无效。原告称自己优先购买权的保护期限是两年，被告和第三人合同签订是在 2002 年 3 月 29 日，自己于 2002 年 7 月 15 日提起诉讼，没有超过诉讼时效。

被告称，2001 年公司因企业扩大生产需要资金，欲将城后路 15 间店面出售，多次征求原告的意见，原告放弃购买。2002 年 3 月 29 日自己与第三人签订店面买卖合同并依法办理房地产过户手续。另外，与第三人原约定买卖是 1—6 号店面，后实际成交是 3—6 号店面，在同等条件下原告无能力购买，原告以对自己承租的 3—4 号店面有优先购买权，主张购买 3—4 号店面，依法不应支持。本案原告明知 2002 年 3 月 29 日被告已将城后路 3—6 号店面卖给第三人，同年 4 月 4 日，房地产交易中心到现场对房地产进行评估，原告并未主张优先购买权，一直到 2002 年 7 月 17 日才提起诉讼，已超过 3 个月期限，因此，原告主张优先购买权理由不能成立，人民法院应当依法判决驳回原告的诉讼请求。

第三人认为，其向被告购买的店面已依法办理房地产过户手续，应受法律保护。

🔍 **审理**判析 ▸▸▸

德化县人民法院经公开审理认为，原告方金珠与被告艺鹏陶瓷公司签订房屋"承租合同"，在租赁期内被告将租赁物卖给第三人，根据法律规定，被告应提前 3 个月通知原告，在同等条件下原告享有优先购买权。本案中被告未能提供证据证实在 3 个月前通知原告，违反了通知义务，致使原告不能行使优先购买权，如果给原告造成损失应由被告予以赔偿。第三人许月丽、许喜妹向被告购买 3—6 号房屋已经付清房款，并办理过户手续，即通过公示善意取得所有权，原告不能再主张对同一标的物的所有权，因此，被告与第三人签订的房地产买卖合同有效，受法律保护。被告认为，原告的诉讼请求超过诉讼时效于法无据，不予采纳。判决驳回原告方金珠的诉讼请求。

一审判决后，原告方金珠不服判决，向泉州市中级人民法院提出上诉。泉州市中级人民法院经审理认为，上诉人方金珠与被上诉人艺鹏公司签订的房屋"承租合同"合法有效。被上诉人的行为致使上诉人不能行使优先购买权，如给上诉人造成损失，应予赔偿。原审判决正确，应予维持。上诉人的上诉主张，缺乏事实和法律依据，理由不充分，其请求不予支持，判决驳回上诉，维持原判。

二审判决后，福建省人民检察院抗诉认为，终审判决认为原审第三人"基于房屋登记的公示公信力，可以视为其已善意取得房屋的所有权"系适用法律错误。终审法院认为出租人与第三人的房屋买卖合同已履行并办理产权过户手续，可以善意取得房屋所有权，排斥了优先购买权，缺乏法律依据。据此，提出抗诉，建议再审。

泉州市中级人民法院经再审审理认为，方金珠与艺鹏公司签订的房屋"承租合同"合法有效。被上诉人的行为致使上诉人不能行使优先购买权，如给上诉人造成损失，应予赔偿。综上，原审判决正确，应予维持。申请再审人对此的诉讼请求，因缺乏事实和法律依据，理由不充分，其请求不予支持。判决维持原判。

法理研究

本案牵涉到不动产的登记效力与承租人优先购买力的保护问题。承租人有优先购买权，但是这种优先购买权是债权性质的权利，不具有对抗第三人的效力。不动产登记将产生物权的优先效力和对抗效力，因此只要第三人经过合法登记，取得不动产的物权，该物权自然能够对抗承租人的优先购买权。由此可见，不动产的登记产生公示公信效力，该种效力强大，以保护善意第三人对交易客体的合理信赖，以此维持物权流转的秩序性。

故本案中，虽然原告有优先购买权，而且被告不能提出证据证明已经提前通知原告，根据证明责任原理，推定被告侵犯了原告的知情权。但是被告与第三人的合同不因未通知原告而无效，该合同主体合法，意思表示真实，没有违反法律和行政法规的强制性规定，是有效的合同，未通知承租人不会使该合同无效。经过有效的登记，第三人已经合法取得该房屋的所有权，原告只能追究被告未履行通知义务的违约责任，不能主张买卖合同无效。根据我国买卖不破租赁的法律规定，原告可以继续租赁房屋，维持自己的租赁权，但是不能再行使优先购买权。但是该案件的判决将第三人取得物权定性为善意取得，实有不当，因为善意取得只发生在无权处分的情况下，如果是有权处分，则相对于承租人的优先购买权，无论第三人是否善意，只要合法登记，均可取得物权。法院判决中写明善意取得，易发生误解。

物权法的主要作用就是定纷止争，确定物权的归属。不动产是公民的基本生产生活资料，影响巨大，因此需要以确定的方式进行规范，国家设立登记机关专门对不动产进行登记管理，就是为了赋予不动产登记确定的公示公信力，通过登记的公开性为不动产强大的效力提供依据。《不动产登记暂行条例》第5条对应予登记的不动产权利类型进行具体规定，对我国不动产的保护无疑有重大的意义。

第六条　登记机构与职责

国务院国土资源主管部门负责指导、监督全国不动产登记工作。

县级以上地方人民政府应当确定一个部门为本行政区域的不动产登记机构，负责不动产登记工作，并接受上级人民政府不动产登记主管部门的指导、监督。

☑ 相关法条

《物权法》第 10 条规定：不动产登记，由不动产所在地的登记机构办理。

国家对不动产实行统一登记制度。统一登记的范围、登记机构和登记办法，由法律、行政法规规定。

《物权法》第 246 条规定：法律、行政法规对不动产统一登记的范围、登记机构和登记办法作出规定前，地方性法规可以依照本法有关规定作出规定。

《房屋登记办法》第 4 条规定：房屋登记，由房屋所在地的房屋登记机构办理。

本办法所称房屋登记机构，是指直辖市、市、县人民政府建设（房地产）主管部门或者其设置的负责房屋登记工作的机构。

《城市房地产管理法》第 61 条规定：以出让或者划拨方式取得土地使用权，应当向县级以上地方人民政府土地管理部门申请登记，经县级以上地方人民政府土地管理部门核实，由同级人民政府颁发土地使用权证书。

在依法取得的房地产开发用地上建成房屋的，应当凭土地使用权证书向县级以上地方人民政府房产管理部门申请登记，由县级以上地方人民政府房产管理部门核实并颁发房屋所有权证书。

房地产转让或者变更时，应当向县级以上地方人民政府房产管理部门申请房产变更登记，并凭变更后的房屋所有权证书向同级人民政府土地管理部门申请土地使用权变更登记，经同级人民政府土地管理部门核实，由同级人民政府更换或者更改土地使用权证书。

法律另有规定的，依照有关法律的规定办理。

《城市房地产管理法》第 63 条规定：经省、自治区、直辖市人民政府确定，县级以上地方人民政府由一个部门统一负责房产管理和土地管理工作的，可以制作、颁发统一的房地产权证书，依照本法第六十一条的规定，将房屋的所有权和该房屋占用范围内的土地使用权的确认和变更，分别载入房地产权证书。

《土地管理法实施条例》第 4 条规定：农民集体所有的土地，由土地所有者向土地所在地的县级人民政府土地行政主管部门提出土地登记申请，由县级人民政府登记造册，核发集体土地所有权证书，确认所有权。

农民集体所有的土地依法用于非农业建设的，由土地使用者向土地所在地的县级人民政府土地行政主管部门提出土地登记申请，由县级人民政府登记造册，核发集体土地使用权证书，确认建设用地使用权。

设区的市人民政府可以对市辖区内农民集体所有的土地实行统一登记。

《土地管理法实施条例》第 5 条规定：单位和个人依法使用的国有土地，由土地使用者向土地所在地的县级以上人民政府土地行政主管部门提出土地登记申请，由县级以上人民政府登记造册，核发国有土地使用权证书，确认使用权。其中，中央国家机关使用的国有土地的登记发证，由国务院土地行政主管部门负责，具体登记发证办法由国务院土地行政主管部门会同国务院机关事务管理局等有关部门制定。

未确定使用权的国有土地，由县级以上人民政府登记造册，负责保护管理。

《土地登记办法》第 3 条规定：土地登记实行属地登记原则。

申请人应当依照本办法向土地所在地的县级以上人民政府国土资源行政主管部门提出土地登记申请，依法报县级以上人民政府登记造册，核发土地权利证书。但土地抵押权、地役权由县级以上人民政府国土资源行政主管部门登记，核发土地他项权利证明书。

跨县级行政区域使用的土地，应当报土地所跨区域各县级以上人民政府分别办理土地登记。

在京中央国家机关使用的土地，按照《在京中央国家机关用地土地登记办法》的规定执行。

《林木和林地权属登记管理办法》第 2 条规定：县级以上林业主管部门依法履行林权登记职责。

林权登记包括初始、变更和注销登记。

《草原法》第 11 条规定：依法确定给全民所有制单位、集体经济组织等使用的国家所有的草原，由县级以上人民政府登记，核发使用权证，确认草原使用权。

未确定使用权的国家所有的草原，由县级以上人民政府登记造册，并负责保护管理。

集体所有的草原，由县级人民政府登记，核发所有权证，确认草原所有权。

依法改变草原权属的，应当办理草原权属变更登记手续。

《森林法》第3条规定：森林资源属于国家所有，由法律规定属于集体所有的除外。

国家所有的和集体所有的森林、林木和林地，个人所有的林木和使用的林地，由县级以上地方人民政府登记造册，发放证书，确认所有权或者使用权。国务院可以授权国务院林业主管部门，对国务院确定的国家所有的重点林区的森林、林木和林地登记造册，发放证书，并通知有关地方人民政府。

森林、林木、林地的所有者和使用者的合法权益，受法律保护，任何单位和个人不得侵犯。

《海域使用管理法》第19条规定：海域使用申请经依法批准后，国务院批准用海的，由国务院海洋行政主管部门登记造册，向海域使用申请人颁发海域使用权证书；地方人民政府批准用海的，由地方人民政府登记造册，向海域使用申请人颁发海域使用权证书。海域使用申请人自领取海域使用权证书之日起，取得海域使用权。

《农村土地承包法》第23条规定：县级以上地方人民政府应当向承包方颁发土地承包经营权证或者林权证等证书，并登记造册，确认土地承包经营权。

颁发土地承包经营权证或者林权证等证书，除按规定收取证书工本费外，不得收取其他费用。

☑条文解析

登记自应在登记机构办理。登记机构，是指负责在登记机构所管辖的行政区划内依法接受申请人递交的材料办理所有权和他物权的登记的机构。我国《物权法》并没有对登记机构作出规定。有关登记机关、登记程序的问题都有待于《不动产登记暂行条例》实施后配套细化规定加以解决。

一、不动产登记机构的立法例的域外考察

（一）不动产登记的机构既可是司法机关也可是行政机关

《日本不动产登记法》第8条第1项规定："登记事务，以管辖不动产所在地的法务局、地方法务局或其支局、派出所为登记所，而予以掌管。"因此在日本，不动产物权的享有与变动的登记机构，为法务局、地方法务局、支局和派出所。

在瑞士，依瑞士民法典和各州法的规定，登记机构为各州的地方法院。在德国，不动产登记机构为地方法院中设立的"土地登记局"。在我国台湾地区，其"土地法"第39条规定，不动产登记系由市县政府在辖区内设立的专门的地政事务所办理。在英国，统一管理城乡土地权属登记的机构为土地登记局。这一机构是英国现今统一进行不动产所有权的审查、确认、登记、发证和办理过户换证的部门。在我国香港地区，不动产登记系由专门的"田土注册处"负责，行政上隶属于香港注册总署。[1]

（二）大陆法系不动产登记机构遵循的两个原则

1. 不动产统一登记原则。设立专门的登记机构对不动产进行统一登记，是不动产变动公示具有公信力的基本要求。只有由专门机构对不动产进行统一登记，才能使不动产登记信息规范、集中、连续，便于查阅和避免错误的发生，符合效率的原则。[2]

2. 不动产登记机构的专门性、中立性原则。不动产的物权变动是民事主体意思自治的行为，登记机构的登记是对民事主体行为的确认以及向社会公众的公示，其职权不属于对不动产的管理，亦不

---

〔1〕 以上参见梁慧星、陈华彬：《物权法》，法律出版社2010年版，第88~89页。

〔2〕 新华网评："建不动产统一登记制度用意何在"，http://news.xinhuanet.com/comments/2013－03/13/c_ 115005961. htm，访问日期：2013年3月13日。

表示公权力对不动产的干预。确认和公示的目的在于保护产权、维护交易安全、提高物的利用效率、保护第三人的信赖利益。为此，不动产登记机构的人员资格、工作程序等均需符合不动产登记的专业要求，它是不同于一般行政机关的专门机构。[1]

二、我国不动产登记机构现状

（一）我国不动产分类复杂

土地有国有和集体所有之分，按照性质分为林地、草地、耕地以及建设用地，按照区域和用途又分为农村建设用地、农村承包土地和城市建设用地。针对不同类型的不动产，林业部门发林权证，农业部门发土地承包经营权证，建设部门发房产证、宅基地证，国土部门发土地使用权证。

（二）我国不动产登记的部门条块分割

相对应地，我国进行不动产登记的部门将近 10 个。在许多城市，实行房、地分开登记：国有建设用地使用权在土地管理部门登记，其上房屋则在房产管理部门登记。此外，耕地、草原、林地、海域使用权登记等又分散在不同部门，涉及国土、住建、农业、林业等多个部门。不仅不同类型的不动产以及同一不动产上不同的权利分别由不同的登记机构进行登记，而且同一不动产物权的登记机构也可能不统一。[2]

具体而言，我国不动产登记的事务主要由有关行政机关及其设立的事业单位负责。主要包括：

1. 土地管理部门。我国《土地管理法》第 11 条第 1 款规定："农民集体所有的土地，由县级人民政府登记造册，核发证书，确认

---

〔1〕 以上参见范利平：《我国不动产登记的理论与实践》，知识产权出版社 2012 年版，第 302～303 页。

〔2〕 程啸 "不动产登记机构应具有中立性"，载《房地产权产籍》2013 年第 2 期。

所有权。"

2. 房产管理部门。我国《城市房地产管理法》第 61 条规定："以出让或者划拨方式取得土地使用权，应当向县级以上地方人民政府土地管理部门申请登记，经县级以上地方人民政府土地管理部门核实，由同级人民政府颁发土地使用权证书。在依法取得的房地产开发用地上建成房屋的，应当凭土地使用权证书向县级以上地方人民政府房产管理部门申请登记，由县级以上地方人民政府房产管理部门核实并颁发房屋所有权证书。房地产转让或者变更时，应当向县级以上地方人民政府房产管理部门申请房产变更登记，并凭变更后的房屋所有权证书向同级人民政府土地管理部门申请土地使用权变更登记，经同级人民政府土地管理部门核实，由同级人民政府更换或者更改土地使用权证书。"

3. 农业主管部门。我国《农村土地承包法》第 23 条第 1 款规定："县级以上地方人民政府应当向承包方颁发土地承包经营权证或者林权证等证书，并登记造册，确认土地承包经营权。"

4. 林业主管部门。我国《森林法》第 3 条第 2 款规定："国家所有的和集体所有的森林、林木和林地，个人所有的林木和使用的林地，由县级以上地方人民政府登记造册，发放证书，确认所有权或者使用权。国务院可以授权国务院林业主管部门，对国务院确定的国家所有的重点林区的森林、林木和林地登记造册，发放证书，并通知有关地方人民政府。"

5. 海洋主管部门。我国《海域使用管理法》第 19 条规定："海域使用申请经依法批准后，国务院批准用海的，由国务院海洋行政主管部门登记造册，向海域使用申请人颁发海域使用权证书；地方人民政府批准用海的，由地方人民政府登记造册，向海域使用申请人颁发海域使用权证书。海域使用申请人自领取海域使用权证书之日起，取得海域使用权。"

可见，与各国一般只设立一个统一的不动产登记机构，并依统一的不动产登记法来掌管不动产的登记不同，我国的不动产登记机构极不统一，并且进行登记时所依循的法规也多不相同。长期存在的不动产登记机构的不统一不仅有违《物权法》第 10 条有关实行统一不动产登记制度的要求，出现不动产多头管理、职能重叠、重复登记问题，浪费登记资源，造成登记混乱，不利于明确不动产物权归属这一不动产登记制度真正主旨的实现，而且在很大程度影响了我国社会主义市场经济的发展完善，加大交易成本，有碍交易安全。

（三）统一登记实践中的问题[1]

1. 进展慢。中央编办下发职能整合文件已将近一年，而目前发文着手进行职能整合的只有 13 个省级政府，绝大多数的市、县级政府尚未启动职能整合工作；部分地方存在观望、等待等心理。

2. 协调难度大。已挂牌成立的不动产登记局为国土资源部内设司局级机构，相应的地方成立的不动产登记局应为隶属于省（自治区、直辖市）国土资源厅的正处级内设机构，其作为日常工作机构，需要协调厅级党的住建、农业、林业、海洋等多个部门，但是无论国土管理部门多么努力，这种自下而上的协调，特别是在相关上位法律对登记机关、登记效力的相关规定没有修改的情况下，客观上都会存在协调难度大的问题，会影响改革进程。

3. 地方政府重视程度不够。职责整合是政府的职能，政府自上而下地推动落实，才能事半功倍，如果政府不够重视，只依靠业务部门自下而上推动，势必难以开展落实。

三、建立我国的统一不动产登记机构

不动产统一登记工作涉及多个管理部门职能调整，政策性、技术性、敏感性很强，职能整合期也是以往管理中存在的潜在矛盾和问题的突显期、爆发期，如果处理不好，不但达不到整合目的，还

---

〔1〕 刘远春："以房地统一登记为例浅议不动产统一登记存在问题及有关建议"，载《第五届国土资源法治学术研讨会论文集》，第 32～40 页。

可能造成各部门推诿扯皮、降低登记效率，甚至影响社会稳定。[1]

（一）不动产登记只能是由法定的登记机构进行

我国《物权法》第 10 条规定："不动产登记，由不动产所在地的登记机构办理。国家对不动产实行统一登记制度。统一登记的范围、登记机构和登记办法，由法律、行政法规规定。"由此可见，不动产登记只能是由法定的登记机构即由法律和行政法规规定的机构从事的活动，任何单位或个人都不得擅自设置不动产登记簿，进行不动产登记并颁发不动产权属证书。

在我国就曾出现一些并非法定机关的单位（如某些大军区、铁路局、农垦单位内部设置的房管机关）擅自进行不动产登记并颁发房产证的行为。[2]

（二）我国不动产登记立法的"五统一原则"

我国自 1998 年正式起草物权法时起，即在立法方针上确立了建立我国统一的不动产登记制度的"五统一原则"，即统一不动产登记的机构，统一不动产登记的法律依据，统一不动产登记的效力，统一不动产登记的程序，统一不动产登记的权属证书。[3]

2007 年的《物权法》第 10 条明文规定：国家对不动产实行统一登记制度。统一登记的范围、登记机构和登记办法，由法律、行政法规规定。

2013 年 3 月全国人大审议通过《国务院机构改革和职能转变方案》，其中要求："减少部门职责交叉和分散。最大限度地整合分散在国务院不同部门相同或相似的职责，理顺部门职责关系。房屋登记、林地登记、草原登记、土地登记的职责，城镇职工基本医疗保险、城镇居民基本医疗保险、新型农村合作医疗的职责等，分别整

---

〔1〕 刘远春："以房地统一登记为例浅议不动产统一登记存在问题及有关建议"，载《第五届国土资源法治学术研讨会论文集》，第 32~40 页。

〔2〕 程啸："走出不动产登记制度的认识误区"，载《中国改革》2013 年第 7 期。

〔3〕 梁慧星主编：《中国物权法草案建议稿：条文、说明、理由与参考立法例》，社会科学文献出版社 2000 年版，第 139~141 页。

合由一个部门承担。"明确一个部门负责登记，并对机构设置、簿册管理、基本程序、信息共享与保护提出统一要求。

（三）不动产登记机构的统一是整个统一登记最难解决的问题

2013 年 4 月，国务院办公厅发布了包括 72 项改革方案、提出明确时间表的《关于实施国务院机构改革和职能转变方案任务分工的通知》，其中规定由国土资源部会同住房城乡建设部、法制办、税务总局等有关部门负责，2014 年 6 月底前出台《不动产统一登记条例》。

2013 年 11 月，国务院第 31 次常务会议明确，由国土资源部负责指导监督全国土地、房屋、草原、林地、海域等不动产统一登记职责，基本做到登记机构、登记簿册、登记依据和信息平台"四统一"。

因此不动产登记的统一工作势在必行。[1]它一方面能够从根本上维护不动产权利人的利益，有利于贯彻物权法上的公示公信原则，增强不动产登记簿的公信力，维护不动产交易的安全，降低交易成本，提高交易效率；另一方面有利于我国社会主义法律的体系化和合理化建设，保证以法治思维和法治方式深化改革，方便群众，增强政府公信力，符合依法治国的内在要求，亦是国际上的通行做法。

不动产登记机构的统一是整个不动产统一登记工作的重要环节，亦是最难以解决的问题。早在《物权法》起草过程中不少部门、专家就意识到不动产统一登记是必然趋势，但统一登记涉及行政管理体制改革，受到部门体制的约束，既需要对现行的有关登记体制等做出较大的变革，又需要对已有的众多登记信息做出处理，统一登记机构的确定需要一个过程，因此才有了《物权法》第 10 条第 2 款的过渡性规定。《物权法》第 246 条也曾作出授权性规定："法律、行政法规对不动产统一登记的范围、登记机构和登记办法作出规定

---

〔1〕 于祥明："国土部'不动产统一登记制度'势在必行"，http://henan.163.com/13/0518/09/BV57SCTAO227024L.html，访问日期：2013 年 5 月 18 日。

前，地方性法规可以依照本法有关规定作出规定。"一些地方已经据此颁布了相应的地方性法规。

通常不动产统一登记的整合工作也是从机构整合开始的。[1]以房地统一登记为例，首先成立国土资源和房屋管理局（如天津市、重庆市、青岛市、大连市、厦门市），或是在国土资源管理部门加挂房管局牌子（如深圳）。[2]

（四）继续将行政机关作为不动产统一登记机构更为合理

在我国，由于长期即由行政机关负责不动产物权的登记，积累了大量的实践经验，加之法院工作繁重同时也不具备负担不动产登记这一具有很强专业性与技术性操作的能力，亦为了更好地实现司法权与行政权的分离，继续将行政机关作为不动产统一登记机构显然更加合理。[3]

1. 以行政机关作为统一登记机构节约改革成本以利制度衔接。结合我国国情，当前不动产登记机构的选择应遵循有效性、可行性和效率原则，以行政机关作为不动产统一登记机构有利于节约改革成本，促进制度衔接，行政机关可以利用其管理资源进行登记。

2. 行政机关作为登记机关并不影响登记的公信力。不动产登记机关对当事人的登记申请进行审查核实并予以登记的过程，实际上就是对申请人的不动产权利进行国家确认的过程。由行政机关进行的确认是行政确认，行政确认在法律上可以被认为具有确定力和证明力。且因为登记机构具有行政权，体现了登记具有较高的公信力。

3. 选择行政机关并不排斥司法机关的正当干预。司法机关仍可以发挥其功能。如果当事人认为登记机关进行登记的具体行政行为侵害了其合法权益，可以向法院提起行政诉讼。

---

〔1〕 陈兰君子："17省（区、市）明确不动产统一登记职责整合工作"，载《金融时报》2014年05月15日。

〔2〕 刘远春："以房地统一登记为例浅议不动产统一登记存在问题及有关建议"，载《第五届国土资源法治学术研讨会论文集》，第32～40页。

〔3〕 程啸："论我国不动产登记机构的统一"，载《中国房地产》2011年第7期。

4. 选择行政机关更有利于权力部门之间进行有效的分权制衡。

（1）行政机关的登记管理完全可置于司法机关的审查之下。由行政机关办理不动产登记，保护私权和加强不动产管理的功能可以同时兼备，而行政机关的登记管理工作又完全可以置于司法机关的审查之下。如果司法机关既是不动产的登记机关，又作为审判机关审理因登记而产生的错误案件，的确会使法院陷入"自己审自己"的尴尬局面。[1]

（2）负责登记的行政机关统一且专门化能避免多头负责。至于是由土地、房产或其他已有的行政部门负责，还是像某些地区一样建立单独的不动产登记局，是依据各地实践和社会状况做出的具体选择。《不动产登记暂行条例》第6条明确国土资源部负责指导、监督全国不动产登记工作，同时要求县级以上地方人民政府确定一个部门负责本行政区域不动产登记工作，并接受上级不动产登记主管部门的指导和监督。

这一规定充分贯彻国务院确定的登记机构、登记簿册、登记依据和信息平台"四统一"精神，逐步实现一个窗口对外，并简化程序，减少群众负担。同时"在坚持中央统一监督指导的前提下，支持地方结合本地区实际，将不动产登记职责统一到一个部门"，并没有明确要求各地的登记机构都必须上下对口统一到国土部门（类似我国台湾地区"以土地吸收地上建筑物"的做法），尊重反映各地（如珠海、佳木斯）不动产登记实践；亦没有明确组建从中央到地方垂直管理的不动产登记局，各级登记机构仍然接受双重领导，不至于对各部门现行的行政管理制度造成冲击，符合我国社会经济发展现状，保证不动产统一登记工作在吸收已有经验基础上的平稳过渡。

（3）法定专事不动产登记事务的公共部门才能是真正的统一。在保证政府业务监督的前提下，由登记机构统一掌管不动产登记簿，

---

[1] 参见于海涌：《论不动产登记》，法律出版社2007年版，第163－166页。

并在登记事务中实现集权，使其成为法定的专事不动产登记事务的公共部门，才能说登记机构是真正的统一。同时要处理好不动产登记与不动产的专业化管理的关系，不动产登记机构要从具体的专业化管理中独立出来专门进行不动产登记。不动产登记机构的人员设置也要进一步明确，以满足不动产登记专业化的需要。

（五）强化不动产统一登记工作的组织保障

一个较为适宜的方案是：明确地方政府对该项工作的重视，明确一名省级政府领导专门负责相关疑难问题的协调，明确省级政府完成不动产登记机构整合时间表和最后期限，并鼓励地方结合本地实际情况，自行确定不动产登记机构的级别。并由中央编办、国土资源部等部门组成指导小组，定期听取省级地方政府机构整合情况汇报，督促地方尽快着手并完成机构整合，为积极稳妥推进不动产统一登记工作提供组织保障。[1]

☑ **裁判要旨**

不动产统一登记制度建成以前，国家实行房屋所有权和土地使用权分别登记发证制度，造成两种权利在事实上的分离。现实中权利人将房屋所有权和土地使用权分别抵押的情形不乏存在，对比于我国法律确定的"房地一致"原则，造成了学界关于《担保法》第36条的讨论以及司法实践中法律适用的困难。不动产统一登记制度建成以后，房地于统一登记机构进行登记，此种分别抵押的情形将大量减少。

---

〔1〕 国土部："2014 年开展不动产统一登记 建立统一登记机构"，载 http://money.163.com/14/0111/20/9IBA9BN600253 BOH. html，访问日期：2014 年 1 月 11 日。

神龙支行诉福星公司借款抵押担保合同纠纷案〔1〕

🔍 **案情** 简介 ▶▶▶

某市福星公司因扩大再生产扩建厂房，急欲贷款，2002 年 2 月 6 日，福星公司与该市神龙支行签订借款抵押担保合同，由神龙支行贷给福星公司 150 万元，以福星公司的办公楼、厂房作抵押担保，抵押物办公楼、厂房经房地产价格评估事务所评估价格为 160 万元，并办理了抵押登记。

扩建厂房后，生产能力增强，缺乏流动资金，福星公司又与该市某银行信贷部签订了借款抵押担保合同，由信贷部贷给福星公司流动资金 80 万元，以福星公司的办公楼、厂房占用的土地使用权作抵押。经房地产价格评估事务所评估价格为 90 万元，并办理了土地使用权抵押登记手续。

借款到期后，福星公司无款支付，神龙支行诉至法院。信贷部得知此情后，以有独立请求权的第三人身份申请参加诉讼。

🔍 **审理** 判析 ▶▶▶

一审法院经审理认为：福星公司以其办公楼、厂房作为抵押物抵押给神龙支行，根据《担保法》第 36 条所规定的土地使用权和房屋同时抵押的规定，福星公司的办公楼、厂房占用范围内的土地使用权一并抵押给神龙支行，因厂房、办公楼评估价为 160 万元，福星公司以厂房、办公楼抵押给神龙支行，并向神龙支行贷款 150 万元，土地使用权评估价为 90 万元，以土地使用权抵押给房地产信贷部，并在房地产信贷部贷款 80 万元，均未超出抵押物的价值，应为

---

〔1〕 "神龙支行诉福星公司借款抵押担保合同纠纷案"，载 http://www.civillaw. com.cn/article/default.asp? id=49846，访问日期：2014 年 9 月 24 日。

再抵押。福星公司将厂房、办公楼抵押给神龙支行，将其厂房、办公楼所占用的土地使用权抵押给房地产信贷部，均办理了抵押登记，因此抵押合同均为有效。

神龙支行对福星公司的抵押物厂房和办公楼，连同厂房和办公楼按所占用的土地使用权一并享有优先受偿权，但房地产信贷部位于神龙支行之后而对厂房、办公楼所占用的土地使用权享有优先受偿权。

最后判决：其一，福星公司偿还神龙支行贷款150万元及利息；其二，神龙支行对福星公司抵押的办公楼、厂房及其占用的土地使用权依法享有优先受偿权；其三，房地产信贷部在神龙支行受偿之余享有优先受偿权。

一审宣判后，房地产信贷部提起上诉，要求对福星公司抵押的土地使用权部分享有优先受偿权。

二审法院审理后认为：福星公司以其办公楼、厂房作为抵押物抵押给神龙支行，以其办公楼、厂房所占用的土地使用权抵押给房地产信贷部，均办理了抵押登记，房屋产权与土地使用权虽存在着依附关系，但各有其独立的价值，是两个独立的物权，不存在主物和从物关系，均是福星公司与神龙支行，福星公司与房地产信贷部之间的真实意思表示。福星公司将厂房、办公楼抵押给神龙支行时，双方未对土地使用权做出约定，视为对土地使用权抵押的放弃，因此说，福星公司将厂房、办公楼抵押给神龙支行，将土地使用权抵押给房地产信贷部是两个抵押权，是分别抵押，而不是一物两即形成的再抵押，不能认定福星公司将其厂房、办公楼所占用的土地使用权一并抵押给神龙支行。福星公司与神龙支行，福星公司与房地产信贷部的抵押合同均为有效，神龙支行仅能对福星公司的厂房、办公楼享有优先受偿权，房地产信贷部仅能对福星公司的土地使用权享有优先受偿权。

最后判决：维持原判第一条；撤销原判第二条、第三条；神龙支行对福星公司抵押的厂房、办公楼享有优先受偿权；房地产信贷部对福星公司抵押的土地使用权享有优先受偿权。

法理 研究▸▸▸

本案中一审、二审判决恰好反映了学界和实务界对于房屋所有权和土地使用权分别抵押的两种观点。

首先，两审法院都认为两个抵押合同均为有效，这也是目前通说观点。抵押人将房屋所有权和土地使用权分别抵押给不同的债权人，并经过抵押物登记公示，具有对抗第三人的效力。只有认定两个合同均为有效，才符合物权变动原因与结果的区分原则。我国《担保法》54条也承认"一物多押"的法律效力。

其次，对于权利人在房屋所有权和土地使用权上分别设置不同的抵押权这一行为的性质究为一物两押还是分别抵押，学界仍有争议。若为"一物两押"，则应就拍卖房屋和土地所得的共同价款按抵押权顺位规则由各抵押权人依次受偿，对应一审判决；若为分别抵押，则应由抵押权人在各自抵押物所得价款范围内分别优先受偿；对应二审判决（由房屋和土地相互依附的性质决定了无论采取哪种观点，在实现任一抵押权时，均应同时拍卖房屋和土地）。

目前通说为第二种观点。土地使用权和房屋所有权是两个独立的物权，这就决定了房屋抵押和土地使用权抵押是两种不同的财产抵押。如若一味要求房屋所有权和土地使用权一并抵押，则不利于对物的充分利用。在不妨害物权秩序、交易安全和物的利用的条件下，应充分尊重权利人的自由与意愿，有限地允许权利分别归属不同主体。对房地抵押的情况，在明确房屋所有权与土地使用权应当结合的情况下，应当允许房地分别抵押。

由于土地和房屋是两类不同的生产生活资料，我国法律始终坚持将房屋所有权和土地使用权交由两个相互独立的部门来主管与办理。这不但有违"房地一致"的原则，也带来实践中变更土地使用权而不变更房屋所有权、"两证"严重分离的现象；不仅权利人办理登记不方便，而且交易相对人查询登记资料不容易，了解交易标的权利状况很困难。在房地产抵押时，不仅要到建设部门办理房屋抵押登记，而且要到国土资源部门办理土地抵押登记。实践中，经常有人利用此漏洞，将房屋和土地分别抵押，或多次抵押，骗取银行贷款，造成大量国有资产流失。

国家确立不动产统一登记机构以后，在房屋所有权和土地使用权分属不同主体时，自然可以分别设立抵押权，将房地同时拍卖，分别计价，分别按两个合同受偿；在权利主体同一时，手持一证，分别抵押的情形就会大量减少，进而维护法律适用的统一性。

不动产统一登记包括登记机构的统一、登记程序的统一、登记类型的明确、登记错误的赔偿等一系列相关制度，并不能单单将登记机构的统一看做单纯的机构合并、编制调整，还要注意在实践中进一步做好各地不动产统一登记机构与不动产交易管理机构、不动产登记基础信息管理机构之间的协调工作以及城乡不动产登记的统一，"形成归属清晰、权责明确、监管有效的自然资源资产产权制度"，"建立城乡统一的建设用地市场"。同时，《不动产登记暂行条例》的出台也导致原先《土地管理法》、《城市房地产管理法》、《草原法》等的相关规定面临修改。

建立不动产统一登记制度、整合不动产登记职责，是国务院机构改革和职能转变方案的重要内容，也是推进简政放权、减少多头管理、逐步实现一个窗口对外的有效举措，对于保护权利人合法财产权，提高政府治理效率和水平，尤其是方便企业、方便群众，具有重要意义。而结合中国实践明确不动产统一登记机构的产生方式更是全面落实不动产统一登记制度的关键环节。

第七条　不动产登记的管辖

不动产登记由不动产所在地的县级人民政府不动产登记机构办理；直辖市、设区的市人民政府可以确定本级不动产登记机构统一办理所属各区的不动产登记。

跨县级行政区域的不动产登记，由所跨县级行政区域的不动产登记机构分别办理。不能分别办理的，由所跨县级行政区域的不动产登记机构协商办理；协商不成的，由共同的上一级人民政府不动产登记主管部门指定办理。

国务院确定的重点国有林区的森林、林木和林地，国务院批准项目用海、用岛，中央国家机关使用的国有土地等不动产登记，由国务院国土资源主管部门会同有关部门规定。

☑相关法条

《物权法》第 10 条规定：不动产登记，由不动产所在地的登记机构办理。

国家对不动产实行统一登记制度。统一登记的范围、登记机构和登记办法，由法律、行政法规规定。

《土地登记办法》第 3 条规定：土地登记实行属地登记原则。

申请人应当依照本办法向土地所在地的县级以上人民政府国土资源行政主管部门提出土地登记申请，依法报县级以上人民政府登记造册，核发土地权利证书。但土地抵押权、地役权由县级以上人民政府国土资源行政主管部门登记，核发土地他项权利证明书。

跨县级行政区域使用的土地，应当报土地所跨区域各县级以上人民政府分别办理土地登记。

在京中央国家机关使用的土地，按照《在京中央国家机关用地土地登记办法》的规定执行。

《土地登记办法》第 37 条规定：在土地上设定地役权后，当事人申请地役权登记的，供役地权利人和需役地权利人应当向国土资源行政主管部门提交土地权利证书和地役权合同等相关证明材料。

符合地役权登记条件的，国土资源行政主管部门应当将地役权合同约定的有关事项分别记载于供役地和需役地的土地登记簿和土地权利证书，并将地役权合同保存于供役地和需役地的宗地档案中。

供役地、需役地分属不同国土资源行政主管部门管辖的，当事人可以向负责供役地登记的国土资源行政主管部门申请地役权登记。负责供役地登记的国土资源行政主管部门完成登记后，应当通知负责需役地登记的国土资源行政主管部门，由其记载于需役地的土地登记簿。

《房屋登记办法》第4条规定：房屋登记，由房屋所在地的房屋登记机构办理。

本办法所称房屋登记机构，是指直辖市、市、县人民政府建设（房地产）主管部门或者其设置的负责房屋登记工作的机构。

☑条文解析

本条是关于不动产登记管辖机制的规定：不动产登记原则上由不动产所在地的县级人民政府不动产登记机构办理。

一、由不动产所在地的登记机构办理是属地主义原则的体现

（一）属地登记与属地诉讼管辖一致有利于纠纷的解决

《物权法》第10条第1款规定："不动产登记，由不动产所在地的登记机构办理。"所谓不动产所在地，就是指房屋土地所处的地点。不动产具有高度的稳定性，所在位置不会轻易变更，相关纠纷也都围绕不动产本身发生。法律对不动产规定属地原则不仅仅体现在登记方面，有关不动产的权属纠纷的诉讼管辖、国际私法上的争议处理也都采取了这一原则。[1]

（二）属地管辖作为传统有利于审核且方便当事人

确立由不动产所在地的登记机构来办理登记，既有利于确定不动产归属，便于登记机构在必要时的实地勘查，也方便登记申请人和需要查阅的利害关系人。即便在《不动产登记暂行条例》出台以前我国不动产登记机构不统一的情况下，属地管辖也被确定为土地、房屋等不动产登记的管辖原则（《土地登记办法》第3条第1款、

---

〔1〕王建霞："不动产纠纷专属管辖的比较研究"，载 http://www.chinacourt.org/article/detail/2003/04/id/54971.

《房屋登记办法》第4条第1款)。

当然，需要办理登记的物权的地域管辖规定并不都以属地管辖为基准，例如，关于动产抵押的登记机构，原来物权法草案规定应当向动产所在地的工商部门登记，后来考虑到动产流动性大，其所在地可能经常变动，难以确定具体的所在地，因此《物权法》第189条规定，应当在抵押人住所地进行登记。

二、原则上由县级人民政府不动产登记机构办理是级别管辖的规定

(一) 不动产登记的管辖权限只能排他性地属于登记机构

在《不动产登记暂行条例》出台之前，业已存在的规范并没有明确属地管辖的具体登记机构，无论是土地登记还是房屋登记，主要是由县级以上地方政府分级进行管理的。多个部门登记已经足够混乱，同一部门内部又存在级别的划分，无疑会使登记申请人在确定负责登记的具体机关时更加无所适从。

分别管理既不便于当事人办理登记，又不便于登记机关对登记申请进行审核，也不利于维持地籍资料的权威性和现时性，损害登记的公示功能，妨碍不动产统一登记制度的健全。

在特定的区域内，所有级别的登记机构都可被理解为不动产所在地的登记机构，究竟哪个层级的登记机构有权进行属地管辖，就成了一个问题。所以，如果看重不动产所在地，忽略不动产权利人的级别或身份，那么，只要不动产坐落于最基层登记机构亦即县级登记机构的辖区，那么，上级登记机构就没有理由管辖。

反之，如果还要参考不动产权利人的级别或身份，那么，权利人特殊的不动产登记就要由上级登记机构乃至上级政府管辖 (《土地登记办法》第3条第4款)，其他不动产由最基层登记机构管辖。[1]

鉴于统一登记机构将导致登记权限和登记簿的统一，而后一种

---

〔1〕 曹昌伟："论不动产登记机构的现实选择"，载《广西政法管理干部学院学报》2008年2期。

方案在相当程度上恰恰割裂了登记的统一性，实不足取。故而，有管辖权的登记机构应是不动产所在地的最基层的登记机构，即县级人民政府不动产登记机构。县级登记机构一直是登记工作的核心力量，也便于当事人或利害关系人申请登记和查询。

《不动产登记暂行条例》第 7 条已经规定县级以上地方人民政府应当确定一个部门为本行政区域的不动产登记机构，负责不动产登记工作，并接受上级人民政府不动产登记主管部门的指导、监督。这也改变了过去不动产登记主要由不动产所在地的县级以上人民政府的相关不动产管理部门负责的情况。但该条同时规定直辖市、设区的市人民政府可以确定本级不动产登记机构统一办理所属各区的不动产登记，为县级管辖原则的突破提供了可能。这主要是出于强化行政管理、便利当事人的需要。将选择权赋予了直辖市和设区的市人民政府，各地可根据实际情况和已有实践具体确定不动产统一登记机构的级别。

（二）登记机构享有积极但负有告知管辖信息义务的权限

属地管辖是登记管辖的一般规范，主要针对处于某一特定地域范围内的不动产登记，故此，最基层的登记机构对辖区内的不动产享有排他性的登记管辖权，只要不动产处于本辖区，登记机构无须通过法律程序或者举证证明即可依法取得管辖权，这显然是登记机构享有的积极权限。

但这并不意味着登记机构因此无须负担告知管辖信息的义务，在法定情形下，登记机构应向当事人或者其他登记机构告知管辖信息。比如，在登记机构对登记申请没有管辖权时，登记机构应不受理登记申请，但应告知申请人有管辖权的登记机构（《土地登记办法》第 12 条第 1 项）；又如，供役地和需役地不在同一辖区的，供役地所在地的登记机构在办理地役权设立登记后，应通知需役地辖区的登记机构，由其将地役权记载于需役地的登记簿（《土地登记办法》第 37 条第 3 款）。[1]

三、跨域的不动产登记管辖

（一）跨域不动产登记的指定管辖

跨域不动产登记的指定管辖，即由上级登记机构指定某一登记机构管辖（《德国土地登记法》第 1 条第 2 款）。

《不动产登记暂行条例》第 7 条第 2 款规定："跨县级行政区域的不动产的登记，由所跨县级行政区域的不动产登记机构分别办理。不能分别办理的，由所跨县级行政区域的不动产登记机构协商办理；协商不成的，由共同的上一级人民政府不动产登记主管部门指定办理。"这是关于跨县的不动产登记不能由所涉及的不动产登记机构分别办理并经协商仍不能解决的情况下的规定。同时也是上级人民政府不动产登记主管部门指导、监督职责的一种体现。

例如，某矿经过勘探确定位于 A 省某县和 B 省某县，而两县就该矿产登记存在争议且不能通过协商解决，则应该将登记争议提交到共同的上一级政府——国务院进行指定，由国务院指定的不动产登记机构办理登记。

此种方案偏离了属地管辖，并要求本不具有管辖权的登记机构就其地域范围外的不动产制作登记簿页，对既有的制度冲击较大，不过较有利于提高登记效率。

（二）跨域不动产登记的分别管辖

该方案指各登记机构分别登记本区域内的不动产部分（《土地登记办法》第 3 条第 3 款）。此种方案要求登记机构在各自管理的登记簿中针对不动产部分设置簿页，记载本辖区内不动产部分的物理状况，这符合属地管辖原则和登记簿页设置的标准，但登记效率可能会打折扣。故可见，《不动产登记暂行条例》第 7 条规定的两种方案

---

[1] 以上参见常鹏翱：《不动产登记法》，社会科学文献出版社 2011 年版，第 56~57 页。

各有利弊。[1]

跨域的土地登记适用分别管辖无异议，但跨区域的房屋登记适用分别管辖则难以解决，很难想象登记机构如何划分一栋跨域房屋并分别记载相应部分。域外经验是由各登记机构均在登记簿中标注整个不动产，由不动产占据面积更大区域的登记机构管辖，该机构应将登记信息通知其他有关区域的登记机构，这些机构也应将相关事项记载于各自管理的登记簿之中，以保持该不动产物理状态和法律状态的完整和特定。此种方案可有效节约成本，值得借鉴。

当然该款规定是针对跨域的同一不动产而言，对于分属不同辖区的数个物理形态独立但在权利形态上有关联的不动产，如地役权的供役地和需役地，就不能适用该准则，而应由权利主要标的所在地的登记机构享有管辖权，如以供役地所在地的登记机构办理地役权登记（《土地登记办法》第 37 条第 3 款）。

四、特殊不动产的登记管辖

《不动产登记暂行条例》第 7 条第 3 款规定："国务院确定的重点国有林区的森林、林木和林地，国务院批准项目的用海、用岛等不动产的登记，由国务院国土资源主管部门会同有关部门规定。"

县级以上地方人民政府的不动产登记机构接受上级人民政府不动产登记主管部门的指导、监督。《不动产登记暂行条例》第 6 条已经规定国务院国土资源主管部门负责指导、监督全国不动产登记工作。本条规定国务院确定的重点国有林区的森林、林木和林地，国务院批准项目的用海、用岛等不动产的登记，由国务院国土资源主管部门会同有关部门规定。

由此可见，国务院国土资源主管部门在不动产登记方面主要有两项职责：一是负责指导、监督全国不动产登记工作；二是会同有

---

[1] 常鹏翱：《不动产登记法》，社会科学文献出版社 2011 年版，第 57 页。

关部门规定国务院确定的重点国有林区的森林、林木和林地，国务院批准项目的用海、用岛等不动产的登记。

☑ 裁判要旨

不动产登记由不动产所在地的县级人民政府不动产登记机构办理。就不动产登记本身产生的纠纷都属于行政纠纷还是民事纠纷目前没有定论，但是在没有定性的前提下，应当尊重当事人的选择，当事人如果将其作为行政纠纷，行政相对人可以向人民法院提起行政诉讼，人民法院应予支持。

☑ 典型案例

李传辉诉夏津县人民政府登记案[1]

🔍 案情 简介 ▸▸▸

2001年7月6日，被告夏津县人民政府为第三人王广锐颁发了夏集用（2001）字第1602857号集体土地使用证，使用面积为373.86平方米。

原告诉称：因我的宅基证比第三人颁发得早，被告向第三人颁发宅基证的时候营私舞弊，把我的宅基地划入第三人的宅基证，因当事人多处占用我的宅基地，导致我和第三人宅基地使用权纠纷，为我造成严重损失。请求撤销被告向第三人颁发的夏集用（2001）字1602857号集体二地使用证。

被告在法律规定的期限内没有提交答辩状及相关的证据、依据。

第三人的意见：我认为原告不具备诉讼主体资格，王广锐的宅基证没有侵犯他的合法权利，他如果认为第三人的土地使用证有问

---

[1] "李传辉诉夏津县人民政府登记案"，载 http://www.pkulaw.cn/fulltext_form.aspx? Db = pfnl&Gid = 120701242&keyword = % E6% 9D% 8E% E4% BC% A0% E8% BE% 89&EncodingName = &Search_ Mode = accurate.

题，可以按《土地管理法》第 6 条的规定向有关部门投诉。原告应当证明他的合法权利受到侵害。

经审理查明：2001 年 7 月 6 日，被告夏津县人民政府为第三人王广锐颁发了夏集用（2001）字第 1602857 号集体土地使用证，使用面积为 373.86 平方米。原告李传辉与第三人王广锐为邻居，两户因土地使用权发生争议。原告向法院提起行政诉讼，法院于 2014 年 7 月 15 日受理后，于 2014 年 7 月 16 日向被告送达了起诉状副本和应诉通知书。被告在法定期限内，未向法院提交书面答辩状，也没有提交做出该具体行政行为的证据及相关依据。

🔍 审理判析▸▸▸

法院认为：根据《中华人民共和国行政诉讼法》第 32 条："被告对作出的具体行政行为负有举证责任，应当提供做出该具体行政行为的证据和所依据的规范性文件。"最高人民法院《关于执行〈中华人民共和国行政诉讼法〉若干问题的解释》第 26 条："在行政诉讼中，被告对其做出的具体行政行为承担举证责任。被告应当在收到起诉状副本之日起 10 日内提交答辩状，并提供做出具体行政行为时的证据、依据；被告不提供或者无正当理由逾期提供的，应当认定该具体行政行为没有证据、依据。"

本案中被告并未提交答辩状及做出具体行政行为时的证据、依据，法院依法认定被告夏津县人民政府作出的夏集用（2001）字第 1602857 号土地使用证没有证据、依据。根据《中华人民共和国行政诉讼法》第 54 条第 2 项第 1 目之规定判决如下：第一，撤销被告夏津县人民政府颁发给第三人王广锐的夏集用（2001）字第 1602857 号集体土地使用证；第二，驳回原告其他诉讼请求。案件受理费 50 元由被告承担。

本案中被告是夏津县人民政府，是"不动产所在地的县级人民政府不动产登记机构"。依据《行政诉讼法》，就行政登记与行政机关产生纠纷的，可以向人民法院提起行政诉讼。本案中，原告李传辉就是不服被告夏津县人民政府土地行政登记向法院提起行政诉讼。法院在审理行政诉讼案件中，依据《行政诉讼法》的相关规定进行审理。

《中华人民共和国行政诉讼法》第34条规定："被告对作出的具体行政行为负有举证责任，应当提供作出该具体行政行为的证据和所依据的规范性文件。被告不提供或者无正当理由逾期提供证据，视为没有相应证据。但是，被诉具体行政行为涉及第三人合法权益，第三人提供证据或者人民法院依法调取证据的除外。"最高人民法院《关于执行〈中华人民共和国行政诉讼法〉若干问题的解释》第26条规定："在行政诉讼中，被告对其作出的具体行政行为承担举证责任。被告应当在收到起诉状副本之日起10日内提交答辩状，并提供作出具体行政行为时的证据、依据；被告不提供或者无正当理由逾期提供的，应当认定该具体行政行为没有证据、依据。"

根据现行规定，在行政诉讼中，具体行政行为违法的主张虽由原告提出，但举证责任由否定该主张的被告承担，被告应当提供做出该具体行政行为的证据和所依据的规范性文件。由被告的行政机关举证证明其实施的具体行政行为的合法性是合理的，因为在整个行政行为的做出过程中，行政机关应当按照法律的规定做出具体行政行为，行政相对人往往是行政行为的被动接受主体，其接受的行政行为默认为合法。

行政机关行使行政职权的过程中，掌握证明具体行政行为合法性的证据，而行政相对人参与不到每个具体行政行为的做出过程中，由行政相对人证明行政机关的行政行为违法是相当困难的。法律考虑到举证责任的分担应该合理，从保护行政相对人的合法权利的角度，将举证责任分配给行政机关更为合理。

本案中被告并未提交答辩状及做出具体行政行为时的证据、依据，法院依法认定被告夏津县人民政府做出的夏集用（2001）字第1602857号土地使用证没有证据、依据的认定也是合理的。

第八条　登记单元、不动产登记簿的设立与记载

不动产以不动产单元为基本单位进行登记。不动产单元具有唯一编码。

不动产登记机构应当按照国务院国土资源主管部门的规定设立统一的不动产登记簿。

不动产登记簿应当记载以下事项：

（一）不动产的坐落、界址、空间界限、面积、用途等自然状况；

（二）不动产权利的主体、类型、内容、来源、期限、权利变化等权属状况；

（三）涉及不动产权利限制、提示的事项；

（四）其他相关事项。

✔️ **相关法条**

《物权法》第16条规定：不动产登记簿是物权归属和内容的根据。不动产登记簿由登记机构管理。

《土地登记办法》第5条规定：土地以宗地为单位进行登记。宗地是指土地权属界线封闭的地块或者空间。

《土地登记办法》第15条第1款规定：土地登记簿是土地权利归属和内容的根据。土地登记簿应当载明下列内容：

（一）土地权利人的姓名或者名称、地址；

（二）土地的权属性质、使用权类型、取得时间和使用期限、权利以及内容变化情况；

（三）土地的坐落、界址、面积、宗地号、用途和取得价格；

（四）地上附着物情况。

《土地登记办法》第 17 条第 3 款规定：土地权利证书由国务院国土资源行政主管部门统一监制。

《土地登记办法》第 20 条第 2 款规定：土地登记申请书、土地登记审批表、土地登记归户卡和土地登记簿的式样，由国务院国土资源行政主管部门规定。

《土地登记办法》第 36 条第 3 款规定：符合抵押登记条件的，国土资源行政主管部门应当将抵押合同约定的有关事项在土地登记簿和土地权利证书上加以记载，并向抵押权人颁发土地他项权利证明书。申请登记的抵押为最高额抵押的，应当记载所担保的最高债权额、最高额抵押的期间等内容。

《土地登记办法》第 60 条第 2 款规定：对符合异议登记条件的，国土资源行政主管部门应当将相关事项记载于土地登记簿，并向申请人颁发异议登记证明，同时书面通知土地登记簿记载的土地权利人。

《土地登记办法》第 62 条第 2 款规定：对符合预告登记条件的，国土资源行政主管部门应当将相关事项记载于土地登记簿，并向申请人颁发预告登记证明。

《土地登记办法》第 63 条规定：国土资源行政主管部门应当根据人民法院提供的查封裁定书和协助执行通知书，报经人民政府批准后将查封或者预查封的情况在土地登记簿上加以记载。

《房屋登记办法》第 5 条规定：房屋登记机构应当建立本行政区域内统一的房屋登记簿。

房屋登记簿是房屋权利归属和内容的根据，由房屋登记机构管理。

《房屋登记办法》第 10 条规定：房屋应当按照基本单元进行登记。房屋基本单元是指有固定界限、可以独立使用并且有明确、唯一的编号（幢号、室号等）的房屋或者特定空间。

国有土地范围内成套住房，以套为基本单元进行登记；非成套住房，以房屋的幢、层、间等有固定界限的部分为基本单元进行登记。集体土地范围内村民住房，以宅基地上独立建筑为基本单元进行登记；在共有宅基地上建造的村民住房，以套、间等有固定界限的部分为基本单元进行登记。

非住房以房屋的幢、层、套、间等有固定界限的部分为基本单元进行登记。

《房屋登记办法》第24条第1款规定：房屋登记簿应当记载房屋自然状况、权利状况以及其他依法应当登记的事项。

《房屋登记办法》第44条规定：对符合规定条件的抵押权设立登记，房屋登记机构应当将下列事项记载于房屋登记簿：

（一）抵押当事人、债务人的姓名或者名称；

（二）被担保债权的数额；

（三）登记时间。

《房屋登记办法》第53条规定：对符合规定条件的最高额抵押权设立登记，除本办法第四十四条所列事项外，登记机构还应当将最高债权额、债权确定的期间记载于房屋登记簿，并明确记载其为最高额抵押权。

《房屋登记办法》第58条第1款规定：对符合规定条件的最高额抵押权确定登记，登记机构应当将最高额抵押权担保的债权已经确定的事实记载于房屋登记簿。

《房屋登记办法》第77条规定：房屋登记机构受理异议登记的，应当将异议事项记载于房屋登记簿。

《海域使用权登记办法》第4条规定：海域使用权登记以宗海为基本单位。

权属界址线所封闭的用海单元称宗海。但填（围）海造地的，应独立分宗登记。

单位和个人取得两宗以上海域的，应当按宗分别申请登记。

两个以上海域使用人使用同一宗海域的，应当共同申请登记。

☑ 条文解析

一、物权登记的客体特定原则

本条第1款体现的物权特定原则也称"物权客体特定原则"，它是指物权的客体必须是特定的，或者至少在实现该物权时其客体是可以特定的。《物权法》第 2 条将物权界定为"权利人依法对特定的物享有直接支配和排他的权利，包括所有权、用益物权和担保物权"，其中之所以强调"特定的物"就是由于物权特定原则的要求。

基于物权特定原则，不动产登记簿上当然需要将不动产的自然状况进行详细、清晰的记载。唯有如此，方能保证物权的客体是特定的，为下一步记录该不动产上的物权状况奠定坚实的基础。

二、登记簿的制作分"物的编成主义"和"人的编成主义"

（一）物的编成主义

物的编成主义是指不动产登记簿的编制以物即不动产为中心，即按照不动产所在的区域、地号、地段等来制作登记簿，一宗土地就制作一个登记簿页，然后在该登记簿簿页中对所有权、他物权等权利分别加以记载，注重于不动产权利的静态记载。物的编成主义能反映权利信息的清晰程度，利于管理，便于查阅和监督，同时符合物权特定原则。[1]

（二）人的编成主义

人的编成主义指不动产登记簿以不动产所有人为中心加以制作，按照所有权人来制作登记簿簿页，依次将相应的权利人加以记载。人的编成主义为法国、英国、新西兰等国家所采用，主要优点是能够将同一权利人在同一登记管辖区域的数个不动产登记简单化处理，不足是登记的内容没有延续性，难以全面清晰地反映某个不动产上的权利变动情况。[2]

（三）我国未来登记簿的制作宜采物的编成模式

我国的登记制度借鉴德国的权利登记制。目前，我国除土地承

---

〔1〕 ［日］近江幸治"'登记'制度和日本的不动产登记法"，载 http：//www. japanlawinfo. sdu. edu. cn/html/minshangfa/20071202/358. html.

〔2〕 "不动产登记：法定权利的确认——德法澳三种不动产登记制度概要"，载 http：//www. mlr. gov. cn/ggfw/wskt_ zlj/200805/t20080523_ 104184. htm.

包经营权登记采用人的编成外，其他不动产登记都是采取物的编成主义。在我国大力推进以"人"为核心的城镇化建设和以"土地权利"为核心的土地制度改革背景之下，某些负载于身份上的不动产权利会随着"人"的身份转变尤其是在城乡之间的频繁流动而发生调整。采用人的编成主义，将使登记簿处于快速变动的不确定状态。[1]而不动产本身的固定性决定了采用物的编成主义的登记簿将具备足够的稳定性和确定性。同时物的编成主义也有利于平衡利害关系人对于不动产权利的查询需求与权利人的隐私保护问题。在促进农业规模化经营和土地经营权流转的背景之下，采取物的编成主义对于土地承包经营权而言也能够清楚地反映某一承包地块的权利关系。[2]

三、登记单元

（一）登记单元即有特定唯一编号的专门不动产登记簿簿页

为了解决登记中不动产的特定性问题，在不动产登记法上产生了"登记单元"这一法律概念。登记单元也称"登记单位"，它旨在将相互连接的不动产（尤其是土地、房屋）在法律技术上加以分割，从而使之特定化，以便记载入不动产登记簿。一个登记单元具有唯一的、特定的编号，并在此基础上建立一个专门的不动产登记簿簿页。[3]

以土地为例，物权法习惯中，土地的"宗"数或"笔"数乃至土地的独立性并不是依自然的界线或使用的范围来确定，而是依不动产登记簿上所记载的区域来确定。也就是说，土地作为一独立物，完全是由于人为的区分而借不动产登记簿册的记载来加以表示的。

---

〔1〕 程啸："'不动产单元'需要明晰"，载 http://www.cssn.cn/jjx/jjx_gd/201409/t20140918_1332621.shtml.

〔2〕 参见肖攀："关于不动产统一登记簿设计的几个问题"，载《第五届国土资源法治学术研讨会论文集》，第 91～99 页。

〔3〕 程啸："论不动产的登记单元"，载《中国房地产》2011 年 5 期。

不动产登记簿以宗地、宗海为单位编成，同一宗地、宗海范围的所有不动产编入同一不动产登记簿。宗地是指土地权属界线封闭的地块或者空间，宗海是指权属界址线封闭的海域空间。

《德国土地登记法》第 3 条第 1 款规定："每宗土地在土地登记簿中获得一个特殊的位置（土地登记簿页）。土地登记簿页就该宗土地应被视为《德国民法典》意义上的土地登记簿。"第 4 条第 1 款规定："无须担心造成混乱的，可以就同一个所有权人的多宗土地为共同土地登记簿页，该多宗土地的登记簿由同一个土地登记局制定。"

（二）"宗地"即是我国土地的登记单元或登记单位

我国《土地登记办法》第 5 条规定："土地以宗地为单位进行登记。宗地是指土地权属界线封闭的地块或者空间。"根据我国《房屋登记办法》第 10 条的规定，在房屋登记中，登记的单元既可以是套，也可以是幢、层、间等固定界限的部分。当事人有权选择以何种登记单元进行登记。实践中，一些地方要求房地产开发企业在进行商品房所有权初始登记时，必须以"幢"而不能以"套"或"层"为单元进行登记的做法颇值得商榷。总之，在以前分部门登记的模式下，不同的不动产登记单元是不同的。

在实行不动产统一登记制度后，理论上而言：无房屋等建筑物、构筑物以及森林、林木定着物的土地、海域，以土地、海域权属界限封闭的范围为不动产单元；有房屋等建筑物、构筑物以及森林、林木定着物的土地、海域，以该房屋等建筑物、构筑物以及定着物与土地、海域权属界限封闭的范围为不动产单元（所称房屋，包括独立成栋、有固定界限的封闭空间，以及区分幢、层、套、间等可以独立使用、有固定界限的封闭空间）。同时不动产登记单元应当具有唯一编码。

在物权客体之物的特定性要求下，只有对特定的不动产才可单独设置簿页。

一般情况下，一般概念上的森林、草原等自然资源融合了诸多自然要素，属于法律意义上的集合物，没有特定性，不宜设置簿页，但其上的房屋以基本单元作为特定性标准，并包括特定空间在内（《房屋登记办法》第10条、第96条）。林木，可以林种、面积、株数作为特定性标准（《林木和林地权属登记管理办法》第11条第1项）。土地以宗地作为特定性标准，同时特定的土地上下空间也有登记能力。

四、不动产登记簿

（一）不动产登记簿是法定的登记载体

作为不动产物权的公示形式，不动产登记将不动产的物理状态和权利状况充分表达出来，通常所谓的登记，是不动产登记机构依据法定程序记载特定事项的后果，其载体就是不动产登记簿。[1]

故此，所谓不动产登记簿即是指，由不动产登记机构依据法定程序和标准制作的，用以记录不动产标示及其上物权状况并由登记机构管理的予以公示的具有法律效力的文件。

（二）不动产登记簿是体现公示公信法律效力的唯一法定文件

由于不动产登记簿是贯彻落实物权法确立的公示公信原则的唯一法定文件，不动产登记程序和规则的设置都围绕登记簿而展开，因此在不动产登记法中不动产登记簿具有极为重要的地位，它能够保障房地产安全快捷地交易，是不动产物权的法律根据，同时在产籍管理和审查监督方面具有重要意义。[2]

从世界上许多国家或地区的不动产登记立法来看，都非常重视对不动产登记簿的规定，不少国家或地区的不动产登记法甚至采用专门的一章对不动产登记簿作出全面的规定。例如，《日本不动产登记法》专设一章（第3章），用了12条对不动产登记簿的种类、编成、样式、保存甚至用纸的问题加以规范。在以德国为代表的权利

---

〔1〕 朱程："论不动产登记簿的法律构建"，载《中国房地产》2007年第12期。

〔2〕 冉富强、韦贵莲："我国不动产登记的公示、公信效力评价"，载《平原大学学报》2003年第1期。

登记制中，登记簿由国家信誉保证，能代表真实的不动产物权，交易者据此可获得足値信赖的信息。登记簿成为不动产物权的基础，没有登记簿，不动产权利就无从实现。《德国联邦土地登记条例》第1条规定的是土地登记机关的问题；第2条就开始规定土地登记簿的设立等问题，该条例中其他对土地登记簿的规定比比皆是。

（三）我国长期以来忽视不动产登记簿

这导致不动产权属证书在法律中的重要性远远超过了不动产登记簿。加之人们到登记机关查阅登记簿存在诸多的困难，因此在不动产交易中，当事人（包括银行等金融机构）更加相信权属证书的可靠性。然而，由于不动产权属证书很容易被伪造、篡改，而发生纠纷时法院往往依据登记机关的登记记录来确定不动产上真正的权属，结果对交易安全构成了严重的威胁。[1]

有鉴于此，《物权法》对不动产登记簿作出了非常科学完善的规定，首次明确了不动产登记簿的法律地位，并解决了不动产登记簿与不动产权属证书的关系等问题。可以相信，《物权法》对不动产登记簿的高度重视，不仅有利于建立一套符合我国国情的、完善的不动产登记制度，从长远来看，也有利于我国社会主义市场经济体制的完善，充分实现《物权法》"保护权利人的物权，发挥物的效用"的立法目的。然而，由于《物权法》是调整物权关系的基本法律，它不可能对不动产登记簿各方面的问题详加规定。所以在《不动产登记暂行条例》中要对不动产登记簿中重要的、具体的问题作出规定。

（四）设置统一的不动产登记簿为当务之急

我国目前的不动产登记机构众多，分别有各自的登记簿，一旦不动产统一登记制度建立、统一登记机构确定，设置统一的不动产登记簿便成为当务之急。

---

[1] 赵晓锦："我国不动产登记簿的构建"，西南政法大学2011年硕士论文。

统一的不动产登记簿是指，一国之内，对于不动产的登记应当统一并且唯一，一定地域的不动产应当纳入到统一的登记簿中，一定区域内的不动产登记簿应当只有一个，不动产登记簿的样式由国务院国土资源主管部门统一规定，由不动产登记机构统一制作、管理和保存。[1]

登记簿的统一将便于集中全面地记载同一不动产上的权利信息，既有利于交易者获得充分信息，又有利于国家准确实现税收、统计等特定目的。在具体操作上，以建筑物和土地为例，登记簿的统一并不要求土地和建筑物的相关信息必须登记在一张簿页，而是应当以土地为基础设置簿页，显示其上的建筑物信息，然后再以建筑物为基础设置单独簿页，附在土地簿页之后，便于记载它们共有的信息。[2]

五、不动产登记的法定内容

不动产登记簿是记录不动产标示及其上的物权状况的文件，在登记簿法律制度中，记载是其核心内容。由于登记簿应当对外公开，权利人和利害关系人有权查阅，因此法律赋予不动产登记簿记载的内容以公信力。不动产登记簿的内容包括不动产标示及其上的物权状况。这可以从两个方面理解。

（一）不动产登记簿应当记录不动产的标示

即不动产的自然状况，如土地和房屋的位置、四至、面积等。不动产登记簿上要清晰的反映不动产的自然状况，这是由物权特定原则所决定的。[3]

物权特定原则也被称为"物权客体特定原则"或"一物一权原

---

[1] 王立彬："不动产统一登记当务之急是顶层设计"，载中国政府网。

[2] 常鹏翱：《不动产登记法》，社会科学文献出版社 2011 年版，第 64 页。

[3] 刘春竹："有关不动产登记簿和不动产权属证书的比较"，载《中国公证》2008 年第 5 期。

则"，它是指物权的客体必须是特定的，或者至少在实现该物权时其客体是可以特定的。一个特定物上只能存在一个所有权，同一特定物上不得并存两个互相冲突的物权。物权特定原则是自罗马法以来大陆法系国家物权法中的一个重要原则。只有坚持这个原则才能有效地确定物的归属，确保每一个经济上有价值的物能够被独立的支配并投入流通，进而实现对物的有效利用。[1]从《物权法》第2条第3款对物权的界定来看，我国《物权法》是明确承认物权特定原则的。基于物权特定原则，不动产登记簿上当然需要将不动产的自然状况进行详细、清晰的记载。唯其如此，方能保证物权的客体是特定的，为下一步记录该不动产上的物权状况奠定坚实的基础。不动产的自然状况包括不动产的坐落、界址、空间界限、面积、用途等。

（二）不动产登记簿是记录不动产上物权状况的法定文件

1. 不动产登记能力的概念。尽管不动产登记簿是为不动产登记而设置的文件，但是并非所有的不动产上的权利和法律关系都需要在不动产登记簿上登记。这就涉及哪些权利具有登记能力的问题。所谓登记能力是指，可以在不动产登记簿上进行登记的能力或资格，表明某一权利可被登记的可能性。登记能力与登记具有如下关系：有登记能力的对象未必一定被登记，没被登记的可能有登记能力；没登记能力的对象一定不能被登记。[2]

解决不动产上哪些权利和法律关系具有登记能力的问题时，应当以不动产登记的目的作为考虑的出发点。众所周知，不动产登记的一个重要目的就是公示，即通过不动产登记簿的记载来反映与公示不动产上的法律关系。但是，并非不动产上的所有的法律关系都

---

〔1〕 吴岳翔："对物权的特定原则——一物一权原则的思考"，载《法制与经济（中旬刊）》2008年第9期。

〔2〕 孙宪忠："不动产登记立法问题研究"，载 http://www.cssn.cn/fx/fx_cgzs/201409/t20140902_1314293.shtml.

要公示。因为某些权利，如租赁权等，其对外公示对权利交易并无重大法律意义，倘若也将它们纳入不动产登记，不仅会使登记制度丧失目的，而且会加重登记工作的负担。

为了确保登记的顺利进行，不致在实践中出现混乱，许多国家或地区的不动产登记法都对具有登记能力的权利和法律关系进行了明确的列举性规定。例如，依据《德国民法典》第892条的规定，属于具有登记能力的权利和权利地位包括：①土地物权与视同土地的权利，包括土地所有权、地上权、住宅所有权、建筑物所有权等；②在土地物权上所成立的物权，包括在可移转的土地物权上所成立的役权与担保物权，比如在抵押权上成立的役权；③处分限制与取得禁止，包括两类：第一种处分限制，服务于对某特定人的保护，而处分行为也仅针对该特定人为无效，例如，因法院实施的强制拍卖与强制管理而实施的查封、基于假处分的转让禁止；第二种处分限制之效力，虽可针对任何人而主张，但受特定目的之约束，如破产法中对破产人财产的处分做出的限制；④异议，即针对土地登记簿正确性之异议，同样具有登记能力；⑤预告登记。

从我国《物权法》的规定来看，哪些不动产上的权利与法律关系具有登记能力还是比较清楚的。《物权法》第6条第1句规定："不动产物权的设立、变更、转让和消灭，应当依照法律规定登记。"第9条规定："不动产物权的设立、变更、转让和消灭，经依法登记，发生效力；未经登记，不发生效力，但法律另有规定的除外。依法属于国家所有的自然资源，所有权可以不登记。"此外，《物权法》对于异议登记、预告登记也作出了明确的规定。

2. 不动产登记簿的记载要求。不动产的权属状况包括主体、类型、内容、来源、期限和权利变化等以及预告登记、异议登记和查封登记等涉及不动产权利限制、提示的事项。

举例而言，我国的土地登记和房屋权属登记簿的内容大体分为两个部分。其一，土地或者房屋的自然状况部分。其中土地的自然状况包括：地号、图号、宗地面积、用途、坐落等。房屋的自然状况部分包括：房屋的坐落、面积、用途以及房屋的状况等。其二，土地或者房屋的权利状况部分。其中土地的权利状况部分主要包括：土地权属性质、使用权期限、权利人等。而房屋的权利状况部分主要包括：房屋所有权的来源、所有权人的姓名或者名称、房屋权限期限、权利变动及房屋权利被限制事项（如租赁登记、查封登记情况）等。

不动产登记簿所记载的事项必须明确、严谨、准确，不能出现意思模糊或易引致歧义的地方，须采用法定文字、符号记载并确定法定的统一格式。非经法定程序，所记载事项不得被任意修改或删除。实践中，可以考虑将不动产登记簿的编制交由专人负责，每一页均由负责该项不动产登记的登记人员签名并注明具体日期，设置完善的责任追究机制。

（三）我国的"不动产登记簿证"设计业已初步形成

据网易财经2014年9月12日报道，"不动产登记簿证"已初步形成。不动产登记簿证初步样式是在广泛收集、系统研究我国和德国、日本等国家和地区的不动产登记簿册基础上，经过多次与有关部门和基层实践人员、专家学者研究交流形成的。簿证样式初步设计为"一簿四页"，分别为"自然状况页""权利页""他项权利页""其他部分页"。

簿证样式在设计中遵循了统一融合、包容创新、便民利民、支撑管理的基本原则，总体思路是以"一簿多页"方式统一登记簿、以不动产单元为登记单位融合各类登记信息、以不动产权利整合为基础加强关联权利部分的融合、以表单化设计兼顾不动产登记簿的动态静态登记功能。"一簿多页"是以一个登记为单元，而一个不动产单元就是一个簿。不动产登记簿证样式的大致考虑方向是：以不动产的单元作为基础来进行登记，单元内容可能会包括宗地、宗海，还包括地上或者海上定着物或者附着物，比如房屋、海上钻井平台、林地。

"一簿多页"所涉及的内容可能会包括以下几方面。第一部分可能是自然状况，包括土地用途、住宅的情况、房屋的自然状况。比如说房屋的层间，建筑面积及所在楼层，地块本身的坐落位置、面积等信息，甚至还有可能通过附图的方式来具体界定。这就构成了基本信息，或者可以称为"自然状况页"。第二部分可能会涉及"权利页"，包括土地使用权，房屋所有权。具体内容信息可能会有：土地使用权的拥有者信息，土地使用期限类的信息。而所有权方面包括：所有权人的基本信息，所有权的共有状况及基于何种原因取得该处不动产。除了以上所说的权利，该部分可能还会包含"他项权利页"。例如抵押权、地役权。而上述的房屋所有权、土地使用权、抵押权、地役权就构成了权利部分；除了这些，还会有一页"其他部分"，该页主要登记一些对权利的限制事项，比如涉及异议登记、查封登记。[1]

不动产登记簿是物权归属和内容的根据，严格规范登记簿的管理有利于保护不动产权利人的合法权益。《不动产登记暂行条例》规定，登记机构应当设置统一的登记簿，载明不动产自然状况、权属状况等相关事项，并对登记簿的介质形式、登记机构的保管保存义务等进行明确（第二章）。同时，为妥善处理好不动产统一登记过程中新证和老证之间的关系，特别强调，条例施行前依法颁发的各类不动产权属证书和登记簿继续有效（第33条）。

☑ **裁判要旨**

房屋登记时，记载房屋所在建筑物的层数，不能仅根据房屋的登记单元的所处位置确定，而是应根据从建筑物总体上的特征把握的总自然层数。这无疑是不动产登记簿应当记录的不动产的标示之重要内容，不动产登记簿是记录不动产上物权状况的法定文件，为物权登记的客体特定之需要，在统一的不动产登记簿中，依法定的登记单元而编成，才有利于公示公信，定纷止争。

---

[1] 网易财经：http://money.163.com/14/0912/10/A5UH5D5100253B0H.html，访问日期：2014年10月5日。

郑锡萍与武汉市住房保障和房屋管理局
房屋行政登记纠纷上诉案[1]

🔍 **案情** 简介▸▸▸

2009年6月12日，原告与第三人天勤公司签订武汉市经济适用住房买卖合同，购买其位于本市硚口区长丰大道的天勤花园10栋1单元3层4号房屋一套。2011年6月20日，被告依原告转移登记申请，根据相关规定向其颁发了武房权证硚字第2011006744号房屋所有权证（房屋性质为经济房，规划用途为成套住宅，总层数18，建筑面积82.4平方米）。在该登记的房屋登记簿上（电子档案）显示房屋总层数为18层。原告在缴纳住宅专项维修资金时发现在《武汉市商品房权属证明书》上所登记的"房屋总层数"亦为18层。原告认为该权属证明书和登记簿上登记的"房屋总层数"与其房屋所在单元的总层数不符，向具体经办的武汉市硚口区住房保障和房屋管理局（以下简称硚口房管局）提出异议，被告知"房屋总层数以栋为单位计算"。原告仍持异议，以硚口房管局为被申请人，向武汉市硚口区人民政府提出行政复议申请。硚复决字（2011）第7-4号行政复议决定书维持被申请人将原告位于天勤花园10栋1单元3层4号房屋的"房屋总层数"登记为18层的具体行政行为，驳回其更改权属证明的"房屋总层数一栏"、退还多缴纳的住房维修基金988.6元的请求。现原告对被告的登记行为不服，提出前述诉讼请求。

另审理查明，天勤花园系第三人天勤公司开发经营的经济适用房。该公司于2006年取得《建设用地规划许可证》，2008年6月取得《建设工程规划许可证》，2008年7月取得9-11栋《建筑工程施工许可证》，2008年12月取得《武汉市经济适用房预售许可证》。

---

[1] （2012）鄂武汉中行终字第00026号行政判决书。

根据其建筑红线定位图和规划建设审批程序，天勤花园10栋房屋为3个单元，分别为1单元11层，2单元15层，3单元18层。原告购买的房屋位于1单元的3层。2010年6月22日，第三人通过初始登记，由被告向其核准登记并颁发武房商证硚字第2010003848号《武汉市商品房权属证明书》，商品房坐落于硚口区长丰大道天勤花园10栋1单元3层4室，产别为股份制企业房产，房屋状况登记为：幢号10、房号4、混合结构、房屋总层数18，所在层数3、建筑面积82.4平方米、设计用途住宅。在该房屋登记簿上（电子档案）登记的内容与上述证明书登记的内容一致。

同时审理查明，原告在办理房屋登记过程中，缴纳了住宅专项维修资金6015元。

🔍 **审理** 判析▸▸▸

原审法院认为，根据《房屋登记办法》的规定，被告市房管局作为房屋行政管理部门，具有对本行政区域内的房屋予以登记的法定职责。

《房屋登记办法》第5条第2款规定："房屋登记簿是房屋权利归属和内容的根据。"第7条第1款规定："办理房屋登记，一般按照下列程序进行：①申请；②受理；③审核；④记载于登记簿；⑤发证。"第10条第1款规定："房屋应当按照基本单元进行登记。房屋基本单元是指有固定界限、可以独立使用并且有明确、唯一的编号（幢号、室号等）的房屋或者特定空间。"第10条第2款规定："国有土地范围内成套住房，以套为基本单元进行登记……"根据上述规定，房屋登记由房屋登记机构依申请并经审核后，将房屋权利归属和内容记载于登记簿并颁发权属证明。

具体到房屋登记中的所在建筑物总层数，《房屋登记簿管理试行办法》附件《房屋登记簿记载内容说明》关于"所在建筑物总层数"规定为：记载房屋所在建筑物的总自然层数。《中华人民共和国国家标准（房产测量规范）》5.6.6.1 规定：房屋层数是指房屋的自然层数。城乡建设环境保护部《关于颁发〈房屋所有权证〉式样及房屋所有权登记发证工作的通知》附件"填写说明"中关于"房屋层数"规定为：层数按整幢房屋自然层数填写（一幢房内的自留房和商品住宅楼中的成套住宅，所在的层数与整幢房屋的自然层数是不一样的）。

本案中，被告提供的证据能够显示被告根据第三人初始登记申请和原告的转移登记申请，按照法律法规的规定审核了登记资料。第三人申请房屋初始登记时提交的建设规划审批手续等材料均能反映原告所在的天勤花园 10 栋房屋虽然为 3 个单元，但 10 栋房屋为一个独立的建筑物，房屋的总自然层数为 18 层。故被告根据申请人提交的资料，依据上述规定，在颁发给第三人的《武汉市商品房权属证明书》及其登记簿中将该建筑物的总层数登记为 18 层的具体行政行为并无不当，在随后的原告转移登记的房屋登记簿中登记的"房屋总层数"与前述登记行为中的内容一致，该具体行政行为亦不存在不当之处。

关于原告所称的城乡建设环境保护部《关于颁发〈房屋所有权证〉式样及房屋所有权登记发证工作的通知》已废止，被告适用法律法规错误问题。原审法院认为，该通知的废止时间为 2011 年 1 月 19 日，而被告作出的武房商证矾字第 2010003848 号《武汉市商品房权属证明书》的时间为 2010 年 6 月，故原告的该项主张不予支持。

关于原告认为被告未按照《房屋登记办法》、《房屋登记簿管理试行办法》规范登记行为问题，原审法院认为，原告所称的自己的房屋为 10 栋 1 单元中的"单元"与《房屋登记办法》第 10 条中明确的"基本单元"系两个不同概念，被告对原告房屋的登记正是依照《房屋登记办法》和《房屋登记簿管理试行办法》的规定履行登记职能。据此，原告要求撤销被告在房屋登记簿上将天勤花园 10 栋 1 单元 304 号所在建筑物总层数登记为 18 层的登记行为和颁发的武房商证矾字第 2010003848 号《武汉市商品房权属证明书》缺乏事实根据和法律依据，其诉讼请求依法不予支持。

同时，原告要求责令被告重新做出具体行政行为，包括将相应的房屋登记簿的内容由"18层"改为"11层"，将商品房权属证明书的"18层"改为"11层"，将房产证中的"18层"改为"11层"亦因缺乏事实根据和法律依据，其诉讼请求依法不予支持。另外，原告要求退还因将11层登记为18层的错误而多缴的住宅维修资金988.6元系另一法律关系，应一并驳回。综上，依照最高人民法院《关于执行〈中华人民共和国行政诉讼法〉若干问题的解释》第56条第4项的规定，判决：驳回原告郑锡萍的全部诉讼请求。

上诉人郑锡萍不服原审判决，提起上诉称：被上诉人依据《中华人民共和国物权法》的有关规定，应履行如实、及时登记有关事项的职责。被上诉人登记的楼层与实际楼层不符，因此没有尽到如实登记的职责。请求二审法院撤销原审判决和被上诉人做出的具体行政行为及判决被上诉人重新做出具体行政行为。

二审法院认为：根据《中华人民共和国房地产管理法》及建设部《房屋登记办法》第4条的规定，被上诉人依法具有本行政区域内房屋权属登记法定职责。2010年6月22日，被上诉人依第三人申请，对提交的相关资料进行审查，资料均能反映上诉人所在的天勤花园10栋房屋虽然为三个单元，但10栋房屋为一个独立的建筑物，房屋的总自然层数为18层。故向其颁发武房商证硚字第2010003848号《武汉市商品房权属证明书》，并依据《中华人民共和国国家标准（房产测量规范）》和城乡建设环境保护部《关于颁发〈房屋所有权证〉式样及房屋所有权登记发证工作的通知》的规定，在颁发给第三人的《武汉市商品房权属证明书》及其登记簿中将该建筑物的总层数登记为18层的具体行政行为并无不妥，该房屋登记簿上登记的内容与上述证明书登记的内容一致。

2011年6月20日，被上诉人对上诉人转移登记申请等资料进行审查，认为房屋权属清楚、产权来源资料齐全，并对上诉人颁发武房权证硚字第2011006744号房屋所有权证。

在其房屋登记簿上载明房屋坐落于硚口区长丰大道天勤花园 10 栋 1 单元 3 层 4 号，房屋基本状况为：栋号 10，房号 4，混合结构，房屋总层数 18，所在层 3，建筑面积 82.4 平方米，设计用途住宅。因此上诉人要求撤销被上诉人市房管局给其登记和颁发的《商品房权属证明书》确权为 18 层的请求，没有事实依据和法律依据。上诉人提出的退还因将 11 层登记为 18 层的错误而多缴纳的住宅维修金 988.6 元的请求亦缺乏依据，不予支持。

原审判决事实清楚，证据充分，上诉人的上诉理由不能成立。依照《中华人民共和国行政诉讼法》第 61 条第 1 项的规定，判决：驳回上诉，维持原判。本案二审案件受理费 50 元，由上诉人郑锡萍负担。

法理研究 ▶▶▶

本案中，对上诉人的房屋登记单元的确定，不存在争议，但对记载房屋所处的总体建筑物的层数如何确定，当事人发生了争议。首先应明确，上诉人对自己拥有所有权的房屋的登记单元的确立，有直接的利益，对房屋以外的建筑物的相关登记信息，只有直接损害了自身的利益，才有权利起诉，提出修改的主张；其次，法院在判决中，参考了《中华人民共和国国家标准（房产测量规范）》和城乡建设环境保护部《关于颁发〈房屋所有权证〉式样及房屋所有权登记发证工作的通知》等国家标准和行政规章的规定，明确了总体建筑物的自然层数的确立标准。体现出了法律适用对法律的填补性解释功能。

☑ 裁判要旨

不动产物权的设立、变更、转让和消灭，依照法律规定应当登记的，自记载于不动产登记簿时发生效力。房屋登记簿是房屋权利归属和内容的根据，由房屋登记机构管理。

☑ 典型案例二

吴建德与丁正男股权转让合同纠纷申请案 [1]

🔍 案情 简介 ▶▶▶

申请人吴建德与被申请人丁正男原均为锐智公司股东，双方于2009年12月4日签订锐智公司股权转让协议。与本案有关的主要内容有：锐智公司所有的位于经济开发区珠海路8号H1001室、H1002室（住宅，分别登记在丁阿丽、吴建德名下）和H22室（车库，协议订立时尚未办理房屋权属登记，协议中误写为32室）房屋归申请人所有，房屋所欠贷款于2009年12月30日前由申请人从已支取的锐智公司存款中支付。被申请人同意在解除房屋贷款和抵押协议后1周内协助申请人办理房屋过户手续，费用由申请人承担；被申请人如果未能按期协助申请人完成房屋过户手续，则同意以900 000元为基数，按日1%承担逾期违约金。

申请人于2009年12月24日还清H1001室房贷234 755.86元，该房屋的抵押登记于2010年3月17日被注销。据淮安经济开发区建设房管局房屋登记簿记载，H1001室和H22室房屋所有权转移登记至申请人名下的时间，分别为2010年4月23日和2010年7月14日。

后因房屋转让的税款没有缴纳，淮安经济开发区建设房管局拒绝将房屋权属证明发放给申请人，申请人与被申请人发生争议，双方遂向淮安仲裁委员会提出仲裁。后申请人不服仲裁协议，又向淮安市中级人民法院提出申请，要求撤销该仲裁裁决。

---

〔1〕 汇法网：http://www.lawxp.com/case/c2468842.html，访问日期：2014年11月18日。

仲裁庭认为:

1. 关于被申请人是否未尽协助义务办理 H22 室房屋产权过户问题。有限责任公司的股东之间可以相互转让其全部或者部分股权,因而申请人与被申请人于 2009 年 12 月 4 日签订的锐智公司股权转让协议应当认定有效。依法成立的合同,对当事人具有法律约束力,当事人应当按照约定全面履行自己的义务。作为锐智公司的股东,申请人与被申请人就股权转让及公司财产的处理等事宜达成一致,约定 H1001 室、H1002 室和 H22 室房屋归申请人所有,被申请人同意在房屋贷款协议和抵押协议解除后 1 周内协助申请人办理房屋产权过户手续。因此,被申请人在股权转让协议订立后应当积极做好履行协助义务的准备工作,在取得丁阿丽授权后更应当及时协助申请人办理房屋产权过户手续。

申请人认为协助纳税当然是被申请人的合同义务,否则申请人无法取得 H22 室的房屋所有权证。但是,股权转让协议中并未明确约定被申请人承担的协助办理房屋产权过户义务的具体内容,而通常所称的房屋产权过户,实质是指房屋所有权转移登记,故协助办理房屋过户手续,应当指协助提交齐全的申请房屋所有权转移登记材料且符合法定形式,直至房屋登记机构依法受理。

不动产物权的设立、变更、转让和消灭,依照法律规定应当登记的,自记载于不动产登记簿时发生效力。房屋登记簿是房屋权利归属和内容的根据,由房屋登记机构管理。办理房屋登记,一般依照下列程序进行:①申请;②受理;③审核;④记载于登记簿;⑤发证。申请房屋所有权转移登记,应当提交下列材料:①登记申请书;②申请人身份证明;③房屋所有权证书或者房地产权证书;④证明房屋所有权发生转移的材料;⑤其他必要材料。申请房屋登记,应当由有关当事人双方共同申请,但《房屋登记办法》另有规定的除外。委托代理人申请房屋登记的,代理人应当提交授权委托书和身份证明。申请人提交的申请登记材料齐全且符合法定形式的，应当予以受理。房屋登记簿可以采用纸介质，也可以采用电子介质。房屋登记机构应当根据房屋登记簿的记载，缮写并向权利人发放房屋权属证书。

基于上述有关规定，仲裁庭认为，既然房屋登记簿反映出H1001室和H22室房屋所有权已分别于2010年4月23日和2010年7月14日转移登记至申请人名下，则表明被申请人已履行了协助办理房屋产权过户的义务。双方均认可H22室房屋权属证书已缮写、制作，而申请人称系因被申请人未履行协助纳税义务，才致房屋登记机构拒绝发放，但未举确实、充分的证据予以证明，也无相关法律或者政策法规依据予以佐证，故仲裁庭不予支持申请人要求裁决被申请人配合申请人办理H22室房屋转移过户中的纳税义务（具体以经办单位要求为准），以便申请人领取房屋产权证的仲裁请求。

2. 关于违约金计算问题（略）。

综上，裁决：第一，被申请人吴建德支付申请人丁正男逾期违约金29 856元；第二，不予支持申请人丁正男的其他仲裁请求。

申请人吴建德申请撤销仲裁裁决的理由是：①因H1001号房屋于2010年3月17日注销抵押登记，被申请人丁正男应于2010年3月17日起一周内配合申请人吴建德完成过户手续，而被申请人丁正男于2010年6月8日领取了H22号房屋产权证，逾期天数为76天，应承担700 000元的违约金，应与申请人吴建德应支付给被申请人丁正男的700 000元抵销；②"H22号房屋登记簿"对外无公告证明产权的法律效果。

被申请人丁正男答辩称：①H1001室和H22室房屋所有权转移登记至申请人吴建德名下的时间，分别为2010年4月23日和2010年7月14日，该登记具有法律效力；②申请人吴建德称被申请人丁正男没有协助履行纳税义务无事实证据。

法院经审查认为，根据最高人民法院《关于适用〈中华人民共和国仲裁法〉若干问题的解释》第17条的规定，当事人以不属于

《仲裁法》第58条或者《民事诉讼法》第260条（修改前）规定的事由申请撤销仲裁裁决的，人民法院不予支持。申请人吴建德提出的申请撤销仲裁裁决的理由不属于法律规定的六种情形，因此不予支持。裁定驳回申请人吴建德要求撤销淮安仲裁委员会（2012）淮仲裁字第003号裁决书的申请。

法理 研究▶▶▶

不动产物权的设立、变更、转让和消灭，依照法律规定应当登记的，自记载于不动产登记簿时发生效力。房屋登记簿是房屋权利归属和内容的根据，是贯彻落实物权法确立的公示公信原则的唯一法定文件，不动产权属证书记载的事项，应与不动产登记簿一致，记载不一致的，除有证据证明不动产登记簿确有错误外，以不动产登记簿为准。因此在不动产登记法中，不动产登记簿具有极为重要的地位。

然而我国实务中，长期以来存在忽视不动产登记簿的倾向，加之，人们到登记机关查阅登记簿存在诸多的困难，因此在不动产交易中，当事人（包括银行等金融机构）更加相信权属证书的可靠性，这导致了不动产权属证书在法律中的重要性远远超过了不动产登记簿。本案中，虽然不动产登记机构已经在不动产登记簿中记载了诉争房屋的权属变动情况，申请人事实上已经获得了诉争房屋的所有权，但就是因为拿不到房屋权属证书，因而发生纠纷。

有鉴于此，《物权法》对不动产登记簿作出了非常科学完善的规定，首次明确了不动产登记簿的法律地位，并解决了不动产登记簿与不动产权属证书的关系等问题。《不动产登记暂行条例》贯彻了《物权法》的这一精神，继续重申了不动产登记簿的重要地位。但这一地位在实务中要真正实现，还需要设置一系列围绕不动产登记簿的透明、便捷和高效率的不动产登记程序。

第九条　电子不动产登记簿

不动产登记簿应当采用电子介质，暂不具备条件的，可以采用纸质介质。不动产登记机构应当明确不动产登记簿唯一、合法的介质形式。

不动产登记簿采用电子介质的，应当定期进行异地备份，并具有唯一、确定的纸质转化形式。

☑ 相关法条

《土地登记办法》第 15 条第 3 款规定：土地登记簿采用电子介质的，应当每天进行异地备份。

《房屋登记办法》第 24 条第 2 款规定：房屋登记簿可以采用纸介质，也可以采用电子介质。采用电子介质的，应当有唯一、确定的纸介质转化形式，并应当定期异地备份。

☑ 条文解析

一、早期的书面不动产登记簿正演化为现代的电子化登记

（一）传统的纸介质登记簿完全能够电子化

尽管早期的不动产登记簿仅限于书面文件，但随着电子计算机信息技术的发展，登记机关已经逐渐采取计算机应用软件进行电子化登记。从 2002 年 10 月 28 日原建设部发布的《关于通报 35 个大中城市房地产交易与权属登记管理工作规范化调查情况的函》（建住房市函［2002］066 号）可以看到，早在 2002 年的时候全国 35 个大中城市就已经采用计算机应用软件来处理房地产交易与权属登记日常业务。一些城市房屋权属档案基础数据入库率达到 80%（含）以上，基本实现了数字化管理。这不仅便于当事人申请、查阅，还可能引起物权法制度的革命性变化。[1]

---

［1］ 参见（台）苏永钦："物权法定主义松动下的民事财产权体系——再探内地民法典的可能性"，载《厦门大学法律评论》第 8 辑。（台）苏永钦：《民事立法与公私法的接轨》，北京大学出版社 2005 年版，第 234~235 页。

（二）不动产登记簿的电子化所具有的好处〔1〕

1. 不动产电子登记簿在保管方面所特有的优越性。与纸质登记簿相比，电子登记簿对潮湿、虫蛀、火灾的抵御能力强，保存期限长。当然，为防止电子登记簿受到各种意外事件的侵袭，如各种自然灾害及数据被非法删除等，必须进行异地备份，确保数据安全。

2. 不动产电子登记簿的准确自动生成性带来的效率性。电子登记簿由计算机系统自动生成，大大减轻了登记簿记载的工作量，提高了工作效率，也减少了人工登记造成的错误。〔2〕

3. 不动产电子登记簿传递的迅速与便捷性。电子登记簿可以方便地予以制成，特别是在异地传递与保存方面，有其特有的方便快捷优势。〔3〕

我国很多地方在不动产登记过程中都采用了计算机技术，不动产登记簿早有电子化版本，其特点是便于查阅，法律效力更高，更详细，更安全可靠。房屋权属电子登记簿可查阅的内容包括：房屋的权利人名称、房权号、房屋坐落、房屋性质、建筑年代、产权证号、共有权、建筑结构、设计用途、建筑面积、套内建筑面积、设定的他项权、限制的权属、约定保全的请求、房屋权属登记日期等信息。〔4〕

4. 不动产电子登记簿有助于公开查询及不动产登记信息的互通共享。在信息技术高度发展、信息共享全面快捷化的今天，权利人或利害关系人亲自到登记机构查阅相关信息已实无必要，这也会大大降低交易效率、加大交易成本。同时，电子化的信息管理对于登记机构登记效率的提高、登记人员的精准化设置、登记资料保管的

---

〔1〕 薛琳："建立电子登记簿需注意的三个问题"，载《中国房地产》2010 年第 2 期。

〔2〕 李珂璐、罗菁如："浅谈房屋电子登记簿的编制"，载《中国房地产》2009 年第 11 期。

〔3〕 程啸："不动产登记簿之研究"，载《清华法学》2007 年第 4 期。

〔4〕 黄燕："南京 81 万套房屋有了电子房产证"，载《南京日报》2008 年 3 月 5 日。

妥当也大有裨益。

网络既无地域限制也不受时间限制，查阅者在查阅时不受登记机构管辖地域以及工作时间的影响，登记机构为查阅者提供的是异地、全天的在线查阅服务，这些电子化和网络化的登记手段无疑为方便查阅、切实贯彻物权公示公信原则、促进社会主义市场经济的发展打下了坚实的路径基础。国家也应当鼓励和支持不动产登记信息产品开发和技术创新。不动产登记机构应当加强不动产登记信息产品开发，提高不动产登记的社会综合效益。

二、现代科技手段促成了世界各地不动产登记簿的电子化变革

（一）不动产登记簿的电子化已成为全世界大势所趋

对于登记机关而言，不动产登记簿的管理模式非常重要，《不动产登记暂行条例》公布实施之后，公众申请登记和查阅登记簿的频率和数量将会持续增加，在这种情况下，仅仅依靠人工调阅不动产登记簿实体，一方面难以满足公众的查阅需求，另一方面也不利于不动产登记簿的永久保存。高科技手段的重要作用就在于其所带来的方便和快捷，对不动产登记簿的管理进行电子化改革，不仅可以提高查阅的方便与快捷，还能有效保护纸质的不动产登记簿实体。

因此，不动产登记机关应该充分利用现代科技手段对不动产登记簿进行电子化变革。随着科技尤其是电子技术的高速发展，不动产登记领域已经出现了电子化的趋势，而且这种趋势会一直持续下去。[1]

（二）域外电子登记立法纷纷出台

我国台湾地区的"土地登记规则"仅于第6条第2项对登记完毕时涉及登记的电子作业问题进行了规定："土地登记以电子处理者，经依系统规范登录、校对，并异动地籍主档完竣后，为登记完毕。"

---

〔1〕 闫海防："国外不动产登记：有法可依 一举多得"，载 http://news.xinhuanet.com/house/hj/2014－08－26/C_1112224221.htm.

日本的《不动产登记法》虽专门就电子登记的问题规定了一章，即第四章依计算机信息处理系统进行登记的特例，共计7条，但其中真正涉及登记电子化的条文只有一条，即第151条之一，该条规定："在法务大臣指定的登记所，可以依法务省令之所定，用电子情报系统处理登记事务的全部或一部，予此情形，登记簿以磁盘制作之。前项指定以告示为之。"

相较之下，英美在登记电子化上迈出了实质性的进步，如英国2002年的《土地登记法》专门于第八部分规定了电子登记问题。德国的《土地登记簿法》也于第七章专门规定了机器编制的土地登记簿。在此简要介绍德国登记电子化的相关内容。

（三）德国的电子化不动产登记立法较为典型

德国《土地登记簿法》第七章共计10条。

1. 编制。对机器编制土地登记簿的决定权属于州政府，而州政府可以通过法规命令将授权移交给州司法行政机关，但是要符合规定的数据处理原则且能够立即将应为的登记事项录入数据存储器并能够不改变内容地以可读方式长期再现该登记事项。

2. 生效。登记到被纳入为土地登记簿的登记所确定的数据存储器中，并在内容上以可读方式、无任何改变地长期再现的，该登记生效。

3. 查阅。非土地登记局的编制土地登记簿的其他部门，也可以查阅机器编制的土地登记簿，由许可查阅的土地登记局决定是否允许查阅。

4. 自动化程序下的下载。在条例所规定的诸多事项得以确保的前提下，准许设置通过下载而从机器编制的土地登记簿中传送数据的自动化程序，该类事项诸如数据的下载不超过条例所准许的查阅范围等。[1]

---

〔1〕 参见李昊等：《不动产登记程序的制度建构》，北京大学出版社2005年版，第485～487页。

三、不动产登记簿要实现信息化和自动化以及网络化的管理

（一）保留既有纸质登记簿的前提下分层次地公开登记信息

目前，比较常见的关于不动产登记簿电子化的实践经验是，在保留传统的纸质登记簿的前提下，广泛采取先进的技术手段，以多种存贮介质作为载体，对不动产登记簿进行信息化、自动化和网络化管理，在不动产登记簿形成纸质档册的同时，利用扫描等技术同步形成电子档册，并利用互联网技术，实现不动产登记簿的图文信息的远程查阅。[1]

《物权法》第18条规定："权利人、利害关系人可以申请查询、复制登记资料，登记机构应当提供。"不动产登记的目的在于向社会公示物权的享有或变动以及不动产的自然状况，因此，不动产登记的权利人或利害关系人应有权申请查阅、复制登记资料，这也是登记的公示公信力得以发挥作用的必要前提。

在不动产登记资料中，一类属于应当向全社会公开、允许任何人查询的资料，主要包括不动产上的权利负担情况，另一类属于不易完全公开，仅面对交易当事人或潜在的交易当事人，通常涉及个人隐私，譬如有关登记权利人的家庭住址、家庭成员、联系方式等。采用分层次公开的办法，分别对应登记簿页和支撑簿页的其他登记资料，有限制地予以电子信息公开。登记机关有义务依法提供查阅、复制登记资料的便利，同时又注重对个人隐私的保护。无论如何，登记资料公开的出发点在于坚持公示公信原则，促进交易，以此为基础确定各类登记资料的公开度方可维持利害关系人的知情权和登记申请人的隐私权之间的平衡。

（二）我国有关不动产登记簿电子化问题的法律规定相对滞后

相比较实践中已广泛采用电子技术进行不动产登记簿的编制和

---

[1] 华律网：http://www.66law.cn/lawarticle/4201.aspx，访问日期：2014年10月5日。

查阅，我国立法中对于不动产登记簿的电子化问题鲜有明确而详细的规定。中央立法层面上，《物权法》对此并未作出任何规定，其他部门规章中只有十分简单的规定。

我国《土地登记办法》第 15 条第 3 款规定："土地登记簿采用电子介质的，应当每天进行异地备份。"《房屋登记办法》第 24 条第 2 款规定："房屋登记簿可以采用纸介质，也可以采用电子介质。采用电子介质的，应当有唯一、确定的纸介质转化形式，并应当定期异地备份"。

在地方立法层面上，仅有部分地区对此有规定。如《上海市房地产登记条例》第 5 条规定："市房地资源局应当建立全市统一的房地产登记册和登记信息系统，制作统一的房地产权证书和登记证明，并制定房地产登记技术规范。房地产登记机构应当按照房地产登记技术规范和登记信息系统的要求，对房地产登记册进行记载、公示。"《不动产登记暂行条例》在此以专条再次重申登记电子化的正式且唯一地位，无疑是重大进步，但相关细化措施仍有待进一步的规定。

四、继续建立与完善我国的不动产登记电子信息系统

（一）我国不动产电子登记信息系统硬件的双平台与一个数据库

我国的不动产电子登记信息系统由两个操作平台（公众查阅平台和管理平台）和一个统一的不动产登记簿数据库组成。

公众查阅平台可通过互联网进行访问，主要功能为不动产登记簿的基本信息查阅；管理平台通过局域网授权用户登录，主要应用于有针对性的查询、出证等；不动产的相关信息数据的录入主要在不动产登记簿数据库进行，当登记业务核准通过之时，即将相关内容载入不动产登记簿，核准登记时是记入数据库的时点，不动产登记簿内容应根据不动产状态的变化实时更新，保持纸质登记簿与电子登记簿之间的一致性；两个操作平台均只需从数据库调用数据，并不要修改或录入数据，两者不同之处在于查阅权限不同，管理平

台有更高的权限可以查阅到更多的相关内容。[1]

（二）必须明确电子化的不动产登记簿的法律性质

1. 在法律效力上电子与纸质两者应当是一样的。为积极尝试不动产登记簿管理制度的方法创新，实现登记簿的电子化管理，在法律层面，必须明确电子化的不动产登记簿仍然具有登记簿的法律性质，只是表现形式与纸质登记簿不同，在法律效力上两者应当是一样的，甚至日后电子登记簿将取代纸质登记簿成为不动产登记簿唯一、合法的介质，只是这需要时间过渡；在技术层面上，不动产登记簿的电子化主要包括两个方面：编制过程和查阅过程。[2]

编制过程包括向登记人员递交申请文件，并证明文件包括了登记所需的基本形式要素，然后，申请文件被备份并保存在权属档案中，登记人员从文件中摘取出信息，并把它放入合适的不动产登记簿中；查阅过程包括检查索引以便确定在不动产登记簿中存在该项所涉及的不动产文件，然后，索引信息就被用于确定和找回这些文件。

2. 技术安全与法律救济要保障电子与纸质的内容应完全一致。在编制和查阅两个过程中，较为复杂的是编制过程，编制过程是查阅过程的直接前提，一旦编制过程确定和完善，依据其结果所进行的查阅过程也就会很顺畅的进行了。这些过程均涉及比较复杂的技术安全问题，需要建立相配套的电子签名和电子认证制度，制定普遍认可的相关电子协议等等；在社会层面上，主要是关于不动产登记簿的社会观念的转变，由于社会上大多数人经历了纸质形式，也习惯了纸质形式，不动产登记簿的电子化转变要得到人们的认同尚需时日，必然需要一段过渡期和制定一定的过渡程序来帮助社会适应这一转变，这一时间相对于技术发展的时间来说，也许更为漫长。[3]

---

[1] 华律网：http://www.66law.cn/lawarticle/4201.aspx，访问日期：2014 年 10 月 5 日。

[2] 范利平：《我国不动产登记的理论与实践》，知识产权出版社 2012 年版，第 84～85 页。

[3] 华律网：http://www.66law.cn/lawarticle/4201.aspx，访问日期：2014 年 10 月 5 日。

因此，立法机关虽然最终确定登记簿应当采用电子介质，但也规定了过渡性规定：暂不具备条件的，可以采用纸质介质。下一步各地不动产登记机构一方面需要着力改进或建设电子登记簿，在过渡阶段，可以暂时采用纸质登记簿；另一方面，逐步完成传统纸质登记簿的电子录入工作，保障不动产登记信息的完整、连贯，为实现全面化的电子登记、连通的不动产登记信息基础平台奠定基础。

☑ **相关文件**

阳江市个人住房信息系统档案数字化及数据整理和电子登记簿录入项目招标公告[1]

阳江市公共资源交易中心（以下简称"集中采购机构"）受阳江市住房和城乡规划建设局（以下简称"采购人"或"招标人"）的委托，就阳江市个人住房信息系统档案数字化及数据整理和电子登记簿录入项目进行公开招标（招标编号：YJGPC2013059Z）采购，接受合格的国内投标人提交密封投标。有关事项如下：

一、招标项目的名称、用途、数量、招标项目的性质

1. 采购项目名称：

阳江市个人住房信息系统档案数字化及数据整理和电子登记簿录入项目

2. 招标编号：

YJGPC2013059Z

3. 投标报价上限：

人民币 2 640 640.00 元（超出该上限的投标报价将作为无效投

---

〔1〕 "阳江市个人住房信息系统档案数字化及数据整理和电子登记簿录入项目招标公告"，来源：中国国际招标网，发布时间：2013 年 7 月 10 日。

标处理）

4. 完工期：

合同签订后 120 天内完成。

5. 招标项目的性质：

公开招标。

二、投标人（供应商）投标资格要求

1. 投标人须具备《中华人民共和国政府采购法》第 22 条规定的条件；

2. 投标人必须是在中华人民共和国境内注册的有合法经营资格的国内独立法人，注册资金不少于人民币 100 万元；

3. 本项目不接受联合体投标；

4. 供应商须购买招标文件。

三、招标文件的公示

1. 招标文件公示时间及下载：

2013 年 7 月 10 日至 2013 年 7 月 18 日。招标文件下载 YJG-PC2013059Z 招标文件（发售稿）. doc 。

2. 根据《广东省实施〈中华人民共和国政府采购法〉办法》第 35 条的规定，供应商认为政府采购文件的内容损害其权益的，可以在公示期间或者自期满之日起 7 个工作日内以书面形式向采购人或集中采购机构提出质疑。质疑函应当由质疑投标人（供应商）的法定代表人或主要负责人签字并加盖单位公章，留有联系人及联系电话，并与集中采购机构工作人员做好确认工作，未被确认的质疑将作为无效质疑，采购人或集中采购机构可不予作答。

四、购买招标文件的时间、地点、方式及招标文件售价

1. 购买招标文件时间：

2013 年 7 月 10 日至 2013 年 7 月 18 日，上午 8：30 ~ 11：00，

下午 2：30～5：00（节假日除外）（北京时间）。

2. 购买招标文件地点：

阳江市公共资源交易中心窗口（阳江市江城区东风二路 60 号阳江市行政服务中心二楼）。

3. 招标文件售价：

人民币 150 元。招标文件售后不退。

4. 购买方式：

一，现场购买，必须携带法定代表人授权委托书原件和企业法人营业执照副本复印件加盖公章及《购买标书登记表》（http://www.yjgpc.gov.cn 下载专区）到指定地址购买。二，直接下载招标文件，在规定购买招标文件时间内将招标文件费汇款至指定账户后将汇款凭证及"方式一"中要求提交的所有资料一并传真至指定地点，并致电与集中采购机构工作人员做好确认工作。

五、现场踏勘及答疑会

1. 现场踏勘集中时间：

2013 年 7 月 22 日 14：30～15：00（北京时间）。

2. 现场踏勘集中地点：

阳江市漠江路房管大楼 6 楼档案馆

六、投标截止时间、开标时间及地点

1. 递交投标文件时间：

2013 年 8 月 2 日 14：30～15：00（北京时间）。

2. 投标截止时间、开标时间：

2013 年 8 月 2 日 15：00（北京时间）。

3. 递交投标文件地点、开标地点：

阳江市行政服务中心开标室（阳江市江城区东风二路 60 号阳江市行政服务中心一楼）。

七、采购人、集中采购机构的名称、地址和联系方式

1. 采购人联系方式：

名　称：阳江市住房和城乡规划建设局

联 系 人：冯杰勇

联系电话：13068568866

2. 集中采购机构联系方式：

名　称：阳江市公共资源交易中心

地　址：阳江市江城区东风二路 60 号阳江市行政服务中心二楼

联系人及联系电话：林良欣、0662 – 3369019

传　真：0662 – 3367203

网　址：http://www.yjgpc.gov.cn

八、集中采购机构账户信息

1. 招标代理服务费、标书费账户：

户　名：阳江市公共资源交易中心

开 户 行：邮政储蓄银行阳江市三环路支行

账号：1007125816000010002（仅用于缴交标书费及招标代理服务费）

2. 投标保证金专用账户：

户　名：阳江市公共资源交易中心采购部

开 户 行：邮政储蓄银行阳江市三环路支行

账号：10071258169001000300006（仅用于交纳投标保证金）

阳江市公共资源交易中心

2013 年 7 月 10 日

提示：

为保证您能够顺利投标，请在投标或购买招标文件前向招标代理机构或招标人咨询投标详细要求，具体要求及项目情况以招标代理机构或招标人的解释为准。

☑**政策研究**

发布部门：建设部

发布文号：（建住房市函［2002］066 号）

各省、自治区建设厅，直辖市房地局：

近期，我司对 35 个大中城市房地产交易与权属登记管理工作规范化情况进行了调查统计。调查表明，近年来，各地房地产交易与权属登记管理工作规范化、现代化水平有了明显提高。但各地情况差异较大，个别地方管理不规范的问题还比较突出。根据部领导的批示精神，现将本次调查情况在本系统内进行通报。希望各地认真对照检查，尽快落实《简化房地产交易与房屋权属登记程序的指导意见》的有关规定，实现管理和服务规范化，推行政务公开，提高办事效率，方便群众办事。

附：

关于 35 个大中城市房地产交易与权属登记
管理工作规范化情况调查的通报

今年 7 月，建设部住宅与房地产业司对 35 个大中城市房地产交易与权属登记管理工作规范化情况进行了调查。调查表明，大部分城市都能认真落实《城市房屋权属登记管理办法》（建设部令第 99 号）和《简化房地产交易与权属登记程序的指导意见》（建住房［2000］201 号），房地产交易与权属登记管理工作规范化、现代化水平有了明显提高。但是，少数城市还存在一些管理不规范的问题，个别城市问题还比较突出。

管理模式和机构设置趋于合理：35 个大中城市中有北京、上海、重庆、广州、西安、青岛、厦门和深圳等 8 个城市实行房、地由一个部门统一管理的模式，其余 27 个城市实行房、地分别由两个部门管理的模式。8 个城市由市房地产管理部门委托区房地产管理部门负责辖区内房屋权属登记的受理、确权审核和权属档案管理，并以市房地产管理部门的名义核发房屋权属证书；27 个城市，市区范围内的房屋权属登记发证实行一级管理，由市房地产管理部门或其派出机构直接办理。交易管理行政处室与办事机构分设的有 28 个城市，合设的有 7 个城市。权属管理行政处室与办事机构分设的有 26 个城市，合设的有 9 个城市。

房地产交易与权属登记业务基本实现一体化：33 个城市设立了统一的房地产交易与权属登记办事窗口，把房地产交易与权属登记作为一个业务流程，实现了业务一体化。其中，重庆、哈尔滨、呼和浩特、济南、合肥、南京、福州、南宁、贵阳和兰州等 13 个城市实现了房地产交易与权属登记办事机构一体化。

办事程序进一步简化，办事时限进一步缩短：有 25 个城市取消了核发房地产转让过户单程序；29 个城市要求在受理房地产权属登记申请前完成房产测绘，实现了房产测绘与房地产交易、登记程序的分离；32 个城市把房地产估价从房地产交易与权属登记程序中分离出去。32 个城市能够按照《城市房屋权属登记管理办法》规定的办件时限办事，沈阳、成都、银川、西宁和重庆等 5 个城市基本上做到把办件时限压缩在《指导意见》提出的要求内。

服务承诺得到普遍推行，群众办事更为便利：各城市均采用公示栏、宣传单、电子显示屏和网站等多种方式，公开办事程序、服务承诺内容、收件范围、办件时限和收费标准等，并设立了咨询投诉电话。同时，为方便群众办事，天津、上海等 27 个城市房地产交易手续费和权属登记费在同一个窗口收取。上海、长春等 23 个城市的工商、财税、土地等政府部门在房地产交易中心设点办公。除北京外 34 个城市的房地产交易与权属登记办事场所，引进了房地产评估、测绘、法律、经纪、金融、拍卖等多家中介服务机构提供相关服务。

管理现代化水平进一步提高：35 个大中城市均采用计算机应用

软件来处理房地产交易与权属登记日常业务。32 个城市建立了房地产管理局域网，其中 23 个城市建立了房地产信息网站，提供网上投诉、网上查询、表格下载、信息发布等专业服务；25 个城市建立了房地产市场信息定期发布制度。沈阳、哈尔滨、南京、合肥、长沙、郑州、成都、兰州、银川和乌鲁木齐等 10 个城市房屋权属档案基础数据入库率达到 80%（含）以上，基本实现了数字化管理。天津、重庆、南京、福州、郑州、贵阳、西宁、厦门和深圳等 9 个城市还建立了基于 GIS（地理信息系统）的房地产信息管理系统。房地产交易与权属登记管理中存在的主要问题有：

1. 部分城市还没有实现房地产交易与权属登记一体化。

北京、乌鲁木齐两个城市尚未全面实现房地产交易与权属登记业务一体化；有 22 个城市没有实现房地产交易与权属登记办事机构一体化。

2. 一些城市办事程序复杂，办件时限冗长。

海口、乌鲁木齐和宁波等 3 个城市仍把房地产评估列入交易与权属登记程序，有 12 个城市仍把估价报告作为抵押登记要件，北京、沈阳、长春、郑州、成都和兰州等 6 个城市仍把房产测绘作为权属登记业务流程的一个环节，在受理登记申请后，由内设测绘机构完成，没有实现测管分离。

根据当地现行地方性法规的有关规定，石家庄、广州、深圳等城市办理房地产初始登记办件时限为 60 个工作日，超出了《城市房屋权属登记管理办法》规定的办件时限。

3. 部分城市房地产交易与权属登记现代化管理水平较低。

10 个城市还没有建立房地产市场信息发布制度；有 25 个城市还没有实现房屋权属档案的数字化管理，难以满足向消费者提供快捷查询服务等现实需要，也制约了办件时限的进一步缩短。

4. 部分城市房地产交易与权属登记管理政事不分。

有 7 个城市交易管理行政处室与办事机构合设，有 9 个城市权属管理行政处室与办事机构合设，这种政事不分的机构组织形式，不利于加强对交易管理和权属登记等具体行政行为的监督，也不利于政府职能的转变。

上述问题的存在，反映了一些地方在执行国家有关政策、法规和规章上还存在差距。为了进一步贯彻落实好国家有关房地产交易与权属登记管理的政策、法规和规章，实现政令畅通，进一步提高全国房地产交易与权属登记管理水平，建设部将对各地房地产交易与权属登记规范化管理进行考核，指导、督促地方尽快实现房地产交易与权属登记管理和服务规范化，推行政务公开，提高办事效率，方便群众办事。

☑ 法理分析

现代科技手段的发展促成了世界各地不动产登记簿的电子化变革，早期的书面不动产登记簿正演化为现代的电子化登记，因此不动产登记簿必定要实现信息化和自动化以及网络化的管理。故而我们要继续建立与完善我国的不动产登记电子信息系统，这不但要建立起我国不动产电子登记信息系统硬件的两个平台与一个数据库，采取技术安全措施与法律救济来保障电子与纸质的内容应完全一致，同时还必须明确电子化的不动产登记簿的法律性质，使电子登记簿于法有据。

第十条　不动产登记簿的完整性

不动产登记机构应当依法将各类登记事项准确、完整、清晰地记载于不动产登记簿。任何人不得损毁不动产登记簿，除依法予以更正外不得修改登记事项。

☑ 相关法条

《物权法》第 10 条规定：不动产登记，由不动产所在地的登记机构办理。

国家对不动产实行统一登记制度。统一登记的范围、登记机构和登记办法，由法律、行政法规规定。

《物权法》第16条规定：不动产登记簿是物权归属和内容的根据。不动产登记簿由登记机构管理。

《物权法》第19条规定：权利人、利害关系人认为不动产登记簿记载的事项错误的，可以申请更正登记。不动产登记簿记载的权利人书面同意更正或者有证据证明登记确有错误的，登记机构应当予以更正。

不动产登记簿记载的权利人不同意更正的，利害关系人可以申请异议登记。登记机构予以异议登记的，申请人在异议登记之日起十五日内不起诉，异议登记失效。异议登记不当，造成权利人损害的，权利人可以向申请人请求损害赔偿。

《土地登记办法》第58条规定：国土资源行政主管部门发现土地登记簿记载的事项确有错误的，应当报经人民政府批准后进行更正登记，并书面通知当事人在规定期限内办理更换或者注销原土地权利证书的手续。当事人逾期不办理的，国土资源行政主管部门报经人民政府批准并公告后，原土地权利证书废止。

更正登记涉及土地权利归属的，应当对更正登记结果进行公告。

《土地登记办法》第59条规定：土地权利人认为土地登记簿记载的事项错误的，可以持原土地权利证书和证明登记错误的相关材料，申请更正登记。利害关系人认为土地登记簿记载的事项错误的，可以持土地权利人书面同意更正的证明文件，申请更正登记。

《房屋登记办法》第74条规定：权利人、利害关系人认为房屋登记簿记载的事项有错误的，可以提交下列材料，申请更正登记：

（一）登记申请书；

（二）申请人的身份证明；

（三）证明房屋登记簿记载错误的材料。

利害关系人申请更正登记的，还应当提供权利人同意更正的证明材料。

房屋登记簿记载确有错误的，应当予以更正；需要更正房屋权属证书内容的，应当书面通知权利人换领房屋权属证书；房屋登记簿记载无误的，应当不予更正，并书面通知申请人。

《房屋登记办法》第 75 条规定：房屋登记机构发现房屋登记簿的记载错误，不涉及房屋权利归属和内容的，应当书面通知有关权利人在规定期限内办理更正登记；当事人无正当理由逾期不办理更正登记的，房屋登记机构可以依据申请登记材料或者有效的法律文件对房屋登记簿的记载予以更正，并书面通知当事人。

对于涉及房屋权利归属和内容的房屋登记簿的记载错误，房屋登记机构应当书面通知有关权利人在规定期限内办理更正登记；办理更正登记期间，权利人因处分其房屋权利申请登记的，房屋登记机构应当暂缓办理。

《水域滩涂养殖发证登记办法》第 14 条第 2 款规定：水域滩涂养殖权人、利害关系人认为登记簿记载的事项错误的，可以申请更正登记。登记簿记载的权利人书面同意更正或者有证据证明登记确有错误的，县级以上地方人民政府渔业行政主管部门应当予以更正。

☑条文解析

一、不动产登记簿的内涵外延

（一）不动产登记簿的广义与狭义说

1. 狭义的不动产登记簿仅指专门的纸质簿页。其专指法定的专门用于记载特定不动产及其权利的簿页，如土地登记卡，它表达了登记结果的信息，是承载涉及不动产的各种法律关系的法律工具。由各簿页按照一定序号定制在一起所形成的有机整体，就是不动产登记簿册。

但是，由于登记簿页空间有限，所记载的信息往往比较简略，为了便于当事人了解不动产权利的全貌，就需要其他相关资料予以配合和补充，只要这些资料表达的信息与登记簿页的记载没有出入，它们也能产生登记簿的法律效力。

2. 广义上的不动产登记簿册。其一般均包括地籍图、地籍调查表、房地产测绘资料、不动产权源文书、登记申请等补充资料。从不动产登记实践操作来看，这些资料记录了不动产登记发生和展开的具体过程，堪称登记簿页记载信息的基础。

（二）不动产登记簿应具有法律上的权利推定效力

1. 不动产登记权利证明效力的内涵。"登记推定力"是指不动产物权经过登记的，推定其登记状态的物权与真实物权一致的效力。不动产登记的权利推定效力体现为以下两点：①凡是不动产登记簿上记载的物权就推定该权利是存在的，反过来看，被注销的权利就推定该权利不存在；②凡是登记簿记载的权利人就推定为该不动产物权的权利人；反之来看，没有记载的人就推定不是不动产物权的权利人。

2. 权利推定效力是不动产登记簿不可或缺的基本效力。不动产登记簿具有权利推定效力是因为不动产登记簿就能够完整地展现不动产物权交易的全过程，不动产物权的变动状况在登记簿上得到了连续的、完整的记载。其功能相当于票据背书的连续性所具有的功能一样，即权利的证明效力。

就像在票据法上一样，连续性的背书使得人们可以清晰地看到现在的权利人之前的历次权利的移转情况，法律不再要求持票人对他取得权利这一点作实质上的证明（通过票据上背书记载所做的证明是形式上的证明），更不要求他对以前的权利移转情况作实质上的证明，就推定持票人（连续背书的最后的被背书人）是合法的权利人，使他能行使权利。这使得登记簿上现在记载的权利人无须逐一证明其前手以及更先的前手是如何取得权利的，不动产登记簿的推定效力即由此而生。

因此，要保证不动产登记簿的推定效力，必须要求是不动产登记机构严格地按照法定的程序和标准制作与填写不动产登记簿。

二、不动产登记簿的各类登记事项须保证清晰、准确、完整

（一）不动产登记簿页须记载清晰的不动产物理状况和权利信息

《不动产登记暂行条例》第 8 条第 3 款规定："不动产登记簿应当记载以下事项：①不动产的坐落、界址、空间界限、面积、用途

等自然状况；②不动产权利的主体、类型、内容、来源、期限、权利变化等权属状况；③涉及不动产权利限制、提示的事项；④其他相关事项。"如涉及抵押权的，还应记载所担保债权的内容、数额、期限、最高抵押权担保的债权确定期间、确定的事实等信息（《土地登记办法》第36条第3款）；涉及异议登记、预告登记、查封登记的，还应记载相关事项（《房屋登记办法》第77条、《土地登记办法》第62条第2款等）。不仅要记录当前的状况，还要反映以往的登记情况。

（二）纸质登记簿应当标注页码且保证页码连贯

登记事项（包括电子介质登记簿中记载的法律依据、法律事实、登记内容等相关事项）一经在登记簿上加以记载，任何人非经法定程序不得撕毁、涂改或者取下相关册页，不得直接修订或者删除。地籍图、地籍调查表、房地产测绘资料、不动产权源文书、登记申请等不动产登记簿页记载信息的基础亦应被附于登记簿页之后作为不动产登记簿的构成部分。

（三）不动产登记簿须依程序来保证记载的清晰、准确和完整

1. 登记程序的启动主要取决于当事人。登记机构依职权启动的程序只能局限在维护公共利益、交易安全和正当经济秩序的限度之内。

2. 记载程序的构成步骤要明确具体。如明确规定当事人应提交何种证据、采用何种方式提交、提交后的效力如何、登记机构应如何进行审查、审查后的处理等。

3. 记载的步骤要有合理且明确的时间限制。以期给当事人提供明确的法律预期。

4. 记载的内容应在当事人申请的范围之内。

5. 登记机构在审查申请时必须尊重申请书的表达内容。即使是登记机构依职权做出的行为，也必须通知当事人，使当事人享有了解和提出意见的机会。

6. 记载的内容改变原有记载时应保留原有记载。通过增加簿页

页面或者界面体现改变内容，以保持记载的连续性。

7. 登记记载在形式上还必须采用法定的文字和符号。在民族自治区域，登记簿应同时采用汉字和少数民族文字，权利人为境外自然人、法人或其他组织的，在登记簿记载其中文姓名或者名称的同时，记载其母语姓名或者名称。同时不得使用图形、划线等无共识含义的标记。记载的内容应当让普通的与该内容无利害关系的理性人无障碍地了解和理解，意义清晰、内涵准确、外延确定、无歧义或意思模糊。[1]

三、非依法定程序不得毁损、更改、涂销不动产登记簿的记载

（一）"不动产更正登记"须依法定程序进行

我国《物权法》第19条第1款规定了"更正登记"："权利人、利害关系人认为不动产登记簿记载的事项错误的，可以申请更正登记。不动产登记簿记载的权利人书面同意更正或者有证据证明登记确有错误的，登记机构应当予以更正。"

所谓"更正登记"，即权利人、利害关系人认为不动产登记簿记载的事项有错误时，经其申请，经过权利人书面同意更正或者有证据证明登记确有错误的，登记机构对错误事项进行更正的登记。其适用条件如下：

1. 原有不动产登记确有错误。权利人、利害关系人认为不动产登记簿记载的事项有错误，可提出申请。至于登记机构是否可依职权主动进行更正，学界仍有争论。一种观点认为，登记机构如果有证据证明登记确有错误的，也可自为更正，并且不受登记簿记载的权利人是否同意的限制。[2]另一种观点认为，登记确定的是不动产物权变动的事项，涉及的是民事权益问题，在登记发生错误的情况

---

〔1〕 参见常鹏翱：《不动产登记法》，社会科学文献出版社2011年版，第80～81页。

〔2〕 参见梁慧星、陈华彬：《物权法》，法律出版社2010年版，第91页。

下，应当按照私法自治的原则，由当事人提出请求。登记机构不宜主动依职权进行更改，即便发生了登记错误，而真正权利人发现错误之后也不愿意更正，表明其已经自愿放弃了其权益。[1]

2. 利害关系人经过权利人书面同意自可将不动产登记予以更正。登记内容错误且已经权利人书面同意的，登记机构只要核实自应依法为其办理更正登记，即便申请人尚未提出足够的证据证明登记确有错误。利害关系人有证据证明登记确有错误的，登记机构予以审核后发现属实应当予以更正。权利人自行发现登记簿记载错误，并在申请更正登记时提供证据加以证实的，不动产登记机构应予以更正。

3. 最终办理更正登记应当由登记机构完成。如果符合更正登记的条件，而登记机构拒不办理更正登记，则权利人或利害关系人有权以行政不作为为由向人民法院提起诉讼。而登记机构所为的更正登记也必须首先符合上述的前提条件。

我国《物权法》第17条规定："不动产权属证书是权利人享有该不动产物权的证明。不动产权属证书记载的事项，应当与不动产登记簿一致；记载不一致的，除有证据证明不动产登记簿确有错误外，以不动产登记簿为准。"即使在权属证书和登记簿不一致，且已有证据证明不动产登记簿确有错误时，任何人也不得擅自修改、涂销登记簿的记载或径自以权属证书的记载作为依据，仍需要根据一定的程序首先对登记簿的记载加以更正。

（二）"不动产变更登记"亦须依法定程序进行

所谓不动产变更登记，通常对应记载内容的正常化变动。如权利人姓名或者名称的变更；不动产坐落、名称、用途、面积等自然状况的变更；不动产权利期限的变化；同一权利人对不动产的分割或合并；抵押权顺位、担保范围、主债权数额、最高额抵押债权额

---

[1] 参见王利明：《物权法论》，中国政法大学出版社2008年版，第85页。

限度、债权确定期间的变化；地役权的利用目的、方法、期限等的变化等一系列法律、行政法规规定的不涉及不动产权利转移的变更情形，均可由权利人向不动产登记机构申请变更登记。

集体土地部分被征收等致使集体土地权属界线发生变化的，市、县国土资源主管部门立当与农民集体核实后，由不动产登记机构根据有关批准文件，通知所有权人办理变更登记，逾期不申请的，登记机构公告后，在登记簿上直接标记，并书面告知所有权人。土地承包经营权、建设用地使用权、海域使用权等用益物权到期后，依照法律规定续期的，权利人应当申请变更登记。退耕还林、退耕还湖、退耕还草等导致承包土地用途、面积改变的，当事人可以持原不动产权属证书以及其他证明发生变更事实的材料申请土地承包经营权变更登记。森林、林木的林种、面积等发生变更的，当事人可以持原不动产权属证书以及证明发生变更事实的材料申请森林、林木所有权变更登记。

总之，非依法定程序，任何人不得擅自毁损、更改、涂销不动产登记簿的记载。

☑裁判要旨

权利人、利害关系人可以依法查询、复制不动产登记资料，不动产登记机构应当提供。所谓的不动产登记资料，既包括不动产登记结果又包括登记原始资料，如权属来源文件、登记申请书等。不动产登记机构对登记资料负有妥善保管、准确记载义务。

☑ **典型案例一**

李琼生与长沙市房屋产权管理局不履行法定职责上诉案 [1]

🔍 **案情简介** ▸▸▸

被告档案记载：1955 年 9 月 1 日，长沙市人民政府发给李庶康本市东区邵阳坪 10 号房屋（55）统字第 3030 号《房地产所有权证》。1958 年该房屋除留部分面积外其余被纳入社会主义改造。2005年 1 月，长沙市处理私房改造遗留问题领导办公室发出长私改遗通字［2005］3 号《关于李庶康原私房改造房产复查结论的通知》，将该房屋（邵阳坪 12 号）落实政策发还给李庶康的继承人。

李庶康有子女李仁美、李谨、李希美三人，原告系李仁美之子。2006 年 6 月，被告发给李仁美的继承人原告等人该房屋（邵阳坪106 号）的《房屋所有权证》及《房屋共有权证》。2007 年 1 月 17日，被告做出长房政发［2007］002 号《关于注销李琼生长沙市芙蓉区邵阳坪 106（原 12 号）房屋所有权证和李祥云、李细云、李晴云共有权证的决定》。

原告则认为，邵阳坪老 9 号（原 12 号、现 106 号）房屋系父亲李仁美于 1946 年自建的，该房屋于 1952 年办有房屋产权证，1958年进行私房社会主义改造，因李仁美于 1957 年去世，于是由祖父李庶康代为办理交接的相关手续。1994 年，国家落实政策将该房屋被纳入改造的 106.26 平方米予以发还，但却被错误地认定为祖父李庶康的遗产落实发还。

因此，原告多次找被告要求查阅邵阳坪 106 号的房屋档案。被告将邵阳坪 106 号的房屋档案交给了原告查阅，原告查阅了该房屋

---

〔1〕（2008）长中行终字第 0073 号行政判决书，载：http://wenku.baidu.com/
link？url＝C8JG2j1－wCYMlRb00O6voT7k1oF＿ E72ZTn0Ft2yvQxi9qYU＿ gAsPL2UfgalJeJw
GqnESbFpj8qoZqVV44vgnDlQ9DU0CMz56PnCVfUUWzva.

档案，并在该档案中复印了相关的资料。原告查阅了该房屋档案后，认为被告没有将该房屋的初始登记等全部资料交给原告查阅，其多次找被告要求查阅该房屋的初始登记等其他资料，被告答复原告，该房屋的所有资料都在档案中，已没有其他资料可以提供原告查阅了。原告不服，认为被告没有履行法定职责，于是，向法院提起行政诉讼。

🔍 **审理**判析▶▶▶

原判认为，根据《中华人民共和国档案法》第 20 条、《房屋权属登记信息查询暂行办法》第 8 条第 1、2 项的规定，被告有向房屋权利人、房屋继承人提供查询与该房屋权利有关的原始登记凭证的职责。原告向被告提出查询邵阳坪老 9 号（原 12 号、现 106 号）房屋全部资料的申请后，被告将该房屋的一本档案资料交给了原告查阅，原告查阅了该房屋档案并复印了相关资料，因此，被告履行了法定职责。原告提出被告没有将该房屋的初始登记等全部资料交给原告查询，原告所诉没有事实依据。

根据最高人民法院《关于执行〈中华人民共和国行政诉讼法〉若干问题的解释》第 56 条第 4 项的规定，判决如下：驳回原告李琼生的诉讼请求。

李琼生不服一审判决向本院上诉称：原判认定事实不清。

第一，原判认定市房产局提供了邵阳坪老 9 号房屋的全部档案资料给上诉人查阅复印与事实不符。事实是市房产局拒绝提供该房屋的全部登记资料。上诉人多年以来一直要求房产局将房屋的总登记、初始登记、转移登记、变更登记等全部资料提供查阅，但市房产局故意隐瞒，只是提供了不完整的资料，其行为构成不作为。

第二，原审法院对市房产局提交的证据审查不严，采信了伪造的证据，导致本案事实的错误认定。原审程序违法。上诉人依法向原审法院提出调查取证的书面申请，而原审法院口头告知申请不予准许，明显违反了最高人民法院《关于行政诉讼证据若干问题的规定》第25条应当书面告知的规定。因此，请求支持其上诉请求。

长沙市房屋产权管理局答辩称：邵阳坪9号、10号系同一栋房屋，李琼生因要求落实政策曾多次到我局调阅并复印该房屋的档案资料，长沙市私房改造领导小组办公室将该房发还给了李庶康的继承人。尔后，李琼生因继承纠纷败诉，又多次到我局查阅并复印资料，我局也如实提供了相关资料，已履行了法定职责。李琼生认为我局拒绝提供档案资料、隐瞒和涂改档案资料的理由不成立，请求驳回其上诉，维持原判。

二审法院认为，《中华人民共和国档案法》第25条第1款规定："机关、团体、企业事业单位和其他组织以及公民根据经济建设、国防建设、教学科研和其他各项工作的需要，可以按照有关规定，利用档案馆未开放的档案以及有关机关、团体、企业事业单位和其他组织保存的档案。"《房屋权属登记信息查询暂行办法》第7条规定："房屋权属登记机关对房屋权利的记载信息，单位和个人可以公开查询。"由此可见，长沙市房屋产权管理局保存的对房屋权利的记载信息，有依照规定向单位和个人提供公开查询的义务，并且其提供的信息应当是保存的完整的信息。

本案中，李琼生因房屋落实政策及房屋继承纠纷多次到长沙市房屋产权管理局查询档案资料，该局已将其保存的李琼生要求查询的档案资料提供给李琼生查询并复印。李琼生认为该局隐瞒和不予提供房屋产权登记资料的观点没有证据证实。因此，李琼生的上诉理由不能成立，法院不予支持。

法理研究▸▸▸

本案比较典型地反映了不动产登记簿保存的重要性。本案肇始于建国初期，当时我国百废待兴，不动产登记制度不可能健全，难得的是被告依然找到并提供了当时的登记材料，这一点是值得肯定的。但是根据案情分析，原告所说，当时其父亲应是建房人，其祖父在其父亲死后代为办理手续，也是有可能的。被告无法提供与之相关的证据，这可能是当时登记制度不健全，登记材料没有收集充分导致的。问题在于，被告只是提供了其所有的相关材料，这尚不能证明其依法履行了职责，因为其提供的材料虽然是其所有，但却未必是当时依政策法律应收集、保存的全部材料。因此对于被告已经依法履行了职责这一积极事实，应该是由被告证明，二审法院却认为应由原告证明是值得商榷的。但是即使原告胜诉，被告也应该不可能提供其父建房的证据，所以原告若要维护其房屋所有人的民事权利还要寻找其他途径，比如寻找当时的证人等等。

☑ 裁判要旨

不动产登记机构应当依法将办理的各类登记事项清晰、准确、完整的记载于登记簿上。不动产登记簿具有公示公信力同时承载国家公权力的权威性，未经更正登记等合法手续任何人不得修改登记簿的记载。

☑ 典型案例二

焦新忠等诉东台市住房和城乡建设局不履行房
屋面积变更登记法定职责案[1]

🔍 案情简介 ▶▶▶

上诉人焦新忠、鲁铮因诉被上诉人东台市住房和城乡建设局不履行房屋面积变更登记法定职责一案，不服东台市人民法院（2013）东行初字第0025号行政判决，向江苏省盐城市中级人民法院提起上

---

〔1〕 "焦新忠等诉东台市住房和城乡建设局不履行房屋面积变更登记法定职责案"，载 http://www.pkulaw.cn/fulltext_form.aspx? Db = pfnl&Gid = 120498017&keyword = %E4%B8%8D%E5%8A%A8%E4%BA%A7%E7%99%BB%E8%AE%B0%E7%B0%BF&EncodingName =&Search_Mode = accurate.

诉。江苏省盐城市中级人民法院依法组成合议庭审理了本案,现已审理终结。

原审法院经审理查明,原告焦新忠、鲁峰系夫妻关系。原告鲁峰与原盐城兴地置业有限公司于2008年12月5日签订了商品房买卖合同,合同编号为0490592420081205,合同约定:原告鲁峰向盐城兴地置业有限公司购买兴城国际花园6号楼605室,建筑面积共103.75平方米,该商品房阳台是封闭式……合同约定面积与产权登记面积有差异的,以产权登记面积为准。

2009年6月12日,东台市东方房产测绘事务所接受盐城兴地置业有限公司的委托做出了《房屋测绘成果报告书》,在该报告书中,认定兴城国际花园6号楼605室内产权面积为102.89平方米。同年11月4日,盐城兴地置业有限公司接受原告鲁峰的申请,向被告申请对兴城国际花园6号楼605室房屋所有权登记,被告于2010年1月5日对原告鲁峰所有的兴城国际花园6号楼605室房屋颁发了东台市房权证市区字第s0015397号房屋所有权证,不动产登记簿记载的房屋建筑面积为102.89平方米。2010年11月2日盐城兴地置业有限公司经公司股东决定,公司名称变更为东台市国贸投资发展有限公司。2011年3月24日,在原告诉第三人东台市国贸投资发展有限公司商品房销售合同纠纷一案中,第三人于同年11月3日开庭时,向法庭提交东台市东方房产测绘事务所测绘成果报告书进行质证后,原告发现被告登记给原告购买的兴城国际花园6号楼605室封闭式阳台的建筑面积是按阳台外围水平投影面积计算的。原告于同月29日向被告提交了更正登记申请书及证据材料,请求被告对东台市房权证市区字第s0015397号不动产登记簿记载的房屋建筑面积错误予以更正,被告未书面给予原告答复。原告不服,于2012年6月26日提起了行政诉讼。

原审法院认为,《房屋登记办法》第4条规定:“房屋登记,由房屋所在地的房屋登记机构办理。本办法所称房屋登记机构,是指直辖市、市、县人民政府建设(房地产)主管部门或者其设置的负责房屋登记工作的机构。"据此，被告作为本市（县级）房屋登记机构，对房屋登记簿记载的错误具有更正登记的法定职责。

最高人民法院《关于执行〈中华人民共和国行政诉讼法〉若干问题的解释》第41条第1款规定："行政机关作出具体行政行为时，未告知公民、法人或者其他组织诉权或者起诉期限的，起诉期限从公民、法人或者其他组织知道或者应当知道诉权或者起诉期限之日起计算，但从知道或者应当知道具体行政行为内容之日起最长不得超过2年。"本案原告与原盐城兴地置业有限公司约定在2009年8月31日交付商品房，原告收到商品房后，向被告申请办理房屋登记，被告于2010年1月5日向原告颁发了房产证，原告于2011年11月3日在诉第三人东台市国贸投资发展有限公司商品房销售合同纠纷一案开庭时，才发现被告登记给原告购买的兴城国际花园6号楼605室阳台的建筑面积是按阳台外围水平投影面积计算的。原告于同月29日向被告提交了更正登记申请书及证据材料，请求被告对东台市房权证市区字第s0015397号不动产登记簿记载的房屋建筑面积错误予以更正，被告至原告提起行政诉讼之前未能给原告书面答复，原告起诉期限应当从2011年11月3日起算。据此，原告于2012年6月26日向本院提起行政诉讼，其诉讼未超过起诉期限。

国家质量技术监督局于2000年3月17日发布的《房产测量规范》第8.2.1条第f项规定："挑楼、全封闭的阳台按其外围水平投影面积计算。"建设部和国家质量监督检验检疫总局于2005年4月15日联合发布的《建筑工程建筑面积计算规范》第3.0.18条规定："建筑物的阳台，不论是凹阳台、挑阳台、封闭阳台、不封闭阳台均按其水平投影面积的一半计算。"本案中原告所有房屋的阳台是全封闭式阳台，按照《房产测量规范》规定，全封闭式阳台建筑面积应按其水平投影面积计算，按照《建筑工程建筑面积计算规范》规定，阳台建筑面积按其水平投影面积的一半计算。在《房产测量规范》出台后，建设部在《关于认真贯彻执行〈房产测量规范〉加强房产测绘管理的通知》中强调"原有关房屋面积测算的规定与《规范》

相矛盾的，以《规范》为准"。在《建筑工程建筑面积计算规范》的前言中明确："本规范由建设部负责管理，建设部标准定额研究所负责具体技术内容的解释。"建设部办公厅于 2001 年 12 月 24 日给江苏省省建设厅［建办标函（2001）403 号］复函明确，房屋产权登记面积测算应当依据《房产测量规范》。住房和城乡建设部司在 2010 年 5 月 25 日复函给青岛市国土资源和房屋管理局 ｛《关于建筑面积计算标准问题请示的复函》［建房市函（2010）45 号］｝再次明确，涉及房地产产权登记面积测量的应适用《房产测量规范》。江苏省住房和城乡建设厅于 2011 年 12 月 17 日发布了《房屋面积测算技术规程》，规定房地产产权登记面积测量应适用《房产测量规范》，在第 4.1 条一般规定中规定，挑楼、全封闭阳台面积应按其外围水平投影计算。根据《房产测量规范》和《建筑工程建筑面积计算规范》的制定目的和适用范围，以及上述住房和城乡建设部有关部门答复及规定，本案房地产产权登记面积测量应适用《房产测量规范》，即原告房屋登记簿记载的房屋阳台建筑面积按其水平投影面积计算。据此，本案被告在给原告房屋登记面积测量时适用《房产测量规范》是正确的。

需要指出的是，被告在收到原告申请书后，未向原告作书面答复，被告在程序上存在瑕疵。

综上，本案被告在给原告房屋登记面积测量时适用《房产测量规范》是正确的，原告认为被告对原告不动产登记簿记载的房屋建筑面积错误缺乏事实根据和法律依据，其诉讼请求依法不予支持。依照最高人民法院《关于执行〈中华人民共和国行政诉讼法〉若干问题的解释》第 41 条第 1 款、第 56 条第 1 项，参照《房屋登记办法》第 4 条、《房产测量规范》第 8.2.1 条第 f 项、《建筑工程建筑面积计算规范》前言的规定，经院审判委员会讨论决定，判决驳回原告焦新忠、鲁峥要求被告东台市住房和城乡建设局对东台市房权证市区字第 s0015397 号不动产登记簿记载的房屋建筑面积错误予以更正的诉讼请求。案件受理费 50 元，由原告焦新忠、鲁峥负担。

上诉人焦新忠、鲁铮上诉称，一审适用法律错误，一审判决认为被上诉人依据《房产测量规范》计算、登记上诉人购买的商品房建筑面积的行为是正确的，这显属适用法律、法规和部门规章错误。国家住建部明文规定，商品房销售建筑面积应当按照国家现行《建筑面积计算规则》进行计算；国家住建部明确规定，2005年再次修订的《建筑工程建筑面积计算规范》为规范工业与民用建筑工程的统一计算方法。请求二审法院依法撤销一审判决，予以改判。

被上诉人东台市住房和城乡建设局答辩称：房屋产权登记面积应当依据《房产测量规范》进行测算，建设部2005年修订的《建筑面积计算规则》不是房屋产权登记面积测算的依据，上诉人的上诉理由没有法律依据，我局也无权主动变更测绘结果，案涉《房屋测绘成果报告书》所适用法规和依据是否正确，不属于我局履行法定职责的范围。请求二审法院驳回上诉人的上诉请求。

原审第三人东台市国贸投资发展有限公司陈述称：①一审法院认定的事实清楚，适用法律正确；②被上诉人进行房屋登记的具体行政行为合法有效。请求二审法院依法驳回上诉人的上诉请求，维持一审判决

当事人在一审审理期间所提供的证据、依据，原审法院已随卷移送本院。二审法院对本案的事实认定与原审一致。

🔍 **审理**判析▸▸▸

二审法院认为，根据《房屋登记办法》第4条的规定，被上诉人东台市住房和城乡建设局具有负责本辖区内房屋登记工作的职责。本案上诉人焦新忠、鲁峥认为被上诉人依据《房产测量规范》计算、登记上诉人购买的商品房建筑面积错误，应当适用《建筑工程建筑面积计算规范》。二审法院经审查认为，《房产测量规范》和《建筑工程建筑面积计算规范》各有其不同的制定目的、适用范围和调整事项，根据住建部的相关答复与解释，涉及房地产产权面积测量的

173

应适用《房产测量规范》。故上诉人焦新忠、鲁峥要求被上诉人东台市住房和城乡建设局适用《建筑工程建筑面积计算规范》对其房屋面积进行变更登记没有法律依据。原审法院依法驳回其诉讼请求并无不当。上诉人上诉理由不足，二审法院不予支持。

依据《中华人民共和国行政诉讼法》第 61 条第 1 项之规定，判决驳回上诉，维持原判。

🔍 **法理**研究▸▸▸

不动产登记簿应保持完整性。不动产登记机构应当依法将办理的各类登记事项清晰、准确、完整的记载于登记簿上。

登记事项一经在登记簿上加以记载，任何人非经法定程序不得撕毁、涂改或者取下相关册页。包括电子介质登记簿中记载的法律依据、法律事实、登记内容等相关事项，任何人非经法定程序不得直接修订或者删除。

权利人、利害关系人认为不动产登记簿记载错误的，应当提交证明不动产登记簿记载错误的材料以申请更正登记。不动产登记簿的权利人不同意更正的，权利人可以申请异议登记。本案中再审申请人提请更正登记的证据不足，再审法院支持二审法院判决，应予肯定。

第十一条　不动产登记工作人员的要求

不动产登记工作人员应当具备与不动产登记工作相适应的专业知识和业务能力。

不动产登记机构应当加强对不动产登记工作人员的管理和专业技术培训。

☑ **相关法条**

《中华人民共和国公务员法》第 21 条规定：录用担任主任科员以下及

其他相当职务层次的非领导职务公务员，采取公开考试、严格考察、平等竞争、择优录取的办法。民族自治地方依照前款规定录用公务员时，依照法律和有关规定对少数民族报考者予以适当照顾。

《中华人民共和国公务员法》第 26 条规定：录用公务员，应当发布招考公告。招考公告应当载明招考的职位、名额、报考资格条件、报考需要提交的申请材料，以及其他报考须知事项。

《土地登记办法》第 4 条规定：国家实行土地登记人员持证上岗制度。从事土地权属审核和登记审查的工作人员，应当取得国务院国土资源行政主管部门颁发的土地登记上岗证书。

《中华人民共和国土地管理法实施条例》第 31 条规定：土地管理监督检查人员应当经过培训，经考核合格后，方可从事土地管理监督检查工作。

《房屋登记办法》第 6 条规定：房屋登记人员应当具备与其岗位相适应的专业知识。

从事房屋登记审核工作的人员，应当取得国务院建设主管部门颁发的房屋登记上岗证书，持证上岗。

☑ 条文解析

一、我国不动产登记人员的现状 [1]

（一）土地登记人员持证上岗制度

1997 年开始，国土部门实施土地登记人员持证上岗制度。自 1999 年起，土地登记人员必须通过考试取得《土地登记上岗资格证》，才能从事土地登记权属审核和登记审查工作，在土地登记审批表上签署审查意见。至今，全国已有 95 110 人取得《土地登记上岗资格证》，一支基本能够满足当前工作需要的土地登记队伍逐步建立起来。

---

[1] "不动产登记员制度研究"，载中国土地矿产法律事务中心编：《国土资源政策法律研究成果选编（2013～2014）》，中国法制出版社 2014 年版，第 138～148 页。

（二）房屋登记官制度

住建部门在不动产登记领域开了"登记官"制度的先河，建立并实施了房屋登记官制度，明确规定通过房屋登记人员培训考核或确认，取得《房屋登记官考核合格证书》后，方能成为房屋登记官，方可从事房屋登记审核工作。从 2012 年起，未取得《房屋登记官考核合格证书》的人员，应调离房屋登记审核岗位。至今，全国已有 29 487 人取得房屋登记官资格。房屋登记采取初审、复审、终审"三审"模式。房屋登记官在房屋登记机构内部审核表及房屋登记簿上签字或署名，并承担相应责任。

（三）我国其他不动产登记队伍的现状

1. 海域登记人员相关制度。《海域使用权登记办法》第 36 条规定了登记人员持证上岗制度，但实践中持证上岗制度未能建立。目前，大部分地方的海域使用权登记是直接由海域局或海域使用科的工作人员来完成的。

2. 其他不动产登记人员相关制度。《林业和林地权属登记管理办法》、《农村土地承包法》、《水域滩涂养殖发证登记办法》均未对不动产从业人员进行明确要求。实践当中，在这些业务主管部门内从事登记工作的人员并不需要具备特别的条件，也无须通过任何职业资格方面的考试、考核，登记人员与这些主管机关内的其他岗位的工作人员存在很大的交叉性和同质性。

二、不动产登记工作人员应当具备与不动产登记工作相适应的专业知识和业务能力

（一）有关法律法规明定了国家实行登记人员持证上岗制度

我国的《土地登记办法》和《房屋登记办法》对登记人员的专门化以及资质要求都有作出具体规定。从事土地权属审核和登记审查的工作人员，应当取得国务院国土资源行政主管部门颁发的土地登记上岗证书。《房屋登记办法》规定房屋登记人员应当具备与其岗位相适应的专业知识。从事房屋登记审核工作的人员，应当取得国

务院建设主管部门颁发的房屋登记上岗证书，持证上岗。

可见我国主要的不动产登记办法即土地及房屋登记办法都已意识到登记人员素质与资质的重要性，对登记人员的相关资格进行了规定。《关于做好房屋登记审核人员培训考核工作（试行）的通知》（建房〔2009〕61号）明确规定："在房屋登记机构从事初审、复审、终审等具有房屋登记审核性质工作的人员，应按照《房屋登记办法》和本《通知》的要求，通过房屋登记人员培训考核或确认，取得《房屋登记官考核合格证书》后，成为房屋登记官，方可从事房屋登记审核工作。""从2010年开始进行房屋登记官考核的组织培训和实施工作，各房屋登记机构要高度重视培训考核工作，积极为登记审核人员参加岗位培训创造条件。到2012年凡未取得《房屋登记官考核合格证书》的人员，一律不得再从事房屋登记审核工作；房屋登记机构其他工作人员也必须具备与其岗位相适应的专业知识，否则应调离其工作岗位。"

（二）不动产登记官制度

不动产登记官是西方对不动产登记机构中负责不动产登记事务，并依法享有不动产登记审核权限之工作人员的称呼。

不动产登记官制度是不动产登记活动的内在要求。建立不动产登记官制度有助于提高登记人员的专业素质和知识水平，提高不动产登记的准确性和公信力。建立不动产登记官制度是国际通行的做法，基于对《物权法》和《不动产登记暂行条例》规定的统一登记要求的贯彻，可以在实施细则中明确规定我国的不动产登记官制度，吸收既有房屋登记官的实践经验，无疑会更加顺应不动产登记发展的需要。[1]

1. 设立不动产登记官的必要性。

（1）建立不动产登记官制度是不动产登记活动的内在要求。首

---

〔1〕 程啸："论不动产登记官制度"，载《中国房地产》2011年第6期。

先，如果没有登记行为那么不动产物权变动就不发生法律效力。依据《物权法》，不动产登记原则上是基于法律行为的不动产物权变动之生效要件。同时，不动产登记簿具有推定效力与公信效力。一旦不动产登记出现错误，很可能给当事人的合法权益造成严重损害。并且不动产的登记错误可能导致第三人的善意取得，在第三人善意取得时，即使事后追究登记人员的责任，原权利人也无法再获得不动产的物权。

其次，不动产登记的重要功能要求不动产登记本质上要有准确性和真实性。错误登记的效力事实上造成的影响无法弥补。不动产登记既要保护权利人对不动产的权利，又要维护善意第三人的效力，需要保障不动产物权"静"与"动"的安全。确保不动产登记的真实性与准确性的一个重要环节就是，登记机构的工作人员应当依法履行登记职责，尽到合理的注意义务。只有具有法律知识并经过考试合格的人，才能依法履行登记职责并尽到合理的注意义务。因此，不动产登记工作本身的复杂性和专业性要求，必须建立登记官制度，确立进入登记机构工作的专业门槛，保证登记机构的工作人员达到相应的专业水准。

（2）建立不动产登记官制度是提高登记人员专业知识和业务能力的需要。首先，目前我国的登记人员存在诸多问题。我国目前不动产的登记人员缺乏专门的选用标准。登记人员没有被作为专门的公务人员进行特殊要求，某些登记人员只是事业编制而非行政编制，甚至许多为编制外人员；登记人员的学历水平普遍不高，很多是通过自考、函授、党校等形式毕业，而非全日制学习毕业。登记人员的录用门槛比较低，显然没有意识到不动产登记的重要意义和责任的重大性。"由于登记工作人员整体工作能力和工作效率偏低，为了应付不断增长的登记数量，登记机构不得不临时聘用大量的临时工作人员。由于编制外登记人员与编制内登记人员相比，同一岗位工资相差甚远，且没有相应的晋升资格，编制外工作人员一般流动性大，稳定性差，而在其聘用期间，很难发现某些潜伏期很长的不动产登记错误，从而给登记机构造成巨大、隐藏的赔偿风险。"[1]

其次，不动产登记具有重大意义，一旦登记错误将造成巨大损失。登记人员亟须提高专业素质。据统计，自2000年以来，全国的行政案件数量增长了20%，其中，房屋登记行政案件竟然增长了近200%。目前，房屋登记行政案件在人民法院受理的94类行政案件中排位第二，占全部行政案件受案总数的比率高达8%。之所以出现这种情况，一个重要的原因就是不动产登记机构工作人员的专业知识和业务能力低下。因此建立不动产登记官制度可以提高登记人员的专业素养。建立不动产登记官制度，需要配套的选拔、培训、保障制度等，无疑可以确保不动产登记官的知识水平。

（3）建立不动产登记官制度是国际通行的做法。"目前，许多国家已建立起完善的不动产登记官制度，从登记人员的考核、录用、职级升降、责任追究等方面构建了完整的制度规范，对登记人员的素质要求较高。从德国的不动产登记实践来看，登记官的水平、权限以及社会地位类似于法官；在日本，不动产登记虽然设在行政机关（法务省），但登记官都是由司法机关（法院）派遣并经严格程序进行任命，其不动产登记官与法官的水平不存在实质性差异。此外，日本不动产交易的全过程基本上由'司法书士'全权代理，而要取得'司法书士'的资格必须通过国家统一组织的专门考试。英国各土地登记局本部和各分局都有多名律师，局总登记师、各处负责人也必须由已取得律师资格的人担任。"[2]我国也应当参照国际通行做法，借鉴先进经验，构建我国的不动产登记官制度。

2. 建立不动产登记官的具体制度。

（1）担任不动产登记官应具有相应的条件。正如我国的法官和

---

〔1〕 吴雨冰："试论建立不动产登记官——以房屋权属登记为主"，载《中国房地产》2007年第11期。

〔2〕 吴雨冰："试论建立不动产登记官——以房屋权属登记为主"，载《中国房地产》2007年11期。

检察官具有任职的条件一样，对于不动产登记官也应规定相应的条件。具体可以参照《法官法》和《检察官法》的规定，规定不动产登记人员的条件，诸如国籍、年龄、学历、政治等要求；公务员法也有这种资质要求，但是不动产登记官的资质要求应当突出自身特点，可以要求登记官需要具备相应的法律知识。[1]

（2）不动产登记官资质的授予应注意新老人员的处理问题。在我国并未实行不动产登记官的前提下，实行登记官制度必然涉及对原有人员的处置问题。因为之前不动产登记人员普遍法律素养不高，没有经过系统的培训和考试，因此，对原来的人员与新进人员要区别对待。对于原有人员，要积极组织培训和考试辅导、推荐考试制度，让原有人员可以达到新的标准和要求，原有工作人员有着工作的丰富经验，同样是登记工作不可缺少的。但是对于完全无法达到考核要求的人员，要进行合理分流、离岗等措施，使不动产登记官制度尽快落实到位。

（3）建立不动产登记"官"资格考试制度。因为不动产登记涉及诸多法律关系和法律问题，需要登记人员具有良好的法律水平。因此确保登记工作人员一定的法律水平是必要的，登记工作人员的考试内容也应当分为两部分：法律知识的考察和不动产登记知识的考察。考察法律知识不一定要求通过国家司法考试，在不动产登记官的考试制度中加入法律知识考察的内容即可达到效果。

虽然在德国从事不动产登记事务的是司法辅助人，法律要求很高，在日本、韩国等将登记官作为公务员对待的国家，对登记官的法律要求也很高，但是这种要求高不一定要通过司法考试来体现。

建立不动产登记"官"制度，可以建立专门的不动产登记工作人员的考试类型，进行专门考试和选拔。"这种考试应对全社会开放，考试内容应包括不动产登记相关法律法规（宪法、民法、物权

---

〔1〕 石珩、于丽娜、王龙江："关于建立土地登记官制度的几点思考"，载 http://www.gtzyzcfl.com.cn/ News，asp？ID=10061.

法、不动产登记暂行条例、土地管理法及其实施条例、城市房地产管理法、土地登记规则、合同法、担保法、各种资源法等)、不动产确权理论与实务、不动产产权产籍调查测量与管理理论与方法、不动产登记理论与实务(关于登记的制度、原则、作用、意义、登记的具体程序、审查方式等的知识)四个主要方面。[1]当然为此应制定专门的培训考试方案,设置专门的专业,编印专门的培训教材。只有通过这种从业资格考试或者不动产登记高等专业教育,使得登记机构领导和职员对这些登记业务达到深刻理解、全面掌握以至熟练使用的程度后,登记工作的质量和权威性才会有可靠的保证。"[2]

(4)不动产登记"官"的培训机制。即对通过上述选拔机制而取得登记"官"资格的人员进行培训,经考试合格就能成为一名登记工作人员。为达到此目的,首先应有专门的培训机构,该机构由不动产登记机关负责设置;其次,应制定专门的培训方案、设置专门的培训课程和编发专门的培训教材,对登记专门知识和技能进行系统的培训。当然,职业道德准则也应是培训的重要内容。再次,应保障培训的时间不少于6个月,在这其中应合理分配理论学习时间和上岗实习时间。最后,在完成上述培训步骤后,要进行严格的考试。考试应分为业务素质、职业道德、实践操作等几个部分。凡通过考试的就可成为正式登记官员,并发给其登记工作执业证。[3]

(5)不动产登记工作人员的保障制度。不动产登记工作人员履行职责需要相应的保障,确保登记工作的独立与登记工作人员的稳

---

[1] "房屋登记审核人员的职业发展与未来走向——有感于房屋登记官培训考核工作的开启",载 http://china. findlaw. cn/fangdichan/fccs/fwqs/161649. html.

[2] 佘振国、吴次芳:"我国不动产登记责任追究制度问题及其完善——不动产登记职员的考任与登记责任追究制度研究",载《西北农林科技大学学报(社会科学版)》2005年第6期。

[3] 王崇敏:"我国不动产登记制度若干问题探讨",载《中国法学》2003年第2期。

定。对于不动产登记工作人员，应当有相应的身份保障、经济保障以及人员保障等其他保障共同维护不动产登记工作人员行使职权。身份保障包括赋予登记工作人员相应的职权和处理权限，以及通过考试形成的社会威望，保障登记工作人员相应的社会地位；经济保障包括对登记工作人员的工资、福利保障以及退休后的待遇；人员保障包括对登记工作人员助手的规定及登记机构配备足够的工作人员，合理化工作负担，确保登记的准确性；其他保障包括人身、财产、居住等保障。

（6）不动产登记工作人员的行为规范制度。不动产登记工作人员的行为规范也遵循公务员行为规范的一般准则。登记工作人员也是一种公务员，需要进行必要的行为规范，维持登记官制度的廉洁与威望。这些行为规范包括两种：一种是基于公务员本身性质的禁止性行为，比如不得从事营利性活动，不得参加有损国家权威的活动，不得发表不当言论；另一类是与登记工作相关的行为规范，比如不得和当事人串通进行虚假登记，不得玩忽职守、滥用职权等。

不动产登记工作人员的行为规范和登记工作人员的责任制度挂钩，如果登记工作人员不当行为，需要承担相应的责任。如果登记工作人员违反了一般的公务员要求，要依《公务员法》的相关规定给予其行政处分，如果登记工作人员登记错误给当事人造成损失，还需要承担赔偿责任。

3. 不动产登记工作人员制度建设的要求[1]。

（1）不动产登记工作人员的专门化。不动产登记工作人员的专门化是指登记工作人员必须具有从事登记服务工作应有的专门登记知识，而且对登记知识的掌握应达到系统、全面、精湛的程度。所谓专门的登记知识，是指与登记有关的法律知识（如物权法、土地管理法及其实施条例、城市房地产管理法、土地登记规则等）以及

---

〔1〕 王崇敏："我国不动产登记制度若干问题探讨"，载《中国法学》2003年第2期。

登记的制度、原则、作用、意义、登记的具体程序、审查方式等。只有登记官经过严格系统的专门登记知识与业务的学习训练，使得其对这些业务知识达到深刻理解、全面掌握以至能熟练使用的程度后，登记工作的质量和权威性才会有可靠的保证。

（2）不动产登记工作人员的职业化。不动产登记官的职业化是指一旦成为登记工作人员，即以登记事务为其专门职业，中立公正地从事登记事务。登记官这一职业群体必须具有良好的职业道德和执业纪律。首先，忠于事实，忠于法律。登记官应当忠于宪法和法律，恪守独立、客观、公正的原则，按照真实合法的原则和登记程序办理登记业务。其次，爱岗敬业，规范服务。登记官应珍爱登记事业，不断提高登记效率和登记质量，杜绝疏忽大意、敷衍塞责和其他错误登记的行为。再次，注重修养，提高素质。登记官应当诚实守信，具有良好的个人修养和品行，同时不断提高自身的道德和业务素质。最后，清正廉洁，注重形象。登记官在登记服务过程中，不得从事与登记官职务、身份不相符的活动，更不得以办理登记为条件向登记申请人索取财物或其他利益。

（3）不动产登记官的均衡化与趋同化。不动产登记官的均衡化与趋同化是指登记官作为一个整体应达到的职业标准，即要求全体人员都能达到上述的专门化、职业化水准，同时随着社会的发展和不断出现的新需求，全体登记官也要同步提高其业务素质，保证自己的执业品质和专业技能能够满足正确履行职责的需要。登记官的登记行为不仅是个人的行为，更重要的是它具有社会性、国家性以及在此基础上形成的登记公信力。登记官的均衡化、趋同化体现了全体登记官的整体素质和职业形象。

三、不动产登记机构应当加强对不动产登记工作人员的管理和专业技术培训

《不动产登记暂行条例》细化了《物权法》统一登记制度的有关要求。我国之前多部门、多级别的登记制度，不利于当事人的登

记便利和登记系统的一致。之前我国的《土地登记办法》和《房屋登记办法》都分别规定了登记人员的考证要求，这种分别立法的局面不利于统一登记人员制度的建立。《不动产登记暂行条例》要求不动产登记工作人员应当具备与不动产登记工作相适应的专业知识和业务能力。而不动产登记工作人员专业知识和业务能力的提升需要不动产登记机构加强管理和培训。一方面，在不动产登记人员的录用时应严格把关，确定专门的知识技能考核，并与后续不动产登记官制度的建立相衔接；另一方面，应定期进行专业知识和业务能力培训，建立完善的考核、奖惩机制，及时、严格、依法追究责任，保证不动产登记人员的管理与培训各自形成相互衔接又独立有序的制度规范。

☑ **媒体报道**

四百人首考"房屋登记官"[1]
——有望成为不动产行业"国考"

买房，必须要到房屋登记机构登记，才意味着这套房子真正属于你，所以房屋登记审核等程序至关重要。昨天，北京首次"全国房屋登记官考试"举行。今后，只有考试合格、取得考核证书的"房屋登记官"才能从事房屋登记程序中最重要的"审核""登簿"环节，未取得资格的人员，将不能从事房屋登记审核工作。

昨天上午 9 点，16 个区县住建委、房管局房屋登记部门的 400 名房屋登记人员参加了考试。市住建委相关负责人告诉记者，考试分两场，分别为房屋登记的制度与政策、房屋登记的实务与案例。前者主要考核参考人员的相关法律法规知识，例如物权法、合同法、婚姻法、继承法等，而后者主要是通过实际案例，考核参考人员的

---

〔1〕 "四百人首考'房屋登记官'"，载 http://www.morningpost.com.cn/ xwzx/ bjxw / 2011 – 08 –14/ 205595. shtml，访问日期：2014 年 11 月 5 日。

实际操作能力。

而考试的方式和难度可以用"严苛"来形容。考题全部为选择、判断题，从题库中抽取，自动生成考卷。在多选题中，选不对要扣分，多选了还是要扣分。每人的考题都有差异，而且每道题都设定回答时间，"也就是说规定时间到了，这道题就过了，电脑自动显示下一道题，想翻回头再改都没有机会"。这样就杜绝了作弊现象。

上午 10 点半，第一场考试结束，考生们走出考场，无不摇着头感叹"题不简单"、"时间够紧张的，很多题没来得及选就过去了"。据了解，一旦考试没有通过，从事审核、登簿工作的人员就有可能面临岗位调整，改做房屋登记申请、受理等相对简单的工作。

据了解，全国首次"房屋登记官考试"在河南举行，由于难度较高，所以通过率不足 10%，甚至低于国家司法考试。住建部研究和制定考题的专家、清华大学法学院副教授程啸说，北京的考试通过"门槛"暂定为两个科目均满 60 分。最终的合格"门槛"如何划定，还要根据上海等其他城市最后考试结果的情况而定，或以分数，或以合格率。程啸表示，"房屋登记官考试"今后有望成为与国家司法考试一样的"国考"。

✅权威解读

一、房屋登记官为房产证真实性把关

清华大学法学院副教授程啸说，房屋登记官考试的目的，在于提高从事房屋登记审核等程序的人员的素质和能力，来保障房屋交易的安全。"因为房屋登记簿的效力高于房产证和土地证，出现问题都以房屋登记簿为准，避免了不法人员以伪造房产证等方式侵害他人权利。同时保证了房屋的交易安全，买房者可以到登记机关查登记簿，不必担心买到的是已经被抵押了的房子等交易陷阱。"

程啸还举例说，经常出现的买房人"买了房子却拿不到房产证"的事时有发生，这就是在"初始登记"和最后的"分户登记"上出

了问题。另外，现在我国很多省市从事房屋登记工作的人员素质参差不齐，有些城市从事房屋登记审核的人员只有初高中文化程度，具有大专学历的不足 20%，甚至"近亲繁殖"，一家亲戚通过裙带关系占据房屋登记重要岗位。"这涉及百姓几百万甚至上千万的财产，所以必须要往专业化、职业化方向发展。"。

二、国外"登记官"要求极高

据了解，"房屋登记官"在国外推行已久。在德国、奥地利等国家，房屋登记官一般由法官担任，足以见这个职位的重要性和对专业、公平要求之高。在韩国，房屋登记官为"五级公务员"，为公务员中等级最高的一级，通常在大学攻读法律、外交等专业的高级人才报考。在韩国全国，具有房屋登记官资格的人员只有 200 人左右。

目前，我国的房屋登记官资格认证的方式主要有两种，一种是部分长期从事房屋登记工作的有经验的工作人员，在通过住建部相关专家认证后取得资格，大部分都是要通过考试的方式取得"登记官"资格。

第十二条　不动产登记簿的保管

不动产登记机构应当指定专人负责不动产登记簿的保管，并建立健全相应的安全责任制度。

采用纸质介质不动产登记簿的，应当配备必要的防盗、防火、防渍、防有害生物等安全保护措施。

采用电子介质不动产登记簿的，应当配备专门的存储设施，并采取信息网络安全防护措施。

☑相关法条

《物权法》第 16 条规定：不动产登记簿是物权归属和内容的根据。不动产登记簿由登记机构管理。

《土地登记办法》第20条第1款规定：土地登记形成的文件资料，由国土资源行政主管部门负责管理。

《房屋登记办法》第28条第1款规定：房屋登记机构应当将房屋登记资料及时归档并妥善管理。

《档案库房技术管理暂行规定》第2条规定：档案库房技术管理应贯彻"以防为主，防治结合"的原则，切实做好温湿度控制和调节，防治有害生物、防尘、防火、防盗、照明管理和档案保管状况检查等方面的工作。

☑条文解析

一、不动产登记簿重要性决定了必须要有法定的保存办法

由于不动产登记簿是记录不动产标示及其上物权状况并由登记机构管理的具有法律效力的文件，是贯彻落实物权法公示公信原则的唯一法定文件，在平时能够起到权利凭证的作用，在诉讼案件中能够起到证据的作用，不动产登记程序和规则的设置都围绕登记簿而展开，因此在不动产登记法中不动产登记簿具有极为重要的地位，建立与编制体例、内容设置等实质安排相匹配的不动产登记簿保管制度仍是不动产登记统一工作中的重要环节。同时与现代信息技术发展同步的登记电子化的出现也对传统的保管措施提出了新的要求，网络安全成为不容忽视的"防守重地"。不动产登记簿作为影响重大的国家机关的法定文件和重要资料，需要法律规定明确、严格、规范的保存办法。

二、不动产登记簿须有法定的保管主体

（一）不动产登记机构应当指定专人负责不动产登记簿的保管

1. 我国法律明定不动产登记簿由登记机构管理。参照国外的实践经验，如法国不动产登记中对于不动产登记簿的保管是由登记人员进行。又如我国台湾地区"土地登记规则"第20条规定："登

簿及地籍图由登记机关永久保存之，除法律或中央地政机关另有规定或为避免遭受损害，不得携出登记机关。"我国《物权法》第16条第2款规定："不动产登记簿由登记机构管理"。《不动产登记暂行条例》第12条第1款规定："不动产登记机构应当指定专人负责不动产登记簿的保管，并建立健全相应的安全责任制度。"

2. 不动产登记簿须有专业保管人员。不动产登记的从业人员是个宽泛的概念，不仅包括登记机构的工作人员，还包括涉及不动产登记事务的其他人员，其中就有不动产登记簿的专业保管人员。不动产登记基本是依证据和法律进行操作的活动，作为其后果载体的登记簿和权属证书是不动产权属的依据或证明，只要没有反证推翻，包括司法机关在内的所有人都要尊重这种后果，所以登记工作需要充足的专业知识提供保障，包括主导登记的人员所需的法律知识和保管人员所需的档案保管知识，甚至包括专门的信息、网络技术人员。

（二）不动产登记簿的保管须建立健全相应的安全责任制度

保存不动产登记簿应当配备符合设计规范的专用库房和必要的安全防范措施，并按照我国《档案库房技术管理暂行规定》实施管理，逐步采用新技术、新设备，实现保存现代化。同时，在保存过程中，登记机关作为不动产登记簿的保管机关，应当与其他国家机关密切联系，加强信息沟通，逐步实现不动产登记信息共享。

参照我国《档案库房技术管理暂行规定》，不动产登记簿的技术管理工作，应有专人负责，可设置专门的技术管理机构，建立健全不动产登记簿技术管理规章制度。相应的技术管理人员应刻苦钻研档案保护技术，不断提高科学管理水平，努力成为技术管理方面的专家。

通过加强档案库房的技术管理，应基本达到温湿度适宜，清洁卫生，无虫霉滋生。各不动产登记簿库房应设消毒室或消毒箱，新接收进库的不动产登记簿经消毒、除尘后方能入库。建立定期虫霉检查制度，发现虫霉及时处理。配备吸尘器，加密封门或过渡门，除尘与防尘结合。有条件的可设置空气过滤装置，防止污染气体进入库房。

周围的空地应植树种草，搞好绿化，减少污染。对影响、恶化库房环境的污染源，应采取措施，及时清除。

档案库区必须配备适合档案用的消防器材，并按设备要求定期检查、更换。安全使用电器设备，定期检查电器线路。严禁明火装置和使用电炉及存放易燃易爆物品。档案库房宜安装火警及防盗报警装置，并有切实可行的防盗措施。对库藏不动产登记簿应经常进行检查，发现问题，及时报告，并采取措施予以处理。

每年定期对库藏不动产登记簿进行一次抽样检查，掌握档案保管情况，为科学管理积累资料。

登记电子化的趋势要求配备专业的技术维护人员，做好网络安全防卫工作，保证网上查阅服务系统的资料保密，防止受到不良黑客干扰窃取资料。

三、不动产登记簿的保管职责与登记责任密不可分

（一）要履行好登机职责自须保管好登记簿

从我国现有经验来看，登记机构的职责主要包括管辖并审查不动产登记事项；处罚有关违法行为；决定登记与否；管理登记簿；承担法律责任，并向直接责任人追偿和其他与登记事务相关的职责。直接关涉登记审查本身的工作以法律职业化为宜，但其他与登记审查关系不大的职责，如管理登记簿、管理登记档案，虽无进行法律职业化的必要，但仍然需要相关领域的专业人员担任为宜，尤其不动产登记簿的保管还要求建立健全相应的安全责任制度。

（二）要履行登记机构的主要职责离不开登记簿的保管与使用

目前，不论是当事人提供虚假的权属证书等证明材料申请登记，给他人造成损害，登记机构没有尽到审查职责，还是登记机构的其他行为造成的真正权利人的损失，登记机构都要承担赔偿责任，同时根据《不动产登记暂行条例》第五章专门规定的"法律责任"，

对涉及民事责任、行政责任、刑事责任的违法行为，分别追究不同的法律责任。具体情形包括：因登记机构的应当实地查看而未查看造成登记错误；无正当理由拖延登记时间；故意与他人相互勾结、恶意串通，造成交易当事人损害；应当办理登记而无正当理由拒绝办理登记，给有关利害关系人造成损害；登记簿与权属证书不一致，登记机构对权属证书拒不更正，由此给他人造成损失；办理异议登记后，登记机构仍然为转让不动产的登记权利人办理过户登记；无故拒绝有关当事人的正当的查询登记的请求等。而这些违法行为的合法避免均须以不动产登记簿作为基础法律依据。

（三）具体的保管职责与登记责任设置都有待进一步细化

《不动产登记暂行条例》第 12 条规定的与不动产登记簿的保管相关的安全责任机制以此为基础，同时基于不动产登记簿的特殊重要性，可能直接关涉当事人的实体权利义务关系，故而具体的责任设置仍有待进一步细化。

以北京海淀区登记实践为例，为响应国土资源部和北京市国土资源局关于规范土地登记的要求，进一步夯实不动产统一登记基础，海淀分局登记中心根据《土地登记办法》的相关规定，深入研究科学管理土地登记簿的方法，抽调专人历时三个月共整理土地登记卡6000 余份。新编排的土地登记卡按地籍区、地籍子区、宗地号三级分类，宗地号按照 19 位全国宗地统一代码编排，采用活页装订。与此同时，为维持登记卡的时效性和连续性，对整理编排完成的土地登记簿实行专人管理，建立健全立卷归档、安全保管、提供利用等制度。为下一步不动产登记簿册的试填试用与配合国土部的不动产统一登记工作奠定了坚实的基础。

房屋登记簿管理试行办法

（建住房［2008］84 号）

第一条 为规范房屋登记簿管理，保障房屋交易安全，保护房屋权利人及相关当事人的合法权益，根据《中华人民共和国物权法》、建设部颁布的《房屋登记办法》（建设部令第 168 号），制定本办法。

第二条 房屋登记簿（以下简称"登记簿"）是房屋权利归属和内容的根据，是房屋登记机构（以下简称"登记机构"）制作和管理的，用于记载房屋基本状况、房屋权利状况以及其他依法应当登记事项的特定簿册。

第三条 登记簿可以采用电子介质，也可以采用纸介质。鼓励有条件的地方建立电子介质的登记簿。

登记簿采用电子介质的，应能够转化为唯一、确定的纸介质形式；采用纸介质的，应采用活页等方便增页和编订的方式编制，注明目录和页码。

第四条 登记簿有关内容发生改变的，应通过增加新的页面、界面和内容体现，不得直接在原内容上删改。

第五条 房屋登记簿应按照房屋基本单元建立。房屋基本单元应有唯一的编号。房屋分割、合并时应重新编号。

第六条 建筑区划内依法属于业主共有的公共场所、公用设施和物业服务用房，应在房屋初始登记时单独记载，建立登记簿，并与建筑区划内房屋基本单元的登记簿形成关联。

第七条 登记簿的内容应包括房屋基本状况、房屋权利状况以及其他状况部分。各地可以在本办法规定内容的基础上增加登记簿的内容。

第八条　登记簿的房屋基本状况部分，记载房屋编号、房屋坐落、所在建筑物总层数、建筑面积、规划用途、房屋结构、土地权属性质、国有土地使用权取得方式、集体土地使用权类型、地号、土地证号、土地使用年限房地产平面图等。

第九条　登记簿的房屋权利状况部分，记载房屋所有权、他项权利等有关情况。

房屋所有权的内容，记载房屋所有权人、身份证明号码、户籍所在地、共有情况、房屋所有权取得方式、房屋所有权证书号、补换证情况、房屋性质、《房屋登记办法》第41条规定的注销事项等。

房屋他项权利的内容，记载抵押权人、抵押人和债务人、被担保主债权的数额、担保范围、债务履行期限、房屋他项权利证书号、补换证情况；最高额抵押权人、抵押人和债务人、最高债权额、担保范围、债务履行期限、债权确定的期间、最高债权额已经确定的事实和数额；在建工程抵押权人、抵押人和债务人、被担保主债权的数额或最高债权额、担保范围、债务履行期限、在建工程抵押登记证明号；地役权人、地役权设立情况、地役权利用期限等。

第十条　登记簿的其他状况部分，记载预告登记权利人和义务人、身份证明号码、预告登记证明号、补换证情况；异议登记申请人、异议事项；查封机关、查封文件及文号、查封时间、查封期限、解除查封文件及文号、解除查封的时间等。

第十一条　登记机构每次办理第9条、第10条中涉及的各项房屋登记，都应在登记簿上记载登记时间和登记最终审核人员。

第十二条　登记机构应建立严格的录入、审查和管理制度，明确登录人员，保证登记簿的记载信息与登记最终审核结果一致。

未经合法程序，不得对登记簿记载的内容进行更改。

第十三条　登记簿应永久保存并妥善保管。纸质登记簿应配备必要的安全保护设施并可以制作副本，电子登记簿应定期备份。

登记簿有毁损的，登记机构应及时补造。

第十四条　个人和单位提供身份证明材料，可以查询登记簿中房屋的基本状况及查封、抵押等权利限制状况；权利人提供身份证明材料、利害关系人提供身份证明材料和证明其属于利害关系人的材料等，可以查询、复制该房屋登记簿上的相关信息。

有关查询的程序和办法，按《房屋登记信息查询暂行办法》（建住房［2006］244号）的有关规定执行。

第十五条 登记簿记载相关信息后，申请登记的原始资料以及登记机构的内部审核文件应作为登记档案归档。

登记机构应结合房地产交易与登记规范化管理要求，逐步实现房屋权属档案数字化。条件具备的地方，应通过数字化档案显示房地产交易的历史情况。

第十六条 住房和城乡建设部将逐步建立全国统一的房屋登记信息系统，实现全国登记簿基本信息共享和异地查询。

登记机构应参照有关信息系统技术规范加强房屋登记信息系统建设，为全国房屋登记信息系统预留接口。

第十三条　不动产登记簿的保存、重建与移交

不动产登记簿由不动产登记机构永久保存。不动产登记簿损毁、灭失的，不动产登记机构应当依据原有登记资料予以重建。

行政区域变更或者不动产登记机构职能调整的，应当及时将不动产登记簿移交相应的不动产登记机构。

✅ **相关法条**

《物权法》第16条规定：不动产登记簿是物权归属和内容的根据。不动产登记簿由登记机构管理。

《土地登记办法》第20条第1款规定：土地登记形成的文件资料，由国土资源行政主管部门负责管理。

《房屋登记办法》第28条第1款规定：房屋登记机构应当将房屋登记资料及时归档并妥善管理。

☑ **条文解析**

一、不动产登记簿的保存

（一）不动产登记簿在我国现行物权法律制度中有重要作用

鉴于有关不动产登记簿的法律制度并不明确，造成实践中不动产登记机构在保管不动产登记簿时不够仔细认真，极易导致当事人权属纠纷时的证据缺失，影响争议的顺利解决及行政机关公信力的构建，与不动产登记簿在我国现行物权法律制度中的重要作用不符。

（二）不动产登记簿由不动产登记机构永久保存

不动产登记簿应当长期保存还是永久保存，《物权法》没有规定，我国绝大部分地方都规定应当永久保存，如《珠海市房地产登记条例》第21条第3款规定："房地产登记卡和房地产原始凭证永久保存。"《鞍山市城市房屋权属登记条例》第21条规定："房屋权属登记机构应当建立房屋权属登记册，并永久保存。"《天津市房屋权属登记条例》第22条规定："房屋权属登记机关应当将房屋权属登记簿和房屋权属登记的文件资料，统一管理，永久保存。"这些规定都是符合不动产登记簿的永久性特点的。

不动产登记簿的永久性是指，不动产登记簿是应当由国家永久保存的档案，"只要不动产存在，登记簿就应当持续存在而不得随意销毁，以保证权利人及其利害关系人的利益不受损害"。世界上不少国家的不动产登记簿已经保存有数百年的历史，不动产登记簿的永久性保存，对不动产物权状况的稳定性、交易安全保障的持续性以及登记簿查阅制度的贯彻落实有重要意义。[1]故而《不动产登记暂行条例》明确规定：不动产登记簿由不动产登记机构永久保存。

（三）不动产登记簿的保管主体及其期限

参照国外的实践经验，如法国不动产登记中对不动产登记簿的

---

〔1〕 范利平：《我国不动产登记的理论与实践》，知识产权出版社2012年版，第72页。

保管由登记人员进行。在法国不动产登记中，对于不动产登记簿的保存是根据文件不同的年限分别进行处理，登记人员并不需要保管所有提交给他的文件，而是只保存50年以内的公示文件。对于50年以上不满100年的文件，将这些文件的节录本和副本移交给专门的档案中心。对于100年以上的文件，移交给国家档案馆或其他省级档案馆。这一做法值得我国借鉴。将一定年限以上的文件作为国家档案转到专门的档案机关保存，既可以减轻不动产登记机关保存登记簿的工作量，也可以提高不动产登记簿的保存质量。

又如我国台湾地区"土地登记规则"第20条规定："登记簿及地籍图由登记机关永久保存之，除法律或中央地政机关另有规定或为避免遭受损害外，不得携出登记机关。"我国《物权法》第16条第2款规定："不动产登记簿由登记机构管理"。《不动产登记暂行条例》第12条第1款规定："不动产登记机构应当指定专人负责不动产登记簿的保管，并建立健全相应的安全责任制度。"第13条第1句规定："不动产登记簿由不动产登记机构永久保存。"

由于不动产使用年代久远，少则几十年，多则上百年、几百年，所以作为不动产重要权利根据的不动产登记簿保存年限必须较长。不动产登记簿作为国家机关重要的法定文件和重要资料，影响重大，第13条规定应永久保存是合理的。有些不动产登记簿的存在年限能够超过政权的存续时间，而且也能够得到认可，可见制作、保存不动产登记簿的重要意义。其他不动产登记资料的保存期限可由相关部门具体规定。我国以前没有关于不动产登记簿的系统立法，对当事人权利的保护十分不利。

二、不动产登记簿的重建与移交

（一）不动产登记档案是登记机关依据特定规则汇集的登记资料

不动产登记档案主要用于登记机关内部对登记资料的管理和保存。从德国的经验来看，登记档案按照登记区编号，以户主为单位将地产登记每30份表装订成一册，并按照土地登记时间进行立卷、分类、建档和保管。就同一不动产信息而言，登记档案除了登记簿册的内容，还可能包括登记机关内部审批文件等辅助文件，但无论如何，登记簿册和登记档案的内容应当一致，在两者存有冲突时，能对外产生公信力的登记簿册优先得到法律承认和保护。

（二）明确登记簿的重造与补造等重建机制以供救济之用

无论是登记簿还是登记档案，都是确证不动产及其权利的重要依据，登记机关要长期甚至永久性地妥善保管。由于登记簿的内容对交易者有直接的利害关系，一旦灭失或者损坏，将给权利人以及利害关系人带来难以预测的损害，故而，法律必须明确登记簿的重造、补造等重建机制，以供救济之用。

其原则是：在登记簿全部或部分灭失、毁损时，登记机关应依有关资料予以重建，并保持原有内容和权利顺序。例如，我国台湾地区"土地登记规则"第 21 条规定："登记簿灭失时，登记机关应即依'土地法施行法'第 17 条之一规定办理。"第 22 条规定："一宗土地之登记簿用纸部分损坏时，登记机关应依原有记载全部予以重造。登记簿用纸全部损坏、灭失或其样式变更时，登记机关应依原有记载有效部分予以重造。"日本将土地登记簿的重造和补造规定为灭失回复登记，体现为其《不动产登记法》第 23 条，其中在登记簿用纸样式变更情形下所为的土地登记簿重造不属于灭失回复登记的情形。

我国《城市房屋产权产籍管理暂行办法》第 16 条第 2 款规定："城市房屋产权档案必须长期保存。如果发生丢失或者损毁时，应当及时采取补救措施。"有学者认为，这里的"补救措施"指的就是重造和补造，但业已失效的该法律规定中并未明确指出这一补救措施是什么，具体做法如何，也未对不动产登记簿的重造和补造加以区分。

不动产登记簿的重造和补造的相同之处在于：重造或补造情形下，均无须登记权利人进行申请，而是由登记机关依职权进行。两者的区别之处在于：不动产登记簿的重造针对的是一宗不动产的登记用纸损坏或格式变更的情形，在不动产登记簿用纸部分或全部损坏、灭失或样式变更时，登记机关应依原有记载有效部分予以重造；而补造发生在登记总簿灭失时，此时登记机关应依据有关资料对不动产登记簿进行补造，并应保持原有次序，补造并不涉及格式更新的问题，依据的是不动产登记簿以外的其他辅助资料而不是不动产登记簿本身。

《不动产登记暂行条例》规定：不动产登记簿损毁、灭失的，不动产登记机构应当依据原有登记资料予以重建。此处的重建包括补造和重造。因此，为保障不动产登记簿的安全，登记机构应当制作登记簿的副本或定期备份。当登记簿发生毁损或灭失时，登记机构应当依据有关资料予以及时补造，并及时通知登记权利人；当不动产登记簿用纸损坏或样式变更时，登记机关应当依据原有记载全部予以重造。其中具体的重建规则仍有待进一步细化。

（三）不动产登记既按辖区进行故辖区变动登记簿须移交并公告

《不动产登记暂行条例》第 6 条规定："国务院国土资源主管部门负责指导、监督全国不动产登记工作。县级以上地方人民政府应当确定一个部门为本行政区域的不动产登记机构，负责不动产登记工作，并接受上级人民政府不动产登记主管部门的指导、监督。"第 7 条第 1 款和第 2 款规定："不动产登记由不动产所在地的县级人民政府不动产登记机构办理；直辖市、设区的市人民政府可以确定本级不动产登记机构统一办理所属各区的不动产登记。跨县级行政区域的不动产登记，由所跨县级行政区域的不动产登记机构分别办理。不能分别办理的，由所跨县级行政区域的不动产登记机构协商办理；协商不成的，由共同的上一级人民政府不动产登记主管部门指定办理。"

不动产登记工作按辖区进行，而辖区的确定主要同行政区划相一致；同时以不动产单元为基准，涉及初始登记、变更登记、注销登记等一系列可能的物权交易行为和不动产自然状况的变更均在同一登记机构负责保管的同一登记簿上记载。因此一旦行政区域变更或不动产登记机构职能调整，为方便权利人或利害关系人的后续登记行为，保证物权变动记载的连续性，稳定市场经济秩序，发挥行政机构的自身职责，应当及时将不动产登记簿移交相应的不动产登记机构，并及时采取措施予以公告。

☑ 裁判要旨

我国《物权法》规定：不动产物权的设立、变更、转让和消灭，依照法律规定应当登记的，自记载于不动产登记簿时发生效力。因此不动产登记簿是判断不动产物权归属的重要资料，需要不动产登记机关永久保留。

☑ 典型案例

土地权属确认该以何为准[1]

🔍 案情简介 ▸▸▸

刘某于1999年经批准取得一块宅基地建房，并领取了集体土地建设使用证，但一直没有垒院墙。2000年8月中旬，邻居张某在砌院墙时占用了刘某取得的宅基地半米，刘某发现后予以制止，但张某不听劝告，仍将院墙垒好。刘某遂以张某侵犯其土地使用权为由，诉至法院，要求排除妨碍。

张某则称，县政府2000年3月发出通知，要求已领取原国家土地管理局印制的土地证书的单位和个人，应持土地证书及有关证件，到国土管理部门进行土地证书查验。查验合格的，换发国土资源部统一编号的新版土地证书。其中第6条规定："单位和个人违反本通知规定，未按规定时限办理土地证书查验工作的，由县土地主管部门责令其限期补办查验工作，在限期内仍不办的，其原土地证书

---

[1] "土地权属确认该以何为准"，载 http://bj.house.sina.com.cn/n/b/2003 - 05 - 26/22704.html.

作废。"

既然案涉刘某没按期查验换证，其原有的土地证书已作废，应驳回起诉。

审理判析 ▶▶▶

在审理中大致形成三种观点：第一种观点认为，刘某不具有原告资格，应裁定驳回起诉。刘某没有在规定时间内换证，可见他拥有的原土地证书已作废。

第二种观点认为，刘某具有原告资格，但其实体权利已丧失，应判决驳回诉讼请求。首先，民事诉讼中的原告是指认为自己或者自己保护的民事实体权益受到了侵害，而以自己的名义向法院提起诉讼的人，是程序法中的概念，故不能以是否有实体权利来否认刘是否具有原告资格。而且这一实体权利处于争议状态，是进行诉讼的前提，倘若这一实体权利归属是确定无疑的，就不可能发生原、被告进行诉讼的问题。故刘某具有原告资格。其次，刘某据以提起诉讼的原土地证书，由于没有按县政府的通知和国土局的通告按时查验换证，已经被宣布作废，也就是说，刘某拥有的原土地证书的法律效力已被否定，其载有的内容也不再被认可，因此刘无权对土地证书载有的权利提出主张。

第三种观点认为，应支持刘某的诉讼请求，排除张某对其权利的侵犯。笔者也同意此观点，认为以上两种观点都混淆了土地证书与土地登记的关系，把土地证视作证明土地权属的唯一合法凭证，而忽视了登记簿的证据效力。

《土地管理法实施条例》第3条规定，国家依法实行土地登记发证制度。土地登记是土地登记机关依照规定程序，将土地的权属、用途、面积、等级等情况进行审批、注册登记、确认、发放土地证书的法律制度。土地登记是土地权利归属的法定公示方法，简单地说就是对土地登记注册和颁发证书。它具有以下特征：一是，土地登记应有法定依据，包括法律、行政法规、行政规章的授权；二是，土地登记是依申请做出的单方行政行为；三是，对符合法定条件的登记申请，土地管理机关必须依法受理并予以登记，反之，对不符合法定条件的申请应拒绝登记；四是，土地登记的内容为相应的法律事实。物权中的公示原则是物权法中的一项基本原则，即物权的变动必须以一种客观可以认定的方式加以展示，从而获得社会和法律认可的效力原则。从法律上来讲，土地登记就是要借助国家行为给土地的流转提供一个统一的、有国家公信力支持的、公开的、透明的法律基础，它表现为行政机关对当事人的权利状态方面的有关事实的记载。经过登记，权利主体的权利因相关法律的规定而得以确定。土地登记行为既是一种认可，又是一种证明，对社会公众产生一种证明力、推定力和公示力。所以，土地权属的确认以登记簿记载为准。

法理研究▶▶▶

　　土地证书作为土地所有者、使用者和土地他项权利者持有的证明土地权属的法律凭证，只能由土地主管机关发放，其他机关发放的土地证不具有法律效力。土地证是对特定土地权属的书面证明，并可记载特定土地状况，以一宗土地一个土地证为原则。同时土地使用证只能向特定土地权人发放，并且土地证的内容应与登记簿的内容相一致。

　　发放土地证书的目的在于保证土地登记活动的秩序与安全。它首先证明登记行为已经完成，其次，有利于保证登记活动的安全。因为土地权属情况依据不动产登记簿的记载，而登记簿由登记机关所载并且由该机关保管，并不在权利人的控制之下，如果登记机关或者其工作人员，擅自更改登记簿的内容，权利人就面临丧失权利的危险。为防止这种情况发生，登记机关在进行土地登记之后，有必要再向权利人发放土地证，其上记载与登记簿相同的内容。

土地证作为一种证书，虽然可以证明土地权利归属于谁的法律事实，但其证明力的依据是其记载与登记簿记载的一致性。如果离开了土地登记簿或与登记簿的记载不一致，土地证就失去了对土地权利归属的证明力。如果登记簿上未作变更，土地证自身任何单独的变更均不产生物权法上的效力。例如，土地证书遗失后，土地权利人并不因此失去土地权利，权利人可根据登记簿的记载主张和行使权利，并可要求登记机关根据登记簿上的记载补发土地证。可见，土地证不能脱离登记簿的记载而发挥其证明作用。以上两种观点中，认为土地权属证书是权利人依法取得土地权利并对该土地行使占有、使用、收益和处分权利的唯一合法凭证的说法，实质上颠倒了土地证和土地登记簿的关系。

综上所述，案涉刘某对该宗土地权属的确定，应以土地登记簿所记载的内容为依据。虽然刘某未及时查验换发新证，导致他原有的土地证书被宣布作废，但原土地证书仅仅是证明法律事实的书面凭证，被宣布作废，这是行政行为是否越权无效的问题，并不意味着他已经依法取得的宅基地、民事权利业已丧失。相反，只要原证书中关于该宗土地的位置、面积的记载与登记簿的内容相互印证，即可更进一步明确刘某对该宗土地的权属。故本案审理中应将登记簿上记载的权利作为合法、有效的证据，依法保护刘某的权利不受侵犯。

由本案还可见，不动产登记簿损毁、灭失的，不动产登记机构自应当依据原有登记资料予以重建；即使行政区域变更或者不动产登记机构职能调整的，亦应当及时将不动产登记簿移交相应的不动产登记机构。

第十四条　双方申请原则与单方申请的特例

因买卖、设定抵押权等申请不动产登记的，应当由当事人双方共同申请。

属于下列情形之一的，可以由当事人单方申请：

（一）尚未登记的不动产首次申请登记的；

（二）继承、接受遗赠取得不动产权利的；

（三）人民法院、仲裁委员会生效的法律文书或者人民政府生效的决定等设立、变更、转让、消灭不动产权利的；

（四）权利人姓名、名称或者自然状况发生变化，申请变更登记的；

（五）不动产灭失或者权利人放弃不动产权利，申请注销登记的；

（六）申请更正登记或者异议登记的；

（七）法律、行政法规规定可以由当事人单方申请的其他情形。

☑相关法条

《物权法》第 6 条规定：不动产物权的设立、变更、转让和消灭，应当依照法律规定登记。动产物权的设立和转让，应当依照法律规定交付。

《物权法》第 9 条规定：不动产物权的设立、变更、转让和消灭，经依法登记，发生效力；未经登记，不发生效力，但法律另有规定的除外。

依法属于国家所有的自然资源，所有权可以不登记。

《物权法》第 19 条规定：权利人、利害关系人认为不动产登记簿记载的事项错误的，可以申请更正登记。不动产登记簿记载的权利人书面同意更正或者有证据证明登记确有错误的，登记机构应当予以更正。

不动产登记簿记载的权利人不同意更正的，利害关系人可以申请异议登记。登记机构予以异议登记的，申请人在异议登记之日起十五日内不起诉，异议登记失效。异议登记不当，造成权利人损害的，权利人可以向申请人请求损害赔偿。

《物权法》第 28 条规定：因人民法院、仲裁委员会的法律文书或者人民政府的征收决定等，导致物权设立、变更、转让或者消灭的，自法律文书或者人民政府的征收决定等生效时发生效力。

《物权法》第 29 条规定：因继承或者受遗赠取得物权的，自继承或者受遗赠开始时发生效力。

《物权法》第 30 条规定：因合法建造、拆除房屋等事实行为设立或者消灭物权的，自事实行为成就时发生效力。

《物权法》第 31 条规定：依照本法第 28 条至第 36 条规定享有不动产物权的，处分该物权时，依照法律规定需要办理登记的，未经登记，不发生物权效力。

《土地登记办法》第 6 条规定：土地登记应当依照申请进行，但法律、法规和本办法另有规定的除外。

《土地登记办法》第 7 条规定：土地登记应当由当事人共同申请，但有下列情形之一的，可以单方申请：

（一）土地总登记；

（二）国有土地使用权、集体土地所有权、集体土地使用权的初始登记；

（三）因继承或者遗赠取得土地权利的登记；

（四）因人民政府已经发生法律效力的土地权属争议处理决定而取得土地权利的登记；

（五）因人民法院、仲裁机构已经发生法律效力的法律文书而取得土地权利的登记；

（六）更正登记或者异议登记；

（七）名称、地址或者用途变更登记；

（八）土地权利证书的补发或者换发；

（九）其他依照规定可以由当事人单方申请的情形。

《土地登记办法》第 8 条规定：两个以上土地使用权人共同使用一宗土地的，可以分别申请土地登记。

《房屋登记办法》第 12 条规定：申请房屋登记，应当由有关当事人双方共同申请，但本办法另有规定的除外。

有下列情形之一，申请房屋登记的，可以由当事人单方申请：

（一）因合法建造房屋取得房屋权利；

（二）因人民法院、仲裁委员会的生效法律文书取得房屋权利；

（三）因继承、受遗赠取得房屋权利；

（四）有本办法所列变更登记情形之一；

（五）房屋灭失；

（六）权利人放弃房屋权利；

（七）法律、法规规定的其他情形。

《房屋登记办法》第 13 条规定：共有房屋，应当由共有人共同申请登记。

共有房屋所有权变更登记，可以由相关的共有人申请，但因共有性质或者共有人份额变更申请房屋登记的，应当由共有人共同申请。

☑条文解析

一、不动产登记的申请原则

（一）不动产登记应当依照当事人的申请进行

1. 除非法律另有规定，否则登记机构不能擅自开始登记程序。在纯粹的私人交易领域，不动产登记应基于当事人的申请才能启动，这是民事主体决定自我事务的表现。没有当事人的申请，登记机构就不能擅自开始登记程序，除非法律有另行规定。

2. 登记机构的审查范围和决定事项也受制于申请。不仅要依据申请的内容进行操作，在解释申请时还应尊重申请的表达，不能随意解释或评定申请者的用意，至少要同申请书的字面有最基本的关联。[1]

3. 登记申请是一种与诉权相当的程序性权利。申请是一种权利，指向对象为登记机构，旨在引发登记机构的审查、决定等程序性职权行为，与诉权相当，属于程序权利。它不同于登记请求权，后者是实体权利，以请求作为平等主体的相对人协助申请登记为目的，一旦相对人拒绝协助，权利人可以通过司法救济途径来实现该目的。在《不动产登记暂行条例》第 14 条第 1 款规定的双方申请的情形

---

〔1〕 常鹏翱：《不动产登记法》，社会科学文献出版社 2011 年版，第 98 页。

下，若一方拒绝申请，则另一方可对其行使的便是登记请求权。

（二）不动产登记申请是兼顾实体与程序的单方有因行为

在我国物权法的理论背景下，该登记请求权是基于有效的债权合意以及物权法关于登记的强制性规定而产生的。在承认物权行为理论的国家，该登记请求权是基于有效的物权合意以及物权法关于登记的强制性规定而产生的。登记请求权受诉讼时效、权利失效等实体规范的约束。但无论如何，当事人申请不动产登记的权利不受非法限制或剥夺。

1. 不动产登记的“申请原则”首先是程序法原则。德国法在物权行为理论的背景下将登记申请界定为程序行为，并将它与登记同意结合起来，显示它们与物权合意等实体法律行为的区分。在没有采取物权行为理论的瑞士，申请是登记机构所为的登记簿内容的改变这一登记结果得以产生的必要前提。

2. 不动产登记的“申请原则”又是实体法原则。在基于法律行为的物权变动中，申请本身包含了权利人处分登记权利的意思表示。

3. 不动产登记的申请属单方法律行为。就不动产登记的申请而言，只要权利处分人单独申请即可，无须权利取得人与之协力，此为申请的单方属性。

4. 不动产登记的申请为有因行为。而申请的原因行为的效力瑕疵将影响申请的法律效力，进而导致登记结果错误，此为申请的有因属性。

（三）不动产申请生效需满足的要件

1. 不动产登记主体的法定要件，即申请人不仅须为完全行为能力人，且必须是有处分权之人或其代理人，此人要么是登记簿中的权利人，要么是有其他证据证明其处分权的登记簿之外的权利人。

2. 不动产登记申请的法定形式要件，即登记申请须采取法定的书面形式或电子登记申请形式。

3. 不动产登记内容的法定要件，即申请的意思表示必须清晰、完整，不能有条件限制或内容保留，应详细列举具体事项，仅凭该申请即可引发登记，但这并不影响所要登记的权利附条件或附期限。[1]

二、代位申请登记之规则

在我国并没有直接的"代位申请"的法律依据，其仅为学理上的研究。

（一）代位申请登记之定义

所谓代位申请，指在申请人怠于申请登记的场合，与其有利害关系之人为了保全自己利益或者照料登记权利人的利益，应当有权以自己名义代位申请人向登记机构申请登记。

代位申请人对申请事项不直接享有权利，但该事项是否登记与其有法律上利害关系或者申请事项的直接权利人为数人时，他们之间存在共同共有、共同继承等共同关系，其中在其他权利人未申请的情况下一人或者数人为了全体权利人的利益代位申请该共同关系。[2]

（二）代位申请登记的直接后果是启动登记程序

代位申请登记还可产生如下更具有意义的法律效力：

1. 决定登记完成的顺序，即针对同一不动产有数人提出物权变动申请的，申请时间在先者，完成登记的时间在先。

2. 影响不动产物权善意取得的构造，即在登记错误时，第三人在申请登记时不知道登记错误且无重大过失，即为善意。

3. 强化物权变动意思表示的约束力，即当事人在达成一致的物权变动意思表示并向登记机构申请登记后，不得撤回物权变动的意思表示。[3]

---

〔1〕 参见葛云松：《物权行为理论研究》，北京大学出版社 2008 年版，第 27～30 页；王轶：《民法原理与民法学方法》，法律出版社 2009 年版，第 83～186 页。

〔2〕 参见常鹏翱：《物权法的展开与反思》，法律出版社 2007 年版，第 333～335 页。

〔3〕 参见常鹏翱：《物权程序的建构与效应》，中国人民大学出版社 2005 年版，第 163～167 页。

三、主动展开的注销登记和更正登记

（一）登记的启动以申请原则为主导

登记的启动以申请为原则，但在法律特别规定的情形，登记机构可主动展开登记。在我国主要适用于注销登记和更正登记（《土地登记办法》第50～54条、第58条；《房屋登记办法》第41、75、81条），目的均是为了消除登记权利与真实权利错位的状态，也是贯彻依法行政原则，合理避免国家赔偿责任的应有之义。

（二）主动登记仅限于法律有明确规定且要遵循法定程序

该原则旨在妥当平衡当事人之间的利益关系，维持相对人对登记行为的信赖。类似地，《瑞士土地登记法》第11条第2句规定："民法典和法令规定依职权程序（更正、注销、簿页重建）的，遵照这些例外规定。"

四、不动产登记以共同申请为原则而以单方申请为例外

（一）以当事人双方共同到场申请为原则的"出头主义"

以民事法律行为所需的意思表示构成为标准，法律行为可分为单方法律行为和双方法律行为，前者指基于一方当事人的意思表示即可成立的法律行为，如抛弃；后者指基于双方当事人的意思表示一致而成立的法律行为，如合同行为。物权变动分为基于法律行为的物权变动（如抵押权的设立、所有权的转让）和非基于法律行为的物权变动（如继承），前者又分为基于单方法律行为的物权变动（如所有权的抛弃）和基于双方法律行为的物权变动。在基于双方法律行为的物权变动场合，由当事人双方共同向登记机构申请登记，是申请的一般方式，而共同申请又以当事人双方共同到场申请为原则，有学者称之为"出头主义"。当然，随着登记电子化、网络化技

术的广泛应用，出头主义也面临重新思考。[1]

（二）只有在法律另有规定时才允许当事人一方单独申请

单方申请在我国主要适用于以下情形：

1. 尚未登记的不动产首次申请登记的。如土地总登记；集体土地所有权、土地使用权、房屋所有权、森林林木所有权、建设用地使用权、土地承包经营权、农用地使用权、宅基地使用权及村民房屋所有权、海域使用权、建筑物区分所有权共有部分的初始登记。

2. 非基于法律行为的物权变动场合。主要是继承、接受遗赠取得不动产权利的；人民法院、仲裁委员会生效的法律文书或者人民政府生效的决定等设立、变更、转让、消灭不动产权利的；因合法建造、拆除房屋等事实行为导致不动产物权变动的；因自然实践而取得或消灭不动产物权的。

《瑞士民法典》第963条第2款即类似地规定："取得人基于法律规定、生效判决或与判决效力等同的证书取得权利的，无须所有权人的表示。"

3. 附登记和因物权客体的变化而引起的变更登记。如权利人姓名、名称或者不动产名称、地址、用途等自然状况发生变化，申请变更登记的。

4. 不动产灭失或者权利人放弃不动产权利，申请注销登记的。

5. 申请更正登记或者异议登记的。当登记出现错误时，真正权利人可以对登记物权提出异议并更正登记，为了防止登记名义人在异议期间将不动产转移给善意第三人，真正权利人可以提出异议登记，异议登记并不以取得登记名义人的同意为条件。

6. 法律、行政法规规定可以由当事人单方申请的其他情形。如不动产权利证书或者登记证明的补发或换发。

在大陆法系民法理论中，单方申请的情形还包括因取得时效而

---

[1] 参见常鹏翱：《不动产登记法》，社会科学文献出版社2011年版，第101页。

取得不动产、无主不动产的取得登记、法定地上权登记等因法定事由而产生的物权变动之登记。

✅ **裁判要旨**

国家对不动产实行统一登记制度。统一登记的范围、登记机构和登记办法，由法律、行政法规规定。司法部、建设部《关于房产登记管理中加强公证的联合通知》不属于法律、行政法规，且与《物权法》、《继承法》、《不动产登记暂行条例》、《房屋登记办法》等有关法律法规相抵触，不能成为房屋登记主管部门不履行房屋登记法定职责的依据。

✅ **典型案例一**

陈爱华诉南京市江宁区住房和城乡建设局

不履行房屋登记法定职责案 [1]

🔍 **案情** 简介 ▸▸▸

原告陈爱华诉称：南京市江宁区双龙大道 833 号南方花园 A 组团 23 - 201 室住房原为曹振林所有。2011 年 5 月 23 日，曹振林亲笔书写遗嘱，将该房产及一间储藏室（8 平方米）以及曹振林名下所有存款金、曹振林住房中的全部用品无条件赠给陈爱华。后曹振林于 2011 年 6 月 22 日在医院去世。2011 年 7 月 22 日，原告经南京市公证处进行公证，声明接受曹振林的全部遗赠。2011 年 8 月 3 日，原告携带曹振林遗嘱、房产证、公证书等材料前往被告下设的房地产交易中心办理过户手续被拒绝。

2011 年 10 月 10 日，原告向被告区住建局提出书面申请要求被告依法为其办理房屋所有权转移登记，被告于 2011 年 10 月 27 日书

---

〔1〕 "陈爱华诉南京市江宁区住房和城乡建设局不履行房屋登记法定职责案"，载《中华人民共和国最高人民法院公报》2014 年第 8 期。

面回复，以"遗嘱未经公证，又无'遗嘱继承公证书'"为由不予办理遗产转移登记。综上，原告认为被告区住建局强制公证的做法，与我国现行的《继承法》、《物权法》、《公证法》等多部法律相抵触。故提起行政诉讼，要求法院确认被告区住建局拒为原告办理房屋所有权转移登记的行为违法，责令被告区住建局就该涉案房屋为原告办理房屋所有权转移登记。

原告陈爱华提交如下证据：①曹振林所书《我的遗言》，证明曹振林将涉案房屋遗赠给原告；②曹振林身份证及户籍信息证明复印件各1份，证明曹振林的身份；③江宁房权证东山第 J00043260 号《房屋产权证》、宁江国用（2006）第 19372 号《国有土地使用权证》各1份，证明曹振林对遗言中所涉及房产有合法处置权；④编号为 0000974 号《证明》1份，证明曹振林已过世并被安葬；⑤南京市南京公证处出具《公证书》1份，证明原告已声明接受曹振林的遗赠；⑥房产分层分户平面图、取号单、发票各1份，证明原告前往被告处办理房屋所有权转移登记，并办理好配图手续及交纳费用，但是被告拒绝为其办理的事实；⑦《关于办理过户登记的申请》及国内特快专递邮件详情单各1份，证明原告向被告书面申请办理过户登记的事实；⑧区住建局做出的《关于陈爱华办理过户登记申请的回复》1份，证明被告回复无法为原告办理房屋所有权转移登记；⑨南京师范大学司法鉴定中心出具的鉴定意见书1份，证明曹振林所书《我的遗言》是其本人书写，是其真实意思表示；⑩曹振林的死亡医学证明书1份，证明曹振林于2011年6月22日在南京市第一医院肿瘤内科病房去世的事实。

被告区住建局辩称：根据司法部、建设部《关于房产登记管理中加强公证的联合通知》（以下简称《联合通知》）第2条之规定："遗嘱人为处分房产而设立的遗嘱，应当办理公证。遗嘱人死亡后，遗嘱受益人须持公证机关出具的'遗嘱公证书'，和'遗嘱继承权公证书'或'接受遗赠公证书'，以及房产所有权证、契证到房地产管理机关办理房产所有权转移登记手续。处分房产的遗嘱未经公证，在遗嘱生效后其法定继承人或遗嘱受益人可根据遗嘱内容协商签订遗产分割协议，经公证证明后到房地产管理机关办理房产所有权转移登记手续。对遗嘱内容有争议，经协商不能达成遗产分割协议的，可向人民法院提起诉讼。房地产管理机关根据判决办理房产所有权转移登记手续。"

而本案原告陈爱华仅以曹振林所立书面遗嘱为依据提出房屋所有权转移登记申请，该遗嘱并未经过公证，且原告也未提供该遗嘱分割协议，故不符合《联合通知》的规定，不应为其办理房屋所有权转移登记。综上，被告区住建局不予办理房屋所有权转移登记的具体行政行为事实清楚、程序合法、适用法律正确，请求法院依法驳回原告的诉讼请求。

南京市江宁区人民法院经审理查明：南京市江宁区双龙大道833号南方花园A组团23-201室房屋所有权人为曹振林。2011年5月23日，曹振林亲笔书写遗嘱，将该房产及一间储藏室（8平方米）以及曹振林名下所有存款金、曹振林住房中的全部用品无条件赠给原告陈爱华。后曹振林于2011年6月22日在医院去世。2011年7月22日，原告经江苏省南京市南京公证处进行公证，声明接受曹振林的全部遗赠。2011年8月3日，原告携带曹振林遗嘱、房产证、公证书等材料前往被告区住建局下设的房地产交易中心办理房屋所有权转移登记被拒绝。

2011年10月10日，原告向被告提出书面申请要求被告依法为其办理房屋所有权转移登记，被告于2011年10月27日书面回复，以"遗嘱未经公证，又无'遗嘱继承公证书'"为由不予办理遗产转移登记。综上，原告认为被告强制公证的做法，与我国现行的《继承法》、《物权法》、《公证法》等多部法律相抵触。故向本院提起行政诉讼，要求法院确认被告拒为原告办理房屋所有权转移登记的行为违法，责令被告就涉案房屋为原告办理房屋所有权转移登记。

南京市江宁区人民法院一审认为：根据相关法律法规规定，房屋登记，由房屋所在地的房屋登记机构办理。被告区住建局作为房屋登记行政主管部门，负责其辖区内的房屋登记工作。本案中，曹振林书面遗嘱的真实性已进行司法鉴定，南京师范大学司法鉴定中心出具的鉴定结论为：曹振林该书面遗嘱中"曹振林"签名与提供的签名样本是同一人书写。

《中华人民共和国继承法》第16条第3款规定："公民可以立遗嘱将个人财产赠给国家、集体或者法定继承人以外的人。"第17条第2款规定："自书遗嘱由遗嘱人亲笔书写，签名，注明年、月、日。"另《房屋登记办法》第32条规定："发生下列情形之一的，当事人应当在有关法律文件生效或者事实发生后申请房屋所有权转移登记……（三）赠与……"且《房屋登记办法》并无规定，要求遗嘱受益人须持公证机关出具的遗嘱公证书才能办理房屋转移登记。

本案中，《联合通知》是由司法部和建设部联合发布的政府性规范文件，不属于法律、行政法规、地方性法规或规章的范畴，其规范的内容不得与《物权法》、《继承法》、《房屋登记办法》等法律法规相抵触。

故，被告依据《联合通知》的规定要求原告必须出示遗嘱公证书才能办理房屋转移登记的行为与法律法规相抵触，对该涉案房屋不予办理房屋所有权转移登记的具体行政行为违法。

据此，南京市江宁区人民法院依照《中华人民共和国行政诉讼法》第54条第2项、第3项之规定，于2013年7月24日判决如下：第一，撤销被告区住建局于2011年10月27日做出的《关于陈爱华办理过户登记申请的回复》；第二，责令被告区住建局在本判决书发生法律效力后30日内履行为原告陈爱华办理该涉案房屋所有权转移登记的法定职责。

区住建局不服一审判决，向南京市中级人民法院提起上诉，审理过程中，上诉人区住建局同意为被上诉人陈爱华办理涉案房屋登记手续并申请撤回上诉，南京市中级人民法院于 2013 年 10 月 8 日裁定如下：准予上诉人区住建局撤回上诉。

法理研究

不动产登记申请是兼顾实体与程序的单方有因行为，原告业已满足法律规定的允许当事人一方单独申请不动产登记的要件。故而本案的争议焦点即是：关于司法部、建设部《联合通知》效力的认定。

《行政诉讼法》第 65 条规定："人民法院审理行政案件，以法律和行政法规、地方性法规为依据。地方性法规适用于本行政区域内发生的行政案件。人民法院审理民族自治地方的行政案件，并以该民族自治地方的自治条例和单行条例为依据。人民法院审理行政案件，参照规章；认为规章之间不一致的，由最高人民法院送请国务院作出裁决。"

《物权法》第 10 条第 2 款规定："国家对不动产实行统一登记制度。统一登记的范围、登记机构和登记办法，由法律、行政法规规定。"

鉴于行政机关行使行政职能时必须符合法律规定，行使法律赋予的行政权力，其不能在有关法律法规规定之外创设新的权力来限制或剥夺行政相对人的合法权利。至于保护其他利害关系人问题，应由不动产登记的公示制度以及更正等制度来予以解决，故本案行政机构以司法部、建设部《联合通知》为由干涉行政相对人的合法权利，要求其履行非依法赋予的责任义务，法院自不能予以支持。

不动产登记原则上应由双方共同申请，一方当事人据物权变动协议取得对另一方当事人的协助登记请求权。我国《物权法》肯认了债权合意和物权变动的区分原则，故而双方达成有关物权变动的协议后，只有依法进行相关登记方可产生物权变动的效果。

✅ **典型案例二**

郑学良诉淮南市谢家集区财政局不动产登记纠纷案[1]

🔍 **案情**简介▸▸▸

原告郑学良诉被告淮南市谢家集区财政局不动产登记纠纷一案，原来由安徽省淮南市谢家集区人民法院受理，因该院认为不适宜审理本案，报请安徽省淮南市中级人民法院指定管辖，安徽省淮南市中级人民法院于 2013 年 10 月 23 日函告该院，将本案指定本院管辖，本院于 2013 年 12 月 16 日立案受理。依法由审判员方桂芹适用简易程序独任审判，于 2014 年 1 月 23 日公开开庭进行了审理。原告郑学良的委托代理人田金好，被告淮南市谢家集区财政局的委托代理人王本军、张庆到庭参加诉讼。本案现已审理终结。

原告郑学良诉称：原告原在谢家集区新建地税大厅处拥有自建房一套，因谢家集区政府新建地税分局征收大厅，将原告的约 70 平方米的房屋拆除，然后由被告出资 4.5 万元购置谢家集区平山街道文山社区挂面厂综合楼＊＊＊室补偿给原告，但房屋是以被告的名义购买的，房产登记在被告名下。原告曾多次找被告协商将该补偿房屋过户到原告名下，但被告却一直未协助，故起诉，请求人民法

---

[1] "郑学良诉淮南市谢家集区财政局不动产登记纠纷案"载 http://www.pkulaw.cn/fulltext_ form. aspx？Db = pfnl&Gid = 119934207&keyword = % E4% B8% 8D% E5% 8A% A8% E4% BA% A7% E7% 99% BB% E8% AE% B0&EncodingName = &Search _ Mode = accurate.

院依法判令：被告将谢家集区平山街道文山社区挂面厂综合楼＊＊＊室（＊单元＊层西户）的房屋过户至原告名下；由被告承担本案诉讼费用。庭审中原告要求增加诉讼请求为：办理过户手续的相关费用由被告承担。

被告淮南市谢家集区财政局庭审中辩称：本案不属于房屋买卖，过户不是法定义务；本案已超过诉讼时效；被告已履行了过户义务，至于过户的费用，不应由被告承担。

审理 判析

区法院经审理查明如下事实：原告原在淮南市谢家集区新建地税大厅处拥有自建房一套，因淮南市谢家集区政府新建地税分局征收大厅，被告将原告的约70平方米的房屋拆除。

1997年6月24日，经淮南市谢家集区政府同意由被告出资4.5万元购置谢家集区平山街道文山社区挂面厂综合楼＊＊＊室补偿给原告。

被告于1997年11月19日为原告出具了《证明》1份，说明了拆除原告房屋的情况，即包括主房一间，平房两间，厨房、卫生间各一间及由被告出资购房给原告作为拆迁返还的过程，在该《证明》上淮南市谢家集区人民政府签署了"情况属实"并加盖公章。该房屋购买后一直由原告使用，当时未办理产权登记。双方未订立拆迁补偿的具体协议。

2007年9月，在原告要求办理产权登记时，因出资人为被告，该房屋产权在原告交纳了各项税费后，于2007年9月26日办理了《房地产权证》，登记号：200701＊＊＊＊；权证字号：房地权淮谢字第0301＊＊＊＊号；房地产权利人：淮南市谢家集区财政局。

2007年10月16日，原告又写了《情况说明》试图将该房屋过户在原告子女名下未果。

2008年5月7日，被告出具了《情况说明》，载明：谢区平山街道文山社区挂面厂综合楼＊＊＊室，登记号：200701＊＊＊淮谢0301＊＊＊＊属于原告私有房产。

本案争议的焦点是：被告是否应当履行不动产过户的协助义务及原告起诉是否超过诉讼时效；过户费用由谁承担。

针对争议焦点"被告是否应当履行不动产过户的协助义务及原告起诉是否超过诉讼时效"的问题，区法院认为：《中华人民共和国民法通则》第88条规定：合同的当事人应当按照合同的约定，全部履行自己的义务。《中华人民共和国物权法》第9条规定：不动产物权的设立、变更、转让和消灭，经依法登记，发生效力；未经登记，不发生效力，但法律另有规定的除外。第17条规定：不动产权属证书是权利人享有该不动产物权的证明。……

本案中，被告在拆除了原告原有的自建房一套时，口头约定由被告出资为原告购买位于谢区平山街道文山社区挂面厂综合楼＊＊＊室房屋一套作为拆迁补偿返还给原告，双方未订立书面协议，对之后的房屋产权登记及过户费用等事项均未约定。被告履行了购买房屋并已交付给原告使用的拆迁补偿协议。原被告对于所购房屋的房屋产权登记虽未作约定，但因购买房屋时是以被告的名义购买，导致房屋产权只能登记在被告名下，与实际产权人不一致，因此，协助原告办理该房屋的过户手续，应视为该拆迁补偿的从义务；加之不动产权属证书是权利人享有该不动产物权的法律证明，该房屋作为被告拆迁返还给原告的房屋，原告虽实际占有、使用该房屋，但代表权属象征的《房地产权证》的权利人为被告，与房屋的实际产权人原告的身份不一致，现原告要求被告协助办理过户手续的理由充分，符合法律规定，本院予以支持。

对于被告以其已协助为该房屋办理了产权登记手续，视为已履行协助义务的抗辩，缺乏法律依据，对该抗辩观点，本院不予采纳；对被告以原告的诉请已超过诉讼时效的抗辩观点，因未办理过户手续的事实始终存在，因此该抗辩观点，本院亦不予采纳。

针对争议焦点"过户费用由谁承担"的问题，区法院认为：由于原告与被告未订立书面拆迁补偿协议，从被告出资为原告购买房屋并交付给原告，到 2007 年原告出资对该房屋进行产权登记至今，均未对产权登记费用由谁承担提出异议，由此可推定：双方当时仅仅约定了由被告出资为原告购买房屋一套即可，对于日后所产生的费用应推定由原告承担，故对被告提出的不应由其承担相关费用的抗辩观点，本院予以采纳，对原告的该项诉请本院不予支持。依照《中华人民共和国民法通则》第 88 条第 1 款，《中华人民共和国合同法》第 60 条，《中华人民共和国物权法》第 9 条、第 17 条之规定，判决如下：第一，淮南市谢家集区财政局于本判决生效后三十日内协助郑学良办理位于谢区平山街道文山社区挂面厂综合楼《房地产权证》（登记号：20C701＊＊＊＊；权证字号：房地权淮谢字第 0301 ＊＊＊＊号）的过户手续；第二，驳回郑学良要求淮南市谢家集区财政局承担过户费用的诉讼请求。

案件受理费 80 元（多预交部分予以退回），减半收取 40 元，由郑学良、淮南市谢家集区财政局各负担 20 元。

🔍 **法理** 研究 ▶▶▶

首先，《中华人民共和国民法通则》第 88 条第 1 款规定："合同的当事人应当按照合同的约定，全部履行自己的义务。"《中华人民共和国合同法》第 60 条规定："当事人应当按照约定全面履行自己的义务。当事人应当遵循诚实信用原则，根据合同的性质、目的和交易习惯履行通知、协助、保密等义务。"本案中原告与被告达成由被告出资为原告购买房屋的协议，基于合同法的解释规则与协议达成背景，应理解为被告为原告出资购买房屋同时由原告取得该房屋的所有权。原告据此协议有请求被告协助过户登记的权利。

其次，《中华人民共和国物权法》第 9 条规定："不动产物权的设立、变更、转让和消灭，经依法登记，发生效力；未经登记，不发生效力，但法律另有规定的除外。"第 17 条规定："不动产权属证书是权利人享有该不动产物权的证明。不动产权属证书记载的事项，应当与不动产登记簿一致；记载不一致的，除有证据证明不动产登记簿确有错误外，以不动产登记簿为准。"记载于被告名下的房屋应经变更登记改为原告名下，而此变更登记的做成需要双方共同申请，被告的协助也是合同义务全面履行的应有之义。

物权法规定了债权合意和物权变动的区分原则，双方达成有关物权变动的协议后应依法进行相关登记方可产生物权变动的效果。不动产登记原则上应由双方共同申请，一方当事人据物权变动协议取得对另一方当事人的协助登记请求权。本案判决符合法律规定和基本法理，以事实为依据，应予肯定。

第十五条　到场申请、代理申请和申请的撤回

当事人或者其代理人应当到不动产登记机构办公场所申请不动产登记。

不动产登记机构将申请登记事项记载于不动产登记簿前，申请人可以撤回登记申请。

☑相关法条

《民法通则》第 18 条规定：监护人应当履行监护职责，保护被监护人的人身、财产及其他合法权益，除为被监护人的利益外，不得处理被监护人的财产。

监护人依法履行监护的权利，受法律保护。

监护人不履行监护职责或者侵害被监护人的合法权益的，应当承担责任；给被监护人造成财产损失的，应当赔偿损失。人民法院可以根据有关人员或者有关单位的申请，撤销监护人的资格。

《民法通则》第 63 条规定：公民、法人可以通过代理人实施民事法律行为。

代理人在代理权限内，以被代理人的名义实施民事法律行为。被代理人对代理人的代理行为，承担民事责任。

依照法律规定或者按照双方当事人约定，应当由本人实施的民事法律行为，不得代理。

《土地登记办法》第 10 条规定：未成年人的土地权利，应当由其监护人代为申请登记。申请办理未成年人土地登记的，除提交本办法第九条规定的材料外，还应当提交监护人身份证明材料。

《土地登记办法》第 11 条规定：委托代理人申请土地登记的，除提交本办法第九条规定的材料外，还应当提交授权委托书和代理人身份证明。

代理境外申请人申请土地登记的，授权委托书和被代理人身份证明应当经依法公证或者认证。

《房屋登记办法》第 14 条规定：未成年人的房屋，应当由其监护人代为申请登记。监护人代为申请未成年人房屋登记的，应当提交证明监护人身份的材料；因处分未成年人房屋申请登记的，还应当提供为未成年人利益的书面保证。

《房屋登记办法》第 15 条第 2 款规定：委托代理人申请房屋登记的，代理人应当提交授权委托书和身份证明。境外申请人委托代理人申请房屋登记的，其授权委托书应当按照国家有关规定办理公证或者认证。

《房屋登记办法》第 21 条规定：房屋登记机构将申请登记事项记载于房屋登记簿之前，申请人可以撤回登记申请。

☑条文解析

一、出头原则体现着私权自治的本质属性

（一）不动产登记的申请主体适用到场申请原则

申请人或代理人应当亲自到现场申请不动产登记，称为"出头原则"。符合法律要求的电子申请视为亲自到场申请。我国台湾地区"土地登记规则"第 40 条第 1 项规定："申请登记时，登记义务人应亲自到场，提出国民身份证正本，当场于申请书或登记原因证明文件内签名，并由登记机关指定人员核符后同时签证。"

依照我国《民法通则》，可以享有物权的民事主体包括自然人和法人（这里的自然人和法人既可以是本国自然人和法人，也可以是

外国自然人和法人）。在我国《担保法》、《合同法》、《民事诉讼法》、《著作权法》等法律中还出现了"其他组织"一词，最高人民法院《关于适用〈中华人民共和国民事诉讼法〉若干问题的意见》第40条及《担保法解释》第15条对"其他组织"的范围做了清楚的界定，即指合法成立、有一定组织机构和财产，但又不具备法人资格的组织。具体包括如下类型的组织：①依法登记领取营业执照的独资企业、合伙组织；②依法登记领取营业执照的联营企业；③依法登记领取我国营业执照的中外合作经营企业、外资企业；④经民政部门核准登记领取社会团体登记证的社会团体；⑤经核准登记领取营业执照的乡镇、街道、村办企业；⑥法人依法设立并领取营业执照的分支机构；⑦中国人民银行、各商业银行设在各地的分支机构；⑧中国人民保险公司设在各地的分支机构等。一般来说，这里列举的合伙企业等非法人组织可以作为物权权利人，相应地当然也可以作为申请人提出不动产登记申请。

（二）不动产登记的申请原则体现私法领域的意思自治

不动产物权属于私权，在私权领域应遵守私权自治这一最高准则。不动产登记机构办理不动产登记，一般依当事人申请才能发动。也就是说，除非法律另有规定，登记机构只能依当事人的申请，才能开始登记活动。是否申请登记属于当事人的权利，登记机构不能强制。登记机构的活动范围，也由当事人的申请决定，不能超越当事人申请的范围从事其他登记行为。不动产权利的设立、变更、转让、消灭，都应当由申请人向不动产所在地的登记机构提出申请。

（三）不动产登记申请属于法律行为，自需满足法律行为之条件

首先，申请人有完全行为能力；其次，申请人对申请事项享有处分权或正当利益；再次，申请的内容明确、确定；复次，申请得采用书面形式或法律规定的其他形式；最后，须符合法律规定的其他条件。

二、不动产登记的代理申请

（一）私权自治以意思表示为要素，故而登记申请适用代理

代理是代理人在代理权限内以被代理人（本人）的名义对第三人为意思表示或受领意思表示，并由被代理人承受其法律效果的行为。不动产登记申请属于非专属性的法律行为，自得适用代理制度。

代理制度是我国民事法律制度的重要内容，其特征在于：①代理人必须在代理权限内实施代理申请行为，代理人超越代理权限进行的代理申请行为，为效力待定的法律行为，必须经被代理人追认才产生代理的法律效果；②代理人必须以被代理人的名义实施代理申请行为；③代理人以自己的意志与第三人发生有法律意义的申请行为；④代理申请行为的法律效果直接归属于被代理人；

（二）代理申请登记的授权

根据我国法律规定，从代理权限来源角度看，可以将代理分为法定代理、指定代理和委托代理三种。

法定代理是指基于一定身份或资格而依法律规定取得代理权的代理。指定代理是指由有权机关指定代理人的代理。委托代理，是指基于本人授予代理权的法律行为而发生的代理。

在不动产登记中，申请人因为种种原因无法亲自办理时，可以委托他人进行代理，就是前面所述的委托代理。在此情形，为了妥当照料被代理人的利益，代理人除出示被代理人的身份证明、权利证明、印鉴之外，还应出具足以证明被代理人签章真实性和授权内容真实性的授权书。[1] 无民事行为能力人或限制民事行为能力人无法独立进行不动产登记申请，应由其监护人代为申请登记，就是前面所述的法定代理。

---

〔1〕 参见常鹏翱：《物权法的展开与反思》，法律出版社 2007 年版，第 352 页。

三、不动产登记申请的撤回

（一）允许撤回登记申请同样是尊重当事人意思自治的体现

申请人可以在登记机构将申请登记事项记载于不动产登记簿之前撤回登记申请是申请原则的重要体现，同样充分体现了尊重当事人意思自治的原则。

尽管登记程序较为复杂，但登记事项记载于登记簿是登记最实质性的要件，登记事项记载于登记簿是登记生效条件。登记的完成即是登记事项记载于登记簿。登记申请人提出申请以后，登记的申请已经获得有关登记部门的同意但没有完成登录、记载手续，仍然不构成登记。在未进入登记簿之前，物权的法律效力还未产生，依照申请人的申请同样可以允许撤回登记。

（二）撤回登记申请需把握几个要点

1. 撤回登记申请的时间只能在登记完成之前。登记申请是申请人依据自主意思而选择的行为，申请人有权撤回这种行为。不过，申请人撤回申请的权利要受到登记机构登记行为的限制，只有在登记完成之前，申请人才能撤回申请，因为登记完成标志着不动产物权的法律效力已经产生，申请已经达到目的，其作为程序行为已经正常终结，不再具有撤回的可能。此时，原权利人提出反悔要求撤回，登记机关不能接受其撤回的申请。当然，新的权利人与原权利人达成一致，共同申请重新将权利人变为原权利人也是可以的，但这时只能作为一个新的更正登记申请，而不是撤回登记申请了。

2. 申请人撤回登记申请需要明确表示撤回申请的意思。申请人撤回登记申请需要明确表示撤回申请的意思，但无须陈述撤回申请的理由。在共同申请场合，应当由双方共同向登记机构出具撤回申请请求书；在代理申请场合，应当由代理人向登记机关出具申请人撤回申请的授权文书。如果撤回申请的表示不符合上述形式要求，视为申请没有撤回，登记机构仍然可以完成登记。

3. 撤回登记申请亦应遵守法定的程序。和申请登记一样，撤回登记也有其一定的程序。不动产登记机构应当在收到撤回申请时核查不动产权属登记信息系统，当事人申请撤回的登记事项未登记的，应当准予撤回，所收申请登记文件在做出准予撤回决定后及时退还当事人。

原则上，在登记完成之前，申请人撤回申请的，登记机构必须尊重申请人的意志，并负担准许撤回的义务，而不能擅自加以限制。但是，在共同申请中，只有部分申请人提出撤回申请的，就应根据情况进行区别对待，而不能拘泥于上述原则。比如，在共同继承登记中，一个继承人撤回登记申请不能影响他人的登记申请，登记机构应该准许该撤回，但其他人的申请仍要发生法律效力。又如，在因买卖而导致的所有权移转登记情况中，只有一方申请人提出撤回申请，而另一方不同意撤回的，为了平衡当事人的利益，登记机构就不能准许撤回。在这种情况下，登记机构应当中止登记程序，在当事人共同同意撤回申请、不再撤回申请或者法院、仲裁机关确认权利归属时，再做出同意撤回申请或者继续登记行为的决定。

4. 撤回登记申请不同于注销登记，其并不发生物权变动。撤回登记申请使登记行为中断，不发生物权变动的效果，而注销登记是将已记载于登记簿的权利予以注销，其属于物权变动。

撤回的形式应与申请相当，且只需具备相应的形式要件即可，无须阐述撤回的实质理由。撤回申请既可以是完全撤回又可以是部分撤回。撤回申请是与登记申请对立的意思表示，是在否定已提出的申请。

☑ **裁判要旨**

所谓"与不动产登记这一具体行政行为有法律上的利害关系"，其实就是指不动产登记机构的登记行为对公民、法人和其他组织的权利义务已经或将会产生实际影响。这种利害关系，包括不利的关系和有利的关系，但必须是一种已经或者必将形成的关系。也就是说，只要具体的登记行为对公民的民事权利义务产生了实际影响，公民便可以对其提起不动产登记之行政诉讼。

申请人持抵押合同、身份证件，填写房地产抵押登记申请表，并提交生效的房屋预售合同，登记机构收到申请和有关材料后，经审查做出房地产他项权利证明，其事实依据充分、法律适用正确、执法程序合法。

☑ **典型案例**

傅甲不服上海市房屋土地资源管理局房地产其他权利证明案[1]

🔍 **案情** 简介▸▸▸

上海市房屋土地资源管理局（以下简称市房管局）于 1999 年 7 月 16 日根据《上海市房地产登记条例》第 31 条第 1 项、《上海市房地产抵押办法》第 39 条第 1 款第 3 项的有关规定，出具沪房地市他字 [1999] 第 001340 号房地产其他权利证明，对共和新路 435 号 21B 预购商品房抵押予以登记，其他权利人为中国工商银行乙市分行第二营业部（后该名为中国工商银行乙市第二支行）。傅甲不服市房管局做出的沪房地市他字 [1999] 第 001340 号房地产其他权利证明，于 2001 年 10 月 30 日向上海市闸北区人民法院提起诉讼。

原告诉称，其于 1999 年 1 月 8 日与丙房产商签订了购买位于本市共和新路 435 号内的"某大厦"21 层 B 室的房屋买卖合同，又与有关银行签订了《个人住房商业性借款合同》和《个人住房抵押合同》。之后，被告根据银行单方面的申请，对该房产实施了抵押登记。该抵押登记违反有关的登记程序，认定事实错误。故请求撤销被告做出的抵押登记的具体行政行为。

被告辩称，其根据傅甲和乙市第二支行的共同申请，对共和新

---

[1] "傅好琳不服上海市房屋土地资源管理局房地产其他权利证明案"，最高院中国应用法学研究所：《人民法院案例选》（2004 行政、国家赔偿专辑）（总第 50 辑），人民法院出版社 2005 年版，第 287 页。

路 435 号 21 层 B 室的预购商品房抵押予以登记，事实依据充分，法律适用正确，执法程序合法。故请求判决维持其做出的具体行政行为。

第三人工行乙市第二支行述称，被告做出的具体行政行为是合法的，请求判决维持被告做出的具体行政行为。

第三人丙房产公司述称，原告于 1999 年 8 月就已经知晓被告对该房屋进行了抵押登记，原告于 2001 年 10 月起诉，已过诉讼时效。另认为被告做出的具体行政行为是合法的。请求驳回原告的诉讼请求。

审理判析>>>

上海市闸北区人民法院经审理认为，第三人中国工商银行乙市第二支行提供的傅甲还贷款的证据是真实、合法的，但该证据仅能证明原告傅甲与工行第二支行之间有借贷关系，并不足以证明原告于 1999 年 8 月就应当知道被告已做出了具体行政行为。故原告傅甲于 2001 年 10 月 30 日诉至本院，并未超过诉讼时效。

被告市房管局作为负责房地产登记管理工作的行政主管部门，有权对高标准内销商品房的抵押予以登记。坐落在本市共和新路 435 号 21 层 B 室的房屋属高标准内销商品房，被告对该预购商品房抵押予以登记，执法有据。《上海市房地产抵押办法》作为地方政府规章，未与相关的法律、法规相矛盾，可作为具体行政行为的法律依据。根据《上海市房地产登记条例》第 31 条的规定，房地产抵押权设定、变更的合同，当事人应当申请登记。第 34 条规定，市房地局应当自受理登记申请之日起 10 日内做出准予登记或者不予登记的决定，准予登记的，出具登记证明。《上海市房地产抵押办法》第 39 条第 1 款第 3 项规定，抵押双方当事人必须持抵押合同、身份证件，填写房地产抵押登记申请表，并提交生效的房屋预售合同。

现被告市房管局于 1999 年 7 月 12 日收到原告傅甲、第三人工行第二支行的共同申请和有关材料后，经审查于1999年7月16日做出沪房地市他字〔1999〕第001340号房地产其他权利证明，其事实依据充分、法律适用正确、执法程序合法。

另，在预售合同中加盖销售部的印章是商业惯例，且第三人丙房产公司对该预售合同亦予以确认，因此被告对依据该预售合同所购的预购商品房予以抵押登记，并无不当，原告认为该预售合同无效故而本案登记行为无效的主张不能成立。故依照《中华人民共和国行政诉讼法》第54条第1项之规定，该院于2001年12月31日作出判决：维持上海市房屋土地资源管理局1999年7月16日做出的沪房地市他字〔1999〕第001340号房地产其他权利证明的具体行政行为。

一审宣判后，原告不服，以一审同样理由向上海市第二中级人民法院提起上诉称，原审判决认定事实不清，市房地局未审查傅甲与丙房产公司所签上海市内销商品房预售合同的合法有效性，请求撤销原审判决及行政行为。被上诉人市房地局及第三人则认为，原审判决认定事实清楚，适用法律正确，请求维持原审判决及行政行为。

上海市第二中级人民法院经审理认为，市房地局具有颁发房地产其他权利证明的执法主体资格，其依据傅甲以及工商银行第二支行提供的抵押合同、身份证件、预售合同及房地产抵押登记申请表等证据材料，依据《上海市房地产登记条例》第31条第1项、《上海市房地产抵押办法》第39条第1款第3项规定，出具沪房地市他字〔1999〕第001340号房地产其他权利证明，认定事实清楚，适用法律正确。

与傅甲签订预售合同的并非其他公司的销售部，合同签订后，丙房产公司对此亦未提出异议，故上诉人傅甲认为房地产开发公司销售部无权与上诉人签订预售合同，市房地局未审查合同有效性，办理房地产其他权利证明违法的上诉请求，不予支持。

据此，依照《中华人民共和国行政诉讼法》第61条第1项之规定，该院于 2002 年 3 月 25 日作出判决：驳回上诉，维持原判。

法理研究▸▸

本案的争议焦点首先即原告是否具有主体资格。根据《行政诉讼法》及其有关司法解释的规定，与具体行政行为有法律上利害关系的公民、法人或者其他组织对该行为不服的，可以提起行政诉讼。而"与具体行政行为有法律上的利害关系"是指行政机关的具体行政行为对公民、法人和其他组织的权利义务已经或将会产生实际影响。这种利害关系，包括不利的关系和有利的关系，但必须是一种已经或者必将形成的关系。也就是说，只要具体行政行为对公民的权利义务产生实际影响，公民便可以对其提起行政诉讼。

在本案中，原告与第三人工商银行乙市第二支行签订了个人住房商业借款合同和抵押合同，明确抵押物为坐落该市共和新路 435 号 21 层 B 室的房屋。根据《物权法》的规定，对房屋进行抵押的，应当办理抵押登记，抵押合同自合同成立时生效，抵押权自登记时设立。由于登记行为的成立与否直接关涉到抵押权设立生效与否，因此原告与被告做出的具体行政行为有法律上的利害关系。原告提起本诉讼的根本目的在于希望法院判决撤销被告的登记行为后，其可以主张抵押权的设立无效（但抵押合同的效力不受是否登记的影响）。因此，原告具有主体资格，法院予以受理是正确的。

其次，就被告作出具体行政行为的事实依据是否充分而言，《上海市房地产抵押办法》第 39 条规定，抵押双方当事人必须持抵押合同、身份证件，填写房地产抵押登记申请表，并提交生效的房屋预售合同。被告在本案中提交了其做出具体行政行为所依据的预售合同、抵押合同、借款合同、身份证件、房地产抵押登记申请表等证据材料，以证明其对法律规定的要件材料进行了形式真实、合法的审查。法院认为被告的审查已经尽了审慎的义务，符合其职责范围的要求，原告提出第三人丙公司销售部无权与其签订预售合同，被告对该预售合同的有效性未作审查，故而颁发房地产他项权利证明系违法的主张，超越了被告的审查范围，被告作为行政登记机关，不具有法院与仲裁机构判定合同无效的职权，其不可能就合同的实质合法性做出判断，被告只需对申请人提供的申请材料的形式真实性、合法性进行审查。

在本案中，被告对预售合同、抵押合同等都做了审查，并未发现合同有形式违法之处，原告也没有证据证明该预售合同系无效，故法院判决维持被告做出的具体行政行为是正确的。

第十六条　不动产登记申请材料

申请人应当提交下列材料，并对申请材料的真实性负责：

（一）登记申请书；

（二）申请人、代理人身份证明材料、授权委托书；

（三）相关的不动产权属来源证明材料、登记原因证明文件、不动产权属证书；

（四）不动产界址、空间界限、面积等材料；

（五）与他人利害关系的说明材料；

（六）法律、行政法规以及本条例实施细则规定的其他材料。

不动产登记机构应当在办公场所和门户网站公开申请登记所需材料目录和示范文本等信息。

☑相关法条

《物权法》第 11 条规定：当事人申请登记，应当根据不同登记事项提供权属证明和不动产界址、面积等必要材料。

《物权法》第 21 条规定：当事人提供虚假材料申请登记，给他人造成损害的，应当承担赔偿责任。

因登记错误，给他人造成损害的，登记机构应当承担赔偿责任。登记机构赔偿后，可以向造成登记错误的人追偿。

☑条文解析

一、登记申请材料是体现不动产权利设定及发生变动的原因关系证明

（一）登记材料不真实损害本人或他人的权益要负赔偿责任

登记申请材料必须能够表明申请人的身份、意欲达到的目的以及相关的对不动产合法占有的证据。《不动产登记暂行条例》第16条第1款对申请人提供的登记申请材料的真实性做出了要求。《物权法》对登记机构的登记责任规定较为严格。但实际上，最终的登记错误可能由两种情况引起，一是由于登记机构工作人员的过错所导致；二是登记申请人采取欺骗手段骗过登记人员的审查所导致。

这两种情况对于界定登记机构的责任是有区别的，而且现实情况中，登记机构因过失而导致错误登记的情况比较少见，更多的是申请人故意提供虚假申请材料而造成的登记错误。

为了落实《物权法》第21条的规定，《不动产登记暂行条例》明确要求申请人应当对申请登记材料的真实性负责，不得隐瞒真实情况或者提供虚假材料申请不动产登记，并且需承担登记材料不真实的责任。《不动产登记暂行条例》第29条规定："不动产登记机构登记错误给他人造成损害，或者当事人提供虚假材料申请登记给他人造成损害的，依照《中华人民共和国物权法》的规定承担赔偿责任。"《物权法》第21条规定："当事人提供虚假材料申请登记，给他人造成损害的，应当承担赔偿责任。"

（二）通过有关机关来证明提交的登记申请材料与原件一致

为了对当事人不动产登记意思表示的真实性有一个基本的判断，申请人提交的申请登记材料一般情况下应当为原件。需要注意的是，要求当事人申请登记时提供原件，并不是要把这些原件都由登记机构收存。如当事人的身份证，一般经登记机构查看后并复印存底即退还登记申请人。全部要求当事人提供原件是不现实的，对于当事人只能提供复印件的，也应保证复印的登记申请材料是真实的，这

种情况下就需要有关机关证明当事人提交的复印的登记申请材料与原件一致。

这里的有关机关如何理解？一般来说，应当遵循"谁制作、谁证明"的原则，也就是说，原件是由哪个机关制作的，即由哪个机关确认。当事人不能提供建设工程符合规划的证明、房屋已竣工的证明、结婚证等申请登记材料的原件的，只能由原出具该材料的机关确认。

如建设单位办理初始登记时，无法提供建筑工程规划许可证的原件，最好由规划部门确认建筑工程规划许可证的复印件与原件一致。有些情况下，当事人办理登记时，规划、土地等方面的行政许可文件为城建档案馆保存，也可以由城建档案馆进行证明。具体可由不动产登记机构把握。

关于确认的方式，可以开具证明，也可以在复印件上加盖"与原件确认无异"的印章。对于身份证明、土地使用权证明等申请人能出示而无法交存原件的资料，可由登记机构核验原件后留存该原件的复印件。

（三）条例对当事人提交的申请登记材料有内容上的要求

申请人提交申请登记材料时，应包括登记申请书、申请人和代理人身份证明材料、授权委托书、相关的不动产权属来源证明材料、登记原因证明文件、不动产权属证书，不动产界址、空间界限、面积、与他人利害关系的说明材料以及法律、行政法规、《不动产登记暂行条例》实施细则规定的其他材料。

登记申请书是由登记机构制作的、登记申请人填写的记载向登记机构申请登记有关事项的文书。它具有重要的意义：首先，登记申请书表明了当事人有申请登记的意思表示；其次，登记申请书中记载了需要登记的事项，划定了登记机构的活动范围。申请登记，必须提交申请书并由申请人签名或盖章。登记原因证明文件是指证明导致不动产物权变动的法律事实的成立或发生的书面文件。

内地居民申请不动产登记，应当向登记机构提交居民身份证。

军人可以提交军官证、士兵证等身份证明。未满 16 周岁的未成年人，可以提交户口簿或者出生医学证明书。

我国香港、澳门特别行政区的居民申请不动产登记的应当向登记机构提交香港、澳门特别行政区身份证，港澳同胞回乡证或来往内地通行证；我国台湾地区居民申请不动产登记的，应当向登记机构提交来往大陆通行证、旅行证或经确认的身份证。

外国人申请不动产登记的，应当向登记机构提交经公证认证的身份证明或护照和外籍人士在中国的居留证明。法人申请不动产登记时，应当提交营业执照、登记证书或组织机构代码证。法人的分支机构等其他组织机构申请不动产时，应当提交营业执照和组织机构代码证。

（四）须有构成登记原因的有关证明文件

主要包括产权移转合同文件、他项权利相关协议以及法院判决书、仲裁裁决书、法院拍卖财产之权利移转证书、遗嘱继承证明、遗产分割协议书、人民政府的征收决定、建设用地使用权证明、建设工程规划许可证、房屋竣工验收合格证等。不动产权属证书主要包括房屋所有权证书、建设用地使用权证书、房地产抵押权证书等。

二、申请人提交的申请材料应当符合法定形式

（一）受理登记需提交的材料及其要求

通常情况下，如果申请人提交的材料符合法定条件，登记机构就应当予以受理：①申请人提交了本条例规定的各种登记申请应当提供的文件，保证申请材料形式上完整；②申请书填写的内容与申请人提交的其他申请登记文件一致；③申请人姓名与提交的身份证明材料以及登记簿记载的权利人姓名一致；④证明导致不动产物权变动的原因合法成立；⑤房屋权属证书真实；⑥委托他人代理的，委托书中的受托人代理权限与办理事项相符。

（二）建议增加关于申请材料的公证和询问程序

1. 法律法规应明定需要公正的材料。一般而言，下列申请材料，

不动产登记机关认为需要公证的，可以要求当事人办理公证；依照遗嘱或者遗赠，对申请登记的不动产享有权利的证明；境外申请人委托他人办理登记的授权委托书；父母之外的对未成年人享有监护权的证明，但人民法院指定监护的除外。这里规定的可以公证的材料都是容易引起权利纠纷、不易直接证明的材料，规定行政机关可以要求对材料进行公证是解决当事人权利纠纷、明确责任、提升不动产登记真实性、公信力的有效途径。

2. 不动产登记机构应当查验申请登记材料。应询问申请是否是申请人的真实意思表示，询问结果应当经申请人签字确认，并归档保留。询问程序可以明确当事人的申请意愿，和国外诉讼程序中的"宣誓"达到一样的效果，登记机关通过明确询问，可以使当事人明确登记的效果和责任，并且签字确认和归档保留程序可以作为发生纠纷后的重要裁判依据。

三、要向社会公开不动产登记程序和服务承诺内容

（一）推行政府信息公开为大势所趋

推行政府信息公开是提高科学执政、民主执政、依法执政能力和水平，构建社会主义和谐社会的必然要求；是推进社会主义民主，建设法治政府的重要举措；是建立行为规范、运转协调、公正透明、廉洁高效的行政管理体制的重要内容。

根据《政府信息公开条例》，行政机关对反映本行政机关机构设置、职能、办事程序等情况的政府信息应当主动公开；政府信息公开工作机构应当承担组织编制本行政机关的政府信息公开指南、政府信息公开目录和政府信息公开工作年度报告的具体职责。

《中共中央办公厅、国务院办公厅关于进一步推行政务公开的意见》提出，要适应经济社会发展和社会主义民主法制建设的要求，明确政务公开的内容和形式，增强政务公开的针对性和有效性。2000年，建设部《简化房地产交易与房屋权属登记程序的指导意见》（建住房〔2000〕201号）明确要求，涉及办理房地产交易与房

屋权属登记手续的服务项目，要向社会公开办事程序和服务承诺内容，公开收件范围，明确办事时限，增强工作透明度。2002 年，建设部印发的《房地产交易与权属登记规范化管理考核标准》（建住房〔2002〕251 号）中也明确要求，明确收件范围，简化办事程序，是适应政府信息公开的要求，更是极大地方便当事人申办房屋登记，提高办事效率的要求。

不同的不动产登记类型要求当事人提交的登记材料各不相同，申请不动产登记的当事人很难全面理解和掌握相关的登记要求，因此登记机构有义务明确不同登记事项的申请人所需要提供的具体申请材料，并注明提供材料要求为原件或复印件，在办公场所和门户网站公开。

（二）既体现了便民原则又坚持质量与时效并重的原则

《不动产登记暂行条例》将《物权法》第 11 条的规定加以具体化。登记机构应当根据《不动产登记暂行条例》的规定及地方的实际情况，制作申请办理各类登记资料目录并予以公示，便于登记申请人阅知办理登记需要提供的材料，即有的地方简称的"明白纸"或"办事指南"。当事人根据申请登记材料目录提交材料，登记机构对当事人提交的申请登记材料进行查验，符合受理条件的予以受理，认为不齐全或者不符合法定形式的，可要求当事人按照申请登记材料目录进行补正。这样既增强了工作透明度，提高了办事效率，又方便当事人申办不动产登记手续。

另外，本暂行条例对申请登记提交材料的要求中提到了"其他材料"。其他材料主要包括两类：一类是其他有关法律法规规定的材料，例如房屋转移登记，根据《契税暂行条例》要求应当先税后证，当事人须先提交契税完税凭证才能办理登记；另一类是地方针对本地实际提出的明确的材料要求。不同地方由于具体情况不同，其需提交的其他材料也不相同。这些都应当纳入登记收件材料目录中一并公示。

☑ 裁判要旨

不动产登记申请人应当对申请登记材料的真实性负责，不得隐瞒真实情况或者提供虚假材料申请不动产登记。申请人利用伪造的身份证、虚假的房地产买卖契约骗领的房屋权属证书不但要被依法注销，而且，登记材料不真实损害本人或他人的权益时要负赔偿责任。因此，申请人提交的申请材料应当符合法定形式，不动产登记机构还应当查验申请登记材料，通过信息公开，坚持质量与时效并重，体现便民原则。

☑ 典型案例

徐甲诉上海市住房保障和房产局房屋抵押登记案〔1〕

◎ 案情 简介▸▸▸

原告：徐国栋

被告：南京市住房保障和房产局（以下简称市房产局）

第三人：中国光大银行股份有限公司南京分行（以下简称光大银行）

第三人：徐云（徐国栋之女）

南京市鼓楼区人民法院经审理查明：南京市钟灵街 48 号 76 幢 301 室（以下简称 301 室）的原所有权人为原告徐国栋。2004 年 8 月，第三人徐云与朱某某合谋骗取银行贷款，由朱某某冒充原告，伪造原告身份证，与徐云进行虚假的房地产交易，将 301 室过户到徐云名下，骗领了 301 室房屋权属证书。徐云以虚假的房地产买卖契约及骗领的房屋所有权证作为抵押财产证明文件，作为借款人、

---

〔1〕 "徐国栋诉南京市住房保障和房产局房屋抵押登记案"，载 http://www. pkulaw. cn/fulltext_ form. aspx？ Db = payz&Gid = 118269078&keyword = % E4% B8% 8D% E5% 8A% A8% E4% BA% A7% E7% 99% BB% E8% AE% B0% E7% B0% BF&EncodingName = &Search_ Mode = accurate.

抵押人与光大银行办理了为期20年的房地产抵押贷款，骗取人民币225 000元。徐云与光大银行于2004年8月31日至被告处申请办理抵押登记，并向被告提交了南京市房地产抵押登记申请书、贷款合同、南京市房地产抵押合同、授权委托书两份及（2004）宁证内经字第45517号公证书等抵押登记材料。2004年9月13日，被告确认该抵押登记成立，并于2004年9月16日向光大银行核发了第211639号他项权证。

2006年，南京市鼓楼区人民法院作出（2006）鼓民二初字第850号民事判决书，判决"第一、原告（指光大银行）、被告（指徐云）所签订的借款合同于本判决生效之日起解除；……第二，如被告未履行上述（二）项债务，原告有权以被告位于南京市玄武区钟灵街48号76幢301室的房产进行折价或者以拍卖、变卖该房产的价款优先受偿。"2009年3月，南京市玄武区人民法院作出（2009）玄刑初字第131号刑事判决书，认为在与光大银行就301室办理抵押贷款的活动中，徐云犯贷款诈骗罪，给予刑事处罚；徐云不服上诉后，南京市中级人民法院于2009年4月裁定予以维持。

2009年8月，南京市鼓楼区人民法院受理了原告就301室所有权转移登记至徐云名下的（2009）鼓行初字第87号房屋行政登记案，2009年11月13日原告撤回起诉后，被告于同年11月17日作出宁房管〔2009〕222号文，注销了301室房屋产权转移登记，所有权人为徐云的房屋所有权证书同时作废。而在2009年10月30日，南京市鼓楼区人民法院作出（2007）鼓执字第735号民事裁定书及协助执行通知书，查封了301室。原告在所有权人为徐云的301室所有权证被被告注销后，即与被告交涉，要求被告撤销301室抵押登记，将301室房屋所有权人登记为原告，并补发原告房屋所有权证书，被告未予办理。原告认为被告行政不作为，遂诉至法院。

南京市鼓楼区人民法院一审审理认为：根据《南京市城镇房屋权属登记条例》第 4 条之规定，被告作为辖区内的房产管理部门，具有依法办理房屋抵押登记的法定职权。《中华人民共和国物权法》（以下简称《物权法》）第 106 条第 1 款规定："无处分权人将不动产或者动产转让给受让人的，所有权人有权追回；除法律另有规定外，符合下列情形的，受让人取得该不动产或者动产的所有权：①受让人受让该不动产或者动产时是善意的；②以合理的价格转让；③转让的不动产或者动产依照法律规定应当登记的已经登记，不需要登记的已经交付给受让人。"第 2 款规定："受让人依照前款规定取得不动产或者动产的所有权的，原所有权人有权向无处分权人请求赔偿损失。"第 3 款规定："当事人善意取得其他物权的，参照前两款规定。"根据《物权法》第 106 条第 3 款之规定，作为其他物权的抵押权的取得适用善意取得。在本案中，光大银行因向第三人徐云交付贷款而从徐云处取得 301 室不动产抵押权的情形符合《物权法》第 106 条第 1 款所确立的原则，故被告根据光大银行善意取得 301 室不动产的抵押权而办理的抵押登记应当受到法律保护。据此，该院于 2010 年 5 月 26 日依照最高人民法院《关于执行〈中华人民共和国行政诉讼法〉若干问题的解释》第 56 条第 4 项之规定，判决驳回原告徐国栋的诉讼请求。

宣判后，原告徐国栋不服，向南京市中级人民法院提起上诉称：①善意取得制度属于民事法律关系的范畴，原审法院超出了行政诉讼的审查范围，有违当事人的诉求，且无法律依据。②刑事判决书已证明徐云的抵押贷款行为系贷款诈骗犯罪行为，徐云与光大银行之间的抵押贷款行为不属于民事法律行为，不应受民事法律关系的调整和保护，光大银行不能适用民法中有关善意取得的制度。抵押权自登记时设立，不合法、错误的登记当然不能设立合法有效的抵押权，该抵押权自始不发生法律效力。③根据《物权法》和《担保法》的规定，抵押合同自登记之日起生效，即不动产抵押权自抵押登记时设立。原审法院认为光大银行先善意取得了抵押权，市房产局后根据光大银行的善意取得抵押权而办理抵押登记，显然与抵押权自登记时设立之规定不符。④因市房产局未履行法定的形式审查义务，致使301室房屋所有权转移登记和发证行为不合法。⑤刑事判决书、裁定书已认定徐云提交虚假材料、骗取抵押登记的事实，已经证明该抵押登记属于错误登记。根据《物权法》第19条"有证据证明登记确有错误的，登记机构应当予以更正"之规定，市房产局应当撤销抵押登记。⑥涉案房屋的所有权转移登记被注销，证明该房屋所有权转移登记自始未发生法律效力，不动产登记簿记载事项应恢复到初始状态。依所有权转移登记而产生的抵押登记也应予以撤销。⑦原审判决过分强调抵押权的保护而忽视了对所有权的保护，有悖于公平、公正的法律原则和保护弱者、构建和谐社会的法律精神。

南京市中级人民法院经审查认为：被上诉人市房产局依据抵押人徐云、抵押权人光大银行的申请，对其所提交的所有权人为徐云的房屋所有权证、国有土地使用证、贷款合同、抵押合同以及经过公证的徐云的授权委托书等登记文件的法定形式进行了审查，做出了被诉的抵押登记并发放了房屋他项权证。被上诉人的上述行为并不违反相关法律、法规的规定，程序亦无不当。上诉人认为涉案房屋因系徐云通过欺骗手段骗取的所有权转移登记，现该转移登记已被注销，所有权在徐云名下时设定的抵押权登记应当予以撤销。但是，抵押权系设立在所有权之外的受法律保护的其他物权之一。抵押权因被担保债权的成立而成立，亦因被担保债权的消灭而消灭。根据《物权法》第106条的规定，受让人受让不动产时是善意的，受让人取得该不动产的所有权；事人善意取得其他物权的，与善意取得所有权具有同样的法律后果。光大银行与徐云之间的担保债权并未因徐云受到刑事处罚而消灭，故光大银行所取得的抵押权亦未消灭。虽然涉案房屋所有权转移登记系徐云等人使用欺骗手段骗取，但光大银行在与徐云签订抵押贷款合同时，对其欺骗行为并不知情，其所取得的抵押权属于善意取得，应受法律保护。上诉人认为徐云与光大银行的抵押贷款不属于民事法律关系调整范畴、不适用善意取得制度等上诉意见，没有相应的法律依据。上诉人认为原审法院未审查抵押登记行为的合法性，与事实不符。另外，因涉案房屋登记至徐云名下的转移登记已被注销，故上诉人徐国栋要求补发所有权证书，可以向被上诉人市房产局另行提出办理申请。原审法院对上诉人的该项诉讼请求未予支持并无不当。据此，该院于 2010 年 9 月 9 日依照《中华人民共和国行政诉讼法》第 61 条第 1 项之规定，判决驳回上诉，维持原判。

法理 研究▶▶▶

本案属于无处分权人处分他人房屋并办理了登记，真实的房产权利人主张撤销房屋登记，而第三人主张善意取得相关房产权利的情形。此类案件既涉及房屋登记行为的合法性，又涉及对第三人是否善意取得的审查判断，是房屋登记案件中民事行政法律关系交叉关联的主要类型之一。善意取得制度在房屋抵押登记行政案件中是否适用、如何适用，是法院在处理本案时所考虑的主要问题。

一、房屋登记的公定力和公信力特征

（一）案涉行政行为的公定力

所谓行政行为的公定力是指经法定国家机关按法定程序做出认定，行政行为推定为合法的效力。

《房屋登记办法》（2008 年 7 月 1 日施行）第 11 条规定："申请房屋登记，申请人应当向房屋所在地的房屋登记机构提出申请，并提交申请登记材料。申请登记材料应当提供原件。不能提供原件的，应当提交经有关机关确认与原件一致的复印件。申请人应当对申请登记材料的真实性、合法性、有效性负责，不得隐瞒真实情况或者

提供虚假材料申请房屋登记。"

可见，房屋登记机关在审查登记行为时，主要对申请材料是否完整和齐备、是否符合法定形式进行审查，而对材料的实质真实性、合法有效性，登记机关并无法定职责进行鉴别，也不能渗入自己的意志进行评判。因此，房屋行政登记行为的公定力只能表现在推定登记机关做出登记所依据的材料符合法律的形式规定，而并不等于推定房屋登记行为所记载的权利状况具有真实性。

（二）房屋登记行为的公定力是受限、不完整的

公信力正好弥补这种不完整的公定力所产生的缺陷。为了为社会提供风险警示和保正交易安全，必须从法律上拟制一种使社会公众相信登记簿所记载的内容真实的效力，这就是公信力。因为房屋登记具有向社会公开的特征，所以产生一种"权利公示"的效应，登记行为是一种证明和确认，使被登记的权利产生一种社会公信力。

正是因为房屋登记行为具有公定力和公信力，使善意取得制度可能在房屋登记领域产生重大影响。无处分权的占有人通过登记的房屋权利外观，使第三人误信其有房屋的处分权，其中第三人的善意正是善意取得的核心要件，而其存在的基础恰恰是房屋登记的公定力和公信力特征。如果善意第三人基于信赖关系向无处分权人支付了合理的对价后，取得了房屋的所有权或其他物权，最后因无处分权人的无权处分而被确认为无效，势必会造成社会经济秩序和法律秩序的混乱。第三人将不敢与物权人交易，因为第三人无法获知物权最终的真实情况，物权的流转和财富效益的发挥将会受到极大阻碍。善意取得制度的确立，就是通过维护与占有人发生交易或其他关系的第三人的利益，以达到维护交易安全、稳定经济秩序的目的。

二、案涉房屋抵押权善意取得的构成要素

（一）抵押登记是保护不动产抵押权的法定方式

本案中，徐丙通过欺诈手段骗取抵押登记的事实发生于2004

年，其时《物权法》尚未制定，调整担保物权法律关系的法律规范是《担保法》及相关的司法解释等。

《担保法》第41条规定："当事人以本法第42条规定的财产抵押的，应当办理抵押物登记，抵押合同自登记之日起生效。"第42条规定："办理抵押物登记的部门如下：①以无地上定着物的土地使用权抵押的，为核发土地使用权证书的土地管理部门；②以城市房地产或者乡（镇）、村企业的厂房等建筑物抵押的，为县级以上地方人民政府规定的部门；……"最高人民法院《关于适用〈中华人民共和国担保法〉若干问题的解释》第60条规定："以担保法第42条第2项规定的不动产抵押的，县级以上地方人民政府对登记部门未作规定，当事人在土地管理部门或者房产管理部门办理了抵押物登记手续，人民法院可以确认其登记的效力。"

《担保法》第58条规定："抵押权因抵押物灭失而消灭。因灭失所得的赔偿金，应当作为抵押财产。"从上述规定可以看出，抵押权系设立在所有权之外的受法律保护的他项物权之一，抵押权一经登记即对外具有一定的公定力和公信力。

（二）法律对于第三人善意取得抵押权予以保护

2007年生效的《物权法》规定得更为明确，其第106条第1款规定："无处分权人将不动产或者动产转让给受让人的，所有权人有权追回；除法律另有规定外，符合下列情形的，受让人取得该不动产或者动产的所有权：①受让人受让该不动产或者动产时是善意的；②以合理的价格转让；③转让的不动产或者动产依照法律规定应当登记的已经登记，不需要登记的已经交付给受让人。"第2款规定："受让人依照前款规定取得不动产或者动产的所有权的，原所有权人有权向无处分权人请求赔偿损失。"第3款规定："当事人善意取得其他物权的，参照前两款规定。"

结合前述法律规定、善意取得的一般理论和司法实践分析，房屋抵押权善意取得的适用，应当建立在以下房屋抵押权善意取得事实构成要素完备的基础上：

1. 处分人无权处分房屋。无权处分是一般善意取得构成的基本前提，也是房屋抵押权善意取得构成的基本前提。在司法实践中，处分人不享有房屋处分权的情形有很多种，较为常见的如，登记在个人名下、实为共有的房屋，未经其他共有人同意进行处分；再如，房屋登记机关未尽审慎合理审查职责或者由于申请人提交虚假材料，致名义登记人和实际权利人不符，等等。本案中，徐云与朱某合谋，由朱某冒充其父徐国栋，伪造徐国栋身份证，与徐云进行虚假的房地产交易，将301室过户到徐云名下，在获得301室产权证后又以该房屋为抵押向银行贷款，该处分没有取得处分权人徐国栋的同意，构成善意取得制度中的无权处分。

2. 处分人是房屋登记簿上记载的权利人。房屋登记后，受让人在交易时只有通过登记簿才能获得真正的所有权信息，在公示公信原则之下，受让人在交易时只能信赖登记簿记载正确，即由房屋登记簿形成的权利外观，使第三人误信无处分权人享有房屋的处分权，这也是房屋抵押权善意取得的必备要素。本案中，徐云以欺骗手段取得301室产权证后以该房屋为抵押向银行贷款，因徐云是房屋登记簿上记载的产权人，符合该项要素。

3. 第三人属于善意、有偿取得抵押权。这是第三人得以善意取得抵押权的核心要件。所谓善意，应指第三人在抵押权设立之时不知处分人无处分权，并且对不知不存在重大过失。本案中，银行在抵押权设立时误信徐丙为处分权人，且银行的这种误信是由于登记簿的记载导致，故其并不存在重大过失。值得讨论的是，在房屋所有权善意取得的构成要素中，根据《物权法》的规定应当包括"以合理的价格进行转让"，但在房屋抵押权善意取得中，基于抵押权作为担保物权的特殊性质，是否仍然需要具备这一要素？我们认为仅需"有偿"取得抵押权即可，而不存在"合理的价格"之说。因为抵押权本身是因被担保债权的成立而成立的，而在债权的成立上，不存在"合理的价格"，只存在合意的价格。本案中，银行已向徐云支付人民币225 000元，亦符合该项要素。

4. 房屋抵押已经登记。第三人的善意取得，还应以获得房屋抵押登记为标志。唯其如此才能认定，第三人的房屋抵押权系基于法律行为取得，且该法律行为除名义登记人实际无处分权之外，在其他方面均具备法律规定的有效要件。否则，真正的权利人仍能追及物之所在，否定抵押权设立的效力，而不能适用善意取得制度。

三、《房屋登记办法》中规定了撤销阻却事由

抵押权的善意取得以善意第三人为保护目的，建立在房屋登记公示公信的基础上。那么，在对房屋抵押行为的行政诉讼审查中，是否可以直接认定"房屋权利已为他人善意取得"？这是一个极易引起争议的问题。本案原告的上诉理由之一正是，善意取得制度属于民事法律关系的范畴，从而认为原审法院超出了行政诉讼的审查范围，有违当事人的诉求且无法律依据。

应当认为，《房屋登记办法》第81条对房屋登记的撤销明确规定了阻却事由："司法机关、行政机关、仲裁委员会发生法律效力的文件证明当事人以隐瞒真实情况、提交虚假材料等非法手段获取房屋登记的，房屋登记机构可以撤销原房屋登记，收回房屋权属证书、登记证明或者公告作废，但房屋权利为他人善意取得的除外。"根据该条规定，登记机构在发现当事人以非法手段获取房屋抵押登记的情况下，并不必然发生撤销原房屋抵押登记的结果，而应审查是否存在房屋抵押权"为他人善意取得"的情形，在此基础上再决定是否予以撤销。相应地，由于在行政行为的审查中，法院须审查房屋登记机关是否履行了法定职责、是否有相应的事实和法律依据，所以在法院审查行政行为的司法过程中，也可直接对抵押权善意取得问题进行审查和判断。

本案中，光大银行与徐云之间的担保债权并未因徐云受到刑事处罚而消灭，故光大银行所取得的抵押权亦未消灭。虽然涉案房屋系因徐云等人使用欺骗手段骗取的所有权转移登记，但光大银行在与徐云签订抵押贷款合同时，对其欺骗行为并不知情，其所取得的

抵押权属于善意取得，应受法律保护。因此，法院综合在卷证据认定第三人光大银行善意取得涉案房屋抵押权，且该善意取得构成房屋登记机关撤销抵押登记的法定阻却事由，从而未支持上诉人要求撤销抵押登记的诉讼请求，完全符合法律规定。

虽然他项权利证书合法有效，但由于案涉抵押权是利用虚假的房地产买卖契约骗领的房屋所有权证申请的，其合法性并非源于申请，而是因光大银行善意取得使然。因此登记机关只是对申请材料的形式完备性和合法性进行审查，并不进行材料的实质审查，申请人应该保证申请材料的真实性。如果当事人提供虚假材料骗取登记，登记机关一经发现，将会撤销不动产登记，虚假申请人也要负相应的赔偿责任。

本案中，徐云通过虚假申请骗取登记后，又与光大银行签订抵押合同，并且合法登记，产生了对原权利人徐国栋与光大银行保护的衡量问题。善意取得制度为光大银行的合法权益提供了保护，原权利人徐国栋的损失需要由虚假登记的徐云承担，也就是虚假登记人不仅要撤销原不动产登记，还要赔偿原权利人的损失。

第十七条　不动产登记的受理与不予受理

不动产登记机构收到不动产登记申请材料，应当分别按照下列情况办理：

（一）属于登记职责范围，申请材料齐全、符合法定形式，或者申请人按照要求提交全部补正申请材料的，应当受理并书面告知申请人；

（二）申请材料存在可以当场更正的错误的，应当告知申请人当场更正，申请人当场更正后，应当受理并书面告知申请人；

（三）申请材料不齐全或者不符合法定形式的，应当当场书面告知申请人不予受理并一次性告知需要补正的全部内容；

（四）申请登记的不动产不属于本机构登记范围的，应当当场书面告知申请人不予受理并告知申请人向有登记权的机构申请。

不动产登记机构未当场书面告知申请人不予受理的，视为受理。

☑ 相关法条

《物权法》第12条规定：登记机构应当履行下列职责：

（一）查验申请人提供的权属证明和其他必要材料；

（二）就有关登记事项询问申请人；

（三）如实、及时登记有关事项；

（四）法律、行政法规规定的其他职责。

申请登记的不动产的有关情况需要进一步证明的，登记机构可以要求申请人补充材料，必要时可以实地查看。

《土地登记办法》第12条规定：对当事人提出的土地登记申请，国土资源行政主管部门应当根据下列情况分别作出处理：

（一）申请登记的土地不在本登记辖区的，应当当场作出不予受理的决定，并告知申请人向有管辖权的国土资源行政主管部门申请；

（二）申请材料存在可以当场更正的错误的，应当允许申请人当场更正；

（三）申请材料不齐全或者不符合法定形式的，应当当场或者在五日内一次告知申请人需要补正的全部内容；

（四）申请材料齐全、符合法定形式，或者申请人按照要求提交全部补正申请材料的，应当受理土地登记申请。

《房屋登记办法》第17条规定：申请人提交的申请登记材料齐全且符合法定形式的，应当予以受理，并出具书面凭证。

申请人提交的申请登记材料不齐全或者不符合法定形式的，应当不予受理，并告知申请人需要补正的内容。

☑ 条文解析

一、不动产登记为确认不动产物权变动私法效果的民事法律事实

不动产登记是《中华人民共和国物权法》确立的一项制度，是

指经权利人或利害关系人申请，由国家专职部门将有关不动产物权及其变动事项记载于不动产登记簿的事实。作为物权公示手段，不动产登记本质上为确认不动产有关变动私法效果的民事法律事实，同时兼具行政行为的属性。

（一）行政机关在受理阶段应当只是进行申请材料的形式审查

行政机关在受理阶段并不进行实质审查，申请材料只要属于职权登记范围，申请材料齐全，符合法定形式，即应当受理。但是在受理之后的阶段，有学者认为："为了确保物权变动合法，登记机构势必要审查物权权属正当性、物权变动原因合法性等实体事项，并在合理和必要的限度内，依据职权裁量是否询问申请人、要求申请人补充材料、实地查看等（《物权法》第12条），故而，我国登记机构目前在收件后的审查方式为实质审查和裁判审查。"[1]通说认为，目前我国登记机构在收件后的审查方式为形式审查、实质审查兼顾。登记机构究竟应该采取何种审查形式，并不是一个单纯的选择问题，需要结合公私法交融的理念以及公法行为界限、登记行为本身性质的界定等诸多问题综合考量，根本旨在维护不动产权利人的合法权益、安全稳定的交易秩序和社会主义市场经济的健康发展。

（二）申请人提交的申请材料应当符合法定形式

通常情况下，如果申请人提交的材料符合法定条件，登记机构就应当予以受理：①申请材料形式上完整，申请人提交了《不动产登记暂行条例》规定的各种登记申请应当提供的文件，保证申请材料形式上完整；②申请登记文件相互一致，即申请书填写的内容与申请人提交的其他申请登记文件一致；③姓名身份与记载一致，即申请人姓名与提交的身份证明材料以及登记簿记载的权利人姓名一致；④证明导致不动产物权变动的原因合法成立；⑤房屋权属证书真实；⑥委托合法有效，即委托他人代理的，委托书中的受托人代

---

〔1〕 参见常鹏翱：《不动产登记法》，社会科学文献出版社2011年版，第119页。

理权限与办理事项相符。

（三）申请材料真实性由当事人负责

有学者认为："登记申请或者嘱托到达登记机构，登记审查就要展开，而对申请的审查属于法律规范的重点。审查方式通常有形式审查和实质审查之分，前者只关注形式要件和程序事项。为了落实实质审查，登记机构通过询问、实地查看等措施对相关事项进行调查，又称为裁判审查，与只以审验当事人提交的申请材料的窗口审查相区别。从比较法经验来看，现代社会注重私人利益的自治性，除非为了维护国家利益或社会公共利益，国家不得随意涉足私人生活和交易，故窗口审查为基本趋势。"〔1〕但当事人应对申请材料的真实性负责，《不动产登记暂行条例》第16条有明确规定。

（四）登记机关的职权范围要求其高效便民一次性告知

《不动产登记暂行条例》第7条规定，登记机构受理后应当书面告知申请人，并且如果申请人的材料不齐全或者不符合法定形式，应当当场书面告知不予受理并一次性告知需要补正的全部内容。"当场"和"一次性告知"体现了行政机关对社会主义法治理念的顺应，有利于贯彻高效便民的行政法原则。但该条并未规定登记机构初审受理的期限以及未当场一次性书面告知的后果，在实施细则制定时应完善这两方面的内容。

如果申请人认为登记机构作为违法，影响了登记结果，可以采取相应救济方式。不动产登记关系重大，登记产生的公示公信效力强大，登记机构应严谨作为，充分保证登记程序的严密和可查证性，为以后可能的纠纷提供证据。

由于之前不动产登记是多部门、多层级登记，程序烦琐，给当事人带来诸多不便，各个不同的登记程序要求的材料各不相同。现在统一登记后，登记机关应当将登记材料及要求事先予以公告，方

---

〔1〕 参见常鹏翱：《不动产登记法》，社会科学文献出版社2011年版，第118页。

便申请人准备，如果材料不齐全或者不符合形式要求，应当场一次性书面告知。

《不动产登记暂行条例》规定了统一登记程序，第17条第1款第1项的"登记职责范围"应体现统一登记的新要求，规定统一的不动产登记机构进行登记，便利申请人的申请和材料的递交。

二、不动产登记是赋予不动产物权强大效力的程序要求

（一）登记机关收到不动产申请登记的材料应先予以审查

《物权法》第14条规定："不动产物权的设立、变更、转让和消灭，依照法律规定应当登记的，自记载于不动产登记簿时发生效力。"所以物权发生、变更等要及时提交申请材料到相关部门登记。

登记机构查看是否属于登记职责范围，申请材料是否齐全及是否符合法定形式，或者申请人是否按照要求提交全部补正申请材料后，按不同的审查结果做出相应的处理。不动产登记机构不予受理的，应当书面告知申请人并当场一次性告知补救手段。如果申请人认为行政机关侵害其合法权益，可以采取相应的救济手段。

该条规定了登记机构对初审材料的各种处理结果，申请材料属于登记职责范围、申请材料齐全、符合法定形式或者申请人按照要求提交全部补正申请材料的，应当受理。这里体现了不动产形式初审的要求，登记机构只是审查申请材料是否属于职责范围、是否齐全、是否符合形式，而不在此阶段进行实质审查。

显然，在此所谓的登记审查，是登记机构决定是否收件的前提，其目的只是将明显不合法的申请筛选出来，以减轻登记机构的工作负担，故登记机构的初审完全是形式审查，只要登记申请事项在登记机构的管辖范围，且登记申请材料在形式上符合法律规定，登记机构即可受理申请（《土地登记办法》第12条第4项）。

（二）不符合受理条件的应当场书面一次性告知补救手段

至于登记申请内容是否合法，不在此时登记机构的审查范围。

当然，如其内容明显违法，登记机构可拒绝受理。[1]因为公示公信作为一种程序要求，不会进行实质初审；如果申请材料存在可以当场更正的错误，应当告知申请人当场更正，申请人当场更正后，应当受理；申请材料不齐全或者不符合法定形式的，应当当场一次性告知申请人需要补正的全部内容。这里更多的体现对登记机构的要求，登记机构不能随意要求申请人来回递交材料，应当明确材料瑕疵的类型，从申请人的便利角度出发做出相应处理。如果申请人递交的材料错误但可以当场更正的，登记机构应当当场告知，当场改正，并受理。

（三）登记受理与否以及受理时间先后对不动产权利有重大影响

《不动产登记暂行条例》相较于之前的登记办法，对行政程序的便民的要求大大增强，体现了我国行政法规的进步。如果申请登记的不动产不属于本机构登记范围，应当当场告知申请人向有登记权的机构申请。登记机构应该当场明确告知申请人应当向哪个登记机构进行登记申请，登记机构必须注意"当场"的要求，申请人也可以要求登记机构告知不予受理的理由。不动产登记机构不予受理的，应当书面告知申请人，申请人不服的，可以提起行政复议或者行政诉讼。登记受理与否以及受理时间先后对不动产权利有重大影响，如在不动产抵押权的设立场合，可能决定抵押权的顺位进而影响债权人债权的实现程度。

（四）不应因为轻微瑕疵随意否决当事人的申请

在法国，如果登记申请不属于法定拒绝登记申请的情形，且其只是轻微的违反规则，登记申请应当被接受。同时，登记机关可敦促当事人在一个月的期限内将合乎登记手续的文件资料提交给登记机关。如果申请人进行了补正，那么登记顺位从登记申请登记簿中确认的提交之日计算。如果当事人没有按照通知在一个月内补正登

---

[1] 于海涌：《论不动产登记》，法律出版社 2007 年版，第 207～208 页。

记手续，登记人员才可以拒绝办理登记手续。法国的这种制度设计更能体现对登记申请人的合理保护，能够适应登记实践的需要，值得我国在不动产登记立法中借鉴。

☑ **裁判要旨**

申请材料的审查是不动产登记机构受理和登记的前提，行政机关在受理阶段应当只是进行申请材料的形式审查，申请材料真实性由当事人负责。登记机构收到不动产登记申请材料应在进行初审后决定是否受理。鉴于登记受理与否以及受理时间先后对不动产权利有重大影响，不应因为轻微瑕疵随意否决当事人的申请。

☑ **典型案例**

河南商丘房管局一房颁二主，房权证被依法撤销案[1]

🔍 **案情** 简介▸▸▸

2005年9月15日，原告某公司与第三人范某签订商品房买卖合同，第三人购买原告但于商丘市团结西路联圣小区1号楼13-16号门面房，共计9间，价款为153万元。原告某公司于2005年9月21日出具证明，委托第三人范某将上述房屋"进行产权登记"，被告商丘市房地产管理局于2005年9月27日向第三人范某颁发了B038337、B038338号房屋所有权证。登记种类为"初始"；颁证依据的商品房买卖合同中价款为83万元，而实际成交价为153万元；第三人范某2005年9月28日按房款83万元交契税33 200元，少交28 000元，于2009年5月6日将所欠契税交清。

2005年12月26日，商丘市建设工程竣工验收备案管理办公室将包括本案房屋的联圣1号商住楼，向原告颁发了B0527号竣工验

---

〔1〕 "河南省商丘房管所一房颁二主，房产证被依法撤销"，载 http://www. chinacourt. org/article/detail/2009/08/id/371922. shtml.

收备案证书。商丘市房地产管理局又于2006年1月20日向原告颁发了包括本案房屋的2006字第0000939号房屋所有权证书。原告认为被告商丘市房地产管理局在没有审核第三人有效的买卖合同的情况就向第三人范某颁发了B038337、B038338号房屋所有权证，登记种类为"初始"，原告与第三人的买卖合同实际价款与合同价款不符，购房合同主要条款虚假；提供的房地产转让申请审批表无原告签章，被诉具体行政行为依据的主要证据不足。请求法院撤销被告的登记行为。

审理判析

法院经审理认为：2005年9月27日，被告将本案房屋为第三人范某颁发了房屋所有权证，又于2006年1月20日为原告颁发了包括本案房屋的房屋所有权证。原告与被诉具体行政行为有法律上的利害关系，具备原告诉讼主体资格。

由于原告于2006年1月20日又取得了包括本案房屋的所有权证书，虽然原告于2005年9月21日出具了同意让第三人"进行产权登记"的证明，但是这份证明不能证明原告于第三人办理房屋所有权证书之日知道或应当知道被告为第三人颁发了上述房屋所有权证书，被告和第三人认为原告的起诉超过法定期限，没有提供有效证据，其主张不能成立。

《河南省城市房屋产权产籍管理办法》第26条第1款第2项第2目规定，申请房屋权属登记时，购买的房屋权利人（申请人）应提交卖方的房屋所有权证以及其他购买房屋的证明。本案中，第三人范某申请房屋权属登记时，没有提交卖方的房屋所有权证；提供的购房合同价款与实际价款不符，购房合同主要条款虚假；提供的房地产转让申请审批表无原告签章，被诉具体行政行为依据的主要证据不足。

登记申请表及登记审批表中登记种类是"初始登记"，而本案中房权证登记应为"转移登记"，属登记程序违法。

本案中的行政行为做出的主要依据不足、程序违法，依法应予撤销，法院遂做出上述判决。

🔍 **法理** 研究 ▶▶▶

本案中，河南商丘房管局在接受不动产登记申请材料之后，于 2005 年 9 月 27 日，将本案房屋为第三人范某颁发了房屋所有权证，又于 2006 年 1 月 20 日为原告颁发了包括本案房屋的房屋所有权证。

此案涉及登记机构的审查义务究竟需要达到何种程度，登记审查需要遵循形式审查还是实质审查的要求。对于这个问题，由于立法上的模糊不定，导致学者诸多争议与现实做法的不一致。对登记审查究竟采取何种标准，不仅关涉到当事人的材料提交及实体利益，也关涉到登记机构的工作标准及责任追究，明确不动产登记的性质，尤为重要。

我国的立法对此态度不明。就房屋登记来说，有学者统计，近 20 年来，我国陆续颁布了一些有关房屋产权登记的法律规范，按照其实施时间先后，主要有 1987 的《城镇房屋所有权登记暂行办法》、1991 年的《城市房屋产权产籍管理暂行办法》（现已失效）、1994 年的《城市房地产管理法》、1998 年的《城市房屋权属登记管理办法》（现已失效）、2007 年的《物权法》及 2008 年的《房屋登记办法》。分析关于登记审查标准的规定可见，有关审查标准的规定始终不统一且不稳定，显示出国家在该问题态度上的不明确性。[1] 立法上的模糊不定导致学者对此观点不一，主要是形式审查与实质审查两种意见。形式审查认为只要登记机构对当事人提交的材料进行了形式审查，符合登记的形式要件即可，至于材料实质内容和真实情况，不属于登记机构的义务范围；主张实质审查的学者认为登记机构不能仅仅局限于审查书面材料齐备与否，还应就其真实性、合法性和有效性进行全面审查，这样才能防止登记错误，保护产权人的合法

---

〔1〕 邵亚萍："行政法视野下的不动产登记审查标准——以房产登记为例"，载《浙江学刊》2009 年第 4 期。

权益。而在我国目前诚信体系尚未建立，道德缺失和欺诈现象普遍存在的情况下，采用实质审查标准也可有效地维护交易安全。[1]

采取实质标准固然有助于登记的真实性，可以最大程度的反映真实的不动产的状况，但是实践中，登记机构由于工作量大，人手短缺，难以做到面面俱到的真实审查，往往以窗口审查（形式审查）取而代之。以昆明市为例，登记部门平均每天受理 400 个登记申请，而建设部《简化房地产交易与房屋权属登记程序的指导意见》中明确指出房屋权属的初始登记"办事时限为 5 个工作日"。如需对提交的每一份材料进行实质审查，显然不具有可操作性，然采形式审查又为恶意造假大开方便之门，少数不法分子乘虚而入，向登记部门提供虚假、错误材料，房地产登记部门又未能对申请材料进行详细核查，错误登记频繁发生，将形式审查的弊垢暴露无遗。[2] 由此可见，登记机构究竟应该采取何种审查形式，并不是一个单纯的选择问题，需要结合公私法交融的理念以及公法行为界限、登记行为本身性质的界定等诸多问题综合考量。

在本案中，河南商丘房管局在 2005 年给第三人进行登记时，显然没有尽到合理的审查义务，连基本的形式审查的标准都达不到，其没有注意到范某申请房屋权属登记时，没有提交卖方的房屋所有权证，提供的购房合同价款与实际价款不符，购房合同主要条款虚假，提供的房地产转让申请审批表无原告签章等。登记机构显然存在重大过错，而且将转移登记作为初始登记予以记载，无法显示不动产的流转次序，房管局需要承担错误登记的责任。

显然被告在没有尽到初审时的形式审查义务情况下，即一房颁二证。房管局既然存在明显的过错，其做出的具体行政行为又侵犯他人的合法权利，自应承担相应的法律责任。法院撤销房管局的错

---

〔1〕 邵亚萍："行政法视野下的不动产登记审查标准——以房产登记为例"，载《浙江学刊》2009 年第 4 期。

〔2〕 杨柳："论不动产登记审查制度"，载《知识经济》2008 年第 1 期。

误登记行为是正确的。

第十八条　不动产登记申请的查验

不动产登记机构受理不动产登记申请的，应当按照下列要求进行查验：

（一）不动产界址、空间界限、面积等材料与申请登记的不动产状况是否一致；

（二）有关证明材料、文件与申请登记的内容是否一致；

（三）登记申请是否违反法律、行政法规规定。

☑相关法条

《物权法》第12条规定：登记机构应当履行下列职责：

（一）查验申请人提供的权属证明和其他必要材料；

（二）就有关登记事项询问申请人；

（三）如实、及时登记有关事项；

（四）法律行政法规规定的其他职责。

申请登记的不动产的有关情况需要进一步证明的，登记机构可以要求申请人补充材料，必要时可以实地查看。

《土地登记办法》第13条规定：国土资源行政主管部门受理土地登记申请后，认为必要的，可以就有关登记事项向申请人询问，也可以对申请登记的土地进行实地查看。

《房屋登记办法》第18条规定：房屋登记机构应当查验申请登记材料，并根据不同登记申请就申请登记事项是否是申请人的真实意思表示、申请登记房屋是否为共有房屋、房屋登记簿记载的权利人是否同意更正，以及申请登记材料中需进一步明确的其他有关事项询问申请人。询问结果应当经申请人签字确认，并归档保留。

房屋登记机构认为申请登记房屋的有关情况需要进一步证明的，可以要求申请人补充材料。

☑ **条文解析**

一、不动产登记机构的审查模式

不动产登记机构受理了当事人的不动产登记申请后，应履行何种审查义务，从而确保符合不动产登记法律法规要求的登记申请被记载于不动产登记簿当中，是学界予以广泛讨论的问题。明确不动产登记机构的审查职责不仅能够保证登记簿的真实与准确，而且可以提高登记效率，确定登记机构的法律责任。

从各国物权法规定来看，关于登记机构的审查义务，主要有两种模式：一种是形式审查，另一种是实质审查。当然，登记机构决定是否受理登记申请时所做的审查通说认为应属于形式审查。

（一）不动产登记机构的形式审查

所谓形式审查，是指登记机构仅仅对当事人所提交的材料进行形式审查，如果确定这些申请登记的材料符合形式要件，就应当认为是合格的。形式审查并不对登记申请人的真实身份、不动产的实际状况、作为物权变动的依据的真实性和合法性进行审查。支持形式审查说的学者主要基于如下理由：

1. 实质审查效率低下且对登记机构工作人员的素质要求很高，在市场化、信息化的今天，交易双方对交易效率的要求越来越高，物权变动的频率明显加快，形式审查更能适用社会发展的需要。

2. 实质审查需要支付较高费用且责任也大，在实行实质审查后，需要对登记机构课以更加严格的责任，现在这种条件尚不成熟。

（二）不动产登记机构的实质审查

所谓实质审查，是指登记机构不仅应对当事人提交的申请材料进行形式要件的审查，而且应当负责审查申请材料内容的真伪，甚至在特殊情况下对法律关系的真实性也要进行审查。

支持实质审查说的学者主要基于如下理由：

1. 维护市场秩序的客观要求。我国正处于市场经济发展的初期阶段，社会秩序尚未建立，信用低下，欺诈行为时有发生。不动产交易涉及的金额常常巨大，稍有不慎便会给当事人造成巨大的损害且难以补救，因此对登记实行实质审查确有必要。

2. 实质审查有利于强化登记机构的责任感。在实质审查情形下，登记机构需要对错误登记的后果承担相应的责任。

3. 实质审查有利于强化登记的公示公信力。如果登记内容经常发生错误，交易当事人经常根据一些错误的信息发生交易，过多的错误难免会使人们越来越不愿意去查阅登记簿，弱化登记的公示公信力。同时基于错误的登记信息完成的交易将处于波动的状态，已经形成的交易秩序将被推翻，造成交易费用的浪费以及因财产恢复原状而造成损失。

为了落实实质审查，登记机构通过询问、实地查看等措施对相关事项进行调查，称为裁判审查，以与只审验当事人提交的申请材料的窗口审查相区别。现代社会注重私人利益的自治性，除非为了维护国家利益或社会公共利益，国家不得随意干涉私人领域的生活和交易，所以窗口审查为基本趋势。

4. 裁判审查的有限性。无论形式审查还是实质审查，登记机构均无须对交易的真实性和合法性等进行调查了解，也无须对其进行全面的审查。登记机构无权审查交易本身的效力，有关合同本身的合法性问题应是司法机关职权审查的范围，赋予登记机构以合同效力的审查权无疑违背依法行政原则，导致行政机关不正当地干预了民事关系。

《不动产登记暂行条例》第 18 条规定："不动产登记机构受理不动产登记申请的，应当按照下列要求进行查验：①不动产界址、空间界限、面积等材料与申请登记的不动产状况是否一致；②有关证明材料、文件与申请登记的内容是否一致；③登记申请是否违反法律、行政法规规定。"

二、我国登记机构的审查职责

（一）查验申请人提交的必要材料

查验包括检查和验收，既不是完全的形式审查，也不是应当对所有登记申请材料必须查验无误，针对的是容易被登记申请人利用进行虚构交易等欺诈行为的申请。实质审查部分包括不动产界址、空间界限、面积等材料与申请登记的不动产状况是否一致；有关证明材料、文件与申请登记的内容是否一致；申请人意思表示的真实性等。

形式审查部分包括本机构对该登记申请是否具有管辖权；申请书、证明文件、委托书、权属证明、调查材料、不动产测量资料等与国家规定的规范格式是否一致；申请人、委托代理人身份证明材料以及授权委托书与申请主体是否一致；法律、行政法规规定的完税或者缴费凭证是否齐全等。

但是查验并不代表需要对法律行为的真实性、合法性均予以审查。一般而言，真实性的问题如果能够审查应当予以审查，但合法性问题应当属于人民法院的职权范围，同时原则上由当事人对登记申请材料的真实性负责。

登记机构的审查也应尊重申请的事项范围，在解释申请时，还应尊重申请书的表达，必要时可要求申请人进一步提交相关材料。同时，针对我国不动产物权体系复杂和长期分散登记的现状，在不动产登记申请的审查中应充分考虑不同物权的不同登记模式。

（二）在实施细则中增加就有关登记事项询问申请人的条款

询问的目的主要在于核对登记申请人提交的材料，以确定是否真实。询问的内容限于登记事项，凡与登记事项有关的问题，均可询问，申请人负有如实回答的义务，但超出登记事项以外的问题也不得擅加干涉，申请人对此可拒绝答复。

询问既是权力又是义务，不动产登记机构应当查验申请登记材料，询问申请是否是申请人的真实意思表示，如果不询问发生了错误的登记，登记机构就需要承担相应的责任。实践中可以把询问结果制成询问笔录交由申请人签字确认并归档保留。询问的对象限于申请人。总而言之是为了进一步了解真实情况。《不动产登记暂行条例》中并没有关于询问的明确规定，在实施细则制定时宜予以增加。

（三）如实而且及时登记有关事项

这里所谓如实是指正确性，登记机构在办理登记时，必须要准确无误地登记。而这里所谓及时是指快速性，登记机构在办理登记时要及时，不能无故拖延。

☑ **裁判要旨**

从各国物权法规定来看，关于登记机构的审查义务，主要有形式审查和实质审查两种模式。我国法律并没有明确规定登记机构的职责究竟是实质审查，还是形式审查。学界通常认为是形式审查与实质审查兼顾，属于折中模式。《不动产登记暂行条例》第18条规定了某些情形下登记机构的实质审查义务，仍然属于折中主义。当然，登记机构决定是否受理时所做的审查通说认为属于形式审查。不动产登记机关在办理不动产登记时要严格按照法定程序进行审查。

☑ **典型案例一**

张善立与兰考县人民政府及第三人张庆功
土地行政登记纠纷案 [1]

🔍 **案情简介** ▸▸▸

兰考县人民政府于1992年5月24日为第三人张庆功颁发了集建字第04140号集体土地建设用地使用证。该证载明：土地使用者张庆功，地号04140，用途宅基地，东至空地，西至路，南至善品，北

---

[1] "张善立与兰考县人民政府及第三人张庆功土地行政等级纠纷一审行政判决"，河南省兰考县人民法院（2014）兰行初字第08号行政判决书。

至路，东西长 18 米，南北长 14 米，面积 252 平方米。

1985 年原告张善立为发展养殖业与胡集村委签订了一份土地承包合同书，由村委将位于本村东西长 25 米，南北长 21 米，面积为 525 平方米的一宗土地承包给原告养牛，同时原告又在该土地上建起房屋三间，后来原告无偿为胡集小学建起四间标准化教室，因此，在原告的申请下，1989 年 3 月，政府将胡集村承包给原告的上述土地为原告的儿子张红亮办理了集体土地使用证。

1996 年 7 月，政府又为原告的儿子张红亮换发了土地使用证，证号为：兰城集建（土）字第 09329 号。然而第三人趁原告不在家之际，在该土地西侧，建起房屋三间，兰考县人民政府在未作任何调查的情况下，于 1992 年 5 月 21 日，在属于张红亮的土地上为第三人颁发了集建字第 04140 号集体土地使用证。

2013 年 4 月 29 日，第三人及其家人擅自将原告的房屋扒掉两间，这时原告才知道被告为第三人颁发了土地使用证。该行为严重侵犯了原告之子张红亮的集体土地使用权。因张红亮已死亡，无配偶、子女及母亲，作为唯一合法继承人，原告特具状请求法院依法撤销第三人的土地使用证，以维护原告的合法权益。

被告兰考县人民政府辩称，原告不具备主体资格，其起诉已超诉讼时效，兰考县人民政府为第三人张庆功颁发集建字第 04140 号集体土地建设用地使用证的具体行政行为事实清楚，程序合法，适用法律法规正确，请求法院予以维持。

🔍 **审理**判析▸▸▸

经审理查明，1992 年 5 月 24 日兰考县人民政府为第三人张庆功颁发了集建字第 04140 号集体土地建设用地使用证。该证载明：土地使用者张庆功，地号 04140，用途宅基地，东至空地，西至路，南至善品，北至路，东西长 18 米，南北长 14 米，面积 252 平方米。

另查明，原告张善立之子张红亮（已死亡，无配偶、子女及母亲）所持有的兰城集建（土）字第 09329 号集体土地建设用地使用证与第三人张庆功所持有的字第 04140 号集体土地建设用地使用证重叠。

以上事实，有当事人陈述；原、被告及第三人提交的证据；现场勘验平面图；庭审笔录等在卷佐证，足以认定。

法院认为：第一，诉讼主体资格问题。原告张善立之子张红亮持有该争议地上的兰城集建（土）字第 09329 号集体土地建设用地使用证，因张红亮死亡，其父张善立作为本案的原告参加诉讼，被诉具体行政行为撤销与否与其有法律上的利害关系，其具备本案的诉讼主体资格；

第二，诉讼时效问题。最高人民法院《关于执行〈中华人民共和国行政诉讼法〉若干问题的解释》第 41 条规定："行政机关作出具体行政行为时，未告知公民、法人或者其他组织诉权或者起诉期限的，起诉期限从公民、法人或者其他组织知道或者应当知道诉权或者起诉期限之日起计算，但从知道或者应当知道具体行政行为内容之日起最长不得超过 2 年。"最高人民法院《关于行政诉讼证据若干问题的规定》第 4 条第 3 款规定："被告认为原告起诉超过法定期限的，由被告承担举证责任。"据此，被告或者第三人应承担举证责任，由其证明原告知道或者应当知道兰考县人民政府为第三人颁发集建字第 04140 号集体土地建设用地使用证这一事实。本案中第三人的证据不足以证明其主张，原告的起诉未超过法定的诉讼时效。第三人的辩称理由不能成立，本院不予支持。

第三，颁证行为合法性问题。《土地登记规则》第 7 条规定："初始土地登记程序。①申报；②地籍调查；③权属审核；④注册登记；⑤颁发土地证书。"被告兰考县人民政府未进行审核即为第三人颁发土地使用证的行为显然违反了上述规定，属程序违法，依法应予撤销。被告的辩称理由及第三人的参诉意见不能成立，本院不予支持。

依照《中华人民共和国行政诉讼法》第 54 条第 2 项第 3 目之规

定，判决如下：撤销兰考县人民政府 1992 年 5 月 24 日为第三人张庆功颁发的集建字第 04140 号集体土地建设用地使用证。

法理研究▸▸▸

我国《物权法》第 12 条规定："登记机构应当履行下列职责：①查验申请人提供的权属证明和其他必要材料；②就有关登记事项询问申请人；③如实及时登记有关事项；④法律行政法规规定的其他职责。"并没有具体规定登记机构的职责是实质审查还是形式审查。

在确定我国应当采取何种审查方式时，无疑应考虑的问题包括物权公示等实体制度、登记审查对交易成本的影响、登记审查方式与当事人伪造权属证书和身份证明等来骗取登记等现实登记中弱项问题的关系等。

学界通常认为我国目前是形式审查与实质审查兼顾，属于折中模式。我国的物权登记始终在折中审查的基础上来回徘徊，就本案而言，兰考县人民政府未严格按照法律规定要求进行审核即为第三人张庆功颁发土地使用证的行为显然违反了有关法律规定，属程序违法，依法应予撤销，登记机关应承担相应的法律责任。

☑裁判要旨

不动产登记机构的审查模式，不论是采用形式审查，还是有条件地实质审查，登记机构均须履行自己的审查职责，查验申请人提交的必要材料，就有关登记事项询问申请人，如实而且及时登记有关事项。

☑ 典型案例二

张万清、张淑媛不服北京市住房和城乡建设
委员会房屋产权转移登记案 [1]

🔍 **案情** 简介 ··›

一审被告北京市住房和城乡建设委员会（以下简称北京市住建委）于 2007 年 12 月 15 日对第三人田长宝的房屋所有权转移登记申请作出"同意办理转移登记，准予发证"的审核意见，将北京市门头沟区冯村嘉园×号楼×层×单元 101 号房屋（以下简称 101 号房屋）登记于田长宝名下，并向其核发了 X 京房权证门私字第 050153 号房屋所有权证（以下简称被诉房产证）。

原告诉称，被告颁发的被诉房产证所依据的北京市存量房屋买卖合同（合同编号：CX107871）属虚假合同，已被北京市门头沟区人民法院和北京市第一中级人民法院民事判决确认无效，被告颁发的 X 京房权证门私字第 050153 号房屋所有权证也就失去了法律依据，应当予以撤销。请求法院判决撤销被诉房产证，并换发新的房产证给原告。

被告辩称：第一，被告颁发被诉房产证有事实依据。张万清、张淑媛全权委托张蒂办理房屋出售等相关一切手续，并办理了委托公证。张蒂代表张万清与田长宝签订房屋买卖合同，并办理了资金划转、缴纳税费。之后，张蒂代表张万清同田长宝向被告提出该房屋所有权转移登记申请。被告经审核后颁发了被诉房产证。

第二，被告颁发被诉房产证程序合法。被告收到申请人张万清、田长宝的房屋所有权转移登记申请后，依法定程序对申请的内容及

---

〔1〕 "张万清、张淑媛不服北京市住房和城乡建设委员会房屋产权转移登记案"，载 http://www.pkulaw.cn/fulltext_form.aspx? Db = pfnl&Gid = 120826191&keyword = %E4% B8% 8D% E5% 8A%⋏8% E4% BA% A7% E7% 99% BB% E8% AE% B0% E7% B0% BF&EncodingName = &Search_ Mode = accurate.

其提交的申请材料进行了全面审查。

第三，该房屋抵押登记尚未解除。抵押权人中国工商银行股份有限公司北京门头沟支行（以下简称工行门头沟支行）、抵押人田长宝就该房屋向被告申请办理了房屋抵押登记。被诉房屋所有权证的撤销涉及抵押权是否灭失的问题，应先予明确后再依法判决撤销房屋所有权证。综上，请求法院判决驳回二原告的诉讼请求。

第三人田长宝述称：同意被告的答辩意见。

第三人工行门头沟支行述称：同意被告的答辩意见，且其抵押权合法有效。

二审中，上诉人称，上诉人享有 101 号房屋的合法抵押权，一旦撤销被诉房产证，则上诉人享有的抵押权将无法得以实现。因此，一审法院在撤销被诉房产证时应当对该抵押权一并进行处理。综上，一审判决认定事实不清，适用法律错误，请求二审法院依法予以撤销。

被上诉人张万清、张淑媛表示同意一审判决；原审被告北京市住建委表示同意一审判决；原审第三人田长宝表示不同意一审判决，认为一审法院不应撤销被诉房产证，请求二审法院撤销一审判决。

审理判析 ▶▶▶

北京市门头沟区人民法院经公开审理查明：2007 年 11 月 2 日，张蒂持张万清、张淑媛的虚假身份证明到北京市燕京公证处办理了以张万清、张淑媛委托其出售 101 号房屋为内容的（2007）京燕京内证字第 504 号公证书。

同月 20 日，张蒂以张万清委托代理人的名义与田长宝订立北京市存量房屋买卖合同，约定：田长宝从张万清处购买 101 号房屋。同月 21 日，田长宝向被告申请房屋所有权转移登记。被告审核后，于 2007 年 12 月 15 日作出"同意办理转移登记，准予发证"的审核意见，并向田长宝颁发了被诉房产证。

经张万清、张淑媛申请，2009 年 8 月 25 日，北京市燕京公证处审查后作出公证复查决定书，决定撤销（2007）京燕京内证字第504号公证书。后张万清、张淑媛提起民事诉讼，要求确认张蒂与田长宝就101号房屋订立的房屋买卖合同无效，一审法院于2010年3月25日作出（2009）门民初字第2790号民事判决，认定张蒂未经张万清、张淑媛许可，利用伪造的身份证件和虚假的委托书，与田长宝订立买卖合同，擅自处分张万清、张淑媛房产，该合同未经张万清、张淑媛追认，张蒂亦未于合同订立后取得101号房屋处分权，遂判决上述房屋买卖合同无效。

田长宝上诉后，2010年9月20日，北京市第一中级人民法院作出（2010）一中民终字第13770号民事判决，判决驳回上诉，维持原判。2010年11月16日，张万清、张淑媛提起行政诉讼，要求撤销被诉房产证。

上述事实有下列证据证明：被告提交的证据①京房权证门私字第41703号房屋所有权证，证明涉案房屋原产权状况；②公证书，证明张蒂是受张万清委托办理房屋的产权移转，并得到燕京公证处的公证；③北京市存量房屋买卖合同，证明被告在接受申请时该合同存在，依据这份合同办理产权移转登记合法有效；④房屋所有权转移登记申请书，房屋所有权转移登记审核意见，存量房交易结算资金自行划转声明，所缴纳的契税证明，北京市房屋登记表，房地平面图，受理通知单，张万清、张淑媛、田长宝身份证复印件，证明被告进行本次房屋所有权转移登记是接受了申请人申请，审核所有材料后办理了转移登记。

北京市门头沟区人民法院经审理认为：被告受理田长宝提出的房屋所有权转移登记申请后，依法审查了其提交的申请材料，尽到了法定的审查义务。但是，鉴于张蒂以张万清代理人名义与田长宝就101号房屋订立之北京市存量房屋买卖合同业经民事判决确认无效，该房屋所有权转移登记的合同基础已经不存在。

北京市门头沟区人民法院依照《中华人民共和国行政诉讼法》第54条第2项第1目之规定，作出如下判决：撤销被告北京市住房和城乡建设委员会向田长宝颁发的 X 京房权证门私字第 050153 号房屋所有权证。

北京市第一中级人民法院经审理，同意一审法院的认证意见。根据上述有效证据及各方当事人无争议的陈述，二审法院对一审法院查明的基本事实予以确认。

北京市第一中级人民法院经审理认为：北京市住建委受理田长宝提出的房屋所有权转移登记申请后，依法审查了其提交的申请材料，已尽到法定的审查义务。但是，鉴于张蒂以张万清代理人名义与田长宝就 101 号房屋订立的北京市存量房屋买卖合同已被法院生效民事判决确认无效，故本案被诉房产证的合法性基础已经不存在，一审法院判决撤销被诉房产证正确，本院予以维持。

综上，一审判决认定事实清楚、适用法律正确、程序合法，本院应予维持。上诉人工行门头沟支行要求撤销一审判决之上诉请求缺乏事实及法律依据，本院不予支持。

北京市第一中级人民法院依照《中华人民共和国行政诉讼法》第 61 条第 1 项之规定，作出如下判决：驳回上诉，维持一审判决。

🔍 **法理** 研究▶▶▶

一、房屋登记既是行政行为又是可以引起私法效果的事实行为

（一）房屋登记行为体现着对于物权变动的依附性

《房屋登记办法》第 2 条规定，房屋登记，是指房屋登记机构依法将房屋权利和其他应当记载的事项在房屋登记簿上予以记载的行为。从这一界定来看，房屋登记带有行政管理的性质。但是，房屋登记同时也是一种物权公示行为，是可以引起私法效果的事实行为。譬如，房屋登记需以事实为依据，这里的事实主要就指物权的真实状况。

（二）房屋登记行政法律规范要受物权民事法律规范的制约

在《物权法》施行前，房屋登记机关主要依据《城市房屋权属

登记管理办法》对房屋登记申请进行审查，其中并无善意取得的内容。而《物权法》施行后，受到《物权法》第 106 条关于不动产善意取得规定的影响，《房屋登记办法》取代《城市房屋权属登记管理办法》成为房屋登记适用的主要行政法律规范，其第 81 条则明确规定房屋登记机关在撤销房屋登记时需要考虑善意取得之情形。

故此，房屋登记虽具有行政行为的属性，但其始终与私权保持着密切的关系。从事实根据的角度讲，物权的真实状况就是房屋登记所需尊重的客观事实。从法律依据的角度讲，房屋登记除了要遵守相关的行政法律规范外，还需要遵循相关的民事法律规范，特别是物权法。

二、房屋登记双重审查标准的运用

（一）申请材料的层面房屋登记基础限定于形式审查标准

在《物权法》施行前，房屋登记机关主要依据《城市房屋权属登记管理办法》对房屋转移登记申请进行审查。《城市房屋权属登记管理办法》第 27 条规定，登记机关应当对权利人（申请人）的申请进行审查。凡权属清楚、产权来源资料齐全的，初始登记、转移登记、变更登记、他项权利登记应当在受理登记后的 30 日内核准登记，并颁发房屋权属证书。第 36 条第 1 款规定，以虚报、瞒报房屋权属情况等非法手段获得房屋权属证书的，由登记机关收回其房屋权属证书或者公告其房屋权属证书作废，并可对当事人处以 1000 元以下罚款。

基于上述规定，如果申请人提交的材料齐全、权属清楚，则房屋登记机关应当予以登记；反之，如果房屋登记机发现申请材料存在虚假，则可以不予登记。对于已经做出的登记行为，房屋登记机关可以予以撤销。同理，人民法院在审理此类案件时也可以持同样的审查标准，其中最为典型的一种表述为"鉴于申请材料存在虚假，被诉房屋转移登记行为的合法性基础已经不存在，本院依法应予撤销"。

房屋登记机只需要对申请材料是否齐全、真实进行审查，至于房屋登记行为背后的权利状况则在所不问。

（二）将合法性基础限定于物权变动合同的债权主义审查标准

有学者认为，相对于形式主义的审查标准，债权主义的审查标准将登记行为的合法性基础仅限定在一项申请材料上，即房屋买卖合同。持该标准者将房屋买卖合同视为房屋转移登记的原因行为，即房屋买卖合同为因，而房屋转移登记为果，只有房屋买卖合同被确认无效或被撤销，房屋转移登记才失去原动力，成为无因之果、无源之水。也仅在此情形下，基于该房屋买卖合同进行的房屋转移登记才能被撤销。

上述标准逻辑比较清楚，但也存在一个无法回避的问题：如果房屋登记机关以房屋买卖合同被撤销或被确认无效为由撤销该房屋转移登记，则相当于基于一个无效的债权撤销了一个存在的物权（至少是形式上的物权），这是否有违相关的民事法律规范？进一步说，如果受让人主张善意取得并得到人民法院认可，则即使房屋买卖合同无效，受让人基于善意取得制度仍能取得该房屋的所有权，此时的登记权利人即为真实权利人，房屋登记机关予以撤销显然不当。

第十九条　实地查看、调查及其所涉人员的配合义务

属于下列情形之一的，不动产登记机构可以对申请登记的不动产进行实地查看：

（一）房屋等建筑物、构筑物所有权首次登记；

（二）在建建筑物抵押权登记；

（三）因不动产灭失导致的注销登记；

（四）不动产登记机构认为需要实地查看的其他情形。

对可能存在权属争议，或者可能涉及他人利害关系的登记申请，不动产登记机构可以向申请人、利害关系人或者有关单位进行调查。

不动产登记机构进行实地查看或者调查时，申请人、被调查人

应当予以配合。

☑ **相关法条**

《物权法》第 12 条规定：登记机构应当履行下列职责：

（一）查验申请人提供的权属证明和其他必要材料；

（二）就有关登记事项询问申请人；

（三）如实、及时登记有关事项；

（四）法律、行政法规规定的其他职责。

申请登记的不动产的有关情况需要进一步证明的，登记机构可以要求申请人补充材料，必要时可以实地查看。

《土地登记办法》第 13 条规定：国土资源行政主管部门受理土地登记申请后，认为必要的，可以就有关登记事项向申请人询问，也可以对申请登记的土地进行实地查看。

《房屋登记办法》第 19 条规定：办理下列房屋登记，房屋登记机构应当实地查看：

（一）房屋所有权初始登记；

（二）在建工程抵押权登记；

（三）因房屋灭失导致的房屋所有权注销登记；

（四）法律、法规规定的应当实地查看的其他房屋登记。

房屋登记机构实地查看时，申请人应当予以配合。

☑ **条文解析**

一、不动产登记机构的审查职责[1]

（一）不动产登记机构负有一定的审查职责

在受理不动产登记申请后，不动产登记机构须依法履行一定的审查义务，以确保合法的不动产物权登记申请被真实地、准确地记

---

〔1〕 参见：国家社会科学基金一般项目，"不动产登记立法研究"（批准号：07BFX028），第 202～211 页。

载于不动产登记簿中。《不动产登记暂行条例》第 18 条、第 19 条一齐规定了不动产登记机构的审查义务。

对于不动产登记机构的审查义务，一直以来，存在不同的学说，有形式审查说、实质审查说、形式审查为主辅之以实质审查说、区分审查说、未规定何种审查职责说。结合《物权法》第 12 条的规定，目前在理论界与实务界，有两种观点最受支持：一是，相关法律规定没有明确回答不动产登记机构的审查职责到底是形式审查还是实质审查或者其他[1]；二是，对相关法律规定予以分析得出，法律确定了形式审查与实质审查兼顾的折中审查方式。[2]

（二）关于形式审查之理解

1. 不负责审查材料的真实性。其认为所谓形式审查指，登记机构只负责审查登记申请材料是否符合法定的格式与要求。

2. 要负责审查材料的真实性。该种观点认为，登记机构不仅要负责审查登记申请材料是否符合法定的格式与要求，而且要负责查验登记申请材料（反映相关法律事实的材料）是否真实。比如不动产权属证书是否真实、签章是否真实、公证书是否由有权机关出具等。

（三）关于实质审查之理解

其是指，登记机构既要负责登记申请材料的形式审查，又要对登记申请材料所反映的法律事实进行审查，即审查该法律事实是否真实存在且合法有效。

---

〔1〕 胡康生主编：《中华人民共和国物权法释义》，法律出版社 2007 年版，第 47~48 页。通过调研，立法机关发现，就不动产登记机关的审查义务问题存在的争论很大，且就何为形式审查、何为实质审查，观点并不统一。考虑到我国行政管理体制的完善和不动产统一登记制度的建立，尚需时日，对于这个问题还应在进一步总结实践经验的基础上做出更为具体的规定。我国目前《物权法》还不适合对登记机关究竟是进行实质审查还是形式审查做出规定。

〔2〕 朱岩、高圣平、陈鑫：《中国物权法评注》，北京大学出版社 2007 年版，第 123 页。王利明：《物权法研究》（上卷），中国人民大学出版社 2013 年版，第 334 页，"兼顾形式审查和实质审查的折中模式"。

（四）我国的审查方式

通说认为，《物权法》第 12 条第 1 款前 3 项意在形式审查，该条第 1 款第 4 项则为实质审查留有了余地，该条第 2 款则意在实质审查。尤其从"必要时可以实地查看"自得出实质审查为辅。[1] 而《不动产登记暂行条例》第 19 条也规定了某些情形下登记机构的实质审查义务。

登记机构究竟应该采取何种审查形式，并不是一个单纯的选择问题，需要结合公私法交融的理念以及公法行为界限、登记行为本身性质的界定等诸多问题综合考量，根本旨在维护不动产权利人的合法权益、安全稳定的交易秩序和社会主义市场经济的健康发展。

二、法定的可以实地查看的情形

（一）房屋等建筑物、构筑物所有权首次登记中的实地查看[2]

《不动产登记暂行条例》将"房屋等建筑物、构筑物所有权首次登记"明确列为可以实地查看的情形之一。此处使用了"首次登记"的字样，而此前的《土地登记办法》、《房屋登记办法》在表达此类意思时使用的都是"初始登记"的字样。根据《土地登记办法》、《房屋登记办法》，初始登记包括土地权利的初始登记、房屋所有权初始登记。《土地登记办法》规定了初始登记的定义，并多处涉及"初始登记"，该办法规定的进行初始登记的土地权利包括国有土地使用权、集体土地所有权、集体土地使用权。对此，有学者提出异议，认为"初始登记又指所有权的第一次登记，包括土地所有权的初始登记与房屋所有权的初始登记"。此处，《不动产登记暂行条例》的"首次登记"即是指房屋等建筑物、构筑物的所有权的第一次

---

〔1〕 王利明：《物权法研究》（上卷），中国人民大学出版社 2013 年版，第 334 页，"兼顾形式审查和实质审查的折中模式"。

〔2〕 参见：国家社会科学基金一般项目，"不动产登记立法研究"（批准号：07BFX028），第 224～237 页。

登记。

所有权首次登记，或者说所有权初始登记，是变更登记、转移登记等其他各种登记（总登记除外）的前提和基础，其真实性和准确性非常重要。因此，《房屋登记办法》将"房屋所有权初始登记"列为应当实地查看的情形，而《不动产登记暂行条例》则将"房屋等建筑物、构筑物所有权首次登记"明确列为可以实地查看的情形，更加周到地将房屋以外的建筑物、构筑物亦纳入其中。

（二）在建建筑物抵押权登记中的实地查看[1]

《城市房地产抵押管理办法》第3条第5款规定："本办法所称在建工程抵押，是指抵押人为取得在建工程继续建造资金的贷款，以其合法方式取得的土地使用权连同在建工程的投入资产，以不转移占有的方式抵押给贷款银行作为偿还贷款履行担保的行为。"该办法所定义的"在建工程抵押"对抵押权人、抵押目的做了限定。

《物权法》第180条所规定的一般抵押权的抵押财产范围包括"正在建造的建筑物"。这意味着在建工程抵押不限于抵押管理办法所限定的情形。而且最高人民法院"关于《城市房地产抵押管理办法》在建工程抵押规定与上位法是否冲突问题的答复"（2012.11.28）中指出："法律对在建工程抵押权人的范围没有作出限制性规定，《城市房地产抵押管理办法》第3条第5款有关在建工程抵押的规定，是针对贷款银行作为抵押权人时的特别规定，但并不限制贷款银行以外的主体成为在建工程的抵押权人。"

在建建筑物抵押权的特殊性在于其客体的特殊性，即正在建造的建筑物（此处不谈论一并抵押的建设用地使用权）。建筑物正在建造，尚未完工，不能办理建筑物所有权的初始登记，那么在建建筑物抵押权的设立登记即是该建筑物所涉第一次不动产登记。首次不动产登记自然应尽可能地仔细审查，故在建建筑物抵押权的设立登

---

[1] 参见：国家社会科学基金一般项目，"不动产登记立法研究"（批准号：07BFX028），第340~348页。

记依法属于"可以实地查看的情形"。而且不动产登记机构实地查看在建建筑物，有利于准确直观地判断正在建造的建筑物是否与申请人提交的书面材料相一致，确保登记无误。

有学者认为，因为根据《房屋登记办法》第 19 条，办理在建工程抵押权登记，房屋登记机构应当实地查看，所以办理在建工程抵押权的设立登记、变更登记、转让登记、注销登记，房屋登记机构都应当实地查看。[1] 对此，笔者认为，并非涉及在建建筑物抵押权的所有登记都必须经过实地查看这一程序。首先，《物权法》作为《房屋登记办法》之上位法，仅明确规定"必要时可以实地查看"，对应予实地查看之情形未予明确。其次，《不动产登记暂行条例》效力位阶低于物权法，高于《房屋登记办法》，其规定"在建建筑物抵押权登记"属于不动产登记申请中"可以实地查看"的情形。物权法与暂行条例使用的都是"可以"字眼，不是"应当"。暂行条例没有言明是在建建筑物抵押权的何种登记，那么不论是在建建筑物抵押权的何种登记，都要依登记审查时的实际情况，综合判断是否有实地审查之必要。再者，举一例来说明，债务人与债权人签订在建建筑物抵押合同，并办理了在建建筑物抵押权的设立登记，然而，办理抵押权设立登记几日后，债务人有了新的资金来源，偿还了部分欠款，那么抵押权担保的债权数额发生变化，此时双方申请在建建筑物抵押权的变更登记，笔者认为，在只有抵押权担保的债权数额发生变更的情况下，不动产登记机构无须实地查看即可为当事人办理变更登记。

（三）因不动产灭失导致的注销登记中的实地查看[2]

土地和房屋是与人类生活生产最息息相关的两种不动产。此项中的不动产灭失自然包括土地灭失和房屋灭失在内。不动产灭失导

---

[1] 此处观点提出于《不动产登记暂行条例》出台以前。

[2] 参见：国家社会科学基金一般项目，"不动产登记立法研究"（批准号：07BFX028），第 253 ~ 255 页。

致附着于不动产的权利消灭，如集体土地所有权、房屋所有权、房屋抵押权等的消灭。不动产是否灭失，不动产登记机构实地查看后可以很容易做出判断，可以有效地排除虚假的不动产注销登记申请。

（四）其他不动产登记中的实地查看情形

《不动产登记暂行条例》第 19 条采取了具体列举与一般抽象相结合的立法方式。第 1 款前三项为具体列举，第 4 项为兜底条款。以"不动产登记机构认为需要实地查看的其他情形"作为兜底条款，为实践与立法预留空间。

三、不动产登记中的调查权

《不动产登记暂行条例》第 19 条第 2 款规定了不动产登记机构在特定情形下享有调查权。特定情形有：第一，登记申请可能存在权属争议；第二，登记申请可能涉及他人利害关系。可被调查对象有：申请人、利害关系人、有关单位。笔者查阅了相关的法律、行政法规、部门规章，虽查找到了"调查"二字，却并未查找到本条所述及的办理登记申请不动产登记机构可以行使的调查权，在本暂行条例之外暂时无迹可寻。不过，相信此项调查权，一定有利于促进不动产登记机构积极主动、顺利地开展不动产登记工作，也为不动产登记工作的准确性添加了一份有力保证。

☑ 裁判要旨

不动产登记机构负有一定的审查职责，通说认为，我国实行形式审查与实质审查兼顾的审查方式。不动产登记机构在必要时可以实地查看，在特定情形下还享有调查权。

☑ **典型案例**

蓝某等诉某县人民政府房屋行政登记纠纷案[1]

🔍 **案情**简介▸▸▸

1990年5月，某县某乡人民政府经相关部门批准，拆除旧房修建新房，以作乡政府机关用房。2013年4月，某县某乡人民政府办理了该房屋的土地使用权证、建设用地规划许可证。同月22日，某县某乡人民政府向某县城乡规划建设和住房保障局申请办理房屋所有权登记，并递交了该房屋的土地使用权证、建设用地规划许可证、建设工程规划许可证等相关材料。经某县城乡规划建设和住房保障局查验相关证件资料、审核后，某县人民政府于2013年4月24日向某县某乡人民政府颁发了房权证县房监字第201303336号房屋所有权证，载明建筑面积674.4平方米，登记类别为初始登记，登记原因为新建。

但是，某县某乡人民政府于20世纪90年代拆除的旧房中，有一部分房屋系蓝某、王某的父辈留下的房屋。该部分旧房被一起拆除改建，改建后建成的新房被置换给蓝某、王某。改建后，蓝某、王某一直居住在该房屋，也没有任何人来过问该房屋的产权证。

在某县某乡人民政府递交申请、办理产权登记的过程中，蓝某、王某向某县某乡人民政府及某县人民政府递交了情况说明及异议书，但某县人民政府仍然在没有经过走访、调查的情况下，于2013年4月24日将该房屋登记在某县某乡人民政府名下。

蓝某、王某认为该登记行为是错误的，严重侵害了其财产权利，遂于2013年8月30日以某县人民政府为被告，向某县人民法院提起行政诉讼，请求某县人民法院撤销房权证县房监字第201303336号

---

[1] 改写自"蓝天军等与三台县人民政府房屋行政登记纠纷上诉案"，案例来源于北大法宝。

房屋所有权证。

一审法院经审理认为：某县人民政府根据某县某乡人民政府的申请，在某县城乡规划建设和住房保障局查验申请人的相关证件资料、现场查看、审核后，颁发了房屋所有权证，该行为符合《房屋登记办法》第30条、第19条、第20条第1款的规定，其颁证行为合法；本案的房屋登记系初始登记，并不影响原告以置换或其他理由向第三人主张权利。故法院认为原告认为被告的行为未遵守《房屋登记办法》，导致其财产权利遭受严重侵害的理由不能成立，对其要求撤销被告的房屋产权登记的诉讼请求不予支持。一审判决：驳回原告蓝某、王某的诉讼请求。案件受理费50元，由蓝某、王某负担。

一审判决后，蓝某、王某不服，以"某县人民政府于2013年4月24日做出的某县房监字第201303336号房屋产权登记中的一部分房屋系二上诉人父辈留下的房屋，九十年代经过某县某乡人民政府改建后置换给蓝某、王某，蓝某、王某一直居住在该房屋，也没有任何人来过问该房屋的产权证。……在某县某乡人民政府办理产权登记的过程中，蓝某、王某向某县某乡人民政府及某县人民政府递交了情况说明及异议书，但某县人民政府置之不理，在没有经过走访、调查的情况下，于2013年4月24日将该房屋登记在某县某乡人民政府名下，故某县人民政府的登记行为错误，且违背了《房屋登记办法》的规定，导致二人财产权遭到严重侵害。原审法院判决错误……"等为由，提出上诉，并请求二审法院查明事实，撤销原判。

二审法院经审理认为：在本案审理过程中，某县人民政府没有提供出充分可信的证据证明其在办理本案所涉房屋所有权证的过程中，对现场进行过实地查看。根据《房屋登记办法》第19条第1款"办理下列房屋登记，房屋登记机构应当实地查看：（一）房屋所有权初始登记；……"的规定，某县人民政府办理房权证县房监字第201303336号房屋所有权证的程序违法，故应依法予以撤销。蓝某、王某所持"某县人民政府的登记行为违背了《房屋登记办法》的规定，原审法院判决错误"的上诉理由，经查成立，本院予以支持。原判认定事实有误，本院依法予以纠正。据此，依法判决：撤销一审判决；撤销某县人民政府做出的房权证县房监字第201303336号房屋所有权证。一审、二审案件受理费共100元，由某县人民政府负担。

法理研究▸▸▸

本案是比较直观地运用已有的"实地查看"条款进行裁判的案件。首先，本案涉及的是房屋所有权初始登记，属于《房屋登记办法》第19条规定的房屋登记机构办理房屋登记应当实地查看的情形，而房屋登记机构在办理房屋所有权初始登记的过程中却没有实地查看申请登记的房屋。其次，本案中的房屋登记机构在办理房屋所有权初始登记的过程中，曾收到蓝某、王某的情况说明及异议书，这亦应引起房屋登记机构的重视。

除本案外，另有许多案例及案例分析或者于案件审理、判决中涉及"实地查看"的问题，或者于案例评析（本案法院法官的观点）中讨论到"实地查看"的问题。于此诸多案例中，"实地查看"所牵引出的讨论主要是我国的不动产登记审查是形式审查，还是实质审查[1]，或者以形式审查为原则[2]，又或是结合具体案情表

---

〔1〕 "石育清诉兴宁市国土资源局土地行政登记案"，载 http：//www.pkulaw.cn/fulltext_form.aspx？Db＝pfnl&Gid＝118315889&keyword＝石育清诉兴宁市国土资源局土地行政登记案 &EncodingName＝&Search_ Mode＝accurate.

〔2〕 "王建干诉盐城市房产管理局房产登记行为侵权案"，载 http：//www.pkulaw.cn/fulltext_form.aspx？Db＝pfnl&Gid＝117676232&keyword＝王建干诉盐城市房产管理局房产登记行为侵权 &EncodingName＝&Search_ Mode＝accurate.

达法律法规缺乏实质审查情形的详细规定〔1〕。

司法实践中有些法官认为："土地资源行政主管部门在发证时仅对申请人的申请材料进行形式审查，没有义务对申请材料进行实质审查"。但另有法官认为，"根据《物权法》第 12 条规定……从《物权法》本条规定的登记机构的审查职责来看，采用的应当是实质审查模式"。

有最高人民法院的法官认为，"《物权法》规定的不动产登记审查更接近于实质审查，其理由是：《物权法》规定登记机构要'查验权属证明材料和其他必要材料'，权属证明就是证明权利变动的原因关系的证明，包括不动产物权设立、变更、转让和消灭的合同或者人民法院、仲裁机构的生效法律文书。既然是查验，则有查明这些材料真实性的要求，也就涉及不动产变动的原因关系的审查。登记机构可以询问登记申请人提供材料之外的事项，其目的显然是为了确保登记内容的真实性，已经突破了形式审查范畴而迈入实质审查。《物权法》赋予了登记机构于必要时实地查看不动产的权力，这实际上是赋予了登记机构调查职权。一般只有在实质审查的模式下，登记机构才有调查职权。"

应当认为《不动产登记暂行条例》第 19 条第 2 款规定了不动产登记机构的调查权。《物权法》中不存在明确的调查条款。而一般认为，我国"房屋权属转让登记采取书面审查、形式审查的原则"，现行"法律法规关于政府部门在进行宅基地登记时，在什么情况下需要进行实质审查并没有详细的规定"。故可见，在我国不动产登记中，既有形式审查，也有实质审查，只是由于缺乏实质审查情形的详细规定，实际操作性差。

---

〔1〕 "薛万田诉忻州市忻府区人民政府土地行政登记案—城镇户籍人员对农村宅基地使用权是否享有继承权"，案例注解之二，载 http://www.pkulaw.cn/fulltext_form.aspx? Db = pfnl&Gid = 120454818&keyword = 薛万田诉忻州市忻府区人民政府土地行政登记 &EncodingName = &Search_ Mode = accurate.

第二十条 不动产登记之办理期限

不动产登记机构应当自受理登记申请之日起 30 个工作日内办结不动产登记手续，法律另有规定的除外。

☑ **相关法条**

《物权法》第 12 条规定：登记机构应当履行下列职责：

（一）查验申请人提供的权属证明和其他必要材料；

（二）就有关登记事项询问申请人；

（三）如实、及时登记有关事项；

（四）法律、行政法规规定的其他职责。

申请登记的不动产的有关情况需要进一步证明的，登记机构可以要求申请人补充材料，必要时可以实地查看。

《房屋登记办法》第 23 条规定：自受理登记申请之日起，房屋登记机构应当于下列时限内，将申请登记事项记载于房屋登记簿或者作出不予登记的决定：

（一）国有土地范围内房屋所有权登记，30 个工作日，集体土地范围内房屋所有权登记，60 个工作日；

（二）抵押权、地役权登记，10 个工作日；

（三）预告登记、更正登记，10 个工作日；

（四）异议登记，1 个工作日。

公告时间不计入前款规定时限。因特殊原因需要延长登记时限的，经房屋登记机构负责人批准可以延长，但最长不得超过原时限的一倍。

法律、法规对登记时限另有规定的，从其规定。

《土地登记办法》第 19 条规定：国土资源行政主管部门应当自受理土地登记申请之日起 20 日内，办结土地登记审查手续。特殊情况需要延期的，经国土资源行政主管部门负责人批准后，可以延长 10 日。

☑ **条文解析**

一、不动产登记始终与物权变动紧密相连

不动产登记始终与物权的"设立、变更、转让和消灭"紧密联系，未经登记，物权变动不发生效力，不能对抗第三人，不能明确权属、定纷止争，不能保障交易的高效、经济和安全。

不动产登记是建立物权制度的重要基础，具有物权设定、对抗、优先、权利推定等法律效力。不动产物权登记簿具有优先、公信和推定等法律效力。坚持区分合同效力与登记效力，是遵循民法基本理论、保护合同当事人合法权益的现实需要。[1]

因为不动产登记所具有的对抗效力以及权利推定效力，特别是其可以作为善意取得的要件之一，对抗原权利人，所以不动产登记对于不动产权利人及交易方具有重要意义。故此，登记机构必须合法作为，在确定的期限内予以登记，尽快明确不动产归属，稳定社会秩序。

二、登记的快慢决定了获取相应物权的先后

不动产登记在一定期限内完成是受快速化的社会经济生活方式的影响而形成的，登记的快慢决定了获取相应物权的先后，而其中的时间差，甚至可以转变为经济价值。

因而《不动产登记暂行条例》要求"不动产登记机构应当自受理登记申请之日起30个工作日内办结不动产登记手续"。理论上而言，在同一不动产权利有多个主体申请办理相关登记时，应按登记申请受理的先后顺序办理，判断标准应是受理时间的顺序，而不是递交申请材料的顺序，递交申请材料并不代表登记机构一定会受理，此项标准可以督促申请人仔细核对登记机构的申请材料要求，争取一次性通过初审，亦有利于登记程序的快速进行。

三、只有法律另有规定才可突破这一要求

《不动产登记暂行条例》是国务院的行政法规，只有法律可以另有规定，突破期限要求。此处法律应作狭义理解，即仅包括"全国

---

[1] 顾华详："论不动产物权登记的法律效力"，载《乌鲁木齐职业大学学报（人文社会科学版）》2008年第1期。

人民代表大会及其常委会制定的法律"。同时，该条例第 35 条第 2 句规定："本条例施行前公布的行政法规有关不动产登记的规定与本条例规定不一致的，以本条例规定为准。"30 个工作日的期限要求可以统一之前各个登记办理期限的多样性，同样体现了统一登记的制度要求。

建议在 30 个工作日期限要求的前提下，可以补充规定"补充说明、公告所需时间不计入该条规定的登记期限内"。登记机构进行登记时，除了登记本身的时间外，有时可能需要进行补充说明或公告，公告期一般都会超过 30 日，应将这些时间排除在 30 个工作日的登记期限之外，给予登记机关足够的时间完成完整的登记程序。

☑ 裁判要旨

不动产登记机关应遵守法律法规的时限要求，在规定时限内完成登记工作，提高工作效率。登记机构不仅承担登记工作本身，而且也应对申请人的相关请求进行及时处理。违反法律规定不在法定的期限内进行相应处理的，则需承担相应的法律责任。

☑ 典型案例

申×光等与韦×石不履行房产登记法定职责纠纷上诉案 [1]

◎ 审理 判析 ▸▸▸

柳州市航银路 37 号金山丽园 10 − 1 − 3 − 2 号房屋系韦×石于 2004 年 9 月通过中介公司从刘有亮、何媛手中购买并居住至今，但未办理房屋过户手续。2004 年 12 月刘有亮取得涉案房屋的房屋产权证。2005 年 2 月 18 日，刘有亮、何媛与何×忠签订《房地产买卖契约》，将涉案房屋卖给了何×忠。2005 年 3 月 4 日，何×忠办理了该

---

〔1〕 "申×光等与韦×石不履行房产登记法定职责纠纷上诉案"，载 http://www.pkulaw.cn/fulltext_ form.aspx? Db = pfnl&Gid = 118608760&keyword = &EncodingName = &Search_ Mode =.

房屋产权证。

2005 年 7 月 15 日，韦×石诉至柳州市柳南区人民法院，要求判令刘有亮、何媛与何×忠之间就涉案房屋所签订的买卖合同无效；确认刘有亮、何媛与其就涉案房屋签订的买卖合同有效，并要求刘有亮、何媛继续履行合同将涉案房屋过户到其名下。

2006 年 8 月 14 日，柳州市柳南区人民法院作出（2005）南民初（一）字第 852 号民事判决，判决驳回韦×石的诉讼请求。判决生效后，韦×石于 2007 年 5 月 26 日向柳州市柳南区人民法院申请再审，柳州市柳南区人民法院于 2008 年 5 月 22 日作出（2008）南民再字第 4 号民事判决，判决：第一，撤销（2005）南民初（一）字第 852 号民事判决；第二，刘有亮、何媛与何×忠之间就柳州市航银路 37 号金山丽园 10 - 1 - 3 - 2 号房屋所签订的买卖合同无效；第三，刘有亮、何媛与韦×石签订的《房屋买卖中介服务委托书》有效；何×忠、何媛、刘有亮应将柳州市航银路 37 号金山丽园 10 - 1 - 3 - 2 号房屋过户给韦×石，并承担过户费用。

何×忠不服，提起上诉。

柳州市中级人民法院于 2008 年 12 月 9 日作出（2008）柳市民再终字第 42 号民事判决，判决驳回上诉，维持原判。

2008 年 5 月 13 日，何×忠与申×光签订了一份《抵押借款协议书》，将该涉案房屋抵押给申×光。2008 年 5 月 16 日，市住建委为申×光和何×忠办理了抵押登记。因争议的房屋无法办理过户手续给韦×石，韦×石又将何×忠和申×光二人起诉到法院，要求确认二人之间所签订的抵押合同无效，并撤销抵押登记。

柳州市柳南区人民法院于 2010 年 5 月 28 日作出（2010）南民初（一）字第 103 号民事判决，判决：第一，何×忠与申×光于 2008 年 5 月 13 日就柳州市航银路 37 号金山丽园 10 - 1 - 3 - 2 号房屋所签订的抵押借款协议书无效。第二，驳回韦×石关于撤销柳州市航银路 37 号金山丽园 10 - 1 - 3 - 2 号房屋的抵押登记的诉讼请求。

申×光不服，提起上诉，柳州市中级人民法院于 2010 年 10 月 27 日作出（2010）柳市民一终字第 821 号民事判决，判决驳回上诉，维持原判。

该判决生效后，韦×石向柳州市柳南区人民法院申请强制执行，柳州市柳南区人民法院 2010 年 11 月 17 日查封争议房屋。由于韦×石向市住建委申请办理撤销抵押登记无果，2011 年 3 月 31 日，韦×石以书面形式再次向市住建委递交申请书，请求撤销柳州市航银路 37 号金山丽园 10 - 1 - 3 - 2 号房屋抵押登记，但市住建委仍未予答复。韦×石因而诉至法院，请求判令市住建委履行法定职责，依法撤销金山丽园 10 - 1 - 3 - 2 号房屋的抵押登记。

🔍 **审理**判析▶▶▶

人民法院审理行政案件，应对被诉具体行政行为的合法性进行审查。本案中，韦×石诉请判令市住建委履行法定职责，依法撤销柳州市航银路 37 号金山丽园 10 - 1 - 3 - 2 号房屋的抵押登记，那么，本案审查的对象即应是市住建委不作为行为的合法性问题。

《房屋登记办法》第 23 条规定："自受理登记申请之日起，房屋登记机构应当于下列时限内，将申请登记事项记载于房屋登记簿或者作出不予登记的决定：……"该办法第 74 条第 3 款又规定："房屋登记簿记载确有错误的，应当予以更正；需要更正房屋权属证书内容的，应当书面通知权利人换领房屋权属证书；房屋登记簿记载无误的，应当书面通知申请人。"据此，市住建委作为本市的房屋登记机构，依法具有对当事人的房屋登记申请事项进行审查，并在规定时限内做出决定，书面通知申请人的法定职责。

其在收到韦×石关于撤销金山丽园 10 - 1 - 3 - 2 号房屋的抵押登记的申请后，本应在法定期限内依法履行职责，对韦×石的申请做出决定并书面通知，但市住建委至今未能举证证实其已依法履行了相应的法定职责。故市住建委不予答复的行为违反了有关法律规定，已构成行政不作为，依法应当予以纠正，判令其履行职责。

法理 研究 ›››

我国《物权法》、《房屋登记办法》均对房屋变动需进行登记做出了明确规定。登记作为不动产物权变动的生效要件的效力，即登记本身具有的、决定因法律行为发生的不动产物权变动能否生效的效力。

对物权变动采物权形式主义的国家（如德国），及对物权变动采债权形式主义的国家（如瑞士），依法律行为进行的不动产物权变动，除须有当事人间的债权合意外，还须当事人另外履行登记这一法定行为，才能产生物权变动的效力。而采物权变动债权意思主义的国家（如法国、日本等），登记对不动产物权变动没有形成力。我国除了非法律行为产生的物权变动外，不动产登记是完成不动产转移的生效要件，只有经过登记这一法定程序，才能发生物权变动的效力。

因为物权是解决物权归属、定纷止争的重要制度，物权的优先效力、追及效力等强大的对世性效力，要求社会其他主体明确其义务界限。通过登记达到的公示公信的效果则是物权效力的合法根据，因此登记对于物权当事人具有重要意义。

登记机构应该及时履行自己的职责，在法定权限、法定期限内积极作为，确定物权的登记状态，稳定社会物权关系。本案中，柳州市柳南区人民法院于 2010 年 5 月 28 日作出（2010）南民初（一）字第 103 号民事判决，判决何×忠与申×光于 2008 年 5 月 13 日就柳州市航银路 37 号金山丽园 10 - 1 - 3 - 2 号房屋所签订的抵押借款协议书无效。在此情形下，韦×石有向市住建委申请撤销抵押登记的权利，虽然根据本案判决，法院驳回了韦×石申请撤销抵押登记的请求，市住建委可以依据法院的判决不予撤销抵押登记，但是登记机构的义务不仅是进行相应的登记，也应该对申请人的申请及时处理回复。市住建委应该在规定期限内对韦×石的申请进行处理，如果登记机构消极不作为，申请人可以提起行政诉讼，请求法院判决登记机构不作为违法。市住建委应当纠正不作为的错误，及时处理、回复申请人。

本案是在《物权法》颁布之前的案例，我们通过仔细分析，可以发现，法院对于物权变动的合同效力与物权登记的关系并没有把握清楚。法院对于本案中刘友亮、何媛和何×忠的房屋买卖合同与何×忠和申×光的合同都做了撤销判决，并且在刘友亮、何媛和何×忠的买卖合同签订并且办理了房屋转移登记的情况下，判决撤销合同，将房屋转移登记给韦×石，这和《物权法》颁布之后的规定不相吻合。刘友亮、何媛和韦×石虽然签订了房屋买卖合同，但是没有办理过户登记，韦×石只是享有请求刘友亮、何媛履行登记义务的债权请求权，房屋仍然属于刘友亮、何媛所有，但是刘友亮、何媛和何×忠签订了买卖合同并且办理了合法的过户登记，房屋已经转移给何×忠，何×忠是从有权处分者那里购得房屋，其产权应受法律保护。

法院判决撤销刘友亮、何媛和何×忠的买卖合同，并且将房屋判决过户到韦×石的名下，是不恰当的；同样，法院判决何×忠和申×光的抵押协议书无效但是驳回撤销抵押登记的请求，是一个错误且自相矛盾的判决。如果抵押协议书认定无效，则登记的基础将不存在，登记应当被撤销，法院做了一个自相矛盾的判决。根据上面的分析，何×忠已经合法取得房屋所有权，其对房屋的处分是有效的，何×忠和申×光的抵押协议书自然是有效的，不应被撤销。根据《物权法》的规定，物权合同的有效性和登记与否不具有相关性，合同只按照合同本身的规则进行判断，这就是物权法上的区分原则。

回归本案，登记具有公示公信效力，不仅是对于登记的权利人进行保护的手段，也是对怠于登记者的一种消极惩罚，韦×石在买卖房屋并且入住后，不催促办理过户登记，也不办理预告登记，可见其在登记上是有过错的，法院不应损害无过错方来弥补过错方的过错。登记机构的登记义务也显得尤为重要，其必须对登记相关的申请事项及时处理，才算尽到法定义务。虽然根据我们上面的分析，韦×石不具有请求撤销抵押登记的充分理由，但是登记机构仍然应该在期限内予以答复、处理。法律规定的时限，不动产登记机构必须遵守。

第二十一条　不动产登记的完成及应核发之不动产权属证书

登记事项自记载于不动产登记簿时完成登记。

不动产登记机构完成登记，应当依法向申请人核发不动产权属证书或者登记证明。

☑相关法条

《物权法》第9条规定：不动产物权的设立、变更、转让和消灭，经依法登记，发生效力；未经登记，不发生效力，但法律另有规定的除外。依法属于国家所有的自然资源，所有权可以不登记。

《物权法》第14条规定：不动产物权的设立、变更、转让和消灭，依照法律规定应当登记的，自记载于不动产登记簿时发生效力。

《物权法》第16条规定：不动产登记簿是物权归属和内容的根据。不动产登记簿由登记机构管理。

《物权法》第17条规定：不动产权属证书是权利人享有该不动产物权的证明。不动产权属证书记载的事项，应当与不动产登记簿一致；记载不一致的，除有证据证明不动产登记簿确有错误外，以不动产登记簿为准。

《房屋登记办法》第25条规定：房屋登记机构应当根据房屋登记簿的记载，缮写并向权利人发放房屋权属证书。

房屋权属证书是权利人享有房屋权利的证明，包括《房屋所有权证》、《房屋他项权证》等。申请登记房屋为共有房屋的，房屋登记机构应当在房屋所有权证上注明"共有"字样。

预告登记、在建工程抵押权登记以及法律、法规规定的其他事项在房屋登记簿上予以记载后，由房屋登记机构发放登记证明。

《土地登记办法》第 14 条规定：国土资源行政主管部门应当对受理的土地登记申请进行审查，并按照下列规定办理登记手续：

（一）根据对土地登记申请的审核结果，以宗地为单位填写土地登记簿；

（二）根据土地登记簿的相关内容，以权利人为单位填写土地归户卡；

（三）根据土地登记簿的相关内容，以宗地为单位填写土地权利证书。对共有一宗土地的，应当为两个以上土地权利人分别填写土地权利证书。

国土资源行政主管部门在办理土地所有权和土地使用权登记手续前，应当报经同级人民政府批准。

☑ 条文解析

一、登记事项自记载于不动产登记簿时完成登记

登记事项记载于不动产登记簿是登记完成的标志，亦是不动产登记簿公信力发挥效力的现实前提，表示整个登记程序的完成。加入登记完成的标志不是画蛇添足，而是督促登记机关及时完成登记簿的记载，申请人也可以明确登记的结果，监督登记机关及时作为。

在整个登记程序的设计上，做到了有始有终。记载于不动产登记簿表示登记完成，应在该条例第 20 条规定的 30 个工作日内完成。也就是说，自受理登记申请之日起 30 个工作日内，登记机关应该完成登记的所有程序，并且将不动产权利记载于登记簿，申请人可以由此取得不动产权属证书。

二、不动产物权自记载于登记簿之日起产生相应的公示公信效力

不动产登记簿，是指记载不动产上的权利状况并备存于特定机关的簿册。《物权法》第 16 条规定，不动产登记簿是物权归属和内容的根据。不动产登记簿由登记机构管理，《房屋登记办法》第 5 条规定，房屋登记机构应当建立本行政区域内统一的房屋登记簿。房屋登记簿是房屋权利归属和内容的根据，由房屋登记机构管理。《不

动产登记条例》第 8 ~ 13 条规定了不动产登记簿的保管、介质、记载等重要内容。不动产物权自记载于登记簿之日起产生相应的公示公信效力。而不动产权属证书和登记证明则为相应的权利证明。因而在暂行条例第 21 条中，明确不动产登记自记载于登记簿之日起发生登记的效力，相应的公示作用便同时得以发挥。在登记簿完成记载的同时，核发相应的权利证书旨在便于确权和认定。

三、不动产登记簿的效力一般优于不动产权属证书

不动产权属证书或者登记证明是证明权利人拥有不动产物权的证明文件，如果产生争议，权利人可以将此作为自己合法权利的证据。但是需要明确的是，我国《物权法》第 17 条规定："不动产权属证书记载的事项，应当与不动产登记簿一致；记载不一致的，除有证据证明不动产登记簿确有错误外，以不动产登记簿为准。"因此虽然权属证书是权利人拥有物权的证明文件，但是不动产登记簿的效力一般优于不动产权属证书。

不动产权属证书可能存在造假的情况，现实生活中，民事主体进行不动产的交易或者确认时，不能仅仅看权属证书或者登记证明，应当亲自到不动产登记机构查询不动产登记簿，确保不动产归属的正确性，减少后续纠纷。不动产价值巨大，对当事人生产生活影响重大，进行不动产的交易一定要到登记机构查询。这也对登记机构的信息公开提出了要求，登记机构应当对不动产登记簿妥善保管，提供便利的查询渠道。

四、不动产统一登记要及时制定和启用统一的不动产权属证书[1]

（一）启用统一的不动产权属证书是健全物权法制的要求

《不动产登记暂行条例》对于不动产统一登记制度的建立具有重

---

[1] 樊志全："不动产统一登记应当做好的几件事"，载《第五届国土资源法治学术研讨会》论文集，第 26 ~ 31 页。

要意义，而其中一项重要工作就是应当尽快制定和启用全国统一的不动产权属证书和登记证明。

（二）统一的不动产权属证书是便民的需要

为了政府转变职能和提高办事效率，更好地为民服务，国务院已落实整合房屋、林地、草原、土地登记职责由一个部门承担。《不动产登记暂行条例》中也已明确"设立统一的不动产登记簿"，因此启用和核发统一的不动产权属证书或者登记证明既十分重要，也顺理成章，将给广大人民群众带来方便。

（三）启用统一的不动产权属证书是历史传统习惯的传承

"契纸千年"、"铁券丹书"既是中华民族几千年的传统习惯，也是深得民心的财产保护的文明成果。依照法律"输籍定样"、"申牒造籍"、"统一印契"，成为历朝历代的重大举措和有效做法。从春秋战国时期的"恒产论"，到清代后期引进"不动产论"，统一的权属证书，已经成为家家户户最为珍藏的财产凭证，是人民大众心安理得的不动产权利的象征。

（四）启用统一的不动产权属证书有利于对不动产权益的保护

通过统一的不动产登记簿和统一的不动产权属证书，对各类不动产统一登记编码，一方面简便易行，另一方面可以有效防止假的证书证明，减少不动产权利纠纷，有利于社会稳定和不动产交易安全。

（五）启用统一的不动产权属证明有利于不动产登记信息化和信息共享

统一的法律依据、登记标准和登记编号，更方便不动产登记的信息化，更方便金融、税务等部门共享相关信息，更方便社会公众查询。

☑裁判要旨

登记事项记载于不动产登记簿是登记完成的标志，不动产自登记于登记簿之日起即产生相应的物权变动之公示公信效力。不动产权属证书记载的事项，应当与不动产登记簿一致；记载不一致的，除有证据证明不动产登记簿确有错误外，以不动产登记簿为准。

☑️ **典型案例**

黄火新等与黄某物权确认纠纷上诉案[1]

🔍 **审理判析** ›››

黄火新、刘少英是黄某的父母，黄丽萍、黄丽香均是黄某的姐姐。坐落于广东省仁化县丹霞开发区金霞小区 B 面四层楼房的《房地产权证》（编号为粤房地证字第 C4299519 号）中，权属人一栏登记为黄某。2006 年 3 月 15 日，黄某与刘光明签订《房地产赠与合同》，约定黄某将坐落于丹霞开发区金霞小区 B 面的一栋四层楼房的百分之五十产权赠与刘光明。同时，合同双方对《房地产赠与合同》进行了公证，但一直未办理权属登记变更手续。

2009 年 9 月 10 日，黄某驾驶湖南 M×××××农用运输车与叶志全驾驶的无号牌两轮摩托车相撞，造成叶志全当场死亡及摩托车损坏的交通事故。后叶志全的家属李冬梅、叶鹏飞、林茂娇起诉至广东省仁化县人民法院（以下简称仁化法院），要求黄某、黄火新、刘少英、雷著明及中国平安财产保险股份有限公司韶关中心支公司赔偿各项经济损失合计 559 945.02 元。

2010 年 5 月 24 日，仁化法院作出（2010）仁法民一初字第 6 号民事判决书，判决：①限中国平安财产保险股份有限公司韶关中心支公司于判决书发生法律效力之日起 5 日内赔偿李冬梅、叶鹏飞、林茂娇机动车交通事故责任强制保险款 110 000 元；②限黄某在判决书发生法律效力之日起五日内赔偿李冬梅、叶鹏飞、林茂娇经济损失 217 170.89 元，雷著明对该赔偿款承担连带赔偿责任；③限黄某在判决书发生法律效力之日起 5 日内赔偿李冬梅、叶鹏飞、林茂娇

---

[1] "黄火新等与黄某物权确认纠纷上诉案"，载 http://www.pkulaw.cn/fulltext_form.aspx? Db = pfnl&Gid = 120135944&keyword = .

摩托车 1000 元；④驳回李冬梅、叶鹏飞、林茂娇的其他诉讼请求。

后黄某、黄火新和刘少英均不服该判决，向广东省韶关市中级人民法院（以下简称韶关中院）提起上诉。2010 年 11 月 9 日，韶关中院作出（2010）韶中法民一终字第 624 号民事判决：驳回上诉，维持原判。因黄某逾期未履行（2010）仁法民一初字第 6 号民事判决书所确定的义务，依申请执行人的申请，仁化法院于 2011 年 6 月 10 日立案执行。在执行过程中，2012 年 6 月 8 日，仁化法院裁定冻结登记在黄某名下的房屋（仁化县丹霞开发区金霞小区 B 面锦园酒店）每年租金收益 25 000 元。2013 年 2 月 6 日，刘光明起诉黄火新、刘少英、黄某、黄丽萍、黄丽香，请求判决广东省仁化县丹霞开发区金霞小区 B 面四层楼房 50% 产权归刘光明所有。

刘光明与黄火新、刘少英、黄丽萍、黄丽香、黄某达成调解协议，仁化法院于 2013 年 4 月 16 日作出（2013）韶仁法民一初字第 65 号民事调解书：刘光明对位于丹霞开发区金霞小区 B 面一栋框架四层楼房拥有 50% 的所有权份额。

2013 年 7 月 1 日，刘光明、黄火新、刘少英、黄丽萍、黄丽香对仁化法院冻结该房屋的租金收益提出书面异议，认为黄某只拥有该房产的 10% 产权，仁化法院不能冻结该房屋其他共有人的租金收益 25 000 元，仁化法院于 2013 年 7 月 12 日作出（2013）韶仁法民一执裁字第 03 号执行裁定书，认为（2013）韶仁法民一初字第 65 号民事调解书确认刘光明对位于丹霞开发区金霞小区 B 面一栋框架四层楼房拥有 50% 的所有权份额合法、有效，该房屋年租金收益的 50% 即 12 500 元应属案外人刘光明所有，裁定：①刘光明提出的执行异议成立，仁化法院停止对广东省仁化县丹霞开发区金霞小区 B 面四层楼房每年的租金收益 50% 即 12 500 元的执行（冻结），已扣划的返还给刘光明；②驳回黄火新等 4 人的执行异议。

2013 年 8 月 1 日，黄火新等 4 人向原审法院提起诉讼，诉称：黄火新等 4 人与黄某是一家人，2004 年，黄火新等 4 人以黄火新的名义申办建房手续，于 2005 年 3 月修建位于仁化县丹霞开发区金霞小区 B 面的房屋，虽然该房屋登记在黄某名下，但建房费用是黄火新、刘少英及刘光明共同支付，建房时黄某未满 18 岁，且是在校生，并无能力建房。因此，该房屋产权的 50% 归刘光明，另外 50% 归黄火新等 4 人及黄某五人共有，该房屋租金的一半 12 500 元也是五人共有，黄火新等 4 人因对仁化法院（2011）韶仁法民一执裁字第 03 号执行裁定书不服，特向法院提起诉讼。

🔍 **审理**判析▸▸▸

《中华人民共和国物权法》第 6 条第 1 款规定："不动产物权的设立、变更、转让和消灭，经依法登记，发生效力；未经登记，不发生效力，但法律另有规定的除外。"第 16 条规定："不动产登记簿是物权归属和内容的根据。不动产登记簿由登记机构管理。"确定不动产的权属所有，应当以登记机构在不动产登记簿上的登记为根据。

案涉房屋的《房地产权证》权属人一栏中，登记为黄某，即黄某为涉案房屋的权属所有人。而且，黄某在 2006 年 3 月 15 日将涉案房屋 50% 产权赠与刘光明时，也以黄某的名义行使所有权。再有，一审民事判决已经进入执行阶段，黄某应以其个人财产履行该法律文书所确认之义务。在黄某履行法定义务完毕前，黄火新等 4 人要求确认涉案房屋的权属为其 4 人与黄某共有的理由不成立，原审法院驳回黄火新等 4 人的诉讼请求并无不当。

🔍 **法理**研究▸▸▸

登记具有将不动产物权变动的事实向社会公开、让公众知晓该不动产流转的过程和结果的法律效力。由于不动产交易并不以标的物的转移占有为交付，其权利状态难以为权利人以外的第三人所知晓，因此极容易出现非权利人与第三人进行交易及权利人隐瞒权利瑕疵与他人进行交易的现象，不利于交易安全。

鉴于此，赋予登记公示公信力，就给第三人提供了了解不动产真实权利状况的机会，防止和避免利用不动产交易进行的欺诈行为，维护了交易的安全。所有把登记作为不动产物权变动公示方法的国家均自然承认登记的公示公信力。

　　基于物权登记的公信力，即使登记错误或有遗漏，因相信登记正确而进行交易的善意第三人所得的利益，仍能得到完全的保护。登记公信力在实践中的作用十分重要和明显：首先是有利于保护动态交易安全，在赋予登记公信力情况下，当事人根据登记进行交易所得的利益不会因第三人的权利异议而落空；其次是降低交易成本，提高经济效益，在承认登记公信力情况下，当事人完全可以根据登记进行交易，无须耗费财力及人力对某项不动产的权利状况进行调查。物权变动采物权形式主义及债权形式主义的国家，民法都规定登记具有公信力，在司法实践中有效地避免了不动产的二重买卖，维护了交易安全。而法国、日本等国家的民法未赋予登记公信力，故至今为止，上述国家的法学理论界仍对不动产的二重买卖问题争论不休，实务上也加大了法官判案的难度。[1]

　　本案中，黄火新等4人与黄某是一家人，2004年，黄火新等4人以黄火新的名义申办建房手续，于2005年3月修建位于仁化县丹霞开发区金霞小区B面的房屋。虽然该房屋登记在黄某名下，但建房费用是黄火新、刘少英及刘光明共同支付，建房时黄某未满18岁，且是在校生，并无能力建房。因此，该房屋产权的50%归刘光明，另外50%归黄火新等4人及黄某五人共有。因此实际上该房屋是共有的，黄某并不是事实上的唯一权利人，但是在不动产的登记簿上，黄某是房屋的唯一产权人。基于不动产登记簿的效力，黄火新、刘少英等人不能以事实上房屋建设的贡献推翻登记簿的记载，因为在发生赔偿责任之前，他们有足够多的时间进行更正登记。但是他们错过了更正登记簿的时限，第三人已经产生对登记簿的合理

---

　　〔1〕　孙鹏："不动产二重买卖研究——意思主义与形式主义制度设计之比较"，载《比较法研究》2005年第1期。

信赖。登记簿是对整个登记程序的最终确认，因此登记簿有比登记权属证书和登记证明更强大的证明力，不一致时，应以登记簿为准，第三人的合理信赖更值得保护。因此，法院驳回黄火新、刘少英等4人的诉讼请求并无不当。

由此可见，登记簿上记载的内容效力确定，除了通过特定程序更正之外，都是可以对抗第三人甚至是真正权利人的。不动产登记完成的标志就是记载于登记簿。登记簿是不动产权利的权威记载，权利人必须对不动产登记簿的情况充分了解，及时纠正，确保不动产登记簿记载的正确性，否则一旦发生第三人信赖的情形，权利人就要承受错误记载的后果。

第二十二条　不动产不予登记的情形

登记申请有下列情形之一的，不动产登记机构应当不予登记，并书面告知申请人：

（一）违反法律、行政法规规定的；

（二）存在尚未解决的权属争议的；

（三）申请登记的不动产权利超过规定期限的；

（四）法律、行政法规规定不予登记的其他情形。

☑相关法条

《土地登记办法》第18条规定：有下列情形之一的，不予登记：

（一）土地权属有争议的；

（二）土地违法违规行为尚未处理或者正在处理的；

（三）未依法足额缴纳土地有偿使用费和其他税费的；

（四）申请登记的土地权利超过规定期限的；

（五）其他依法不予登记的。

不予登记的，应当书面告知申请人不予登记的理由。

《房屋登记办法》第20条规定：登记申请符合下列条件的，房屋登记机构应当予以登记，将申请登记事项记载于房屋登记簿：

（一）申请人与依法提交的材料记载的主体一致；

（二）申请初始登记的房屋与申请人提交的规划证明材料记载一致，申请其他登记的房屋与房屋登记簿记载一致；

（三）申请登记的内容与有关材料证明的事实一致；

（四）申请登记的事项与房屋登记簿记载的房屋权利不冲突；

（五）不存在本办法规定的不予登记的情形。

登记申请不符合前款所列条件的，房屋登记机构应当不予登记，并书面告知申请人不予登记的原因。

《房屋登记办法》第22条规定：有下列情形之一的，房屋登记机构应当不予登记：

（一）未依法取得规划许可、施工许可或者未按照规划许可的面积等内容建造的建筑申请登记的；

（二）申请人不能提供合法、有效的权利来源证明文件或者申请登记的房屋权利与权利来源证明文件不一致的；

（三）申请登记事项与房屋登记簿记载冲突的；

（四）申请登记房屋不能特定或者不具有独立利用价值的；

（五）房屋已被依法征收、没收，原权利人申请登记的；

（六）房屋被依法查封期间，权利人申请登记的；

（七）法律、法规和本办法规定的其他不予登记的情形。

《城市房地产抵押管理办法》第33条规定：登记机关应当对申请人的申请进行审核。凡权属清楚、证明材料齐全的，应当在受理登记之日起7日内决定是否予以登记，对不予登记的，应当书面通知申请人。

☑ 条文解析

《不动产登记暂行条例》第22条具体列举了三种不予登记的情形，并以"法律、行政法规规定不予登记的其他情形"的兜底条款作结。

一、不予登记之行为性质

（一）不动产登记是民事法律事实却兼有具体行政行为之属性

目前，关于不动产登记的性质尚存争论。是行政行为，还是民事行为；是法律行为，还是事实行为，抑或是其他，比如准法律行为，一切尚无定论。笔者倾向于较为中庸的观点，即不动产登记是民事法律事实中的事实行为，兼具具体行政行为性质。有一观点于学术界较为流行，即将不动产登记行为定性为行政准法律行为。在此，笔者结合自己的理解对此流行观点做简述如下。

广义的行政行为[1]分为行政法律行为、行政事实行为、行政准法律行为。这三种行政行为的释义和界定大体上可以参照民法理论中对法律行为、事实行为、准法律行为的界分，在一定程度上可以说，民法中的实质内容还在，只是置换了语境。

	主观	法律效果
行政法律行为	行政主体有意思表示	依行政主体表达出来的效果意思设立、变更、消灭法律关系
行政事实行为[2]	行政主体无意思表示	依法律规定发生法律效果
行政准法律行为	"以判断、认识、观念等为要素，行为主体没有产生某种法效的意思"[3]	依法律规定发生法律效果

分析比较这三类行为中的基本要素，不动产登记行为恰好符合

---

〔1〕《不动产登记暂行条例》第22条的条文解析所提及的"行政行为"均为广义的行政行为。

〔2〕 有学者经综合分析后认为，行政主体的有些行为虽然不直接导致行政法律关系的变动，但也有必要纳入行政事实行为的范畴。参见闫尔宝：《行政行为的性质界定与实务》，法律出版社2010年版，第52页。

〔3〕 闫尔宝：《行政行为的性质界定与实务》，法律出版社2010年版，第52页。

行政准法律行为的基本要素要求。其一，不动产登记机构在办理不动产登记时，工作人员主观上存在判断、认识，比如，在办理房屋初始登记时，申请人与依法提交的材料记载的主体是否一致、申请初始登记的房屋与申请人提交的规划证明材料记载是否一致等，这些都需要工作人员在审查时做出判断。其二，不动产登记机构工作人员没有做出产生某种法律效果的意思表示。其三，不动产登记机构的工作人员做出予以登记的决定并将相关事实记载于登记簿，或者做出不予登记的决定，其行为所产生的法律效果完全是依照法律规定而发生的。

（二）不予登记是否定性的行为而并非行政不作为

实践中，人们容易将否定性行为与不作为相混淆。虽然不动产登记的性质尚存争论，但是笔者认为不动产登记具有具体行政行为的性质，所以此处为表述与理解之便宜，姑且采行政行为的语境，论否定性行政行为与行政不作为之区分。

否定性行政行为指行政主体对行政相对人的申请进行审查后，依法做出否定性答复的行为，如不予受理、不许可等。行政不作为指行政主体应申请或者依职权，有义务为一定的行政行为，但行政主体怠于履行或者不履行其法定义务的消极行为。否定性行政行为是行政主体为一定行为，但呈现出否定性的结果，而且只能是应申请的行政行为。而行政不作为则是指行政主体怠于履行其法定义务，如迟延履行，或者完全不履行，如接到申请后不予回复，呈现出一种消极的行为状态。不动产登记机构不予登记不是消极不作为，而是在依法审查后做出的一种否定性决定，它已经履行了法定义务，即依法审查并做出是否记载于登记簿的决定。

二、登记申请违反法律、行政法规规定的不予登记

此项规定集中体现了合法原则的要求。许多国家的不动产登记法都严格遵循合法原则。该原则指不动产登记机构应依照法定登记程序和条件对不动产登记申请进行合法性审查，以确保登记簿所记

载内容真实、准确。

所谓登记申请违反法律、行政法规规定，即是指登记申请违反法定的登记程序和登记条件。就暂行条例而言，登记申请违反法定的登记程序的情形有：因买卖、设定抵押权等申请不动产登记的，应当由当事人双方共同申请，但是却只有一方当事人（如买受人）提交申请；当事人或者其代理人应当到不动产登记机构现场申请不动产登记，但是申请人却只向不动产登记机构发送电子邮件或者打电话申请登记等等。就暂行条例而言，登记申请违反法定的登记条件的情形有：不动产界址、空间界限、面积等材料与申请登记的不动产状况不一致，申请人提交的房屋所有权登记申请材料与申请登记的房屋状况不一致；某村集体欲将本村集体所有的土地上建造的房屋转让给城镇居民等等。

三、登记申请存在尚未解决的权属争议的不予登记

"权属争议尚未解决"系指一方当事人已经提起诉讼、申请仲裁、申请行政处理，尚未作出判决、裁决或处理决定的情形。当事人仅提出权利主张而不进入上述争议处理程序，并不构成不动产权属争议，不影响已提出申请的不动产登记的审核。[1]

四、申请登记的不动产权利超过规定期限的不予登记

以不动产抵押权为例。《城市房地产管理法》第32条规定："房屋的所有权和该房屋占用范围内的土地使用权同时转让、抵押。"第43条规定："以出让方式取得土地使用权的，转让房地产后，其土地使用权的使用年限为原土地使用权出让合同约定的使用年限减去原土地使用者已经使用年限后的剩余年限。"甲作为房地产开发商，

---

〔1〕 "公寓业委会与房地局撤销房地产权证中关于某公寓底层车库和地下车库的附记登记纠纷上诉案——由机动车车库产权行政登记案件引发的思考"，案例来源于"北大法宝"——中国法律检索系统。

与政府土地管理部门签订土地使用权出让合同，取得一定年限的土地使用权。甲已缴纳了全额的土地使用权出让金。房屋已建造完毕，手续齐全。甲将房屋所有权和房屋占用范围内的土地使用权转让给乙，并办理了相关手续。乙取得的土地使用权的使用年限是根据第43条作差计算得出的剩余年限。乙欲以该房屋所有权和房屋占用范围内的土地使用权为丙设定抵押权，那么双方共同申请登记的不动产抵押权必然不得超过上述计算得出的土地使用权剩余年限而存在。

五、有关登记单元的规定可为登记机构决定是否登记提供依据

不动产的登记是以单元作为基本登记单位的，比如我国的城市主要是建筑物区分所有权，农村则是宅基地上建造的单独房屋，无房屋等建筑物、构筑物以及森林、林木定着物的土地、海洋，以土地、海域权属界线封闭的范围为不动产单元。有房屋等建筑物、构筑物以及森林、林木定着物的土地、海域，以该房屋等建筑物、构筑物以及定着物与土地、海域权属界限封闭的范围为不动产单元。该处的房屋，包括独立成栋、有固定界限的封闭空间，以及区分幢、层、套、间等可以独立使用、有固定界限的封闭空间。并且不动产可以具有唯一编码，以对不动产进行权属登记赋予有效的"身份证"，便利不动产登记信息的查询与管理。不动产登记机构对于不符合不动产登记单元条件的，也可以不予登记，并且不动产登记申请时，需要提供房屋不动产界址、空间界限、面积等材料，这些材料的目的就在于确定不动产登记单元，如果这些材料不符合不动产登记的单元要求，则不动产登记也可以不予登记。增加关于不动产登记单元的规定，可以对登记机构不予登记的理由给予更充分的引证。

六、凡不予登记的依法均应书面告知登记申请人

由于不动产登记对不动产权利人意义重大，对于大部分公民来说，不动产是非常重要的生活资料，不动产权利是最重要的物权之

一，因此如果不动产登记机构不予登记，应当充分说明理由，并且书面告知申请人，这是基于利民便民的行政法的要求。因为不动产登记关系重大，《不动产登记暂行条例》第 22 条又牵涉到登记的否定性行政决定，因此可以在该条增加第 2 款，规定不动产登记机构决定不予登记时，应当告知申请人享有依法申请行政复议或者提起行政诉讼的权利，赋予申请人及时有效的救济提醒，维护申请人对不动产的重要权利，也有利于监督登记机构合法合理行政作为。

☑ 裁判要旨

自《不动产登记暂行条例》生效后，如果不动产登记机构于审查过程中发现不动产登记申请人隐瞒真相、申报不实，应当根据《不动产登记暂行条例》第 22 条做出不予登记的决定。

☑ 典型案例

王某诉某房产局房屋行政登记案〔1〕

🔍 **审理**判析▸▸

1997 年刘某因为欠王某货款，被王某起诉到某 A 区人民法院，某 A 区人民法院作出民事判决书，判决刘某向王某偿还欠款。因刘某没有履行判决书中的义务，经王某申请执行后，某 B 区人民法院对刘某购买的但没有办理过户的两处房屋进行执行，其中一户房屋所有权人是孙某，有房屋所有权证（证号 003029 号）；另一户房屋的所有权人是孙某甲，但孙某甲没有向法院提交房屋所有权证（从 2011 年案件案情得知，事实是孙某甲已于 1987 年取得该房屋所有权证，证号 0003028 号）。1998 年 8 月 5 日，某 B 区法院委托某 A 区房地产管理局，对两户房屋估价，经评估，得出两处房屋及批准用地

---

〔1〕 改写自"黑龙江牡丹江中院判决王学士诉牡丹江房产局房屋行政登记案"，案例来源于"北大法宝"——中国法律检索系统。

价值 19 392 元，并于 2006 年 10 月 31 日作出（1998）爱执字第 56 - 2 号执行裁定书，裁定将孙某所有的证号 003029 号、建筑面积 64 平方米的房屋变更为王某所有。法院也于执行裁定书中裁定孙某甲所有的房屋变更为王某所有[1]，但是由于孙某甲始终没有向某 B 区法院提交其房屋所有权证（证号 0003028 号，从 2011 年案件案情推知，当时审理裁判过程中，孙某甲似乎有意隐瞒该房屋实际已经办理房屋所有权证），故孙某甲一直持有该房屋所有权证。裁定书生效后，王某搬入原为孙某甲所有的房屋居住。

2010 年 10 月，由于原为孙某甲所有的房屋已倒塌（灭失），王某在灭失房屋处开始建房，刘某的儿子刘小某带人拆王某的在建新房，王某向派出所报警。2011 年 6 月 23 日，孙某甲持 1987 年 11 月 30 日某 A 区人民政府颁发的第 0003028 号房屋所有权证，向某市房产管理局申请换发房屋所有权证，该房产局于 2011 年 6 月 24 日为孙某甲换发房权证某镇字第 730179 号房屋所有权证。2011 年 6 月 27 日，孙某甲与邓某持双方签订的房屋买卖契约书等相关材料，向某市房产管理局申请房屋所有权转移登记，该房产局于 2011 年 6 月 29 日为邓某颁发了房权证某镇字第 730181 号房屋所有权证。2011 年 7 月，邓某以王某为被告，向某市某区人民法院提起民事诉讼，要求王某迁出其所购房屋。事实上，其所购房屋（换证前为证号第 0003028 号）在 2010 年就早已经灭失。王某在参与该案诉讼中得知邓某取得该房屋的所有权证书后，即以某市房产管理局为被告，向某市某区法院提起行政诉讼，要求撤销某市房产管理局为邓某颁发的房权证某镇字第 730181 号房屋所有权证，并由该房产管理局承担本案诉讼费用。

🔍 审理判析▸▸▸

一审法院经审理认为：第三人孙某甲和邓某依据《房屋登记办

_____

〔1〕 同上，从"裁判"中的"第三人孙某甲故意隐瞒诉争房屋已卖给案外人刘某并已被法院执行的事实"推知。

法》第 86 条规定，向被告某市房产管理局提交了申请房屋所有权转移登记所需的全部材料，被告依照法定程序对上述材料进行审查后予以登记并颁证，尽到了形式上的审慎注意义务。第三人孙某甲故意隐瞒诉争房屋已卖给案外人刘某并已被法院执行的事实，属于申报不实，导致诉争房屋权属发生争议。被告办理房屋所有权转移登记时虽然尽到了形式上的审慎注意义务，但只能证明自身无过错，并不等于其登记行为必然合法。由于诉争房屋在第三人申请房屋所有权转移登记前已经灭失，因此物权登记的基础已不存在，被告的登记行为不具有合法性，依法应当予以撤销。一审判决：撤销被告某市房产管理局于 2011 年 6 月 29 日为第三人邓某颁发的房权证某镇字第 730181 号房屋所有权证。

一审宣判后，第三人邓某不服，向牡丹江市中级人民法院提起上诉。二审法院经审理认为：被上诉人某市房产管理局在为上诉人邓某与孙某甲办理房屋转移登记时，该房屋早已倒塌不存在，且该房屋已经司法程序执行给被上诉人王某，原审第三人孙某甲故意隐瞒诉争房屋真相与上诉人邓某办理房屋转移登记，应予撤销。原审判决认定事实清楚，证据充分，上诉人邓某的上诉请求无事实和法律依据，不予支持。依法判决：驳回上诉，维持原判。

法理研究▶▶▶

本案中，孙某甲刻意隐瞒事实——诉争房屋已于 20 世纪 90 年代卖给刘某，并已因刘某的原因被法院强制执行，孙某甲已经不是诉争房屋的所有权人。孙某甲所持有的第 0003028 号房屋所有权证虽确属某不动产登记机构依法颁发，但该房屋所有权证所代表的物权法律关系早已消灭。

本案中，被告房屋登记机构辩称，本案不属于《房屋登记办法》第 19 条规定的应当实地查看的情形，故办理登记时无须实地查看。但是，"本案诉争房屋是一幢 1986 年建筑的砖木结构平房，1987 年

11 月 30 日孙某甲取得该房的房屋所有权证书。2011 年 6 月 23 日孙某甲持 1987 年颁发的 0003028 号房屋所有权证书申请换发新证,房屋登记机构为其换发新证后,第三人孙某甲与邓某又于同年 6 月 27 日申请房屋权属转移登记。本案诉争房屋是一栋建成已有 25 年的老旧平房,在取得房产证后一直没有办理任何变更登记,时隔 25 年后突然既换证又办理房屋转移登记,登记机构应当引起足够的重视,查明房屋是否存在?房屋是否进行了翻新、扩建或改建?房屋现在由谁实际居住?登记机构如果在办理房屋转移登记时更慎重些,对房屋的真实状况进行必要的调查、核实或者进行实地查看,就有可能避免因此次登记结具错误引发的行政诉讼。"[1] 本案虽不属于《房屋登记办法》明确列举的应当实地查看的情形,但是《物权法》第 12 条规定"必要时可以实地查看",登记机构有权根据具体情况决定是否实地查看且有该项义务。假设本案中房屋登记机构在办理房屋转移登记申请时进行了实地查看或者必要的调查,那么就会发现诉争房屋早于多年前就已被强制执行、变更所有权人,并且已经因倒塌而灭失。那么以此假设为前提,此时符合《房屋登记办法》第 22 条第 2 项应当不予登记的情形:"申请人不能提供合法、有效的权利来源证明文件或者申请登记的房屋权利与权利来源证明文件不一致的"。因为孙某甲所持房屋所有权证名不符实,故属于申请人不能提供合法、有效的权利来源证明文件的情形。以此假设为前提,亦符合《不动产登记暂行条例》第 22 条第 1 项应当不予登记的情形,即"违反法律、行政法规规定的"登记申请。

本案法官于案例"评析"中亦讨论到了对行政行为的司法审查标准的问题。本案法官认为,"应当根据具体案情,采用形式审查为主、实质审查为辅的司法审查标准"。其认为不动产登记机构对申请材料的审查义务是"一般只进行形式审查,只有在特定情况下,才

---

[1] 同上,"评析"中作者的观点。

需要进行实地查看"。[1]"本案当事人提交房屋所有权转移登记申请的相关材料齐全、符合法定形式要求，房屋登记机构依法对这些材料进行审查，因转移登记申请不属于应当实地查看的情形，故房屋登记机构尽到了一定的注意义务。如果法院依照形式审查标准，就应确认该登记行为合法，驳回原告的诉讼请求，原告的合法权益无法得到保护。本案法院只有（结合具体情况）依照实质审查，才能彻底解决登记行为合法但登记结果错误这一问题。"[2]对于评析人的部分观点，笔者持保留意见。

从上述"评析"中，笔者或许可以推出：评析人认为，如果法院采形式审查标准，那么法院将只审查登记行为而不审查登记结果；如果法院因结合具体案情，采实质审查标准，那么法院将既审查登记行为，亦审查登记结果。

另有一案件中，申请人提交虚假材料，申请办理房屋所有权转移登记，因材料齐全，房屋登记机构进行形式审查后即为申请人办理了转移登记。"评析"中，本案法官认为："本案中……如采形式审查的司法审查标准，则应认定行政机关做出的行政登记行为合法。相反地，如果采实质审查的司法审查标准，就应作出否定性判决。"[3]从评析中的论述可知，此处的否定性判决指判决登记行为违法。如果细致品读，会发现两个案件的评析中的观点表达是有一定矛盾的。

有观点认为，无论登记机构采取何种性质的审查职责，法院对不动产登记的司法审查的范围都要大于登记机构的审查范围。[4]此

---

[1] 注：此句所言是不动产登记机构对登记申请的审查，前一句所言是不动产登记的司法审查。

[2] "邓成双与王学士等房屋登记纠纷上诉案"，"评析"，案例来源于："北大法宝"——中国法律检索系统。

[3] "于其宏诉吉林省吉林市房地产管理局房屋登记纠纷案"，"评析"，案例来源于"北大法宝"——中国法律检索系统。

[4] 参见：国家社会科学基金一般项目，"不动产登记立法研究"（批准号：07BFX028），第202页。

处谈论的司法审查范围即是司法审查标准。笔者呈现这些关于司法审查标准的论述，只欲表达目前关于不动产登记的司法审查标准似乎尚无明确的定论。

第二十三条　不动产登记信息管理基础平台的构建

国务院国土资源主管部门应当会同有关部门建立统一的不动产登记信息管理基础平台。

各级不动产登记机构登记的信息应当纳入统一的不动产登记信息管理基础平台，确保国家、省、市、县四级登记信息的实时共享。

☑相关法条

《房屋登记办法》第 29 条规定：县级以上人民政府建设（房地产）主管部门应当加强房屋登记信息系统建设，逐步实现全国房屋登记簿信息共享和异地查询。

《土地登记办法》第 71 条规定：县级以上人民政府国土资源行政主管部门应当加强土地登记结果的信息系统和数据库建设，实现国家和地方土地登记结果的信息共享和异地查询。

☑条文解析

一、本条规定了不动产登记应构建统一的信息管理基础平台

我国的不动产登记部门有多个。孙宪忠教授指出，我国土地在国家土地管理局进行登记，城市房地产在城乡建设部进行登记。登记比较早的是林业资源，20 世纪 80 年代初，其在林业部进行资源保护的登记。而水面、海域、滩涂等则是在水利局、国家海洋局等部门进行登记。[1]

在我国，地方和中央都有进行不动产登记的机构，采多级别登

---

〔1〕　孙宪忠："论不动产物权登记"，载《中国法学》1996 年第 5 期。

记。多部门和多级别的登记给我国不动产的登记管理带来严峻的挑战。如果各个登记机构各自为政，极有可能导致我国不动产登记管理的混乱，不利于不动产的物权效益的发挥和流转。《房屋登记办法》和《土地登记办法》等部门规章也提出了登记结果的信息系统和数据库建设，实现国家和地方土地登记结果的信息共享和异地查询的要求，《不动产登记暂行条例》作为一部对不动产登记提出总体要求的行政法规，在登记信息共享上做的努力无疑值得注目。只有登记信息实现共享，才能够协调全国各部门、各层级的登记信息进行互相核对和补充，形成全国的不动产登记信息的统一管理，这也体现了建设不动产统一登记制度的要求。将各级不动产登记机构登记的信息纳入统一的平台进行管理，为登记信息的共享建立了基础。登记信息的共享有利于登记机构之间的沟通与协调，减少因登记错误而引发的纠纷。

我国实行四级登记系统，国家、省、市、县四级不动产登记层级是上下级的关系。实现登记信息的共享，可以为上一级的登记管理机关了解本系统内的不动产登记情况，制定相关文件和法规提供真实有效的信息基础，对促进全国不动产的有效管理和当事人的信息查询都有裨益。

二、电子技术的使用使社会的管理步入了大市场且大数据时代

信息社会的迅猛发展，已经影响到中国经济社会的方方面面，由此带来的新机遇也成为两会委员关注的焦点。我们必须要在大数据时代发展电子政务，建立全国统一的电子政务平台，以更好地提升行政效率，进一步降低行政成本，更好地发挥社会管理职能。电子化为我们在技术上解决这些问题，提供了可能，而且，建立统一的电子不动产登记平台还有重要的意义。近年来，互联网技术已逐步渗透到城市管理、企业经营、居民生活等诸方面，不仅在经济领域里催生电子商务的高速发展，也在交通、医疗、城市规划等各方面产生重要影响。

与之相适应，政府的市场执法与社会管理、社会服务方式也要

与新技术结合，也需尽快实现面向全国、面向全行业的电子政务管理平台。

因此建立全国统一的电子政务平台，包括不动产登记统一电子平台，无疑对社会公共服务事业、对经济发展具备重要意义。统一的电子政务将成为纵深"两化融合"的新标准，它能够打破行政区域区格、部门条块分割，连通政府部门职能；将使企业和政府之间在工商、物价、税收、质检、海关等方面实现跨地域的互联互通、信息互动，减少企业和政府部门之间的沟通成本和时间成本，消除信息孤岛效应，提高企业运营效率，享受电子政务带来的便捷服务。

很多专家指出，统一电子政务也是规范电子商务发展的新准绳，基于互联网构筑面向全社会的电子政务管理，使得政府的监管职能与服务职能合二为一，有助于规范电子商务的有序发展。发展电子政务可以带动电子商务相关政策法规、标准规范的研究与制定，实现企业注册信息、电子票据认证、技术监督核准、专利商标授权等一系列的互联网政务管理。

随着当前3G、4G网络建设的全面展开，数字移动终端日益普及，医疗、交通、治安、教育、气候、环境、饮水、用电、燃气等社会公共咨询服务的网络化传播越来越迫切。张近东委员强调，作为我国城镇化建设、社会服务管理的重要环节，加快构筑统一的社会信息公共服务电子政务平台，将开创互联网时代社会公共服务的新模式。[1]

三、我国信息化水平不均衡导致的历史遗留问题及其解决 [2]

（一）历史遗留问题众多

从已经实行房屋和土地统一登记的天津市、上海市等城市的经

---

[1] http://www.ce.cn/cysc/zgjd/kx/201303/04/t20130304 _ 21436555. shtml，访问日期：2014 年 12 月 18 日。

[2] 刘远春：《以房地统一登记为例浅议不动产统一登记存在问题及有关建议》，载《第五届国土资源法治学术研讨会论文集》，第 32 ~ 40。

验看，登记信息不一致、相互矛盾等问题是统一登记业务操作时首要解决的问题，是实现各类不动产登记平稳整合、衔接的关键，同时也是实行不动产统一登记的意义所在。实践中主要存在不动产登记部门之间登记范围重叠、权利人不一致、所有权性质不一致、坐标系不统一等问题；部分地区的林权登记和承包经营权登记存在信息化水平、测绘手段和精度较低，证书不附图或附图为示意图，权利范围和用地面积不准确，承包权与经营权区分不清等问题；海域登记存在以用海审批代替登记审批问题。同时，因为信息化程度不均衡，历史数据没有录入系统，档案管理不规范，档案缺失等原因，造成发证情况、范围难以核清。同时，各类不动产登记证书样式繁杂、内容多样，既不便民也不利于体现政府统一登记的公信力。

（二）解决问题有各种有益之建议

由国土资源部建立统一的登记信息平台，首先在没有登记系统或者登记系统建设成熟度很低的地方进行推广，对历史数据进行全面、及时的补录。对发达地区已有登记系统进行逐步改造、对接，避免重复建设。在推行新政策、新平台时，要特别注意历史数据的沿用、衔接。对于已登记的数据，要尽可能完整地、准确地转移至新平台，登记信息不同步、不一致时，在保证登记安全的前提下，适当放宽政策，依据相关规定进行调整、同步，避免形成死结，形成恶性循环。

☑ 裁判要旨

不动产经数次转让时，登记机关所登记的信息会因不同的不动产登记申请人提交材料真实与完整性的参差不齐而有所不同。此时因登记信息而引发的民事权属纠纷乃至行政纠纷自是不可避免。登记簿的统一建立，特别是统一电子登记簿的形成无疑对解决这些矛盾有极大的作用和意义。

☑ **典型案例**

王银生与驻马店市房产管理局房屋行政登记案[1]

🔍 **案情** 简介 ▸▸▸

周中立（一审原告、二审被上诉人）在驿城区橡林办事处昝庄西组自建住房 2 间，并以自己名义于驻马店市房产管理局（一审被告）办理了（驻市房证字第 0003810 号）房产证。1988 年 9 月 14 日，周中立之弟周成立将该房产证抵押贷款 3.5 万元。因该贷款逾期未还，1992 年在清贷时，原驻马店市城市信用合作社将该房产作价 4 302 元变卖给赵明香，赵明香于 1992 年 8 月 11 日办理了第 038610 号房产证。

2007 年 3 月赵明香以第 038610 号房产证保管不善丢失为由申请补办房产证，2008 年 3 月 20 日市房管局为赵明香补办颁发了第 083519 号房产证。2008 年 4 月 7 日赵明香与刘文芝签订房地产买卖契约，当日，刘文芝申请房屋转移登记，驻马店市房产管理局经审查，为刘文芝办理了第 084273 号房产证。

2008 年 5 月 28 日周中立不服为赵明香、刘文芝颁发的房产所有权证起诉至驿城区人民法院。在此案诉讼中，2008 年 6 月 10 日刘文芝又与王银生（二审上诉人）签订了房地产买卖契约，当日，王银生申请房屋转移登记，驻马店市房产管理局经审查，为其办理了被诉的第 085312 号房产证。2009 年 6 月 25 日生效的（2009）驻行终字第 105 号判决，确认驻马店市房产管理局为赵明香颁发房产所有权证行政行为违法，因刘文芝的房产证取得在赵明香之后，是另外一个法律关系，周中立又于 2009 年 8 月 12 日向法院提起诉讼，要求

---

〔1〕 "王银生与驻马店市房产管理局房屋行政登记案"，载 http://www.pkulaw.cn/fulltext_ form. aspx? Db = pfm &Gid = 118090749&keyword = 不动产登记错误 &EncodingName = &Search_ Mode = accurate

确认为刘文芝颁发的 084273 号房产证行为违法；同时对为王银生颁发的第 085312 号房产证也提起行政诉讼，请求：撤销驻马店市房产管理局为王银生颁发的第 085312 号房屋所有权证；判令为周中立重新颁发房屋产权证书。

🔍 **审理** 判析 ▸▸▸

一审法院经审理判决如下：撤销驻马店市房产管理局于 2008 年 6 月 26 日为王银生颁发第 085312 号房屋所有权证书；责令驻马店市房产管理局在两个月内对周中立申请其履行法定职责的请求作出行政行为。案件受理费 100 元，由驻马店市房产管理局负担。王银生不服一审判决提起上诉。

一审法院经审理认为：驻马店房产管理局为刘文芝颁发的房产证违法，对此法院判决书足以证实。驻马店市房产管理局却于 2008 年 6 月 10 日还为王银生办理房屋转移登记，其明知该房产权属存在争议，仍为刘文芝和王银生办理房屋权属转移登记，并向王银生颁发房屋权属证书，违反了上述规定，同时亦侵犯了周中立的合法权益。另外，生效的法律文书已确认驻马店市房产管理局为赵明香颁发房产证的行政行为违法，故其后续的转移登记行为的事实基础不存在；驻马店市房产管理局为刘文芝颁发房产证的行为具有明显的违法之处，该登记行为违法。对周中立请求撤销驻马店市房产管理局为王银生颁发的房产证的诉讼请求，本院予以支持。生效的法律文书已确认该争议的房产原房屋所有权人是周中立，驻马店市房产管理局应当根据有关法律规定，对周中立申请恢复其房屋所有权证书的请求进行审查，并在法定的职权范围内为其作出具体行政行为。

二审法院经审理认为：房产权属存在争议的情况下，仍于 2008 年 6 月 10 日为王银生办理房屋权属转移登记，并向王银生颁发房屋权属证书，违反了《中华人民共和国城市房地产管理法》第 38 条第

5 项和《城市房地产转让管理规定》第 6 条第 5 项规定："权属有争议的房地产不得转让。"一审法院根据上述规定判决撤销驻马店市房产管理局为王银生颁发的房屋所有权证并无不当。但驻马店市房产管理局为刘文芝颁发的房屋所有权证是否合法，不是本案审查的范围，一审法院却认为驻马店市房产管理局为刘文芝颁发的房屋所有权证的登记行为违法，属认识错误，本院予以纠正。二审审理中，被上诉人周中立主动申请撤回为其重新颁发房屋产权证书的诉讼请求，符合法律规定，不损害公民、法人和其他组织的合法权益，本院予以准许。上诉人王银生如认为其合法权益受到侵害，可通过其他法律途径解决，从本案来讲其理由不足，本院不予支持。

法理研究▸▸▸

本案为由系争房产经不同申请人提出的权属变更登记而产生的冲突所致。周中立以其自建房办理原始权属不动产权属登记；其弟周成立持未享有处分权的房屋办理不动产抵押登记；于抵押权实现时，赵明香经变价取得系争房屋所有权并办理权属变更登记；尔后，赵明香将系争房屋所有权转让给刘文芝并办理了权属变更登记；刘文芝又再将房屋所有权于后转让给了王银生并办理了权属变更登记。

案件所争议之处在于行政法上确认以上登记机关各次所办理之权属变更登记行为的效力。赵明香取得系争房屋所有权时办理的权属变更登记行为通过行政监督机制已被确认违法。王银生取得系争房屋所有权时办理的权属变更登记行为经两审法院审理也已判决撤销。而被请求确认违法的刘文芝取得系争房屋所有权时办理的权属变更登记行为未得到法院的支持。

从上述法律对待各次行政机关办理不动产登记行为的不同态度可知，因现有不动产登记制度存有不足而致基于其简单形式审查的权属确权与转让之法律效果实有不佳。每一次的权属登记状况都会成为下一次权属登记所依据的形式审查之材料，而未有统一规范的登记信息管理平台的建立很难实现对整体权属变更之状况有清晰的了解。由此，一次错误的登记可能引发后续多次所登记权属变更状况的失实。所以，建立统一规范的登记信息管理平台能够减少因一次登记而引发的后续登记失实的发生。

该案体现的正是现实生活中不动产流转的复杂性。一个不动产可能会经过多重流转，办理的产权过户也纷繁复杂，登记机构如果搞不清楚该不动产的真实情况，不与其他登记机构互通信息，极有可能导致登记的混乱与纠纷的出现，因此建立统一的不动产登记信息管理基础平台对于统一不动产登记信息，理清不动产流转顺序，明确各主体之间的关系极为重要。本案出现的在诉讼中权属关系不明的情况下，驻马店市房产管理局仍然为王银生颁发房产证这一违法行为自然可以得以避免。因此，建立不动产登记信息管理基础平台，对于解决我国之前多部门、多层级登记带来的弊端，应对现实生活中纷繁复杂的物权流转，显得尤为重要。

第二十四条　登记部门与管理部门的信息共享

不动产登记有关信息与住房城乡建设、农业、林业、海洋等部门审批信息、交易信息等应当实时互通共享。

不动产登记机构能够通过实时互通共享取得的信息，不得要求不动产登记申请人重复提交。

☑相关法条

《房屋登记办法》第 29 条规定：县级以上人民政府建设（房地产）主管部门应当加强房屋登记信息系统建设，逐步实现全国房屋登记簿信息共享和异地查询。

《土地登记办法》第 71 条规定：县级以上人民政府国土资源行政主管部门应当加强土地登记结果的信息系统和数据库建设，实现国家和地方土地登记结果的信息共享和异地查询。

☑ 条文解析

物权的标的物分为动产和不动产，不动产是指不能移动或者移动后将会造成物之完整性受损的标的物，包括土地及地上附着物。

一、为了加强对不动产流通的管理国家实行不动产登记制度

（一）登记的意义及基本作用就体现为表彰物权变动的公示方式

根据《物权法》的规定，一般而言，不动产权属发生变动时，需要办理物权登记，并将物权变动的法律事实记载于登记簿。此时，登记的意义及基本作用就体现为表征物权变动的公示方式，而通过登记建立起来的不动产登记簿向外界彰显了不动产权利人之物权的存在。

（二）亦可纯粹为行政管理需要而建立不动产信息登记制度

在有些情况下，建立不动产信息登记制度纯粹是为了行政管理方面的需要。此外，有些信息虽然不直接涉及不动产，但却对不动产登记产生影响。在信息交流日益频繁的时代背景下，建立起不动产信息在各相关部门之间的信息互通共享机制，无疑对于简化行政程序、提高行政工作效率具有重大的意义。

二、条块分割部门登记格局必须打破相互间的藩篱

《物权法》第10条明确规定，国家应当建立起不动产统一登记制度。许多学者也积极撰写文章或者出版著作对不动产统一登记的具体制度设计进行阐释，并取得一定的成果。然而，由于不动产登记涉及不同部门利益，不动产统一登记依据、登记机构、登记范围的构建遇到极大阻碍。《不动产登记暂行条例》的颁布无疑在部门利益整合方面取得了实质性进步，信息互通共享机制建设是其中的关键和核心，也是信息时代背景下市场经济发展的客观需要。

一方面，不论是表彰物权归属的登记信息，还是履行行政职责的管理信息，它们之间有相似性，故而亦有相互加以利用的可能性。另一方面，不同部门中有些登记信息虽然并非不动产的直接信息，但其与不动产的变动直接相关，而且不可否认的是，这些信息中的很多都是办理不动产登记时需要提交的材料。在现行法下，各主管部门在其职权范围内有实行信息登记的权力。因此，信息互通共享机制对于连接不动产信息登记部门和管理部门，从而打破部门之间信息封闭的藩篱具有重要意义。

三、减轻申请负担，体现方便群众原则

在不动产登记部门与管理部门之间建立起信息互通共享机制的一个直接的效果即表现为一个部门可以直接利用其他部门登记的相关信息，避免申请人重复提交申请材料，从而减轻申请人负担。根据《不动产登记暂行条例》第24条第2款的规定："不动产登记机构能够通过实时互通共享取得的信息，不得要求不动产登记申请人重复提交。"可见，本条规定的最大受益者是不动产登记申请人；契合条例"方便群众申请登记"的立法目的，也反映出简化行政程序、建设服务型政府的理念，体现了登记机构高效便民的追求，昭示了一个不动产登记信息共享时代的来临。

☑ 裁判要旨

房屋登记机构可以通过"信息互通共享机制"对申请人提交的材料的真实性进行审查，并且对当事人主张的情况作出判断。

✅ **典型案例**

李淑云诉黑龙江省齐齐哈尔市梅里斯达斡尔族区
房地产管理局房产转移登记纠纷案[1]

🔍 **案情简介** ▶▶▶

2008年7月，李淑云向齐齐哈尔市梅里斯达斡尔族区房地产管理局提出房屋所有权登记申请，要求将坐落于梅里斯乡梅里斯村的房屋登记至其名下，并提交了梅里斯区规划处建设工程规划许可证及项目竣工验收合格证、村委会介绍信和本人身份证明等材料。被告审查后核准了该宗房屋登记，并于2008年7月28日颁发了QZ00003635号房屋所有权证。

2008年7月29日，李淑云将此房以1.3万元的价格卖给了长子陶志新（系第三人王亚杰配偶），并签订了卖房协议书。2008年8月，陶志新向被告提出房屋产权移转登记申请，要求将该房屋转移过户至其名下，并与原告李淑云一同到被告业务大厅办理相关手续，提交了双方身份证明、李淑云房屋产权证、卖房协议等材料。

被告经审查，向陶志新颁发了QZ00003701号房屋所有权证书。2008年8月28日，陶志新因病死亡。2009年2月16日，原告李淑云提起行政诉讼，以自己与陶志新签订卖房协议以及到被告处办理房屋产权移转登记手续时患脑梗塞，神志不清，非真实意思表示为由，请求法院撤销陶志新的房屋产权证。

---

〔1〕 "李淑云诉黑龙江省齐齐哈尔市梅里斯达斡尔族区房地产管理局房产转移登记纠纷案"，载 http://www.pkulaw.cn/fulltext_form.aspx？Db = pfnl&Gid = 119203050&keyword = 不动产登记%20信息共享 &EncodingName = &Search_Mode = accurate.

黑龙江省齐齐哈尔市梅里斯达斡尔族区人民法院审理后认为，原告提交的因脑梗塞于 2008 年 2 月 3 日至 28 日在梅里斯达斡尔族区人民医院住院的病历中没有关于神志不清的任何表述，不能证明其与陶志新签订卖房协议以及到被告处办理房屋产权移转登记手续时神志不清。且原告于 2008 年 3 月因赡养问题向法院提起民事诉讼，2009 年 2 月又向法院提起行政诉讼，两次起诉均显示其意思表示清楚，具有辨认能力。原告代理人还提出陶志新没有向原告支付购房款，但此债权关系不影响具体行政行为的合法性。被告依据建设部《房屋登记办法》第 86 条 "房屋所有权依法发生转移，申请房屋所有权转移登记的，应当提交下列材料：①登记申请书；②申请人的身份证明；③房屋所有权证书；④宅基地使用权证明或者集体所有建设用地使用权证明；⑤证明房屋所有权发生转移的材料；⑥其他必要材料。申请村民住房所有权转移登记的，还应当提交农村集体经济组织同意转移的证明材料" 之规定，为陶志新颁发 QZ00003701 号房屋所有权证的行为事实清楚、程序合法，应予维持。

依照《行政诉讼法》第 54 条第 1 项之规定，法院判决：维持被告梅里斯达斡尔族区房地产管理局于 2008 年 8 月 6 日颁发给陶志新的 QZ00003701 号房屋所有权证。

🔍 **法理** 研究 ▸▸▸

一、本案是以物权变动为讼争核心问题之行政诉讼案件

《物权法》第 9 条规定："不动产物权的设立、变更、转让和消灭，经依法登记，发生效力；未经登记，不发生效力。"第 15 条规定："当事人之间订立有关设立、变更、转让和消灭不动产物权的合同，除法律另有规定或者合同另有约定外，自合同成立时生效；未办理物权登记的，不影响合同效力。"由此可见，我国法对不动产采

用登记生效要件主义，不动产登记簿是物权归属和内容的根据。

按照债权意思主义、物权形式主义和债权形式主义的划分，学界通说认为我国采债权形式主义。所谓债权形式主义是指物权变动除需要双方当事人之间签订有效的债权合同外，还必须履行登记或交付的形式。与物权形式主义不同，此时并不需要当事人之间就登记或交付达成一项有别于债权合意的物权变动合意，因为登记或者交付仅仅是用来表彰物权变动和权利归属的外在公示方式。而且我国《物权法》并未采用德国法上的物权行为的无因性理论，也就是说，我国法上的物权变动要受到当事人之间订立的债权合同——物权变动的基础法律关系——的影响。如果债权合同无效或被撤销，即使办理了不动产登记或者履行了动产交付，物权变动仍旧不能发生，受让人仍不能取得相应的物权。

根据《民法通则》的规定，民事法律行为的生效要件包括三项，即当事人应当具备相应的行为能力、意思表示真实、不违反法律和社会公共利益。所谓具备相应的行为能力主要是指当事人双方无年龄或精神状况等方面影响其意思表达的不良因素。意思表示真实为当事人能够在对行为后果作出判断的基础上，自主地实施法律行为。不违反法律和社会公共利益则是从社会秩序的维护角度对法律行为的效力施加影响。只有此三项要件同时具备，一项民事法律行为才能在当事人之间构成"债之法锁"，对双方产生法律上的拘束力。对此，《合同法》第三章专门针对合同效力问题做出了规定。

二、不动产信息作为最基本的证据是本案正确处理的前提

（一）不论实质审查还是形式审查抑或全面审查均为案件信息

至于房屋登记机构对申请人提交的材料进行实质审查还是形式审查亦或全面审查，学者之间存在争议。第一种观点主张对登记行为进行形式审查，即仅限于登记颁证行为做出时，申请人提供的材料是否满足法律规范设定的事实要件，即提供的登记材料是否具备、齐全。第二种观点主张进行实质审查，即除了形式审查外，还要对

申请人提供的登记材料的真实、合法、有效性作全面的审查。第三种观点主张全面审查，即依据现行法中关于审查房产登记行为法律要件的规定，在登记机关的职权范围内作全面审查，既要审查关于设立、变更、废止房产物权所必须具备的相关材料，其中最重要的就是相关当事人对该房产权利变更的合意，还要审查权利处分人是否具有相应的处分权。[1] 然而，由于"不动产登记簿是物权归属和内容的根据"，对外产生登记的公信力，因此，为了确保不动产登记簿真正地反映物权归属的实际状况，无论采取何种审查主义，不动产信息都应准确登记于不动产登记簿之上，在《不动产登记暂行条例》第18条和第19条规定的情形之下还应进行必要的实质审查和实地调查。

（二）只有建立信息共享才能鉴别信息以做出正确处理

就本案而言，从形式上看，原被告之间签订了房屋买卖合同，并办理了房屋所有权变更登记，符合物权法规定的物权变动要件。但原告李淑云主张双方之间的房屋买卖合同是在自己"神志不清"的情况下签订的，应当予以撤销。如果李淑云真的是在神志不清的情况下签订合同的，则该合同因意思表示不真实而无效，相应的不动产过户登记也应撤销，因此，签订合同时的意志情况必须予以认定。从法院的判决来看，法院不仅通过普通的证据予以认定，更重要的是对原告在法院的诉讼情况予以认定。原告于2008年3月因赡养问题向法院提起民事诉讼，2009年2月又向法院提起行政诉讼，两次起诉均显示其意思表示清楚，具有辨认能力。法院的认定不仅有事实上的证据，也有通过信息共享进行事实判定的苗头。

不动产登记关系重大，产生纠纷时，当事人往往选择曲解事实，虚假陈述，这对登记机构和法院都提出了鉴别力的要求，因此，只有在机构内部、机构之间建立起信息共享机制，才能最大程度的鉴

---

[1]　赵庆金："房产转移登记的审查标准"，载《人民司法》2010年第2期。

别出虚假信息或陈述，作出正确的登记或判决。

需要指出的是，房屋登记机构在进行房屋权利登记时，应当按照本条规定的"信息互通共享机制"对申请人提交的"身份信息"等材料进行核查，从而尽可能地保证不动产登记簿的公信力。

第二十五条　其他部门之间的信息共享

国土资源、公安、民政、财政、税务、工商、金融、审计、统计等部门应当加强不动产登记有关信息互通共享。

☑相关法条

《土地登记办法》第 71 条规定：县级以上人民政府国土资源行政主管部门应当加强土地登记结果的信息系统和数据库建设，实现国家和地方土地登记结果的信息共享和异地查询。

《统计法》第 19 条规定：国家统计局管理国家的统计信息自动化系统和统计数据库体系。

☑条文解析

一、《不动产登记暂行条例》构建的不动产登记信息共享机制[1]

（一）不动产登记信息管理基础平台的构建

《不动产登记暂行条例》第 23 条规定："国务院国土资源主管部门应当会同有关部门建立统一的不动产登记信息管理基础平台。各级不动产登记机构登记的信息应当纳入统一的不动产登记信息管理基础平台，确保国家、省、市、县四级登记信息的实时共享。"

（二）登记部门与管理部门的信息共享

《不动产登记暂行条例》第 24 条规定："不动产登记有关信息与

---

〔1〕"法制办、国土资源部负责人就《不动产登记暂行条例》答记者问"，载 http://www.gov.cn/xinwen/2014－12/22/content_ 2795029. htm.

住房城乡建设、农业、林业、海洋等部门审批信息、交易信息等应当实时互通共享。不动产登记机构能够通过实时互通共享取得的信息，不得要求不动产登记申请人重复提交。"

（三）其他部门之间的信息共享

《不动产登记暂行条例》第25条规定："国土资源、公安、民政、财政、税务、工商、金融、审计、统计等部门应当加强不动产登记有关信息互通共享。"

《不动产登记暂行条例》第23、24、25条共同构成一个完整的不动产登记信息共享机制，从而为信息共享的系统化建设提供了基本的规范依据。

二、《不动产登记暂行条例》第24条第2款的适用

要求国土资源部等部门之间建立信息互通共享的前提在于不动产登记信息之间的可借鉴性，目的在于简化行政程序，提高行政效率。然而，值得注意的是，《不动产登记暂行条例（征求意见稿）》将正式颁布的条例的第24条和25条归于一条文之下，在对不动产登记信息互通共享做出规定后，第3款规定：对于能够经由互通获得的信息，登记申请人不必再次提交申请材料。换言之，不论是登记部门与管理部门之间的信息共享，还是其他部门之间的信息共享，只要不动产登记机构能够实时获得，就不得要求申请人重复提交。正式颁布的条例将"其他部门之间的信息共享"单独成条，且其后并未附有"不动产登记机构能够通过实时互通共享取得的信息，不得要求不动产登记申请人重复提交"之规定。因而，需要解释第24条第2款的规定能否适用于第25条。

应当认为，不动产登记信息互通共享机制建设目的之一体现为提高行政工作效率。行政工作效率之提高除了工作人员积极性增强外，还在于避免实时互通信息的重复提交。从体系解释的角度而言，《不动产登记暂行条例》第1条"方便群众申请登记"之规定应对第25条有效。故而，应对条例第24条第2款做扩张解释，即国土资

源、公安、民政、财政、税务、工商、金融、审计、统计等部门之间可以通过实时互通取得的信息，不动产登记申请人免于提交申请材料。

☑裁判要旨

《处理非法占地与违章建筑通知书》并非不动产登记机构出具，因而，也就不能构成不动产物权的证明。信息共享机制的建立可以减轻当事人负担，提高行政工作效率。

☑典型案例

温梅绮诉广州市国土资源和房屋管理局拆迁裁决案[1]

☑案情简介→

2012年1月16日，原告温梅绮就广州市天河区茶山新村中二排3号南面30平方米自建房屋向被告广州市国土资源和房屋管理局申请拆迁裁决，提交了裁决申请书、身份证、户口本、广州市正乾房地产开发有限公司工商登记资料及代码信息、租赁合同、房屋拆迁安置协议书、拆迁补偿协议书、（2008）天法民四初字第2048号民事判决书、（2009）穗中法民五终字第2168号民事判决书、（2010）穗中法行初字第69号行政判决书、（2011）粤高法行终字第43号行政判决书、天河区法院现场勘察笔录、《关于办理房地产问题的信访答复》［穗建市长信访日新（2008）0619号］、《动迁情况表》、（95）穗城规天处字第390号《建筑管理行政处罚决定书》、（95）穗城规天监发字第138号《建设管理行政处罚变更通知书》、缴款发票。2012年1月20日，被告经审核后向原告发出穗国房拆裁字

---

　　〔1〕"温梅绮诉广州市国土资源和房屋管理局拆迁裁决案"，载 http://www. pkulaw. cn/fulltext_ form. aspx? Db = pfnl&Gid = 120597968&keyword = 不动产登记&EncodingName = &Search_ Mode = accurate.

（2012）第 7 号《广州市国土资源和房屋管理局关于补充裁决申请资料的通知》，要求原告提交被拆迁房屋的权属证明。同年 3 月 5 日，被告向原告发出穗国房拆裁字（2012）第 7 号《中止通知书》，决定中止案件，并要求原告自收到通知之次日起 2 个月内补齐自建部分的权属证明，逾期将据《广州市城市房屋拆迁行政裁决规则》第 20条第 3 款规定终结案件处理。2012 年 5 月 3 日，原告向被告书面表示已补交齐了权属证明并提交了《依申请公开信息办理结果答复书》[穗天国房函（2012）30 号]、《处理非法占地与违章建筑通知书》[（1984）郊清处字第 34 号] 等材料。

2012 年 10 月 22 日，被告经审查后作出穗国房拆裁字（2012）第 7 号《广州市国土资源和房屋管理局终结拆迁裁决案件通知书》，注明因原告申请资料中缺少自建部分的权属证明，限期提供并对该案做出了中止处理。现中止期间超过 2 个月，原告仍未能提供上述自建部分的权属证明，根据《广州市城市房屋拆迁行政裁决规则》第 20 条 3 项的规定，对该裁决案件作终结处理。原告不服，向广州市人民政府申请复议。该府于 2013 年 4 月 23 日作出穗府行复（2013）197 号《行政复议决定书》，维持被告的上述终结拆迁裁决案件通知书。原告仍不服，诉至法院。

🔍 **审理** 判析 ▸▸▸

一审法院经审理认为：原《广州市城市房屋拆迁裁决规则》第 4条规定："被拆迁人申请行政裁决，应当提交下列资料：……（三）被拆迁房屋的权属证明；……" 第 9 条规定："裁决机关收到裁决申请后，经审核，资料齐全，符合受理条件的，自收到申请书之日起 5 个工作日内向申请人发出裁决受理通知书。裁决申请资料不齐全，需要补充资料的，应当在 5 个工作日内一次性书面告知申请人，受理时间从申请人补齐资料的次日起计算。" 第 19 条规定："有下列情形之一的，应中止裁决案件的处理，并书面告知当事人：……（三）正在办理确权、评估或者代管手续的；……裁决机关决定中止裁决的，应当制作（拆迁裁决中止通知书），分别送达申请人、被申请人及第三人，并告知理由。中止期间不计入裁决期限。中止情形消除后，裁决机关应当及时恢复案件处理。"第 20 条规定："有下列情形之一的，应终结裁决案件的处理，并书面通知当事人：……（三）因申请人未在规定期限内补齐资料造成裁决中止，中止期间超过 2 个月的；……"本案被告在收到原告裁决申请及有关申请材料后，经审核缺少被拆迁房屋的权属证明，故被告告知原告应当补充上述资料并于 2012 年 3 月中止该裁决案件，限期原告 2 个月内予以补充。现原告在 2012 年 10 月仍未补齐资料，而被告中止案件的期间已超过 2 个月，故被告作出《终结拆迁裁决案件通知书》对原告申请的裁决案件作终结处理符合上述规定。原告认为其已经取得自建部分的合法产权并在规定有效时限内提交给被告合法有效的权属证明，但其不能提供充分的证据予以证实，因此原告要求撤销被告作出的《终结拆迁裁决案件通知书》理由不成立，不予采纳。原审法院依照最高人民法院《关于执行〈中华人民共和国行政诉讼法〉若干问题的解释》第 56 条第 4 项的规定，判决驳回原告温梅绮诉讼请求。

二审法院经审理认为：原《广州市城市房屋拆迁裁决规则》第 4 条规定："被拆迁人申请行政裁决，应当提交下列资料：……（三）被拆迁房屋的权属证明；……"第 19 条规定："有下列情形之一的，应中止裁决案件的处理，并书面告知当事人：……（三）正在办理确权、评估或者代管手续的；……裁决机关决定中止裁决的，应当制作（拆迁裁决中止通知书），分别送达申请人、被申请人及第三人，并告知理由。中止期间不计入裁决期限。中止情形消除后，裁决机关应当及时恢复案件处理。"第 20 条规定："有下列情形之一的，应终结裁决案件的处理，并书面通知当事人：……（三）因申请人未在规定期限内补齐资料造成裁决中止，中止期间超过 2 个月的；……"本案中，被上诉人在收到上诉人的裁决申请后，审核上诉人提交的材料中缺少被拆迁房屋的权属证明，被上诉人于 2012 年

3月5日作出《中止通知书》决定中止案件，要求上诉人自收到通知之次日起2个月内补齐自建部分的权属证明。上诉人至2012年10月仍未补齐被拆迁房屋的权属证明等资料，且中止案件的期间已超过2个月，被上诉人作出《终结拆迁裁决案件通知书》对上诉人申请的裁决案件作终结处理，符合上述规定。原审法院判决驳回上诉人温梅绮诉讼请求并无不当，本院予以维持。

关于上诉人认为广州市郊区清理非法占地和违章建筑办公室作出的《处理非法占地与违章建筑通知书》属于权属证明的意见，由于《中华人民共和国物权法》第9条第1款规定："不动产物权的设立、变更、转让和消灭，经依法登记，发生效力；未经登记，不发生效力，但法律另有规定的除外。"第10条第1款规定："不动产登记，由不动产所在地的登记机构办理。"第17条规定："不动产权属证书是权利人享有该不动产物权的证明。不动产权属证书记载的事项，应当与不动产登记簿一致；记载不一致的，除有证据证明不动产登记簿确有错误外，以不动产登记簿为准。"因此上诉人提交的《处理非法占地与违章建筑通知书》并非不动产登记机构出具，上诉人认为该通知书属于权属证明依据不足，本院不予采纳。

综上所述，原审判决认定事实清楚，适用法律正确，程序合法，本院予以维持。

法理研究 ›››

本案是一起行政诉讼案件，然而，本案的争议焦点则在于《处理非法占地与违章建筑通知书》能否成为不动产权属证明依据。从上述两级法院的审理结果来看，均持否定态度。其理由为，根据《物权法》的规定，不动产权属证书是权利人享有不动产物权的证明，其与不动产登记簿应当保持一致，不一致时，以不动产登记簿为准。故正如二审法院在判决书中所言："《处理非法占地与违章建筑通知书》并非不动产登记机构出具。"因而，也就不能构成不动产物权的证明。同时，据原《广州市城市房屋拆迁裁决规则》之规定，不动产权属证明是申请行政裁决的材料之一。因而，两级法院的判决合乎法律之规定。

本案涉及多个行政部门，除国土资源部门和房屋管理部门外，还有工商部门和民政部门，它们之间有关不动产登记的信息可以在信息互通共享机制建设的基础上，实现实时共享。一方面，其他部门的不动产登记信息可以作为另一部门核实信息真实性的依据；另一方面，在一部门经实时互通可以从其他部门获取相关不动产登记信息时，不应再次要求申请人提交相关信息。以本案不动产权属证明为例，如果工商部门或者民政部门登记记载有不动产信息，那么，国土资源部或者房屋管理部门就可以共享其信息，申请人免于重复提交申请材料，方面群众。

第二十六条　不动产登记信息的保密义务

不动产登记机构、不动产登记信息共享单位及其工作人员应当对不动产登记信息保密；涉及国家秘密的不动产登记信息，应当依法采取必要的安全保密措施。

☑相关法条

《土地登记公开查询暂行办法（试点试用）》第8条规定：凡涉及国家安全、军事设施等保密单位的土地登记资料及有关法律、法规规定保密的土地登记资料，按照保密的有关规定查询。

《土地登记资料公开查询办法》第12条规定：涉及国家秘密的土地登记资料的查询，按照保守国家秘密法的有关规定执行。

《房屋权属登记信息查询暂行办法》第15条规定：查询机构及其工作人员应当对房屋权属登记信息的内容保密，不得擅自扩大登记信息的查询范围。

《房地产登记技术规程》6.1.4规定：登记资料不得仅以权利人姓名或名称为条件进行查询。

《海域使用权登记办法》第29条第4款规定：查询资料涉及国家秘密的，按照国家有关保密的法律法规执行。

《无居民海岛使用权登记办法》第27条第4款规定：查询资料涉及国家秘密的，按照国家有关保密的法律法规执行。

《国家税务总局、财政部、国土资源部关于加强土地税收管理的通知》规定：……二、各级国土资源管理部门应根据当地地方税务、财政部门的需要，提供现有的地籍资料和相关地价资料，包括权利人名称、土地权属状况、等级、价格等情况资料，以便税务部门掌握土地的占有和使用情况，加强土地税收的管理。

对于通过征用或者出让、转让方式取得的土地，以及出租土地使用权或变更土地登记的，国土资源管理部门在办理用地手续后，应及时把有关信息告知当地的地方税务、财政部门。

各级地方税务、财政部门对从国土资源管理部门获取的地籍资料和相关地价资料，只能用于征税之目的，并有责任按照国土资源管理部门的要求予以保密。

☑ 条文解析

不动产登记机构，在全国层面，是国务院国土资源主管部门；在地方层面，就是县级以上地方人民政府确定的负责不动产登记工作的部门。不动产登记信息共享单位，指的是《不动产登记暂行条例》第24条、第25条规定的与不动产登记机构进行信息互通共享的住房城乡建设、农业、林业、海洋、公安、民政、财政、税务、工商、金融、审计、统计等诸多部门。

一、不动产登记机构及其工作人员应对不动产登记信息保密

第一，对于不动产登记资料应当妥善保管，防止被盗取、偷阅或窜改；第二，不得以任何方式主动向社会或他人公开不动产登记信息；第三，登记机构内部工作人员也不能随意接触不动产登记资料，唯有特定有权限人员依程序方可接触；第四，只应以对方业务上所必要为准进行登记信息共享，即使对方是法定不动产登记信息

共享单位，也不得将所有登记资料随意共享，共享的信息满足对方业务上的需求即可；第五，对查询主体范围和查询对象范围进行限制，不是所有主体都能查询所有不动产登记资料，不接受非适格主体的查询要求就是对不动产登记信息保密的一种体现。

"关于登记资料查询，条例主要规定：一是查询主体，按照物权法的有关规定，把登记资料查询人限定在权利人和利害关系人，有关国家机关可以依法查询、复制与调查处理事项有关的登记资料；二是查询资料的使用，规定查询登记资料的要向登记机构说明查询目的，不得将查询获得的资料用于其他目的，未经权利人同意，不得泄露查询资料。"〔1〕

二、不动产登记信息共享单位及其工作人员应对登记信息保密

首先，登记信息共享单位对互通共享之不动产登记信息的保管义务。对于互通共享得来的不动产登记信息，不动产登记信息共享单位应加以妥善保管，防止被盗取、偷阅或篡改。

其次，登记信息共享单位及其工作人员不得主动公开、泄露不动产登记信息。不动产登记信息互通共享，是为了统一不动产登记信息基础平台以及方便各个部门开展相关业务。接受登记查询的主体只能是不动产登记机构，不动产登记信息共享单位并不能接受登记查询，故其不得开展登记查询工作，不得以任何方式发布通过共享得来的不动产登记信息，工作人员也不得私自向社会或他人告知相关信息。

最后，唯有特定有权限人员依程序方可查阅相关信息。不动产登记信息共享单位可以依法通过共享获得不动产登记信息，然而这并不表明所有内部工作人员可以随意查阅互通共享得来的不动产登记信息。只有因开展相关业务所必需，被授予特定权限，并且严格

---

〔1〕 "法制办、国土资源部负责人就《不动产登记暂行条例》答记者问"，载 http://www.gov.cn/xinwen/2014 - 12/22/content_ 2795029. htm.

依照程序规则的工作人员，才能查阅相关登记信息。

三、涉及国家秘密的不动产登记信息，应当依法采取必要的安全保密措施

这项规定是与前文中所列《土地登记公开查询暂行办法（试点试用）》第 8 条、《土地登记资料公开查询办法》第 12 条、《海域使用权登记办法》第 29 条第 4 款、《无居民海岛使用权登记办法》第 27 条第 4 款的规定一脉相承的。国家秘密事关国家安全和利益，涉及国家秘密的不动产登记信息，应当严格按照国家有关保密的法律法规采取足够安全的保密措施。

四、不动产登记信息的有限公开原则是保密原则的基础

（一）不动产登记信息有限公开原则与保密原则相辅相成

根据《不动产登记暂行条例》第 27 条的规定，并非所有人，而是只有权利人、利害关系人、有关国家机关，才可以依法查询不动产登记资料，这就是一种有限公开原则；而第 26 条规定的则是对于不动产登记资料的保密义务。如果是可以完全公开，自然不用对不动产登记资料进行保密，但因为是有限公开，所以存在保密义务，也才有秘密可言；因为不动产登记信息可能涉及国家秘密、登记权利人的隐私或者商业秘密，需要保密，所以不能完全公开，只能采取有限公开原则。

（二）通过不动产登记的信息化更好促进信息共享与保密

随着互联网技术的发展，科技的运用越来越广泛，网络技术已经影响了我们生活的方方面面，运用科技产品来进行不动产登记信息的管理成为一种新的趋势。可以在不动产登记信息的查询与保密程序中，加入不动产登记信息产品的运用，提高不动产登记的信息化、科技化水平，也可以更好地达到不动产登记信息的共享和保密效果。

☑️ 裁判要旨

权利人、利害关系人可以申请查询、复制登记资料，登记机构应当提供。这是登记信息有限公开原则的具体体现。所以，利害关系人须同时提交相关证据材料证明存在利害关系，不得仅以登记权利人的姓名为条件查询其所有房产登记信息，这又是保密原则的基本要求。

☑️ 典型案例

姜某与甲市住房保障和房产管理局信息公开纠纷上诉案[1]

🔍 案情简介▸▸▸

2012年6月17日，姜某向甲市住房保障和房产管理局提交了一份"房屋权属登记信息公开申请"，申请事项：于某在贵局的房屋产权登记信息情况对申请人进行公开。事实与理由：申请人系一民事诉讼案件执行阶段的申请执行人（被申请执行人：于某，案由：民间借贷），根据案件执行的需要，申请人要查询于某的房产登记信息。2012年6月8日，申请人请贵局下属档案馆的工作人员按上述于某的身份信息帮助查询于某在贵局的房产登记信息，但被告知不能以身份证号码信息进行查询，而只能以知道的房屋坐落的位置信息情况进行查询。虽经与工作人员交涉但终拒绝按申请人的请求进行查询。

申请人认为：贵局对拟查询房产登记信息方式进行限制，并无法律、行政法规的规定为依据，违反了《物权法》的登记机关对不动产登记公示的相关规定，也侵犯了申请人对政府信息公开的知悉权，现根据我国《政府信息公开条例》的规定，书面向贵局提出查

---

〔1〕 "姜海与济南市住房保障和房产管理局信息公开纠纷上诉案"，载 http://www.pkulaw.cn/fulltext_form.aspx? Db = pfnl&Gid = 120027903.

询请求（包括于某名下登记的所有房产登记信息，包含商品房预售登记的情况；是否存在他项权利信息及查封信息）。请贵局在收到本申请之日起15个工作日内向申请人予以公开信息。如该期限内不予答复或逾期不予答复，申请人将视情况提起诉讼，维护自己知悉政府公开信息的权利。

在该书面申请中，姜某未提交所称执行案件的有关证据材料。2012年7月1日，甲市住房保障和房产管理局针对原告姜某的房屋权属登记信息公开申请，作出了复函。主要内容是：

姜某同志，你关于"房屋权属登记信息公开申请"已收悉，现函复如下：为了发挥房屋权属登记的公示作用，保护房屋权利人及相关当事人的合法权益，建设部制定的《房屋权属登记信息查询暂行办法》对查询主体、查询范围、查询程序等进行了详细规定，其中第7条规定："房屋权属登记机关对房屋权利的记载信息、单位和个人可以公开查询"，同时该《办法》第11条对查询程序进行了明确规定，"查询房屋登记信息，应填写《房屋权属登记信息查询申请表》，明确房屋坐落（室号、部位）或权属证书编号，以及需要查询的事项，并出具查询人的身份证明或单位法人资格证明"。另外，建设部《房地产登记技术规程》6.1.4条规定，"登记资料不得仅以权利人姓名或名称为条件进行查询"。所以在你不能明确房屋坐落或权属证书编号的情况下，房屋档案馆工作人员对于你申请事项不予查询符合相关规定，并无不当。

综上所述，建议你明确房屋坐落或权属证书编号后，按相关规定进行查询；或你可申请法院查询与案件直接相关的房屋权属登记信息。如你对上述答复不服，可自接到本复函之日起3个月内向人民法院提起行政诉讼，或60日内向复议机关提起行政复议。

姜某对复函不满，遂向法院提起行政诉讼，请求撤销被告于2012年7月1日做出的复函决定，同时判令被告对原告申请公开的政府信息申请重新做出决定。

审理判析 ▸▸▸

一审法院经审理认为：《物权法》第 18 条规定，"权利人、利害关系人可以申请查询、复制登记资料，登记机关应当提供"。在本案中，原告是以案件申请执行人的身份予以查询，但是并没有随书面申请一并提交有关涉案的证据材料，因而没能证明其是查询有关登记资料的权利人或利害关系人。故被告在被诉具体行政行为中并没有违反该条规定。被告做出的被诉复函并无不当。判决如下：驳回原告姜某的诉讼请求。

姜某不服一审判决，提起上诉。

二审法院经审理认为：根据《政府信息公开条例》第 21 条的规定："对申请公开的政府信息，行政机关根据下列情况分别作出答复，……（二）属于不予公开范围的，应当告知申请人并说明理由。……"本案中，从上诉人姜某的陈述看，其到被上诉人处查询相关房产登记信息，共实施了两种行为：第一是 2012 年 6 月 8 日，其携带身份证件到被上诉人处进行查询；第二是 2012 年 6 月 17 日，其向被上诉人提交书面"房屋权属登记信息公开申请"，要求将相关房屋产权登记信息进行公开。虽然两种行为的目的是一致的，即获取于某的房屋产权登记信息，但本案中被诉答复系被上诉人针对上诉人于 2012 年 6 月 17 日提交"房屋权属登记信息公开申请"而做出的。从上诉人申请的内容看，其要求"于某在贵局的房屋产权登记信息情况对申请人进行公开"，因此，被上诉人应按《政府信息公开条例》的规定进行答复。

房屋权属登记机关负责房屋权属登记档案资料的建立、管理，对房屋权利的记载信息允许单位和个人的查询。《房屋权属登记信息查询暂行办法》和《房地产登记技术规程》对有关房屋权属登记信息的查询作了具体规定。《房屋权属登记信息查询暂行办法》第 11 条规定："查询房屋权属登记信息，应填写《房屋权属登记信息查询申请表》，明确房屋坐落（室号、部位）或权属证书编号，以及需要查询的事项，并出具查询人的身份证明或单位法人资格证明。"《房地产登记技术规程》6.1.4 条规定："登记资料不得仅以权利人姓名或名称为条件进行查询。"被上诉人经审查认为，上诉人的上述申请不符合上述规范性文件规定的查询条件，根据《房屋权属登记信息查询暂行办法》第 11 条及《房地产登记技术规程》6.1.4 条，做出不予查询的答复，并向上诉人说明理由，符合《政府信息公开条例》的规定。

综上，上诉人的上诉请求，无事实根据和法律依据。最后判决：驳回上诉，维持原判。

法理研究▸▸▸

本案中，姜某声称自己系一民事诉讼案件执行阶段的申请执行人，并没有提供相应的证据证明材料，却要查询被申请执行人于某在甲市住房保障和房产管理局的所有房产登记信息。因而，姜某被拒绝进行查询。在姜某提交"房屋权属登记信息公开申请"之后，甲市住房保障和房产管理局回函：在你不能明确房屋坐落或权属证书编号的情况下，房屋档案馆工作人员对于你申请事项不予查询符合相关规定，并无不当。

一、不动产登记机构对于不动产登记信息负有保密义务

因为不动产登记信息很可能涉及国家秘密、登记权利人的个人隐私或商业秘密，所以不能完全公开，而是有限公开，因而只有适格主体才能查询、复制不动产登记资料。这是不动产登记机构对于不动产登记信息履行保密义务的必然要求。

故本案中，姜某不能证明自己是利害关系人，甲市住房保障和房产管理局是可以拒绝其查询请求的。利害关系人在请求查询、复制不动产登记资料的同时，必须提交相关证据材料证明存在利害关系，绝对不允许仅以登记权利人的姓名为条件就要求查询其所有房

产登记信息。由此可见，不允许所有人随意查询不动产登记信息，与不动产登记机构需要对不动产登记信息保密是息息相关的。

二、物权公示所针对的不特定之人并非全社会所有的人

（一）不动产登记资料查询复制主体的限制与公示原则不矛盾

限制查询、复制不动产登记资料的主体范围，是与物权公示原则相一致的。"物权公示本来的含义或者真正目的，不是要求全社会的人都知道特定不动产的信息。登记资料只要能够满足合同双方当事人以外或者物权权利人以外的人中可能和这个物权发生联系的这部分人的要求，就达到了登记的目的和物权公示的目的了。如果不加区别地认为所有人都可以去查询、复制登记资料，实际上是一种误导，做了没有必要做的事情，甚至会带来没有必要的麻烦。"[1]

（二）拒绝非适格主体的查询要求是对登记信息保密的体现

物权公示并不要求完全公开，而不动产登记信息的完全公开则可能泄露他人隐私、商业秘密或其他个人信息数据，带来不必要的麻烦。因而采取有限公开原则，限制查询、复制不动产登记资料的主体范围就是顺理成章的事情。不动产登记机构不接受非适格主体的查询要求，显而易见，就是对不动产登记信息保密的一种重要体现。

第二十七条　不动产登记资料查询权限

权利人、利害关系人可以依法查询、复制不动产登记资料，不动产登记机构应当提供。

有关国家机关可以依照法律、行政法规的规定查询、复制与调查处理事项有关的不动产登记资料。

---

[1] 胡康生主编：《中华人民共和国物权法释义》，法律出版社 2007 年版，第 57~58 页。

☑相关法条

《物权法》第18条规定：权利人、利害关系人可以申请查询、复制登记资料，登记机构应当提供。

《不动产登记暂行条例》第28条规定：查询不动产登记资料的单位、个人应当向不动产登记机构说明查询目的，不得将查询获得的不动产登记资料用于其他目的；未经权利人同意，不得泄露查询获得的不动产登记资料。

☑条文解析

一、查询复制不动产资料为权利人、利害关系人之法定权利

（一）登记作为成立或者对抗要件使对其查询复制必不可少

实践中，很多涉及物权的民事纠纷，诸如"就同一不动产标的形成的多次买卖合同纠纷"，也就是俗称的"一物二卖"，很大程度上是与不动产的错误登记分不开的。所以，我国《物权法》第18条明确规定了权利人、利害关系人查询、复制不动产资料的权利。此次《不动产登记暂行条例》第27条亦予以明确，同时该条例第28条还明确规定查询不动产登记资料的单位、个人应当向不动产登记机构说明查询目的，不得将查询获得的不动产登记资料用于其他目的；未经权利人同意，不得泄露查询获得的不动产登记资料。这是出于保护权利人隐私与利害关系人查询权限平衡的需要。

（二）作为权利保证需要民事基本法与相关行政法规的双重规制

因为不动产登记的机关是行政机关，对行政机关行为权限的约束，必须要有相应行政法规的配套规定。虽然不动产登记资料的查询是基于物权法而产生的权利，但是仅仅靠《物权法》是难以很好地制约行政机关行为的，权利人以及利害关系人的权利也难以得到有效的保证。新颁布的《不动产登记暂行条例》是由国土资源部、住房和城乡建设部会同国务院法制办、国家税务总局等有关部门负责起草的，因此既是切实落实《物权法》规定，保护不动产权利人、

利害关系人的行政法规，又因为其制定主体本身涉及相关的行政机关，因此对于行政机关，同时也具有更大程度上的约束力。

二、不动产查询复制权为物权公示原则充分落实的程序保证

（一）查询复制权有助于真正实现保护交易安全的价值目标

《物权法》明确规定了不动产权利人、利害关系人查询、复制登记资料的权利，这次的《不动产登记暂行条例》进一步明确规定了权利人、利害关系人查询、复制不动产登记资料的权利。依照此两项规定，权利人、利害关系人可以说是获得了对不动产登记资料的依法查询、复制权。这一制度使物权法所确立的物权公示原则能够得到充分的落实，价值得以充分发挥，有助于保护交易相对人的利益，从而真正实现物权法保护交易安全的价值目标，保障交易效率，促进交易数量；强化权利人、利害关系人及其他相关主体的法律意识，避免和减少争议和纠纷的发生，在程序法意义上畅通当事人的取证渠道、排除当事人的举证困扰，有利于纠纷的顺利解决。

（二）有关机关的信息查询、复制权是对不动产登记制度的完善

此次的《不动产登记暂行条例》在物权法的基础上有所进步的一点在于，除了规定权利人、利害关系人对不动产登记信息的查询权利，还进一步规定了有关机关对不动产登记信息的查询、复制权力。在程序法意义上，针对符合一定条件的民事案件，法院有主动调查取证的权力，而不动产登记纠纷又是比较多发且常见的民事案件种类，在这个过程中势必要涉及对不动产登记信息的查询问题。《不动产登记暂行条例》第 27 条第 2 款这一规定保证了有关机关对不动产登记信息的复制、查询权力，从而保证了有关机关能主动解决涉及不动产登记纠纷的民事案件，是对不动产登记相关制度的进一步完善。

三、不动产信息查询制度尚需进一步细化完善

《不动产登记暂行条例》第 27 条对不动产信息查询的主体进行了规定，权利人、利害关系人和有关国家机关可以查询相关的不动产登记材料。但是在查询的具体内容上，关于查询权限和对不需要登记不动产信息的查询的规定尚有欠缺，建议可以增加相关规定。

（一）国家建立和完善不动产登记资料依法公开查询制度

一方面可以明确不动产登记资料包括不动产登记结果和不动产登记原始资料。不动产登记结果包括不动产登记簿记载的主要信息；不动产登记的原始资料，包括不动产权属来源文件，不动产登记申请书等申请材料以及不动产登记机构审核材料。

另一方面可以从便利权利人和利害关系人行使查询权的角度考虑，具体规定查询的内容，这样不但有利于登记机构妥善保管相关文件和查询人事先对查询的内容的把握，也有利于提高查询效率。

（二）有查询权限的必须是权利人和利害关系人或者有权机关

关于查询权限，由于不动产登记信息关系重大，所以对如何界定"利害关系"即成为立法应当明确的问题。故可以增加关于查询权限的规定：权利人以及经权利人同意的单位、个人有权查询该权利人的不动产登记结果和不动产登记原始资料，权利人同意的单位、个人应当提供同意证明；因不动产交易、互换、赠与等涉及的利害关系人有权查询相关的不动产登记结果；社会公众有权查询不动产登记簿记载的不动产登记结果信息，涉及国家秘密和依法受保护的商业秘密、个人隐私的事项除外；人民法院、人民检察院、国家安全机关、公安机关和监察机关有权查询与调查处理案件有关的不动产登记结果和不动产登记原始登记资料。具体规定各个查询主体及其查询权限可以让真正有查询需要的人及早获得相关信息，避免查询主体的无序，也可以为不动产登记机关对查询的答复提供依据。

（三）对于某些特定情况自应该规定查证的出具证明程序

有下列情形之一的，可以由登记机构出具相关证明：自然人死亡，其权利承受人申请证明原自然人享有的不动产权利的；法人或者其他组织终止，其权利承受人申请证明原法人或者其他组织享有的不动产权利的；不动产灭失，自然人、法人或者其他组织申请注销原不动产权利的以及法律、行政法规规定的其他情形。这些特殊的情况，导致不动产的登记信息需要作为权利人的权利证明或者注销证明，而又不需要进行不动产权利的转移登记。因此，可以规定登记机关出具证明的义务，强化权利人的查询的权利。

有学者建议，对于不动产登记信息的查询应当根据查询范围的不同，采取分层次有区别的查询模式。第一，先将登记资料区分为结果登记资料和原始登记资料。第二，对于结果登记资料的查询，不应对查询主体进行限制，一般情况下应当允许社会公众进行查询。但是应当因不同的查询方式而进行不同的规定：凡是以不动产查人，都应当允许；以人查不动产的，为了防止登记资料查询的滥用以及保护权利人的隐私的需要，应当将查询主体限定为利害关系人。第三，对于原始登记资料，应当对查询主体进行限制，不得允许一般公众进行查询。该观点值得考虑。[1]

☑裁判要旨

不动产登记机关对不动产登记进行形式审查时需兼顾实质审查，在发生登记错误的情况下，应当予以更正登记。故而经权利人、利害关系人的申请，应当允许权利人、利害关系人复制、查询相关的不动产登记信息，这是当事人的法定权利。

---

[1] 张颖："对不动产登记信息公开查询制度的思考"，载《第五届国土资源法治学术研讨会论文集》，第132～138页。

☑️ **典型案例**

李明等诉李胜仲等虚假登记损害责任纠纷案[1]

🔍 **案情**简介▸▸▸

李光财夫妇育有二子、二女，即李明、李胜仲、李凤兰、李翠兰，李光财夫妇去世后留有位于广水市应山办事处南关村三组三间瓦房和厨房半间。1990年8月17日，李胜仲提供契约和房屋分割协议书到广水市应山房地产交易评估管理所办理了房屋产权证，把属于李光财所有的房屋分割为李胜仲一间，李胜仲妻子闵玲一间，李光财一间，在契约和房屋分割协议上仅有李明、李仲胜的签字，后来李明称自己对契约和房屋分割协议不知情也未在上面签字。

李明、李凤兰、李翠兰三人后来知晓此事，作为权利人共同向当地房管局进行查询，要求了解相关信息，当地房管局同意了三人要求，三人遂了解到上述三间房屋和半间厨房已经登记到李胜仲及其妻、子的名下。三人要求当地房管局予以更正登记，遭到拒绝后，遂于2013年9月4日诉至法院，要求认定李胜仲、闵玲办理房屋产权证提供的契约和房屋分割协议书无效。同时李明、李凤兰、李翠兰三人认为当地房管局在办理被告房产管理局在办理该房产手续时，应根据法律规定审查房屋登记当事人的身份材料的真实性，房管局未尽到应尽的审查义务，应当对相关损失予以赔偿，且在三人要求查询涉案房屋登记信息时，房管局存在拖延现象，未及时提供相关信息，也对三人的权利造成损害。

---

〔1〕 "李明等诉李胜仲等虚假登记损害责任纠纷案"，载 http://www.pkulaw.cn/fulltext_ form. aspx? Db = pfnl&Gid = 120436930&keyword = % E3% 80% 8A% E6% 9D% 8E% E8% 83% 9C% E4% BB% B2% E7% AD% 89% E8% AF% 89% E6% 9D% 8E% E6% 98% 8E% E7% AD% 89% E8% 99% 9A% E5% 81% 87% E7% 99% BB% E8% AE% B0% E6% 8D% 9F% E5% AE% B3% E8% B4% A3% E4% BB% BB% E7% BA% A0% E7% BA% B7% E6% A1% 88&EncodingName = &Search_ Mode = accurate.

对此，房管局辩称：我局依法进行房产登记，只对当事人提供的文书从形式上审查，不从实质上进行审查，况且未损害李明、李凤兰、李翠兰三人利益，要求赔偿无事实和法律依据。并且，在三人要求查询相关不动产登记信息时，房管局在要求三人提交相关申请信息后及时提供了争议的不动产登记信息，请求人民法院驳回三原告对我局的起诉。

🔍 **审理** 判析 ▸▸▸

原审法院经审理认为：李光财夫妇生前未立遗嘱，应按照法定继承遗留的房屋，由其子女李明、李胜仲、李凤兰、李翠兰继承，房屋买卖契约和房屋分割协议书应由所有继承人签字才具有效力，而李胜仲、闵玲提供的买卖契约和房屋分割协议书仅有李明、李胜仲签字，剥夺了其他继承人的权利，损害了其他继承人的利益，且李胜仲、闵玲对全部财产无处分权，根据《中华人民共和国合同法》第51条、52条第1款第2项，该买卖契约和房屋分割协议书无效。李明、李凤兰、李翠兰诉称因李胜仲、闵玲和广水房产管理局的错误登记造成其损失，因无证据证明，不予支持。李明、李凤兰、李翠兰诉称广水房管局怠于处理三原告查询争议不动产登记给其造成损失，因无证据证明，不予支持。后李胜仲、闵玲不服原审法院判决，认为原审法院对办理房产登记的契约和房屋分割协议书的内容和真实性没有认定，属于事实不清，适用法律不当，请求二审法院予以纠正。

二审法院经审理认为，原判决事实认定清楚，法律适用正确，程序符合法律规定，实体处理恰当，应予维持。

🔍 **法理** 研究 ▸▸▸

本案案情涉及继承法律关系、合同法律关系以及权利人的不动产登记信息查询权的问题。

一、登记材料之真实性一般无法认定但要尽谨慎审查义务

本案是比较典型的不动产登记纠纷，不动产登记纠纷一般都与登记机关的错误登记有关。不动产登记机关作为行政机关在进行不动产登记的过程中，对相关材料进行形式审查时也需要进行实质审查。

行政机关一般就申请材料的完备性和形式合法性进行审查，同时，也可以通过登记信息共享机制进行必要的核实。但是登记机构无须对申请材料内容的真实性进行详细审查，因为登记只是对不动产权利的一种行政确认，虽然登记簿具有比较有效的证明性，但是权利人和相关利害人可以通过异议登记、更正登记等程序进行登记的更改。

二、权利人也应对自己不动产的权利状态予以必要关注

登记机构需要达到高效便民的要求，同时，一旦发生错误登记或者登记有异议的情况，当事人或者利害关系人要求对不动产登记信息进行查询时，登记机关应当及时提供相关的信息。当然，权利人、利害关系人查询不动产登记信息是有条件的，即相关权利人应当提供基本的可以证明自己与所要查询的不动产存在权利关系的证明，否则就会造成对不动产登记簿记载的权利人权利的侵犯。

三、本案的处理须登记机关及时提供相关的不动产登记信息

在本案中，李明、李凤兰、李翠兰与李胜仲同为争议房屋的继承人，是争议房屋的权利人，虽然房屋登记在李胜仲名下，但是李明、李凤兰、李翠兰三人举出证据以证明登记的契约和房屋分割协议书存在伪造可能，这时房屋登记管理机关应当及时提供相关的不动产登记信息。

《物权法》第18条规定："权利人、利害关系人可以申请查询、复制登记资料，登记机构应当提供。"《不动产登记暂行条例》第27

条亦规定："权利人、利害关系人可以依法查询、复制不动产登记资料，不动产登记机构应当提供。有关国家机关可以依照法律、行政法规的规定查询、复制与调查处理事项有关的不动产登记资料。"

不动产权利人和利害关系人申请查询不动产登记信息，是权利人、利害关系人的合法权利，对于满足条件的申请者，行政机关应当为其提供相关信息。如果登记机关拒绝申请，权利人、利害关系人可以通过提起行政诉讼的方式要求行政机关提供相关信息，或者提起民事诉讼，向法院申请调取相关证据，从而获得不动产登记信息。

同时《不动产登记暂行条例》第 27 条也规定了有关国家机关可以依照法律、行政法规的规定查询、复制与调查处理案件有关的不动产登记资料。该条规定对我国以后各种机关之间信息的交流、提高行政机关的工作效率和正确性都有极大裨益。

第二十八条　不动产登记资料的查询目的与保密要求

查询不动产登记资料的单位、个人应当向不动产登记机构说明查询目的，不得将查询获得的不动产登记资料用于其他目的；未经权利人同意，不得泄露查询获得的不动产登记资料。

☑相关法条

《土地登记公开查询暂行办法（试点试用）》第 13 条规定：本办法第 7 条第 3、4、5 款所列查询人，对查询的原始凭证内容有保密的义务，不得泄露当事人的隐私或商业秘密。

违反前款规定的，给当事人造成损失及其他后果的，由查询人承担责任。

《房屋权属登记信息查询暂行办法》第 16 条规定：查询人对查询中涉及的国家机密、个人隐私和商业秘密负有保密义务，不得泄露给他人，也不得不正当使用。

☑ 条文解析

一、查询不动产登记资料的单位、个人应说明查询目的，并不得用于其他目的

查询不动产登记资料的单位、个人，在申请查询时应向不动产登记机构说明查询的具体目的是什么，并不得将查询获得的不动产登记资料用于其他目的。可以查询不动产登记资料的权利人、利害关系人主要是为了了解可能与之发生联系的不动产的相关登记信息，有关国家机关主要为了调查处理有关案件，用途只能限于此，不能用于其他目的，比如商业目的或非法目的。

二、未经权利人同意，不得泄露查询获得的不动产登记资料

首先，查询单位、个人对于查询获得的不动产登记资料负有保密义务。因为不动产登记信息采用的是有限公开原则，所以不仅不动产登记机构和不动产登记信息共享单位对于不动产登记信息负有保密义务，通过依法查询获得不动产登记信息的单位、个人同样负有保密义务。因此，在没有权利人同意的情况下，查询获得不动产登记资料的权利人、利害关系人、有关国家机关绝对不能泄露查询获得的不动产登记资料，否则根据《不动产登记暂行条例》第32条，须依法承担赔偿责任，甚至是刑事责任。

其次，查询单位、个人经授权方可将不动产登记信息告知他人。查询单位、个人未经权利人同意，不得向社会或者他人泄露查询获得的不动产登记资料。这就意味着，经过也只有经过权利人授权，查询获得不动产登记资料的权利人、利害关系人、有关国家机关才能将查询获得的不动产登记资料告知社会或他人。

☑ 裁判要旨

故意泄露国家秘密罪，是指国家机关工作人员或者非国家机关工作人员违反保守国家秘密法，故意使国家秘密被不应知悉者知悉，

或者故意使国家秘密超出了限定的接触范围等情节严重的行为。该罪的主体主要是国家机关工作人员；主观方面只能是故意；客观方面表现为违反包括保守秘密法的规定，泄露国家秘密，情节严重的行为；侵犯的客体是国家的保密制度。

☑ **典型案例**

孙某、伍某故意泄露国家秘密案^[1]

🔍 **审理**判析▸▸▸

被告人孙某在担任国家统计局办公室局长秘书室副主任及局领导秘书期间，于2009年6月至2011年1月，违反国家保密法的规定，通过MSN聊天工具，先后多次将国家统计局尚未公布的涉密统计数据共计27项透露给国金证券股份有限公司工作人员付某及中信建设证券有限公司资产管理部工作人员张某。上述统计数据中，有14项为机密级国家秘密，有13项为秘密级国家秘密。

2010年1月至6月，被告人伍某在中国人民银行金融研究所货币金融史研究室工作期间，违反国家保密法的规定，将其在价格监测分析行外专家咨询会上合法获悉的、尚未对外正式公布的属于秘密级国家秘密的25项国家宏观经济数据，以手机短信方式向魏某春、刘某会、伍某文、刘某云等人故意泄露224次。

🔍 **审理**判析▸▸▸

区人民法院依法组成合议庭，不公开开庭审理了孙某故意泄露国家秘密案和伍某故意泄露国家秘密案。法庭经审理认为：被告人孙某身为国家机关工作人员，违反保守国家秘密的规定，故意泄露国家秘密，情节特别严重，其行为已构成故意泄露国家秘密罪，应

---

〔1〕 "孙振、伍超明故意泄露国家秘密案"，载http://www.pkulaw.cn/fulltext_form.aspx? Db=pcas&Gid=118300791.

依法惩处。区人民检察院指控被告人孙某犯故意泄露国家秘密罪罪名成立。被告人孙某归案后如实供述自己罪行，认罪态度较好，依法可从轻处罚。2011年9月8日，区人民法院依照《中华人民共和国刑法》第398条第1款、第67条第3款、第64条之规定，作出判决如下：被告人孙某犯故意泄露国家秘密罪，判处有期徒刑五年；在案扣押物品电脑两台、无线上网卡一个予以存档保存，三星牌移动硬盘一个发还被告人孙某。

被告人伍某身为国家工作人员，违反保守国家秘密法的规定，故意泄露国家秘密情节特别严重的行为，侵犯了国家的保密制度，已构成故意泄露国家秘密罪，依法应予惩处。区人民检察院指控被告人伍某犯故意泄露国家秘密罪成立。鉴于被告人伍某认罪态度较好，如实供述自己的罪行，可从轻处罚。2011年9月8日，区人民法院依照《中华人民共和国刑法》第398条第1款、第67条第3款、第64条之规定，作出判决如下：被告人伍某犯故意泄露国家秘密罪，判处有期徒刑六年；随案移送之手机一部予以没收，笔记本电脑一部发还被告人伍超明。

一审宣判后，被告人孙某、伍某在法定期限内未提出上诉，检察机关也没有提出抗诉，判决发生法律效力。

法理 研究 ▸▸▸

本案中，孙某和伍某身为国家机关工作人员，分别将在单位掌握的和通过会议获悉的属于国家秘密的数据信息，故意泄露给他人。这违反了保守国家秘密的规定，侵犯了国家的保密制度，行为均构成故意泄露国家秘密罪。

事实上，泄露不动产登记资料也可能构成故意泄露国家秘密罪。首先，有关国家机关及其工作人员应当对查询获得的不动产登记信息保密。有关国家机关可以查询、复制与调查处理事项有关的不动产登记资料，这是其权力。但该权力并非没有任何限制，有关国家机关及其工作人员只能将查询、复制获得的不动产登记资料用于调查处理有关事项，而不得用于其他目的，更不能未经权利人同意而泄露不动产登记资料。

其次，违反保密义务，泄露不动产登记资料可能构成犯罪。根据本条例第 26 条的规定，不动产登记信息是可能涉及国家秘密的，因而有权查询、复制不动产登记资料的有关国家机关完全有可能获得涉及国家秘密的不动产登记信息。如果具体负责查询事宜的该国家机关的工作人员将获得的涉及国家秘密的不动产登记资料故意泄露给他人，违反包括保守秘密法的规定，情节严重侵犯国家保密制度，那么就会构成故意泄露国家秘密罪，根据《不动产登记暂行条例》第 32 条的规定，将被依法追究刑事责任。

第二十九条　不动产错误登记的赔偿责任

不动产登记机构登记错误给他人造成损害，或者当事人提供虚假材料申请登记给他人造成损害的，依照《中华人民共和国物权法》的规定承担赔偿责任。

☑相关法条

《物权法》第 21 条规定：当事人提供虚假材料申请登记，给他人造成损害的，应当承担赔偿责任。

因登记错误，给他人造成损害的，登记机构应当承担赔偿责任。登记机构赔偿后，可以向造成登记错误的人追偿。

《土地登记办法》第 73 条规定：当事人伪造土地权利证书的，由县级以上人民政府国土资源行政主管部门依法没收伪造的土地权利证书；情节严重构成犯罪的，依法追究刑事责任。

《土地登记办法》第 74 条规定：国土资源行政主管部门工作人员在土地登记工作中玩忽职守、滥用职权、徇私舞弊的，依法给予行政处分；构成犯罪的，依法追究刑事责任。

《房屋登记办法》第 92 条规定：申请人提交错误、虚假的材料申请房屋登记，给他人造成损害的，应当承担相应的法律责任。

房屋登记机构及其工作人员违反本办法规定办理房屋登记，给他人造成损害的，由房屋登记机构承担相应的法律责任。房屋登记机构承担赔偿责任后，对故意或者重大过失造成登记错误的工作人员，有权追偿。

《房屋登记办法》第 93 条规定：房屋登记机构工作人员有下列行为之一的，依法给予处分；构成犯罪的，依法追究刑事责任：

（一）擅自涂改、毁损、伪造房屋登记簿；

（二）对不符合登记条件的登记申请予以登记，或者对符合登记条件的登记申请不予登记；

（三）玩忽职守、滥用职权、徇私舞弊。

《土地管理法》第 84 条规定：土地行政主管部门的工作人员玩忽职守、滥用职权、徇私舞弊，构成犯罪的，依法追究刑事责任；尚不构成犯罪的，依法给予行政处分。

☑ 条文解析

一、不动产登记行为性质分析及审查模式分析

要明确不动产登记的责任制度，首先需要明确不动产登记行为的性质。因为将登记行为界定为不同的性质，将影响不动产登记损害赔偿的请求权基础、归责原则、赔偿范围等问题。所以，不动产登记行为的性质是解决责任制度的先决问题。

（一）关于不动产登记行为的法律属性的争议

1. 公法行为说。该说认为："从登记行为看，房地产权属登记在我国是房地产管理部门依其职权而实施的行政行为。"[1]不动产登记行为是一项必须由不动产登记机关行使的公权行为；登记并非源于当事人的自愿委托而是来源于国家行政权，体现了一定的强制性；不动产登记行为是对不动产物权的确认与宣告，是根据客观事实和法

---

〔1〕 崔建远：《中国房地产法研究》，中国法制出版社 1995 年，第 238 页。

律规定决定的行为，必须要严格按照法律规定和有关规范进行。[1]

2. 证明行为说。该说避免对登记行为进行公、私法性质上的判断，认为："房屋产权管理机关的职责范围也只是审查买卖双方是否具备办证（交付）条件，房屋产权变更登记本身，也只是对买卖双方履行买卖合同的结果进行确认和公示，而不是对房屋买卖合同的审查和批准。"[2]

3. 私法行为说。该说认为登记行为中，真正由当事人参与的行为包括登记申请和登记请求两方面，考察登记行为的性质应从这两项权利去考察。登记效力的发生脱离申请人的意思则难以发生，登记行为本质是一种事实行为，登记并不能赋予任何人权利。登记行为是产生私法效果的行为，就登记制度而言，预告登记、异议登记、撤销登记性质上均为向法院提起的私法上的诉权，并且登记机关应负登记错误之赔偿责任。[3]

（二）功能的双重性决定了其法律属性的复杂性

要分析不动产登记的行为应从其功能来分析。不动产登记既有私法功能，也有公法功能：不动产登记的私法功能体现为不动产登记是不动产物权确定的基础，不动产登记作为基于法律行为的不动产物权变动的生效要件，对私法主体来说具有确定物权的功能；不动产登记的公法功能是不动产登记作为国家对不动产信息管理的渠道，需要登记机关的参与，不动产登记簿具有公示公信效力。

反过来看，可以认为，登记申请作为形成行政法律关系的法律事实，其包含了行政相对人的意思表示，行政机关在法定职责范围内依法定程序对行政相对人的申请予以审查，结果与当事人有利害关系，故而无疑是具体行政行为；而登记的事实，由于其法律后果

〔1〕 王达："物权法中的行政法问题：不动产登记制度"，载《人民法院报》2007年3月27日。

〔2〕 谢庄、王彤："产权变更不应是商品房买卖合同成立的要件"，载《法学评论》1996年第6期。

〔3〕 王洪亮："不动产物权登记立法研究"，载《法律科学》2000年第2期。

是由法律直接规定的，可以引起物权法律关系的产生、变更和消灭，故而其无疑是民事法律事实中的事实行为。故此，可以认为，在德国物权行为理论语境之下，物权登记为法律行为，登记为一项真正的契约；而在我国不承认物权行为理论语境之下，登记在私法领域为事实行为。

应当认为，在民事法律关系之中，登记这一事实行为与买卖合同这一法律行为结合共同作为引起不动产物权变动的主要民事法律事实。

但是不动产登记与工商登记是有差别的。工商登记是一种纯粹的行政行为，其特征是国家公权力有决定相对人是否获得登记的权力，它具有过滤网的功能，确保符合国家规定的主体才能获得登记。而不动产登记却只是登记机关对当事人之间不动产交易结果的确认，其登记启动于当事人的请求，只要双方当事人达成有效的不动产交易合同，没有违反法律法规，登记机关即没有权力拒绝登记。

从这个对比来看，不动产登记不是纯粹的行政行为，更多的是作为一种对私权的确认和保护行为。可以说，不动产登记不仅是行政行为，也是具有私法效果的事实行为。明确登记行为这种双重性质，对于登记人员的责任追究及对当事人的损失保护更加有利。

（三）不动产登记审查模式分析

对于审查模式，也有两种主要的观点，一种认为登记审查是形式审查，一种认为登记审查是实质审查。依据《不动产登记暂行条例》第17～19条和《物权法》第12条，可以得知，关于不动产登记审查模式我国并无明文规定，通说认为是形式审查与实质审查兼顾的折中模式。登记机构究竟应该采取何种审查形式，并不是一个单纯的选择问题，它需要结合公私法交融的理念以及公法行为界限、登记行为本身性质的界定等诸多问题综合考量，根本旨在维护不动产权利人的合法权益、安全稳定的交易秩序和社会主义市场经济的健康发展。

二、不动产登记错误的现实表现

关于不动产登记错误，有广义、狭义及折中三种不同学说。广义说认为，错误登记是指登记的权利在实际中并不存在或者和实际状况不符；狭义说认为，错误登记是指基于有效的登记原因而为的登记，因登记错误或者遗漏所致的登记簿上的内容与登记原因证明文件所记载的内容不等；折中说认为，登记错误不仅包括因登记事项与登记原因证明文件所写内容不符的情形，还包括无法律原因或依无效的法律行为而完成的登记。[1]从实践来看，不动产登记错误有如下表现。

（一）人的错误

1. 登记权利人没有权利。该情形指进入登记簿的登记权利人并无权利，实践中常见的类型有：①他人利用虚假材料骗取登记或者与登记人员串通错误登记，使本不具有权利之人成为登记权利人，房屋登记中的重复登记、发证属于此类；②登记人员过失将甲的不动产登记在乙的名下；③由于征收、继承、法院和仲裁机构生效法律文书等而导致不动产权利事实上已经发生变动，但一直没有办理过户登记，导致事实上已没有权利之人依然表现为登记权利人；④地方政府在集体所有土地未经征收的情况下直接为他人办理国有土地使用权登记；⑤应注销的没有注销；⑥不应注销的注销了；⑦有的被拆迁人赶在拆迁之前，通过关系补领产权证，从而使违章建筑得到合法建筑的补偿。

2. 登记权利人权利不完全。指登记权利人对于不动产有权利，但并不享有完全的权利，例如将多人共有的不动产登记在一个人或部分人名下。

---

〔1〕 崔艳蕾、田韶华："论不动产登记机关错误登记的赔偿责任"，载《法制与社会》2008 年第 9 期。

（二）面积错误

1. 由于测量、测绘技术、设备所限而导致的登记面积错误。

2. 登记申请人与登记机构工作人员串通，故意制造登记面积错误。

3. 登记机构工作人员疏忽造成的登记面积错误。

（三）用途错误

如土地登记的用途为农业用地，后进行乡村建设，二调时确定为建设用地；再如已经登记的综合用地，在事后土地登记用途种类调整后未作相应变更登记。

（四）漏登

如一不动产办理抵押登记手续后，登记机关却未将此抵押事实记载于登记簿等。

（五）其他登记错误

如将在建工程登记为已竣工建筑，在登记需要的基本信息不全面的情况下，准予登记。[1]

三、登记机关错误登记责任的归责原则

对于登记机构错误登记责任的归责原则，也有诸多观点。综合这些观点，大致形成三派意见。

（一）主张适用无过错责任原则

无过错责任原则也叫违法归责原则，是指只要行政机关违法作为，并且造成相对人的损失，就应当由行政机关负责。违法归责原则是行政法上的归责原则，行政机关只要违法，不问其是否具有过错，均应承担责任。[2]这与国家赔偿法的精神是一致的，国家赔偿法的规范对象就是行政和司法等国家公权力机关，这种归责的主张

---

〔1〕 以上参见刘锐："不动产统一登记立法如何应对登记错误"，载《第五届国土资源法治学术研讨会论文集》，第49~59页。

〔2〕 白晓萍："不动产登记机构赔偿责任若干问题研究"，载《湖北汽车工业学院学报》2008年第4期。

无疑是将登记行为的性质界定为行政行为。[1]

（二）主张适用过错责任原则

过错责任原则强调登记机构只有对其错误登记行为具有主观过错时，才对违法后果负责。如果登记机构没有主观过错，不用负责。甚至有学者进一步认为应当将过错限定为重大过失或者故意，一般的轻微过失也不用负责。[2]

（三）主张适用过错推定责任原则

过错推定本质上仍是一种过错责任，需要满足侵权法的四个构成要件，只是在举证责任上加以特殊配置。登记机构如果违法作为，给当事人造成了损失，推定登记机构有过错，只有登记机构能够证明自己没有过错时，才免除责任。之所以采取过错推定的归责原则，是因为当事人与登记机构相比，没有资源、人力、信息上的优势，采取过错推定可以平衡双方的举证能力。

将登记机构的责任规定为违法责任，是基于将登记机构登记行为定性为行政行为，但是基于上面的分析，登记行为作为一种产生私法效果的事实行为，并不是纯粹的行政行为，因此对应地，其归责原则亦应适用民事侵权责任的过错归责原则，而鉴于单纯的过错归责将不利于当事人权利的维护，故而过错推定可能是最好的选择。可以认为，过错推定既能较好的维护当事人的利益，又能确保权责统一，增强登记机构的责任感。

错误登记的原因不仅仅包括登记机构工作人员的故意、过失行为，也包括当事人故意或者过失行为，对于当事人提供虚假材料的责任归责，无疑需要采取过错归责原则，只有证明当事人故意或过失导致损害的发生，并且具有因果关系时，当事人才需要承担赔偿责任。

---

〔1〕 龚合雄："论我国不动产登记机构的审查义务"，载《湖南财政经济学院学报》2011年第1期。

〔2〕 刘保玉："不动产登记机构错误登记赔偿责任的性质与形态"，载《中国法学》2012年第2期。

四、不动产错误登记的责任形态

（一）单方过错的情形

所谓单方过错的情形比较简单，《物权法》第 21 条第 1 款就是这种情形，要么是登记机构工作人员的过错导致损害结果，要么是当事人的故意或者过失导致损害结果。

如果是登记机构工作的过错，则采用过错推定的归责原则加以归责即可，工作人员不仅可能受到行政处分，也需要对当事人的损失进行赔偿，只不过这种赔偿是登记机构先行赔偿，然后向故意或者有重大过失的工作人员追偿。如果是当事人的单纯过错，则当事人应当对造成的损失进行赔偿。

（二）混合过错的情形

混合过错的情形包括两种情态：无意思联络的共同侵权和共谋的侵权行为。如果当事人故意提供虚假材料，登记机构又未尽到合理的审查义务，则登记机构和当事人都需要对损害结果负责，根据各自的过错承担责任；如果双方恶意串通，共同侵犯他人利益，则需要承担连带责任。在两种情况下，基于对权利人的保护，都宜规定登记机构的先行赔付责任。

之所以需要区分不动产错误登记的责任形态，是因为不动产登记实行过错归责原则，在此归责原则下，需要根据过错的程度承担相应的责任，以体现责任的公平性。在现实的错误登记的情况中，存在各种不同的过错情况，应当加以界定和区分，将责任归属到正确的责任主体，维护受害人的合法权益。

五、不动产错误登记的赔偿机制

（一）不动产登记错误赔偿责任的法律性质

就学术界的研究而言，主要有两种观点。

1. 不动产登记机构赔偿责任的性质为国家赔偿责任。梁慧星教授主持设计的《中国民法典草案建议稿》第 240 条就设计为："因登记机关的过错，致不动产登记发生错误，且因该错误登记致当事人或者利害关系人遭受损害的，登记机关应依照国家赔偿法的相关规定承担赔偿责任。"[1]

2. 不动产登记机构赔偿责任的性质应定位为民事赔偿责任。李明发教授认为，不动产登记行为本质上是民事行为，而非行政行为；因不动产登记错误而产生的赔偿责任是民事侵权责任，而非国家赔偿责任；因不动产登记错误要求赔偿而启动的诉讼程序应是民事诉讼，而非行政诉讼。[2]

于海涌教授在其设计的《中国不动产登记法草案》第15条中也规定："登记机关在登记中应当承担谨慎义务，因故意或过失给当事人造成损失的，登记机关应承担民事赔偿责任。"[3]

上述对于登记错误赔偿责任性质的不同认识，从根源上讲是由于我国对不动产登记行为性质的不同认识导致的。而在对不动产登记行为性质的认识上，学术界虽然有公法行为、私法行为、证明行为等观点，但总体而言，仍主要限于行政行为与民事行为之争，因为登记行为本质上既是一种产生私法效果的事实行为，又是一种特殊的行政行为。

（二）不动产错误登记之赔偿范围

1.《物权法》对不动产错误登记的赔偿范围未做明确规定。参考国外的立法例，有不同的做法。日本《不动产登记法》第152条规定，由于登记官的失误造成他人损失的，受损人可以向法务局局长或地方法务局局长提出审查的申诉，也可以向法院提起诉讼，要求经济赔偿。如查明确系登记官失误而使他人受到损害的，登记官不仅要依法赔偿受害人的全部损失，还要被解除职务。可见日本实

---

[1] 梁慧星：《中国民法典草案建议稿及理由（物权编）》，法律出版社2004年版，第45页。

[2] 李明发："论不动产登记错误的法律救济——以房产登记为重心"，载《法律科学》2005年第6期。

[3] 于海涌：《论不动产登记》，法律出版社2007年版，第357页。

行全面赔偿的原则。澳大利亚南威尔士州《不动产法》将登记机构赔偿责任的最高限额限定为 10 万美元，实行限制赔偿原则。

2. 对赔偿责任的性质认识不同导致对登记错误的赔偿范围认识不同。我国《国家赔偿法》和《城市房屋权属登记管理办法》将登记机构的赔偿责任限定在直接经济损失范围内。不同的学者有各自的看法。有的学者认为应当只赔偿当事人的直接经济损失，因为根据《国家赔偿法》的规定，国家赔偿只赔偿直接经济损失，不包括可得利益损失，也不包括精神损失。这种观点是基于对登记行为行政性质的分析。[1]

但是另外有学者认为，赔偿范围包括所有损失，不仅包括直接损失，也包括间接损失，间接损失是不动产可得利益的损失。如果将不动产登记行为定性为一种具有民事效果的行为，则违法侵害就是一种侵权损害，根据侵权损害的赔偿原则，赔偿范围是实际损失，并非限于直接损失。[2]这种损失的范围包括："因登记错误行为直接导致当事人减少的财产，如不动产因脱离权利人控制而导致的灭失、损坏、减少等情形。这部分损失构成了赔偿范围的主要内容和基本内容部分。直接损失还应当包括利息和因主张权利而支出的必要费用，如诉讼费用等。间接损失即当事人可得利益的损失，主要包括转让用益物权可得收益。赔偿数额和方式应以受损害时为准，不得超过受损害时的实际价值，否则有违公平原则。"[3]

从受害人平等保护、有效约束登记机关及其工作人员的角度讲，宜将不动产登记赔偿纳入民事赔偿范围，适用民事赔偿的过错归责

---

〔1〕 罗文燕、徐亮亮："论对不动产登记行为的司法审查——兼评《中华人民共和国物权法》的有关规定"，载《财产权与行政法保护——中国法学会行政法学研究会2007 年年会论文集》。

〔2〕 杨解君、才凤敏："不动产物权登记中的混合侵权及其责任——公私法的双重视野"，载《江苏社会科学》2010 年 3 期。

〔3〕 向明："论不动产登记错误的赔偿责任"，载《社会科学论坛 》2010 年第 10期。

原则、民事财产损害的赔偿标准。主要理由是：第一，国家赔偿的发展趋势就是赔偿范围逐步与民事赔偿趋同或完全一致，我国著名行政法学者马怀德、杨小军等教授都主张提高登记错误赔偿的标准，杨小军教授甚至进一步认为应当将登记错误赔偿纳入民事赔偿的范围；第二，我国正在加快法治政府建设，法治政府应当是责任政府，在登记错误赔偿方面理应承担与普通民事主体相同的责任。[1]

（三）不动产错误登记的赔偿资金来源

对于赔偿责任的资金来源国外有不同的做法。

1. 设立不动产错误登记赔偿基金。[2]比如德国、瑞士设立专门的赔偿基金进行赔偿，有些国家按照国家赔偿程序进行赔偿。我国可以借鉴域外的做法，设立专门的赔偿基金，将不动产登记收费的一定比例提取为赔偿基金，作为赔偿的来源，并且将对违法工作人员的追偿所得充实赔偿基金。

2. 建立不动产错误登记保险制度。也可以利用保险制度分散赔偿责任，如不动产登记工作人员可以购买执业险，以防自己需要负担过重的赔偿责任；登记机构也可以投保自身的责任保险，出现赔偿责任时，进行分担。这样做的好处是可以保证对当事人的损失及时有效的赔偿，防止更大的损失出现，也可以缓解登记机构的赔偿压力，做到从容应对赔偿事务。对于追偿制度的完善，也有利于增强登记人员的责任感和工作的严谨度。

从目前的《不动产登记暂行条例》没有看到这方面的规定，赔偿基金或者保险制度的运用没有得到重视，但是这并不影响登记机构赔偿责任的承担。

不动产价值巨大，建立登记错误赔偿责任制度，旨在对真正的

---

〔1〕 参见刘锐："不动产统一登记立法如何应对登记错误"，载《第五届国土资源法治学术研讨会论文集》，第49～59页。

〔2〕 日本对登记瑕疵的损害赔偿，采取登记官个人赔偿机制。澳大利亚昆士兰州是从每笔登记费中提取2%注入登记赔偿基金。德国专门的损害赔偿基金是由政府出资设立。

权利人进行救济，避免其因登记错误而受到损害。因此，在下一步立法中，应建立基于不动产登记错误责任划分的赔偿制度，明确登记错误赔偿的性质、类型和范围，考虑设立不动产登记错误赔偿基金，以维护登记公信力，进而将因保障交易安全这一社会公共利益必然带来的风险转由社会而非真正的权利人负担。[1]

☑ 裁判要旨

在不动产登记过程中，因登记机关的过错造成相对人的经济损失，是否属于行政赔偿范畴，法律没有明确规定。在国家赔偿程序中，是穷尽其他赔偿后再行国家赔偿，还是根据当事人的诉求确定赔偿性质，是审判实践中长期争论的问题。本案例是因房屋登记机构的过错造成当事人经济损失的司法救济案件，法院从有利于受害人的角度出发，尊重当事人的选择，裁判登记机构的赔偿责任。不管将登记机构的责任定性为何，维护受害人的利益是首要的，在现行的法律框架没有将登记机构的责任明确界定之前，用行政赔偿的制度来解决受害人的损失，也是一种权宜之计。

☑ 典型案例

冯某江诉湖北省武汉市国土资源和房

产管理局房屋登记行政赔偿纠纷案[2]

🔍 案情简介 ▸▸▸

坐落于武汉市的一座建筑面积为 78.69 平方米的房屋原系冯某江的父母所有，冯某江的母亲去世后，其父为了使保姆徐某尽照顾

---

[1] 刘燕萍："对不动产统一登记制度及登记效力有关问题的认识"，载《第五届国土资源法治学术研讨会论文集》，第 41～48 页。

[2] 案例载《人民司法·案例》2010 年第 12 期，案号：（2008）岸行初字第 48 号。

义务，附条件将上述房屋赠与徐某，并于 2002 年 5 月 24 日办理了产权变更登记手续。之后，因保姆徐某未履行对冯父悉心照料义务并造成其身心折磨，冯父于 2004 年 10 月向区人民法院起诉，请求法院撤销上述赠与行为，同时申请对上述房屋进行诉前财产保全。

该院依法于 2004 年 10 月 10 日向被告下属的区房产管理局送达了查封上述房屋的法律文书，但区房产管理局收到法院的财产保全文书后未尽审查注意义务，仍将该争议房屋从徐某名下转移登记在黄某名下。

2004 年 10 月 28 日，被告又办理了将登记到黄某名下的房屋变更登记到胡某名下。因冯父于 2004 年 11 月去世，其子冯某江申请参加诉讼。2005 年 7 月 17 日，法院作出撤销冯父对徐某的赠与合同的生效判决。之后，冯某江就被告的上述三次房屋变更登记行为分别提起行政诉讼。

法院经审理后分别作出确认被告向徐某、黄某颁证行为无效并作出撤销被告向胡某颁发的房屋所有权证的三份行政判决。此后，胡某以其是善意取得该争议房屋为由，向法院提起民事诉讼。

两级法院认定胡某购买黄某出让的上述房屋符合善意取得构成要件，确认房屋归胡某所有，致使冯某江无法收回房屋。为此，冯某江在收到被告不予行政赔偿的书面决定后，向法院提起由被告赔偿 40 万元的行政赔偿诉讼。诉讼中，冯某江变更诉讼请求，要求以徐某转让房屋给黄某时的房屋评估价 17 万元为行政赔偿标的额。

🔍 审理判析 ▸▸▸

区人民法院经审理认为，被告是法律授权对该市房屋权属登记负有管理职责的行政机关，因其未尽审查注意义务，使被查封的房屋被转移登记到他人名下，其违法行为已被人民法院生效判决书予以确认。因冯某江的房屋已无法收回，给冯某江造成财产损失且损失的产生与被告的违法行为存在因果关系，故被告对冯某江的财产损失依法负有赔偿义务。被告主张应由原告穷尽救济途径再行主张赔偿的辩称缺乏法律依据。

关于赔偿数额问题，冯某江主张索赔17万元是房屋被查封后被转让时的评估价值，能充分体现房屋当时的价值状况，且被告对冯某江提出的此数额未持异议，应确定此数额为原告财产损失的赔偿数额。被告主张原告有过错应减轻其赔偿责任的辩称理由不充分且证据不足。

法院据此判决：市国土资源和房产管理局于本判决生效之日起10日内赔偿冯某江人民币17万元。

宣判后，双方当事人均未提起上诉，本案已发生法律效力且已履行完毕。

法理研究▶▶▶

一、无论是民事侵权赔偿还是行政侵权赔偿都属于侵权赔偿范畴

（一）权利人因登记人员的错误而遭受损失的有权提起行政诉讼求偿

实践中，因登记机构违背审查义务导致错误登记造成侵权赔偿是一个完全的民事赔偿还是国家赔偿，理论和实务界对此存有争议。就现阶段而言，这种意见更为合理：因登记机构的不当行为而使有关权利人遭受损失的，如果当事人无法提起民事赔偿诉讼，为了使受害人的利益得到维护，受害人可以提起行政赔偿诉讼。因为登记机构对当事人的登记申请进行审查，是代表国家行使公权力，其房屋登记行为具有公信力，此种公权力的赋予和行使是为了对不动产法律关系的形成、变更、消灭进行干预，旨在明晰不动产物权的权利状况，避免牺牲真正权利人的利益，故而登记应符合这一目标。假使登记因登记人员的错误而未真正明晰不动产的权利状况，使权利人遭受损失，权利人有权提起行政诉讼，获得国家赔偿。

虽然我国现行的不动产法律、法规等并未明确规定不动产登记机关登记错误的赔偿责任，但并不表明因登记错误而遭受损失者不能向登记机关主张赔偿。行政侵权赔偿责任相对于民事侵权赔偿责任而言，属于特殊的侵权范畴，这两种诉讼模式虽然都能解决不动产登记错误的赔偿责任问题，但赔偿原则、赔偿标准、赔偿主体、赔偿方式等均有不同规定。

（二）不动产错误登记于法条竞合时当事人自然享有诉讼请求选择权

从法律规定来看，虽然《民法通则》第121条规定："国家机关或者国家机关工作人员在执行职务中，侵犯公民、法人的合法权益造成损害的，应当承担民事责任。"但《行政诉讼法》和《国家赔偿法》颁布实施后，将这种类似的侵权赔偿责任列入行政侵权赔偿范畴。《物权法》颁布后，对因登记机构的过错造成的侵权赔偿作出了相应规定。[1]此外，《房屋登记办法》[2]也做出了规定。上述条款仅规定了在登记错误的情形下登记机构所承担的直接赔偿责任，但对于登记机构赔偿责任的性质，既没有明确是完全的民事赔偿，也没有明确是完全的国家赔偿。

《侵权责任法》中没有明确规定行政管理部门在执行职务过程中因其过错造成的损失属于民事侵权责任。因此，结合《行政诉讼法》和修订后的《国家赔偿法》第2条的规定："国家机关和国家机关工作人员违法行使职权侵犯公民、法人和其他组织的合法权益造成损害的，受害人有依照本法取得国家赔偿的权利。"据此，根据特别法优于一般法的法律原则，当事人可以寻求行政赔偿诉讼的法律救济途径。根据担负公共职能的不动产登记机构参与对私权行为的确认

---

〔1〕《物权法》第21条第2款的规定："因登记错误，给他人造成损害的，登记机构应当承担赔偿责任。登记机构赔偿后，可以向造成登记错误的人追偿。"

〔2〕《房屋登记办法》第92条："申请人提交错误、虚假的材料申请房屋登记，给他人造成损害的，应当承担相应的法律责任。房屋登记机构及其工作人员违反本办法规定办理房屋登记，给他人造成损害的，由房屋登记机构承担相应的法律责任。房屋登记机构承担赔偿责任后，对故意或者重大过失造成登记错误的工作人员，有权追偿。"

及其以特殊主体身份为物权公示所带来的公信力，当事人也可以寻求行政法上的救济。

本案中，审判机关基于对房屋登记行为实行合法性审查的行政诉讼归责原则以及房屋权属登记行为具有物权公示性质而产生信赖利益保护的法律后果，在当时《国家赔偿法》未修改的情况下，结合房屋登记行政机关因没有尽到注意审查义务，将法院查封房屋进行多次转移登记而造成冯某江不能收回该房屋，冯某江就此请求房屋登记部门赔偿损失无果，进而向法院提起行政赔偿诉讼的情况，认定房屋登记机构应当对其违法行为承担行政赔偿责任是恰当的。

国家赔偿制度的目标和功能就是保护公民的权利，但《国家赔偿法》在具体的施行过程中，存在着种种问题，而房屋登记错误造成的赔偿责任，往往是行政赔偿与相关民事赔偿相互交织。由于国家赔偿责任是侵权行为法的专门领域，如果适用特别法优于一般法的原则，登记机构负担的就是直接损害赔偿责任，但这并非僵硬教条。为了充分保护受害人，也为了给受害人以更大的选择空间，在民法和特别法上的侵权行为损害赔偿请求权发生竞合时，受害人可以自由选择。

（三）行政机关因登记错误负赔偿责任后有权向直接责任人追偿

本案中，区人民法院从保护当事人诉权出发，在《国家赔偿法》尚未修改之前，充分运用有关法律规则和精神，成功诠释了修改后《国家赔偿法》第4条、第9条的规定，确立了本案原告冯某江行政赔偿的主体资格，支持了其请求行政赔偿的权利。同时，这一判例明确界定了行政赔偿责任与民事赔偿责任的不同性质。在该案中房屋登记机构尚未进行变更登记之前，法院已向其下达了财产保全法律文书，而房屋登记机构未尽到审查注意义务，仍将争议房屋短期内进行多次变更登记，导致房屋无法恢复到权利人名下，造成了权利人经济损失的客观事实。法院以行政赔偿责任的构成为基础，以房屋登记机构因登记错误造成损害为事实；以房屋登记机构因审查不当导致其登记行为违法以及该违法行为与损害事实之间具有因果关系等要件，确定了登记机关的行政赔偿责任。

因此，依据《国家赔偿法》第 2 条和《物权法》第 21 条第 2 款"因登记错误，给他人造成损害的，登记机构应当承担赔偿责任。登记机构赔偿后，可以向造成登记错误的人追偿"的有关规定，根据当事人的诉讼请求，结合国家赔偿确定的违法和公平原则，该案判决由房屋登记机构先行承担行政赔偿责任。

二、不动产错误登记赔偿标准的确定

赔偿标准，是指行政机关对其行为造成的损失应当承担赔偿责任的程度范围，是确定国家应承担的赔偿责任量的指标应遵守的准则。

从我国国家赔偿的类别来看，主要是人身侵权损害和财产损害赔偿；与民事侵权赔偿范围相比，我国的国家赔偿只限于赔偿直接损失，不赔偿间接损失。而对于哪些损失属于直接损失，哪些损失属于间接损失，《国家赔偿法》并未作出明确规定，相关的司法解释也未予以明确界定。在审判实践中，法官自由裁量权下的直接损失的赔偿标准不统一，同类案件裁判结果也不一致。因此，目前我国的国家赔偿基本是给予有条件的抚慰性赔偿，即实行有限度的赔偿制度，其性质具有辅助性和补充性。审判实务中，法官一般根据案情，在一定赔偿额度范围内，综合考虑案件的相关因素，最后确定一个适当的赔偿数额。

本案并非简单的行政赔偿案件，涉及民事法律关系和行政法律关系以及行政赔偿标准的认定问题。该争议房屋于 2004 年转移登记时，房屋价值为 17 万元，而原告通过多次诉讼后于 2008 年提起行政赔偿诉讼时，该争议房屋的市值已达 40 万元，原告的直接损失究竟为多少？如何适用行政赔偿标准？对此，本案法院就国家赔偿的原则、赔偿标准、赔偿范围等问题，考虑到在近 5 年诉讼中，涉案房屋价值发生了巨大变化，如以现有房屋价值 40 万元作为行政赔偿的依据，有失公平原则，转而以初次的房屋变更交易价格 17 万元作为原告的直接损失，依法判决由被告赔偿原告直接经济损失 17 万元。原告和被告均表示服判息诉，被告也按判决履行了赔付义务。该行政赔偿判决使一起耗时 5 年、历经 7 次诉讼的案件，最终以房屋登记机构履行行政赔偿的判决方式，化解了矛盾，终结了诉讼。这一行政赔偿判决不仅表明了有权必有责、用权受监督、侵权要赔偿的现代行政理念，而且进一步提升了司法的公信力，最大限度地实现了法律效果、政治效果、社会效果的有机统一。

但是这个案件是在对登记行为界定没有法律规定时，为了维护当事人的权益，所寻求的权宜之计。根据对不动产登记行为的分析可知，不动产登记行为实际上是一种确权行为，并未赋予登记机构否定权和判断权，因此，从本质上来说，登记行为既然可以被认定为民事事实行为，其赔偿责任自然也可以被认定为一种民事责任，故此完全应实行全面赔偿的原则。

第三十条　不动产登记机构工作人员滥用职权、玩忽职守的法律责任

不动产登记机构工作人员进行虚假登记，损毁、伪造不动产登记簿，擅自修改登记事项，或者有其他滥用职权、玩忽职守行为的，依法给予处分；给他人造成损害的，依法承担赔偿责任；构成犯罪的，依法追究刑事责任。

☑相关法条

《公务员法》第 53 条第 1 款第 3 项和第 9 项规定：公务员必须遵守纪律，不得有下列行为：

……

（三）玩忽职守，贻误工作；

……

（九）滥用职权，侵害公民、法人或者其他组织的合法权益；

《公务员法》第 55 条规定：公务员因违法违纪应当承担纪律责任的，

依照本法给予处分；违纪行为情节轻微，经批评教育后改正的，可以免予处分。

《民法通则》第121条规定：国家机关或者国家机关工作人员在执行职务中，侵犯公民、法人的合法权益造成损害的，应当承担民事责任。

《关于贯彻执行〈中华人民共和国民法通则〉若干问题的意见（试行）》第152条规定：国家机关工作人员在执行职务中，给公民、法人的合法权益造成损害的，国家机关应当承担民事责任。

《国家赔偿法》第2条规定：国家机关和国家机关工作人员违法行使职权侵犯公民、法人和其他组织的合法权益造成损害的，受害人有依照本法取得国家赔偿的权利。

国家赔偿由本法规定的赔偿义务机关履行赔偿义务。

《关于审理房屋登记案件若干问题的规定》第13条规定：房屋登记机构工作人员与第三人恶意串通违法登记，侵犯原告合法权益的，房屋登记机构与第三人承担连带赔偿责任。

《房屋登记办法》第92条第2款规定：房屋登记机构及其工作人员违反本办法规定办理房屋登记，给他人造成损害的，由房屋登记机构承担相应的法律责任。房屋登记机构承担赔偿责任后，对故意或者重大过失造成登记错误的工作人员，有权追偿。

《刑法》第397条规定：国家机关工作人员滥用职权或者玩忽职守，致使公共财产、国家和人民利益遭受重大损失的，处三年以下有期徒刑或者拘役；情节特别严重的，处三年以上七年以下有期徒刑。本法另有规定的，依照规定。

国家机关工作人员徇私舞弊，犯前款罪的，处五年以下有期徒刑或者拘役；情节特别严重的，处五年以上十年以下有期徒刑。本法另有规定的，依照规定。

☑ 条文解析

一、坚持依法治国，依法执政，依法行政

我国《宪法》第5条第1款规定："中华人民共和国实行依法治

国，建设社会主义法治国家。"按照宪法和法律的要求，实行依法治国，践行社会主义法治，维护广大人民群众的根本利益是我们党一直以来的执政理念和奋斗目标。新时期，以习近平总书记为领导核心的党的新一代领导集体又提出了"坚持依法治国，依法执政，依法行政，共同推进，坚持法治国家法治政府法治社会一体建设"的新思想、新要求，为新时期我国全面建设社会主义法治国家注入了新思想、新动力。

在践行社会主义法治、依法治国的大背景之下，依法行政这一直接关切到人民群众切身利益的重大问题显得更为迫切和突出。《不动产登记暂行条例》第31条正是依据依法治国的精神和依法行政的要求针对不动产登记机构工作人员滥用职权、玩忽职守等违法行为所应当承担的法律责任所作出的规定。

二、不动产登记机构工作人员应承担法律责任的违法行为

条例采用具体列举与抽象概括的方式对不动产登记机构工作人员应当承担法律责任的违法行为做出了规定。具体而言，"虚假登记，损毁、伪造不动产登记簿，擅自修改登记事项"是具体违法行为方式的列举，"其他滥用职权、玩忽职守行为"则是抽象的概括兜底条款。

三、不动产登记机构工作人员违法行为应承担的违法责任

（一）依法给予处分

这里所谓依法给予处分指的是不动产登记机构工作人员施行了滥用职权、玩忽职守的违法行为，尚未给他人造成损害，且未达到刑事责任的构成要件时，对其主要适用行政机关内部的行政处分，包括警告、记过、记大过、降级、撤职、开除共六种。主要依据的是《公务员法》、《行政机关公务员处分条例》等相关规定。

（二）给他人造成损失的要依法承担赔偿责任

这里指的是登记错误赔偿责任。应当注意的是，不动产登记机

构工作人员在执行职务的过程中滥用职权、玩忽职守，给他人造成损失的，该工作人员应当是赔偿责任的最终承担者，但登记机构是先行赔付者。

如果登记机构的工作人员与第三人串通进行虚假登记，承担的赔偿责任应是一种共同责任，但是如果仅仅是登记机构工作的人员故意或者过失造成错误登记，则应由登记机构首先承担责任，然后由登记机构向有过错的工作人员进行追偿。

关于登记机构的过错导致的登记错误，是否是一种国家赔偿，理论上有两种意见，一种认为由于登记机构工作人员的过错导致登记错误，应是一种国家赔偿责任，因为不动产登记的公信制度是一种国家权威；另外一种观点认为登记机构错误登记，应该建立专门的赔偿基金，专款专用，用来进行错误登记的赔偿，不走国家赔偿的程序。

（三）构成犯罪的自依法追究刑事责任

这里即是指，不动产登记机构工作人员的行为已经完全符合我国《刑法》关于犯罪的构成要件时，应当按照《刑法》的要求来追究其刑事责任。因此，行政机关及其工作人员违法行政或者不当行使其职权的，应当依法承担相应的法律责任。只有切实做到执法有保障、有权必有责、用权受监督、违法受追究、侵权须赔偿，真正实现权责统一，才能维护广大人民群众的根本利益，才能保障政府权威和公信力，才能使我国法治国家、法治政府、法治社会一体建设的目标更进一步。

☑ **裁判要旨**

不动产登记机构工作人员与第三人恶意串通进行虚假登记，使得他人合法权益遭受损失的，按照相关法律规定，应当由该工作人员所属的行政机构与该恶意第三人承担连带赔偿责任。

☑ **典型案例**

北京世纪环宇文化发展中心等与兴隆县人民政府

房屋登记行政赔偿纠纷上诉案[1]

🔍 **案情** 简介 ▸▸▸

上诉人北京世纪环宇文化发展中心、兴隆县住房和城乡规划建设局因房屋登记行政赔偿一案，不服承德市中级人民法院判决，向河南省高级人民法院提起上诉。

原审案情为：兴隆县住建局（原兴隆县建设局）于2001年为金牛洞公司建筑面积为4 510余平方米房屋颁发了第0444号房屋所有权证，该房产自1999年12月23日起至2002年12月27日就已陆续抵押给中国农业银行兴隆县支行。

2003年8月7日兴隆县住建局就同一房产又为金牛洞公司颁发了第0009号房屋所有权证，该产权证记载了金牛洞公司名下以上房产的相关信息。金牛洞公司据此又将上述房产抵押给北京环宇中心，并在兴隆县住建局办理了抵押登记手续，领取了他项权利证书。北京环宇中心为此投入资金与第三人合作开发项目，后因金牛洞公司经营不善，双方发生纠纷。

承德市中级人民法院作出了民事判决，在2009年6月17日案件执行过程中才发现兴隆县住建局为金牛洞公司颁发的兴房权证北水泉字第0009号房屋所有权证与兴隆县雾灵山伏凌度假有限公司的产权证号重复。

后经调查，无证据证明北京环宇中心与金牛洞公司有恶意串通办理此房屋登记的行为。兴隆县政府在本案中无任何实际行政行为。

---

　　[1]　"北京世纪环宇文化发展中心等与兴隆县人民政府房屋登记行政赔偿纠纷上诉案"，载http://www. pkulaw. cn/fulltext_ form. aspx? Db = pfnl&Gid = 119552212&keyword = &EncodingName = &Search_ Mode = .

兴隆县住建局为北京环宇中心及金牛洞公司颁发的第0009号房屋所有权证和第2003-0373号房屋他项权证中的"兴隆县人民政府"在"登记机构"处所加盖的印章系国家建设部监制套印的,兴隆县政府被列为本案被告,不符合相关法律规定,该政府为被告不适格;金牛洞公司的法定代表人付建华明知本企业已取得第0444号《房屋所有权证》并抵押给中国农业银行兴隆县支行借贷,又申请办理房屋所有权证和他项权证,房屋登记部门的工作人员应当知道金牛洞公司的房屋已经合法登记领取了第0444号房屋所有权证并抵押银行借贷,又为金牛洞公司办理了"0009号、2003-0373号"两个房权证。该行政登记行为应属恶意串通的违法登记行为,且给北京环宇中心造成巨大经济损失。

兴隆县住建局所属房屋登记部门系其主管部门的派出机构,其违法行为兴隆县住建局应承担赔偿责任。承德市中级人民法院已作出民事判决,判决金牛洞公司赔偿北京环宇中心的经济损失444.5万元人民币。依据最高人民法院《关于执行〈中华人民共和国行政诉讼法〉若干问题的解释》第58条、最高人民法院《关于审理房屋登记案件若干问题的规定》第13条之规定,承德市中级人民法院判决由兴隆县住房和城乡规划建设局与兴隆县金牛洞旅游开发有限公司及付建华连带赔偿北京世纪环宇文化发展中心409.5万元人民币及逾期付款的银行执行的贷款利息。

后经审理查明,第0444号房屋所有权证、第0009号房屋所有权证、第2003-0373号房屋他项权证均加盖了兴隆县政府的印章。第0009号房屋所有权证由第0444号房屋所有权证变更而来,属于变更登记行为。第0009号房屋所有权证并没有记载其所登记房屋已向中国农业银行兴隆县支行设定了价值为680万元的抵押权的情况。

🔍 **审理**判析▶▶▶

河南省高级人民法院经审理认为:兴隆县政府、县住建局在第

0444 号房屋所有权证变更为第 0009 号房屋所有权证时，明知原登记房屋已设置抵押登记，而在变更后的登记中未作记载。在为北京环宇中心进行抵押他项权利登记时，又没有告知北京环宇中心涉案房屋已存在抵押登记的情况，致使北京环宇中心产生误解，同意金牛洞公司以实际已设置抵押的房屋为其投资及相关费用提供抵押担保。最终造成北京环宇中心的抵押权不能实现，合法权益受到损害。

从兴隆县政府、县住建局的上述行为，结合做出上述行为的时间与北京环宇中心、金牛洞公司签订合作协议均为 2003 年 8 月 7 日的情况看，应认定兴隆县住建局的工作人员与金牛洞公司恶意串通进行违法登记。根据最高人民法院《关于审理房屋登记案件若干问题的规定》第 14 条的规定，兴隆县政府、县住建局与金牛洞公司对给北京环宇中心造成的损害承担连带赔偿责任。兴隆县政府、县住建局与金牛洞公司对给北京环宇中心造成的损害承担连带赔偿责任，实质上就是兴隆县政府、县住建局与金牛洞公司以连带责任的方式共同履行承德市中级人民法院判决。

综上所述，一审判决认定的主要事实清楚，但适用法律错误。依照《中华人民共和国行政诉讼法》第 61 条第 2 项的规定，判决：撤销河北省承德市中级人民法院判决；兴隆县人民政府、兴隆县住房和城乡规划建设局与兴隆县金牛洞旅游开发有限公司连带赔偿北京世纪环宇文化发展中心的直接损失。

法理 研究 ▸▸▸

本案是典型的不动产登记机构工作人员恶意串通第三人进行虚假登记，损害他人合法权益的案件。兴隆县政府、县住建局的工作人员应金牛洞公司的申请将第 0444 号房屋所有权证变更为第 0009 号房屋所有权证时，明知原登记房屋已经设置了抵押登记，但在变更后的登记中却并未作记载。在为北京环宇中心进行抵押他项权利登记时，又没有告知北京环宇中心涉案房屋已存在抵押登记的情况，致使北京环宇中心产生误解，最终导致北京环宇公司的合法权利遭受到了损失。因此兴隆县政府、县住建局应当对其工作人员的违法行为所造成的后果承担相应的责任。

理解《不动产登记暂行条例》第 30 条之规定，应当明确两个法律问题。

一、不动产登记具有明确权利归属之公示及公信的功能和效力

登记内容的正确与否对于社会经济的稳定，人民群众合法权益的保障，以及不动产登记机关的公信力与权威都有着重大影响。因此不动产登记机构工作人员应当恪尽职守，认真对待登记事项，依法行使自己的职权。如果存在滥用职权、玩忽职守的行为理应依法进行惩处。

二、不动产登记机关和恶意第三人须承担连带赔偿责任

本案终审判决由不动产登记机关和恶意第三人承担连带赔偿责任。关于此类问题，最高人民法院《关于审理房屋登记案件若干问题的规定》第 13 条规定："房屋登记机构工作人员与第三人恶意串通违法登记，侵犯原告合法权益的，房屋登记机构与第三人承担连带赔偿责任。"《国家赔偿法》第 2 条第 1 款规定："国家机关和国家机关工作人员违法行使职权侵犯公民、法人和其他组织的合法权益造成损害的，受害人有依照本法取得国家赔偿的权利。"因此，不动产登记机构工作人员履行职务时由于滥用职权、玩忽职守等违法行为造成他人损失的，受害人即有权要求登记机构承担赔偿责任。如此规定的意义就在于更好地保障受害者的合法权利。当然，登记机关在对受害人进行赔偿之后，可以要求做出违法行为的工作人员承担部分或全部赔偿责任。不动产登记机构工作人员还应当按照其违法行为的危害程度依法承担包括行政处分和刑事处罚在内的相应法律责任。

第三十一条　伪造、变造不动产登记法律文书之法律责任

伪造、变造不动产权属证书、不动产登记证明，或者买卖、使用伪造、变造的不动产权属证书、不动产登记证明的，由不动产登记机构或者公安机关依法予以收缴；有违法所得的，没收违法所得；给他人造成损害的，依法承担赔偿责任；构成违反治安管理行为的，依法给予治安管理处罚；构成犯罪的，依法追究刑事责任。

☑相关法条

《房屋登记办法》第91条规定：非法印制、伪造、变造房屋权属证书或者登记证明，或者使用非法印制、伪造、变造的房屋权属证书或者登记证明的，由房屋登记机构予以收缴；构成犯罪的，依法追究刑事责任。

《房屋登记办法》第92条规定：申请人提交错误、虚假的材料申请房屋登记，给他人造成损害的，应当承担相应的法律责任。

房屋登记机构及其工作人员违反本办法规定办理房屋登记，给他人造成损害的，由房屋登记机构承担相应的法律责任。房屋登记机构承担赔偿责任后，对故意或者重大过失造成登记错误的工作人员，有权追偿。

《土地登记办法》第73条规定：当事人伪造土地权利证书的，由县级以上人民政府国土资源行政主管部门依法没收伪造的土地权利证书；情节严重构成犯罪的，依法追究刑事责任。

《刑法》第280条规定：伪造、变造、买卖或者盗窃、抢夺、毁灭国家机关的公文、证件、印章的，处三年以下有期徒刑、拘役、管制或者剥夺政治权利；情节严重的，处三年以上十年以下有期徒刑。

伪造公司、企业、事业单位、人民团体的印章的，处三年以下有期徒刑、拘役、管制或者剥夺政治权利。

伪造、变造居民身份证的，处三年以下有期徒刑、拘役、管制或者剥夺政治权利；情节严重的，处三年以上七年以下有期徒刑。

☑条文解析

一、伪造、变造不动产登记法律文书须依法承担法律责任

《不动产登记暂行条例》第31条规定了伪造、变造不动产权属

证书、不动产登记证明或者买卖、使用伪造、变造的不动产权属证书、不动产登记证明的法律责任。公民违反不动产登记秩序的情况有两种，一种是虚假申请和串通第三人虚假登记，另外一种就是此处的伪造、编造和买卖、使用非法不动产权属证书和登记证明。公民违反不动产登记秩序的行为不仅损害了真正权利人和其他善意第三人的利益，也违反了国家对不动产登记秩序的建构，因此不仅应该承担民事责任，也应该承担行政责任甚至刑事责任。如果伪造、变造或者买卖、使用伪造、变造的不动产权属证书、不动产登记证明，严重到违反了我国《刑法》第280条的规定，构成伪造、变造、买卖国家机关公文、证件罪，则需要承担刑事责任。

伪造指伪造一份不存在的权属证书或登记证明。伪造不存在的权属证书或登记证明是一个"无中生有"的过程；而变造是改变一份真实的权属证书或登记证明，从而使其内容发生改变，是一个"由真到假"的过程。由于这两种形式基本囊括了针对权属证书或登记证明的所有违法手段，法条也并未采用兜底的字眼，随着社会生活的进步，对不动产登记权属证书或登记证明的违法手段将会更多，因此为了做到有效的规制效果和扩展余地，该条可以用概括性的"等"来增加法条的适用性。

二、不动产权属证书和登记证明有初始证据的效力

不动产权属证书和登记证明由行政机关根据不动产登记簿的内容制定和颁发，一般与真实的不动产登记簿一致。在日常的不动产交易中，由于不动产登记簿查询的复杂和麻烦，当事人往往选择相信不动产权属证书和登记证明，因此，伪造、变造不动产权属证书、登记证明或者买卖、使用伪造、变造的不动产权属证书或登记证明容易引起欺诈和错误交易，损害第三人的利益。

☑裁判要旨

伪造、变造不动产登记法律文书须依法承担法律责任。本案涉

及伪造房屋所有权证，自可判决由不动产登记机构予以收缴，并依法追究刑事责任。

✅ **典型案例**

李某诉张某祥等民间借贷纠纷案[1]

🔍 **案情** 简介▸▸▸

2010年5月21日，官某国向李某出具借据一张，载明："今借李某现金290 000元整，借期1个月，到期还本付息。如到期借款人不能偿还，出借人有权追究担保人责任，且担保人有为借款人偿还本笔借款的责任与义务。借款日期2010年5月21日－2010年6月21日。本笔借款实物抵押为李某强名下房屋，产权证'济房权证字第163某某某号'。如到期借款人偿还不了，出借人有权出租、使用、买卖本房屋（本笔借款抵押物）。本笔借款，借款人需提前两日归还，如借款人不能按此约定归还，出借人有权追究借款人、担保人全部责任及本金损失。借款人：官某国，担保人：郭某、李某强。"

同日官某国向李某出具证明一份，载明："由官某国在李某处借款290 000元整担保人郭某、李某强。延期至2010年6月21日归还。到期还本付息后，前借据作废。现追加张某祥作为担保人。特此证明。借款人：官某国，担保人：李某强，担保人：张某祥。"

2010年7月2日，房屋产权登记中心出具关于收缴济房权证中字第163某某某号假《房屋所有权证》的证明，主要内容为："经核查，证载产权人为李某强，房屋坐落为某某区某号楼某某室济房权证中字第163某某某号《房屋所有权证》系假证。根据《房屋登记办法》第91条的有关规定，我中心决定予以收缴，并因该证的伪造

〔1〕"李某诉张某祥等民间借贷纠纷案"，载 http://www.pkulaw.cn/fulltext_form.aspx? Db = pfnl&Gid = 117829023.

行为已触犯《中华人民共和国刑法》第 280 条的有关规定，我中心将依法移交公安机关处理。特此证明。"

李某诉称，到还款日后，李某找官某国追索借款，但其躲避不见。也无法找到担保人郭某、李某强。李某持李某强担保时押给李某的《房产证》到房产管理机关查询，是假证，并没收了该假证。李某找到张某祥，其拒不履行担保责任。故诉至法院，请求依法判令：官某国偿还借款 29 万元；官某国赔偿原告损失 1 万元；李某强、张某祥对上述款项承担连带责任。

🔍 **审理** 判析 ▶▶▶

法院认为，最高人民法院《关于民事诉讼证据的若干规定》第 32 条规定："被告应当在答辩期届满前提出书面答辩，阐明其对原告诉讼请求及所依据的事实和理由的意见。"第 34 条第 1 款规定："当事人应当在举证期限内向人民法院提交证据材料，当事人在举证期限内不提交的，视为放弃举证权利。"

本案中，官某国、李某强在法定答辩期限届满前对李某诉讼请求及所依据的事实和理由未提出答辩意见，也未在本案法庭辩论终结前提交反驳证据，视为该两人放弃抗辩和举证。虽然张某祥对本案中的债务存疑，但六提供证据予以证实，本院对此不予确认。

李某提供的借条及证明，能够证实官某国向李某借款 29 万元的事实，李某与官某国之间存在借贷关系。官某国逾期未还款，李某要求其偿还借款本金 29 万元的诉讼请求，本院予以支持。在官某国出具的借据及证明中，均未有支付利息的约定，应视为不支付利息，但官某国应支付逾期后的利息，该利息起算时间应自 2010 年 6 月 21 日的次日开始起算，李某以 2010 年 6 月 21 日作为利息的起算时间，理由欠当，本院不予支持。

李某强以不存在的房产作为抵押物，该抵押依法不能成立。官某国在向李某出具的借据中承诺，如借款人不能按此约定归还，出借人有权追究借款人、担保人全部责任及本金损失。李某强在担保人处签字，其应依约承担相应的连带保证责任。

张某祥在官某国出具的证明中的担保人处签字，虽未约定保证责任的方式，但根据《中华人民共和国担保法》第19条"当事人对保证方式没有约定或者约定不明确的，按照连带责任保证承担保证责任"的规定，张某祥依法承担连带保证责任。故李某要求李某强、张某祥承担连带清偿责任的诉讼请求，本院依法予以支持。

判决：官某国于本判决生效之日起十日内偿还李某借款本金29万元；官某国于本判决生效之日起10日内支付原告李某自2010年6月22日起至2010年7月5日止的利息；李某强、张某祥对上述第一、二项确定的还款义务承担连带清偿责任；驳回李某的其他诉讼请求。

法理研究▶▶▶

在本案中，李某强以不存在的房产作为抵押物，该抵押依法不能成立。经房屋产权登记中心核查，证载产权人为李某强，涉案房屋的《房屋所有权证》系假证。根据《房屋登记办法》第91条的有关规定："非法印制、伪造、变造房屋权属证书或者登记证明，或者使用非法印制、伪造、变造的房屋权属证书或者登记证明的，由房屋登记机构予以收缴；构成犯罪的，依法追究刑事责任。"房屋产权登记中心对该假证决定予以收缴，并因该证的伪造行为已触犯《中华人民共和国刑法》第280条，"伪造、变造、买卖或者盗窃、抢夺、毁灭国家机关的公文、证件、印章的，处三年以下有期徒刑、拘役、管制或者剥夺政治权利；情节严重的，处三年以上十年以下有期徒刑"之规定，将其依法移交公安机关处理。

不动产权属证书和登记证明具有证明不动产登记情况的作用，一般情况下也可以作为物权交易或者物权创设的证明文件，但是不动产权属证书或者登记证明只是登记机构颁发给权利人的一份文件，不动产登记簿才是不动产权利的权威记载。在这个案件中，李某过于相信房产证的效力，没有及时到不动产登记机关进行查询，导致抵押权因房产不存在而不能设立的情况，李某的债权也缺少了房产的担保。

该案件警示我们，伪造、变造不动产权属证书、登记证明或买卖、使用伪造、变造的不动产权属证书、登记证明是违法行为，要对受损方进行民事赔偿，并可能同时承担行政乃至刑事责任。同时，当今社会，经济发展日益繁荣，经济理性的头脑必不可少，在与其他主体进行交往时，应该谨慎作为，了解必要的法律知识，对于不动产登记信息，必须到不动产登记部门进行切实的查询，不动产登记机构的登记簿是有公示公信效力的，即使事后发现登记错误，善意的第三人也可依据善意取得制度获得物权。

第三十二条　泄露不动产登记资料或信息的法律责任

不动产登记机构、不动产登记信息共享单位及其工作人员，查询不动产登记资料的单位或者个人违反国家规定，泄露不动产登记资料、登记信息，或者利用不动产登记资料、登记信息进行不正当活动，给他人造成损害的，依法承担赔偿责任；对有关责任人员依法给予处分；有关责任人员构成犯罪的，依法追究刑事责任。

☑相关法条

《刑法》第 398 条规定：国家机关工作人员违反保守国家秘密法的规定，故意或者过失泄露国家秘密，情节严重的，处三年以下有期徒刑或者拘役；情节特别严重的，处三年以上七年以下有期徒刑。

非国家机关工作人员犯前款罪的，依照前款的规定酌情处罚。

《不动产登记暂行条例》第 26 条规定：不动产登记机构、不动产登记信息共享单位及其工作人员应当对不动产登记信息保密；涉及国家秘密的不动产登记信息，应当依法采取必要的安全保密措施。

《不动产登记暂行条例》第 28 条规定：查询不动产登记资料的单位、

个人应当向不动产登记机构说明查询目的，不得将查询获得的不动产登记资料用于其他目的；未经权利人同意，不得泄露查询获得的不动产登记资料。

☑️ **条文解析**

一、本条规定了泄露不动产登记信息的法律责任

《不动产登记暂行条例》第 32 条规定了泄露不动产登记信息的法律责任，与《不动产登记暂行条例》第 26 条、第 28 条构成呼应关系。第 26 条规定了不动产登记信息保密制度，不动产登记机构、不动产登记信息共享单位及其工作人员应当对不动产登记信息保密。第 28 条规定了查询不动产登记资料的单位、个人不得将查询获得的不动产登记资料用于其他目的；未经权利人同意，不得向社会或者他人泄露查询获得的不动产登记资料。

二、有义务就有责任

《不动产登记暂行条例》第 32 条是对有关主体违反第 26 条、第 28 条规定的不动产登记信息保密义务的法律责任的具体规定，如果没有规定相应的法律责任，那么第 26 条、第 28 条的保密义务就会成为一纸空文。故此第 32 条法律责任的细化规定，不仅为违法行为人的责任之追究提供了法律上的依据，更重要的是，为保护权利人的权利提供了规范上的保障。

不动产登记机构、不动产登记信息共享单位及其工作人员对于在工作中知晓的公民不动产登记资料或者登记信息，都有保密的义务，如果非法泄露，给他人造成损失，便应当依法承担民事责任，有关责任人员将受到行政处分甚至承担刑事责任；查询不动产登记资料的单位和个人同样不得将登记信息用于查询以外的目的，泄露他人的不动产登记信息，如果给他人造成了损失，那么不仅要对受害人进行民事赔偿，甚至还会被追究刑事责任。

三、依"特殊优于一般"原则，本条例没规定者须依一般法承担相应责任

第 32 条并未规定当事人违反保密义务的行政责任，只规定了给他人造成损失的，依法承担赔偿责任，构成犯罪的，依法追究刑事责任，没有规定查询不动产登记资料的单位、个人泄露登记信息，给他人造成损失，违反治安管理处罚法，应否承担行政责任。对责任追究的规定应当全面无遗漏，如果能够加上关于行政法方面的责任，无疑将更加全面细化。

不动产登记信息一方面要进行公开查询、便利查询、建立信息共享机制的改革，另一方面要进行信息保密的建设。这看似是个矛盾命题，其实不然，因为不动产信息的公开是有限公开原则，只有和不动产关系重大的当事人或者法定机关在正当目的范围内才有权利查询，共享不动产登记信息。对于有权利查询主体的范围，应该尽可能进行优化和便利设计，大力推进信息共享和信息产品开发；而有权主体和正当目的外，则是保密范围，不得随意泄露登记信息，应当加强保密要求和泄露登记信息责任的追究。

只有这样的双重设计，才能真正地保护权利人，维护登记秩序，促进不动产登记效用的最大限度发挥。

☑媒体报道

公安部：泄露公民个人信息至少拘留十日〔1〕

"随着经济社会的发展，指纹等人体生物特征信息被越来越广泛地用于身份证件中。"公安部副部长杨焕宁介绍，目前，世界上 100 多个实行身份证制度的国家和地区中，有 56 个在证件中加入指纹信

---

〔1〕 杨章怀："公安部：泄露公民个人信息至少拘留十日"，载《南方都市报》2011 年 10 月 25 日。

息，包括韩国、印度、巴西、葡萄牙、南非等。此外，美国、加拿大、澳大利亚等没有实行全国统一身份证的国家中，有些州或者省也规定了在社保卡、驾驶证等证件中加入指纹信息。

在我国，指纹认证技术已经被广泛地应用于指纹锁、指纹门禁、指纹保险卡以及计算机登录等领域。杨焕民介绍，在居民身份证中加入指纹信息，国家机关，特别是金融、电信、交通、教育、医疗等单位可以通过机读更加快速、准确地甄别持证人的身份，有利于提高工作效率，也有利于有效地防范冒用他人身份证件以及伪造变造居民身份证等违法犯罪行为的发生。

关于保护个人信息被非法泄露的问题，草案提出："有关单位及其工作人员对履行职责或者提供服务过程中获得的公民个人信息应当予以保密。"

同时草案还规定："国家机关或者金融、电信、交通、教育、医疗等单位的工作人员泄露在履行职责或者提供服务过程中获得的公民个人信息，构成犯罪的，依法追究刑事责任；尚未构成犯罪的，由公安机关处以十日以上十五日以下拘留，有违法所得的，没收违法所得。并处以十万元以上五十五万元以下的罚款。"

王太元说，公民的公共信息，依法必须采取，公民必须提供。这首先方便生活，而且能在灾害等情形获得社会迅速的帮助。

范徐丽泰委员说，在香港，实施这个制度前，也经过热烈的争论，主要是怕泄露市民的隐私，"我认为这套制度中最重要的，是让大家有信心，隐私不会泄露，如果有人为了赚钱，将公民的隐私卖出去，我认为必须重罚。"

李连宁委员也有这样的担心，公民的个人信息怎么样得到有效保护，防止有关机关工作人员利用这些信息去牟利。

李连宁认为，仅仅是这样的规定，违法的成本太低。"建议增加追究民事责任，可加重其违法成本，特别是泄露的是一大批公民信息，赔偿起来就要考虑后果。另外，如果单位的工作人员将因为执行单位的公务获得的信息泄露，单位也应当承担连带责任。这样可以形成多重保护，大大加重违法成本。民诉法现在也增加了公益诉讼，泄露了公民的个人信息涉及多数人，可以联合起来起诉他。"

许振超委员建议，对公民个人造成经济精神损失的，应当赔偿。

🔍 **法理**研究▸▸▸

一、泄露不动产登记资料或信息首先侵犯公民隐私权

隐私权是指自然人享有的私人生活安宁与私人信息秘密依法受到保护，不被他人非法侵扰、知悉、收集、利用和公开的一种人格权，而且权利主体对他人在何种程度上可以介入自己的私生活，对自己是否向他人公开隐私以及公开的范围和程度等具有决定权。

隐私权作为一种基本人格权利，其主体只能是公民即自然人，其客体包括：①个人活动，为动态的隐私；②个人信息，为无形的隐私；③个人领域，为有形的隐私。隐私权的基本内容包括四项权利：隐私隐瞒权、隐私利用权、隐私维护权（禁止他人非法收集个人信息、传播个人资讯、非法利用个人情报）和隐私支配权。

《侵权责任法》第2条民事权益范围中明示列举了隐私权。其性质为绝对权，任何其他人均负有不可侵犯的义务；该种法定义务是不作为义务，擅自对外公布并非法利用公民个人信息的行为应属于侵犯隐私权。

隐私的损害，表现为信息被刺探、被监视、被侵入、被公布、被干预等，这是隐私损害的基本形态。侵权人只要具有上述行为之一即构成侵权，损害结果的大小并不是侵权是否成立的构成要件，因为隐私损害的基本形态，是一种事实状态，一般不具有有形损害的客观外在表现状态，即不必表现为实在的损害结果。只要隐私被损害事实存在，换言之，只要实施了隐私侵权行为，即具备侵害隐私的损害事实（类似于刑法理论中"行为犯"的界定）。

根据《侵权责任法》第15条，承担侵权责任的方式主要有：停止侵害；排除妨碍；消除危险；赔礼道歉等。

二、隐私权作为一种具体人格权体现着尊严的价值

人格尊严是人格权客体即人格利益的基础，因此隐私权自然体现出人之尊严，保护隐私权即保护人之尊严。隐私权体现了现代文明的一种生存艺术，与此相联系，隐私权也就意味着对他人的尊重。如果法律不保护某些只属个人领域的利益，那么人格尊严将荡然无存。隐私权同时也体现着社会文明程度，现如今人们在共享物质文明的同时，精神文明的发展与保护也是刻不容缓的。掌握着社会财富75％份额的国有企业，如果都模范地遵守法律，尊重秩序，社会会和谐与文明许多。

《侵权责任法》第22条规定："侵害他人人身权益，造成他人精神严重损害的，被侵权人可以请求精神损害赔偿。"人格权分为物质性人格权和精神性人格权。精神性人格权，是指自然人对其自身所拥有的精神性人格要素享有之人格权。鉴于该类人格权很难外化且存在个体差异，因此，在确定是否达到严重标准时，应综合考虑侵害人的主观状态、侵害手段、场合、行为方式和被侵害人的精神状态、引发的范围等具体因素加以判断。

国家登记机关具有特殊的法律地位，如果其漠视、侵犯其相对人的权利，严重违反民法诚信原则，自会严重背离其应承担的社会责任。

侵害隐私的后果，就是个人的秘密信息被揭露、被公开、被干预等。由于信息是无形的，隐私受到侵害的后果，就不像客观物质被侵害一样有客观外在的损害后果。侵害隐私权对受害人造成的精神损害，就是因为受害人因隐私被他人知悉而感到羞辱、痛苦、焦躁、忧虑等不正常的心理情绪。

三、法律必须平衡商品经济秩序中秩序与权利

（一）隐私权体现着良好社会秩序的价值

隐私权的建立和保护保证了人际关系的相对稳定性、人类行为的规则性和人身财产的安全性。故而在个人信息泄露问题严重的今天，原告的诉讼无疑有利于个人信息的保护，唤醒权利意识，唤醒尊重权利意识，其诉讼效益远远大于保护原告个人的权益，更能维护良好的社会秩序。

（二）政府信息公开与公民隐私权保护的冲突

政府信息公开是民主社会的特征之一，公民有权从政府机构获取信息，政府也有义务提供各种条件，保证公民平等地知悉、利用政府机构的信息。现今社会，公众对政府信息公开的范围和个人隐私权的保护程度要求越来越高。正确处理两者之间的关系，可以达到政府信息公开不断深化与公民隐私权保护更为严密的双赢结果。

四、完善政府信息公开与隐私权保护的相关立法

我国到目前为止还没有一部专门的个人信息保护法，对个人信息的保护散见在一些规章条文中，这些条款对隐私权的保护在保护程序、保护范围和深度上规定得过于模糊与原则化，缺乏系统性、操作性。因此，法律制度的不完善是影响政府信息公开的一个突出问题。

（一）应该在宪法中明确隐私权的法律地位

宪法中隐私权法律地位的明确可以为其他部门法的立法提供理论依据。同时，应制定专门的政府信息公开法和隐私权保护法，促使政府信息资源优化配置和充分合理利用。在这个信息飞速传播的网络时代，制定这样一些专门的法律是极其必要的，应尽快列入立法日程。同时应明确政府信息公开法、个人隐私权保护法和现行《国家保密法》等相关法律之间的关系，使之相互衔接和配套，以构筑我国政府信息公开与公民个人隐私权保护的基本法律框架。

（二）明确政府信息公开中个人信息征集使用和查询程序

在对个人信息收集过程中，行政主体应向被收集者说明其收集信息的目的、法律依据、使用范围、存储管理部门，并且只能收集与其职责有关以及现行法律法规所要求收集的信息，并保证信息记录准确。在使用个人信息时建立责任追究制度，保证接触个人信息的人员不随意散播公民个人信息。公民有权查询复制自己的个人信息，只有当公民掌握了自己在行政机关的信息时，才能更好地保障自己的隐私权。同时，行政机关在存储个人信息时，应在技术方面不断进步，弥补安全漏洞，保障公民个人信息不被泄露。

（三）完善侵犯个人隐私权的救济制度

政府信息公开的救济制度弥补了政府在收集使用个人信息中的侵权漏洞，有效制约了政府对个人隐私权的侵害，是保障公民享有知情权与隐私权的一个关键性的制度安排。我国《政府信息公开条例》第33条规定了公民、法人或其他组织认为行政机关在政府信息公开工作中的具体行政行为侵犯其合法权益的，可以申请行政复议或提起行政诉讼。

在政府信息公开的司法实践中，对行政机关侵犯公民隐私权的行政行为，相关权利人可申请行政复议和提起行政诉讼。对于行政机关在收集、存储、使用个人信息时的事实侵权行为应如何救济，需要进一步探索。故此应允许受害人以侵害其隐私权的主体为被告提起民事诉讼，并可要求给予赔偿，以充分保护政府信息公开中公民的隐私权。

第三十三条　本条例溯及力的规定

本条例施行前依法颁发的各类不动产权属证书和制作的不动产登记簿继续有效。

不动产统一登记过渡期内，农村土地承包经营权的登记按照国家有关规定执行。

☑ 相关法条

《物权法》第 246 条规定：法律、行政法规对不动产统一登记的范围、登记机构和登记办法作出规定前，地方性法规可以依照本法有关规定作出规定。

☑ 条文解析

一、在条例颁布前不动产登记的有效性是法不溯及既往原则的体现

本条之所以对农村土地承包权登记予以特殊过渡，无疑是由于我国之前实行多部门、多层级的不动产登记制度，导致不动产登记管理的不易与信息的混杂。《不动产登记暂行条例》将《物权法》的统一登记制度进行了具体规定，该条例实施之后，不动产登记机构应当启用统一的不动产登记簿、不动产权属证书、不动产登记证明，真正实现全国不动产登记的统一，并且将建立不动产登记信息管理平台和共享机制，这无疑对于我国不动产登记信息的管理、确保不动产流转的便利有重大意义。

二、对于不动产统一登记的规制有原则就有例外

虽然《不动产登记暂行条例》得 33 条第 2 款已经规定了农村土地承包经营权的登记在过渡期内按照国家有关规定进行，但是在不动产统一登记过渡期内仍然还有其他一些特殊的不动产登记需要我们关注。依法属于国家所有的自然资源所有权是不需要登记的，自然无须纳入统一登记的范围，可以由国务院国土资源主管部门会同有关部门另行制定；国务院确定的国有重点林区的森林、林木和林地登记，国务院批准项目的用海、用岛登记，在京中央国家机关用地及其房屋登记也具有特殊性，应该逐步向属地登记过渡，具体办法可以由国务院国土资源主管部门会同有关部门另行制定。

由于我国不动产种类众多，登记部门繁杂，因此，对于能够纳入统一登记范围内的，应该逐步实现统一登记和信息共享，但是对

于特殊的不动产登记，则需要国务院部门作出更加实践化的、适应登记现实情况的调整规定。本条只规定了农村土地承包的过渡规定，由于其不能够涵盖所有特殊不动产的需要，可以再规定关于国家所有资源或者国务院确定的其他特殊不动产的过渡由国务院部门制定具体规则的概括性规定，也可以列举几种典型的特殊不动产登记。这样可以使我国不动产统一登记的建设步伐更加切实和稳健，达到更加良好的建设效果。

☑ 裁判要旨

房屋所有权人通过"公改私"取得了房屋所有权。根据"所有权变动不破租赁"规则，原属公房时成立的租赁合同关系，在租赁期限内不因房屋由公房转为私房而受影响，原承租人与私房所有权人应当继续原来的公房租赁合同关系直至原公房租赁合同期限届满。但原公房租赁合同期满之后，若租赁双方不续签租赁合同，则承租人与私房所有权人之间不再存在租赁合同关系。如果承租人既不与私房所有权人签订租赁合同，又不交纳租金，还拒不退还房屋，这样的行为即构成恶意占有。如果恶意占有行为发生在《物权法》正式实施之前，但一直持续至《物权法》正式实施之后，那么法院援引《物权法》的相关规定判案，并不与"法不溯及既往"的原则相冲突。

☑ 典型案例

"物权法第一案"中的法律溯及力问题探析[1]

🔍 案情 简介 ▶▶▶

原告张三诉称：2003 年 12 月，XX 市处理私房改造遗留问题领导小组办公室（以下简称私改遗办公室）落实房屋政策，将 XX 市

---

　〔1〕　陈沛蓉："《物权法》第一案中的法律溯及力问题探析"，载 http://www.chin alawedu.com/new/21604a23305aa2011/2011427wangyo152545.shtml.

XX 区 XXX 巷 X 号 X 楼房屋的所有权发还给张三所有。落实房屋政策前，该房屋内西侧北向房间由李四从 XX 市政府房屋管理部门租住。落实房屋政策且原公房租赁合同到期后，原租住人李四既不与张三继续签订房屋租赁合同，也不继续交纳房屋租金，更拒绝退还房屋。2007 年 5 月，私改遗办公室已安排李四在 XX 市 XX 区 XXXXXXXX 公寓 X 栋 X 门 XXX 号房屋居住，但李四仍然拒绝退房。为维护张三的合法权益，请求法院判令李四立即腾退 XX 市 XX 区 XXX 巷 X 号 X 楼房屋；李四向张三赔偿从 2003 年 12 月起至 2007 年 9 月止的房屋租金损失 7 050 元。

被告李四辩称：李四与张三之间没有签订房屋租赁合同，双方不存在房屋租赁合同关系。对私改遗办公室落实房屋政策将 XX 市 XX 区 XXX 巷 X 号 X 楼房屋所有权"带户发还"给张三没有意见，但私改遗办公室安排的 XX 市 XX 区 XXXXXXXX 公寓 X 栋 X 门 XXX 号房屋面积太小，且李四正在对该住房进行装修。如果张三补偿李四经济损失 6 500 元，那么李四同意退房。否则，请法院依法公正处理，驳回张三的诉讼请求。

法院经审理查明：2003 年 12 月 5 日，私改遗办公室落实房屋政策，将 XX 市 XX 区 XXX 巷 X 号 X 楼房屋的所有权"带户发还"给张三。2005 年 9 月 29 日，经 XX 市房屋产权管理局权属登记，XX 市 XX 区 XXX 巷 X 号 X 楼房屋（建筑面积为 XX.XX 平方米）归张三所有，张三已领取该房的房屋所有权证。XX 市 XX 区 XXX 巷 X 号 X 楼房屋于 1959 年被"私房改造"，落实房屋政策"带户发还"产权前，该房屋内的西侧北向房间（使用面积 14.30 平方米）作为公房由李四租住，每月租金为 21.58 元。落实房屋政策"带户发还"产权后，李四未与张三签订《"私改遗"发还房屋"带户发还"续租合同》，且既不支付租金，又不退还房屋。双方为此多次交涉、协商未果。2007 年 5 月，私改遗办公室将李四安置在 XX 市 XX 区 XXXXXXXX 公寓 X 栋 X 门 XXX 号房屋居住，李四已办妥该房的入住手续，但仍然拒绝腾退 XX 市 XX 区 XXX 巷 X 号 X 楼房屋。

上述事实，有房屋所有权证、私改遗办公室的证明及当事人陈述等经庭审质证的证据证实，足以认定。

🔍 **审理** 判析 ▶▶▶

法院经审理认为：张三对 XX 市 XX 区 XXX 巷 X 号 X 楼房屋的所有权已经权属登记，应受法律保护。在该房落实房屋政策发还产权前，李四与 XX 市政府公房管理部门签订有公房租赁合同。然而，在公房租赁合同的租赁期间内，租赁物 XX 市 XX 区 XXX 巷 X 号 X 楼房屋的所有权发生变动，发还给了张三，之后李四与张三未签订续租合同。根据《中华人民共和国合同法》第 229 条的规定，租赁物在租赁期间发生所有权变动的，不影响租赁合同的效力，因而本案中在原公房租赁合同的租赁期间内，原公房租赁合同对李四与张三仍然有效。但在原公房租赁合同期限届满后，李四应与现房屋所有权人即张三续签租赁合同，如果双方未续签租赁合同，则承租人李四理应腾退房屋给张三。

本案中原公房租赁合同的租赁期间届满后，李四未与张三续签租赁合同，而且私改遗办公室又已另外给李四安排了住房，故李四对 XX 市 XX 区 XXX 巷 X 号 X 楼房屋占有的依据即本权为租赁权已经丧失，李四拒绝腾退该房给张三已构成恶意占有，因而张三对被李四恶意占有的房屋依法享有返还请求权。同时，李四应对恶意占有期间给张三造成的房屋租金损失承担赔偿责任。参照 XX 市落实房屋政策文件的有关规定，并根据公平原则，房屋租金损失以原公房租赁合同租金的 5 倍为标准确定为宜，即自 2004 年 1 月 1 起按每月 107.90 元计算至 2007 年 9 月止。另外，虽然李四的恶意占有行为发生在《物权法》施行前，但其行为一直持续存在至《物权法》施行后，即《物权法》生效后，李四的恶意占有行为仍在继续，故本案适用《物权法》与"法不溯及既往"的原则并不冲突。

综上，依照《中华人民共和国物权法》第 39 条、第 64 条、第

242 条、第 243 条的规定，判决：李四搬出 XX 市 XX 区 XXX 巷 X 号 X 楼房屋，并移交给张三；李四赔偿张三房屋租金损失 4855.50 元。

一审宣判后，当事人未在法定期限内提起上诉，判决已经产生法律效力。

法理解析

一、正确理解和适用《物权法》中有关法律溯及力的规定

本案于 2007 年 6 月 25 日起诉至法院，于 2007 年 9 月 19 日开庭审理，于 2007 年 10 月 8 日作出一审判决。众所周知，《物权法》于 2007 年 10 月 1 日起正式实施。这样本案就成了在我国《物权法》正式实施后，第一起适用《物权法》进行审理并作出判决的案件。那么本案判决援引《物权法》的有关规定，是否违反了"法不溯及既往"的原则？

根据法律适用的一般原则，新实施的法律一般没有溯及力。本案原告起诉时，《物权法》尚未正式实施，故原告只能依据《民法通则》的相关规定主张自己的权利。但在审理本案时，合议庭经合议认为，《物权法》已于 2007 年 10 月 1 日起正式实施，而这时被告李四仍然侵占原告张三的房屋，这种恶意占有行为一直在持续，故本案援引《物权法》第 39 条、第 242 条、第 243 条的规定作出判决，与"法不溯及既往"的原则并不存在冲突。

"法不溯及既往"是各国普遍遵循的法制原则。我国也将"法不溯及既往"作为重要的民事立法原则之一，《物权法》也不例外。之所以要"法不溯及既往"，是因为法律要保护权利，要维护秩序，特别是对于《物权法》的立法目的而言尤其如此，以前依法成立的财产关系不论是否符合现在《物权法》的规定，都应当保持其稳定，这样才能保护已合法取得的物权，避免因法律的变动而带来不必要的纷争。这也是全国人大常委会法制工作委员会民法室编著的《中华人民共和国物权法解读》一书中对《物权法》溯及力问题的明确

解读。例如《物权法》第 74 条是关于车库、车位归属的规定，但不能说《物权法》作了这样的规定，现在的车库、车位就都要根据这条规定重新确定权利归属。从溯及力的角度来看，《物权法》的实施时间也是处理有关问题时如何适用《物权法》的标尺。因此正确理解《物权法》的不溯及既往规定，对于正确适用《物权法》无疑是相当重要的。

二、《物权法》中关于所有权的规定与《民法通则》中相关规定之比较

根据《合同法》的相关规定，租赁物在租赁期间发生所有权变动的，不影响租赁合同的效力，此即"所有权变动不破租赁"规则。所有权变动后，原租赁期间届满，如果双方没有继续签订租赁合同，那么承租人继续占有所有权人的房屋，这在法律上即构成一种侵权行为。《民法通则》第 71 条规定："财产所有权是指所有人依法对自己的财产享有占用、使用、收益、处分的权利。"在《物权法》出台之前，一般认为《民法通则》第 71 条就是认定和保护财产所有权的直接法源。民法上对财产的占有分为合法占有与非法占有。对财产的合法占有一般不会发生侵权现象。对财产的非法占有，即占有人是在一是没有合同依据，二是没有法律依据的情况下进行的占有。非法占有是一种侵权的违法行为，受害者当然可以依据《民法通则》有关保护财产所有权的规定，以请求侵权行为人停止侵权、返还财产、赔偿损失等方式来保护自己的财产权益。而如果根据《物权法》第 242 条"占有人因使用占有的不动产或者动产，致使该不动产或动产受到损害的，恶意占有人应当承担赔偿责任"、第 243 条"不动产或动产被占有人占有的，权利人可以请求返还原物及其孳息，但应当支付善意占有人因维护该不动产或者动产支出的必要费用"的规定主张权利，与前者相比较而言，后者的规定更具体，更细化，也更具有可操作性。

三、《物权法》对善意占有已作明确规定故而裁判可予援引

善意占有是指占有人不知道或不应知道其不具有占有权利的占有，以及占有人占有该财产在主观上是没有过失的，是善意的。反之，如果占有人明知其无权占有或他人对其有无合法占有的权利表示质疑后还继续占有，则应认为是恶意占有。当然在一定条件下，善意占有也可能转化为恶意占有。善意占有制度在《物权法》出台之前，一直只是处于一种理论形态，在司法实践中没有直接的法条可供援引。如今《物权法》第242条、第243条即从正反两个方面规定了善意占有制度。根据《物权法》的善意占有规定，可以确定善意占有人占有他人财产时，即使造成财产损害也不应承担赔偿责任；而且善意占有人对其占有的财产进行维护支出的必要费用，还可要求财产所有人支付，从而强化了对善意占有人合法权益的法律保护。

鉴于1999年12月29日（法释〔1999〕19号）最高法院《关于适用〈中华人民共和国合同法〉若干问题的解释（一）》第1条规定："合同法实施以后成立的合同发生纠纷起诉到人民法院的，适用合同法的规定；合同法实施以前成立的合同发生纠纷起诉到人民法院的，除本解释另有规定的以外，适用当时的法律规定，当时没有法律规定的，可以适用合同法的有关规定。"故而，可以认为本案援引《物权法》关于善意占有的法律规定进行裁判，将超过租赁期限而不续签租赁合同，又不腾退房屋的持续侵权行为认定为恶意占有，既解决了行为性质的认定问题，又解决了《物权法》在本案法律适用中的溯及力问题，因而处理是恰当的。

第三十四条　本条例实施细则的制定

本条例实施细则由国务院国土资源主管部门会同有关部门制定。

☑ 条文解析

一、《不动产登记暂行条例》颁布之前的我国不动产登记立法 现状 [1]

（一）法律概念不统一

我国现阶段有关不动产登记的法律文件中，有诸多的法律概念不统一，严重影响了不动产统一登记制度的建构。例如，对于"变更登记"的使用，不同规定中进行了不同的界定。广义上的变更登记既包括主体变更的转移登记，也包括主体不变而物权内容、客体等变化的登记；狭义的变更登记仅指主体不变而物权内容、客体等变化的登记。目前，有的文件中使用广义的"变更登记"，如《物权法》、《土地登记办法》，有的文件中使用狭义的"变更登记"，如《房屋登记办法》，还有一些规范性文件对于"变更登记"进行了特定使用，如《农村土地承包经营权证管理办法》中仅有"采取转让、互换方式流转土地承包经营权"的才进行变更登记。

（二）不动产登记类型不统一

如《土地登记办法》中规定的登记类型包括土地总登记、初始登记、变更登记、注销登记和其他登记，而《房屋登记办法》中规定的登记类型分为国有土地范围内房屋登记和集体土地范围内房屋登记，其中国有土地范围内房屋登记包括所有权登记、抵押权登记、地役权登记、预告登记和其他登记。

（三）不动产登记程序不统一

首先是部分不动产的登记没有专门的程序规定，散见于内部规定之间，如林木、草原登记；其次是有登记程序规定的不动产，其登记程序也有差异，特别是承包经营权必须经乡镇初审，再报县级

---

〔1〕"我国不动产登记立法与实践研究"，载中国土地矿产法律事务中心编：《国土资源政策法律研究成果选编（2013～2014）》，中国法制出版社2014年版，第1～11页。

农业部门审核。另外，对于不动产登记程序，地方的立法也在发挥重要作用。

（四）不动产权属证书不统一

在"分头管理"模式下，各个登记部门一般只从本部门利益出发颁发证书，如土地部门颁发《国有土地使用证》、《集体土地所有证》等，房产部门颁发《房屋所有权证》、《房屋共有权证》等。

（五）不动产登记簿不统一

在《不动产登记暂行条例》颁布之前，我国对不动产登记簿的格式和制作并没有正式的立法，登记机关只是根据本部门的要求对登记簿进行设置。同时对于不动产登记簿的使用、应该记载哪些内容等方面更是缺乏统一的规定。

（六）当事人需提交的材料不统一

《物权法》第11条规定，当事人申请登记，应当根据不同登记事项提供权属证明和不动产界址、面积等必要材料。这一规定承认了我国不动产登记过程中当事人提交材料不统一，并将材料提交的范围界定权赋予各类不动产登记主管部门。

（七）登记机关审查方式不统一

一般认为，《物权法》是采取以形式审查为主、实质审查为辅的模式。农村承包土地经营权登记、土地登记、房屋登记、海域登记采取的是形式审查为主、实质审查为辅的模式；而森林、林木和林地权属登记、水域滩涂登记等采取形式审查的模式。

（八）登记错误赔偿不统一

《物权法》第21条规定了登记错误赔偿责任。《房屋登记办法》对房屋登记错误采取过错责任赔偿，对《物权法》的规定进行了"延伸"，其他不动产登记办法中均没有对登记错误赔偿责任进行规定。此次《不动产登记暂停条例》第29条采引用式立法，规定："不动产登记机构登记错误给他人造成损害，或者当事人提供虚假材料申请登记给他人造成损害的，依照《中华人民共和国物权法》的规定承担赔偿责任。"

（九）不动产登记收费不统一

在国家出台统一规定之前，国家土地管理局、国家物价局、国家财政部、国家发改委、国家计委等多个机关均对各类不动产登记的收费标准作出规定，土地、承包地、房产、林地、海域等不同类型的不动产在登记收费问题上各行其道。

（十）不动产登记查询程序不统一

首先是信息公开不足。登记机关仍把不动产登记资料信息看成了需要保密的东西，对这些资料信息的查询，各个机关一般设置了严格的限制，只有一些特定的人员可以查看，而且也只能查看到一些比较简单的粗略的内容。其次是查询范围、程序不够明确。最后是查询手段单一。国外公众查询登记信息的具体方式主要有电话服务、直接服务、索引图信息系统等，目前我国对不动产登记查询一般要到登记机关申请、提供相关证明，经登记机关审查和缴纳查询费用后，才能查询到相关资料。

二、《不动产登记暂行条例》颁布后的我国有关立法之完善

（一）《不动产登记暂行条例实施细则》须尽快出台

《不动产登记暂行条例》只是就我国不动产登记中存在的上述问题进行了原则性规定，具体程序、条件等仍未予以完全明确，细化的规定有待于条例实施细则的颁布。甚至配套的，还可以有《不动产登记资料公开查询办法》、《不动产登记收费办法》、《不动产登记资料管理办法》等一系列细化规定的出台，以搭建起一套符合我国实际的不动产登记政策法律体系。

（二）既有法律规范须随之修改

目前我国现行的《房地产管理法》、《土地管理法》、《农村土地承包法》、《森林法》等大多是20世纪末或21世纪初制定的，部分规定与实施不动产统一登记是矛盾的，如果不修改，不动产登记中的一些根本问题和关键问题，会给个别部门维护本部门利益提供依据，影响改革进程，包括地方立法的修改。《不动产登记暂行条例》

突破了《担保法》、《土地管理法》等的有关规定，无论是为了法律体系的完善和基本法理的贯彻还是实践中落实不动产统一登记，都需要在《不动产登记暂行条例》出台中进行相关法律规范的修改工作。

☑ 有关文件

内蒙古自治区人民政府转发《国务院关于贯彻实施中华人民共和国立法法的通知》（国发［2000］11号）

（内蒙古自治区人民政府内政发［2000］82号）

各盟行政公署、市人民政府，各旗县人民政府，自治区各委、办、厅、局：

现将《国务院关于贯彻实施中华人民共和国立法法的通知》（国发［2000］11号）转发给你们，并结合自治区实际，提出以下意见，请一并落实。

一、做好立法法的学习和宣传工作

《中华人民共和国立法法》（以下简称《立法法》）是关于国家立法制度的重要法律。《立法法》所确立的基本原则，对于起草和审查地方性法规草案、制定政策规章、制发规范性文件具有重要的指导意义。因此，各盟市、旗县和自治区各部门，特别是享有地方性法规提案权、政府规章制定权的人民政府及其工作部门都要结合本地区、本部门的实际，制定学习、贯彻《立法法》的具体工作方案，并认真组织实施。同时，利用各种媒体进行广泛宣传和深度报道，促进机关工作人员特别是领导干部深刻领会其精神实质，熟悉自己应当履行的职责，转变与《立法法》不相适应的思想观念，努力做好贯彻实施《立法法》的各项工作，把《立法法》精神真正落到实处。

二、注重提高立法质量

《立法法》就立法原则、立法权限、立法程序以及有关立法技术等方面作了具体规定。享有地方性法规提案权、政府规章制定权的人民政府，在提出地方性法规草案、制定规章过程中必须严格执行这些规定。

（一）要坚持《立法法》确定的基本原则

凡向本级人大提交的地方性法规草案和政府拟定的规章，均由政府组织起草。负责起草工作的部门和单位在起草法规、政府规章草案时，要从全局出发，从广大群众的利益出发，防止和克服通过立法强调地区利益和部门权力。所有法规、政府规章草案，都要送请政府法制工作机构审查把关。法规、政府规章草案涉及公民、法人和其他组织权利和义务的，应采取多种形式，广泛征求各方面意见。政府法制工作机构在审查法规、政府规章草案过程中遇到部门间矛盾和问题时，要在充分听取不同意见的基础上，集思广益，认真研究，主动协调，妥善解决，避免部门通过立法争权打架。

（二）要注意防止越权立法

《立法法》明确了制定政府规章的权限，即政府规章可就下列事项作出规定：为执行法律、行政法规、地方性法规的规定需要制定规章的事项和属于本行政区域的具体行政管理事项。享有规章制定权的政府必须严格执行这一规定。对行政管理工作急需且在规章制定权限范围的事项，应当积极制定规章；对行政管理工作急需但不在规章制定权限范围的事项，应主动向有立法权的机关提出建议，以防止越权立法现象的发生。

（三）要严格履行立法程序

制定立法计划，一定要从本地区实际出发，紧紧围绕党和政府的中心工作，区别轻重缓急，确保重点、兼顾一般，切不可盲目追求数量，重复立法。《立法法》规定，部门规章和地方政府规章的制定程序，由国务院制定。在国务院未就这方面的程序作出规定之前，现阶段仍执行《内蒙古自治区人民政府拟定地方性法规草案和制定规章规定》（自治区人民政府令第 91 号）。

三、做好规章、规范性文件备案审查和清理工作

享有规章制定权的人民政府要依照《立法法》和国务院《法规规章备案规定》的要求，严格政府规章备案制度。自治区政府法制办公室要按照《立法法》的有关规定，尽快起草《政府规章备案审查程序》，加大政府规章备案审查工作力度，认真做好备案审查工作。各级政府及其工作部门制发的规范性文件要报送本级或上级政府备案，接受备案的政府要参照《立法法》的精神，制定规范性文件备案审查程序，切实加强对规范性文件的审查。

《立法法》明确了法律、行政法规、地方性法规、国务院部门规章、地方政府规章之间的效力等级和适用规则。为防止行政执法出现适用法律、法规、规章错误，从而给行政执法工作带来不利影响，自治区政府法制办公室及呼和浩特市、包头市人民政府要根据《立法法》的精神，结合实际，对现行规章进行一次全面清理。其他盟市、旗县和自治区各部门也要按照上述原则和《内蒙古自治区人民政府批转自治区政府法制办公室关于进一步推进依法行政为西部大开发创造良好法制环境意见的通知》（内政字〔2000〕122 号）要求，对现行规范性文件进行认真清理。

四、严格政府规章解释程序

承担政府规章解释工作的部门和单位，对政府规章的解释要十分慎重。今后，不论政府规章的解释机关和单位是否明确，任何机关和单位在对政府规章进行解释时，都要依照《立法法》有关精神办理。

凡政府规章条文本身需要进一步明确界限或作出补充规定的问题，由制定该规章的政府负责解释。这类立法性解释，由制定规章的政府法制工作机构按照规章草案审查程序提出意见，报本级人民

政府同意后，根据不同情况，由政府或政府授权有关行政主管部门发布。

凡政府规章已经明确具体应用问题由有关行政主管部门进行解释，且有关行政主管部门在职权范围内能够解释的，由其负责解释；有关行政主管部门有困难或者其他部门和单位对解释有异议，要求制定规章的人民政府做出解释的，由制定规章的政府法制工作机构提出解释意见，报本级人民政府同意后，答复有关行政主管部门，同时抄送相关部门。

凡政府规章没有明确具体应用问题由哪个部门负责解释，由有关行政主管部门提出解释意见，报制定规章的政府法制工作机构审查，经本级人民政府同意后，做出解释，根据不同情况，由政府或政府授权有关行政主管部门发布。

第三十五条　新法优于旧法与法律的溯及力

本条例自 2015 年 3 月 1 日起施行。本条例施行前公布的行政法规有关不动产登记的规定与本条例规定不一致的，以本条例规定为准。

☑条文解析

一、本条规定了本条例的施行日期和新旧法冲突的解决办法

法不溯及既往的原则使得法的施行日期变得尤为重要。在本条例施行之前已经登记完毕的不动产登记继续有效，但是已经受理、尚未完成的不动产登记，则需要适用该条例。本条也规定了新旧登记法规冲突的解决办法：同一层级的新旧法冲突，应当适用新法优于旧法的原则，本条例施行前公布的行政法规有关不动产登记的规定与本条例不一致的，以本条例为准。但是为了维持公民对法期待性的尊重、维持法效力的根据，在本条例施行前已办结的不动产登记产生纠纷的，适用当时的法律、行政法规和规章的规定。新法与

旧法的衔接规定，以及各自适用的时间点，需要特别注意。如果发生不动产登记纠纷，应该特别注意本条例的施行时间，进而找到适用的法规，防止出现因法规查找的错误导致纠纷的无法解决。

二、法律法规的适用范围和适用时间是法律实施中的重要问题

附则关于该条例施行时间、溯及力以及和旧法衔接问题的规定，对于一个法规而言，是关于其适用范围、适用时间的重要问题。只有首先理解附则，清楚该条例的适用范围，才能正确适用该条例，实现制定本条例的目的。

《不动产登记暂行条例》是对《物权法》不动产登记规则的细化，对推动我国不动产统一登记制度的建设，维护国家对不动产登记的管理和当事人不动产物权的保护均有重要意义。施行时间、适用范围、衔接问题均是一个法规最基本的问题，附则部分不是可有可无的部分，而是一个法规核心骨架的部分。

《不动产登记暂行条例》尽管多为原则性规定，但仍然对已有的不动产登记实践做了较多修改。为给予各地更多适应准备时间，保证统一不动产登记的原意得以正确发挥，条例规定自 2015 年 3 月 1 日起施行，以利于各地不动产登记制度顺利过渡。

☑裁判要旨

新法与旧法是以法律的生效时间先后为标准来分类的。"新法优于旧法"这一法律适用规则仅适用于同一机关制定的法律规范之间。在"新法优于旧法"、"特别法优于一般法"适用规则发生竞合时，司法机关应选择适用其中一项规则，在不能确定适用时，应按照《立法法》的规定报请有关立法主体裁定。

☑**典型案例**

　婚姻法新解再现房产纠纷，该用新法还是旧法[1]

☑**媒体报道**

　由于感情不和，2010 年，孙先生的妻子一纸诉状递到法院，要求与孙先生离婚，并提请人民法院依法分割共有房屋 50% 的产权。然而，8 月 13 日最高法院《婚姻法司法解释（三）》的实施，让孙先生改变了想法：房子是婚前由自己父母购买并还贷，妻子无权获得产权。孙先生的离婚官司到底适用婚姻法"新解"还是"旧解"，就婚姻法新解和孙先生的离婚官司，8 月 19 日，记者进行了采访。

一、孙先生：房子由父母购买并还贷

　"房子由父母购买，贷款是他们还的，就连装修也是他们掏的钱，她（指妻子）没出一分钱。"昨天下午，环顾 140 多平方米的住房，想着妻子的诉讼请求，孙先生不禁悲从中来。

　孙先生告诉记者，父亲一直从事建筑行业，他们小区的部分居民楼就是父亲建成的。"因为拖欠工程款，开发商就用房子来顶。"孙先生说，这才使得他们有了这套住房。不过，与实际房款相比，除了工程款外，还差 95 000 元。于是，2006 年底，他们向银行办理了按揭贷款，并由父亲于 2007 年一次性还清。

　记者注意到，这套房屋的认购时间是 2001 年 6 月，早于孙先生与妻子的结婚时间（2001 年 10 月，记者注）。不过，由于种种原因，产权证在孙先生婚后才办理完毕。这样，按照《婚姻法司法解释（二）》的规定，子女婚后一方父母出资购买的，登记在子女一方名下的房屋，如果没有特别指明，一般视为对小夫妻双方的赠与，孙

---

〔1〕 于伏海："婚姻法新解再现房产纠纷，该用新法还是旧法"，载 http://www.110.com/ziliao/article - 295437.html.

先生妻子也就是根据该条规定，主张两人的房屋部分属于自己。对此，这起离婚诉讼立案时，孙先生并没有异议。

没想到，8 月 12 日，最高法宣布了《婚姻法司法解释（三）》，并于第二天实行。由此，孙先生认为，根据《婚姻法司法解释（三）》第 7 条的规定，妻子主张权益的房屋是他的个人财产，和妻子无关。

二、律师：新旧解释都有人支持

对于孙先生的说法，律师的观点也不尽相同，有的支持，有的反对。

一位王姓律师认为，房屋是孙先生婚前由其父母购买的，虽然办理按揭和产权证在婚后，但根据《婚姻法司法解释（三）》第 7 条的规定，这套房屋应该属于孙先生所有，其妻没有权利分割房屋的产权。

李律师则认为，由于该案件于去年立案，判决的依据应当以立案时的司法解释为准，因此，他认为，孙先生的妻子可以要求房屋的部分产权。

三、法官：未结案件判决从新

昨天下午，一位从事民事案件审理多年的法官接受记者采访时说，原则上，今年 8 月 13 日之前未结的案件，都适用于新的司法解释。

他告诉记者，在我国，产权人取得房屋产权的时间是以房产局登记产权到个人名下的时间为准，因此，就本案来看，即便孙先生父母出资的时间是在孙先生和妻子结婚前，但孙先生取得产权证的时间是在他和妻子结婚后，因此，在《婚姻法司法解释（三）》实施前，在孙先生的父亲没有书证表明自己明确赠与儿子一方的前提下，该套房产仍可按照《婚姻法司法解释（二）》的规定，被法院认定为夫妻共同财产。

可是，《婚姻法司法解释（三）》实施后，就对本案具有约束力。假如已经判决，但只要还没有生效，孙先生上诉一样可以扳回来。

四、赞成者：是对买房者的保护

市民多数赞成"新解"，认为"这是对买房者的保护"、"体现了公平的原则"、"谁投资谁就应该受益"……通过对 20 位石家庄市民的走访询问，记者发现有 12 位市民对婚姻法新解表示赞同。

冯女士表示："现在年轻人的婚姻观念不是很强，有的过不了几天就离婚了，如果平分家产，尤其是房产的话，显然对出资购买者有失公平。"

五、反对者：不利于家庭幸福

对于婚姻法新解，燕女士颇不认同。她觉得，这会造成离婚率上升。记者了解到，4 位市民与之持相同意见。

"这样的规定显然是不合理的。"小马有些气愤地说，这就是鼓励买房者不用担心自己的财产被分割。"这样的规定不利于家庭关系的融洽和团结，更谈不上是对幸福婚姻的保护了。"

于女士觉得，这个规定有变相歧视女性的嫌疑。她解释说，在国内许多地方，一般买房者都是男方，女方如果条件允许则会买一辆汽车作为陪嫁。目前房子的价格是不断上升，而汽车则是不断贬值。双方一旦离婚，女方对家庭的长期付出不但得不到保护，反而连最基本的房产都分不到。

对于婚姻法的新解，一些男士也表示"压力很大"。正在筹备婚礼的汪先生告诉记者，婚姻法新解的出现有可能导致女性在结婚之前要求把房子过户给自己，因而男性为了结婚要付出更高的代价。

六、中立者：不要把房子分得太清

正当部分市民为婚姻法新解打"口水仗"时，靳女士则保持了中立。她认为，现在一些人把房子和爱情分得太清，爱情已经被房子瓦解了。"婚前婚后都把小算盘打得这么精细，婚姻还有意义吗？"

七、专家：新解不会提高离婚率

马律师接手过很多婚姻纠纷案件，她说，从女性角度讲，婚姻法新解不会提高离婚率。

"婚姻法新解不会提高离婚率，反而有助于转变年轻人目前的婚姻观念。"马律师认为，婚姻法新解对于房产的界定问题相对明确，女方为了房子而结婚在实践中已经没有可行性，这也有利于纠正金钱、房子才是第一位，感情只是第二位的扭曲的婚恋观，促使大多数人为了感情，而不是为了房子而结婚，有感情基础的婚姻才会更加牢固。

马律师说，虽然"新解"存在问题，而且有人担心有可能推高离婚率，这纯属多余。因为，离婚与法律规定并没有直接联系，感情破裂才是导致离婚的主要原因，往往就是因为感情没了才去争财产。"这里也建议女性一定要经济和精神双独立，减少对男性的依赖性，因为新解释多少对男性都有偏向。"

对于如何保护自己的正当财产权益，马律师建议，男女双方首先在买房的时候可以要求署名，因为根据我国《物权法》及相关法律规定，不动产实行登记公示制度，只要是房产证书上有自己的名字，另一方就不能随意处置该房产。其次，根据《婚姻法》第19条规定，女性朋友可以通过签订书面的婚内财产协议的方式，约定夫妻双方婚前的财产及婚姻关系存续期间的财产归双方共有。

婚姻法新解释南京第一案：妻子的一半房产成悬念

2011年8月8日开庭时，南京市朱女士一方的委托律师还在根据《婚姻法司法解释（二）》的条款主张丈夫高先生婚后取得产权证的房产有妻子一半，可过了一个星期，就在一审判决下达前的周末,《婚姻法司法解释（三）》突然落地，于是那套婚房与朱女士半点关系都没有了。

2007年4月，朱女士和高先生相识。高先生隐瞒了自己曾有婚史，把朱女士从家乡武汉骗到南京与自己同居。2008年9月两人结婚后，高先生两次出轨，并与第三者生下私生子。于是，朱女士委托律师起诉离婚。

离婚诉讼中朱女士要求分割的主要共同财产是两人的婚房。该套房产是高先生父亲出资，产权证在婚后才办理完毕。按照《婚姻法司法解释（二）》的规定，子女婚后一方父母出资购买的，登记在子女一方名下的房屋，如果没有特别指明，一般视为对小夫妻双方的赠与，朱女士也就是根据该条规定，主张两人的房屋有自己一半。没想到8月12日，最高法院宣布《婚姻法司法解释（三）》第二天（8月13日）施行。

最高人民法院《关于适用〈中华人民共和国婚姻法〉若干问题的解释（三）》第7条：婚后由一方父母出资购买的不动产，产权登记在出资人子女名下的，可视为对自己子女一方的赠与，应认定该不动产为夫妻一方的个人财产。

律师表示，在高先生的父亲没有书面表明自己明确赠与儿子一方的前提下，该套房产仍可按照《婚姻法司法解释（二）》的规定，被法院认定为夫妻共同财产，那么朱女士在离婚时就有权分割该房屋产权的一半。本案一旦一审判决，很有可能成为婚姻法新旧司法解释规定冲突第一案。

法理 研究▸▸▸

《立法法》第83条规定："同一机关制定的法律、行政法规、地方性法规、自治条例和单行条例、规章……新的规定与旧的规定不一致的，适用新的规定。"这确立了我国司法实践中法律适用的一项基本规则即"新法优于旧法"（或者说新的规定优于旧的规定）。新法优于旧法规则也称后法优于先法规则，其基本含义是，当新法（新的规定）和旧法（旧的规定）对同一事项有不同规定时，新法（新的规定）的效力优于旧法（旧的规定），在新的法律生效后，与新法内容相抵触的原法律内容终止生效，不再适用。该规则的意义不难理解，但在司法实践中仍然存在一些问题需要进一步梳理。

一、新法、旧法适用的法理依据

新旧法的区分是以法律生效的时间为标准确立的。一部法律或法律的规定在先生效的，我们称之为先法或旧法；一部法律或法律的规定在后生效的，我们称之为新法或后法。

一切法律都是根据当时的社会关系状况制定的，随着社会关系的发展变化，法律规范也需要不断地修改或更新。法的修改或更新有许多不同的方式，有的是制定了新法律取代旧法律，有的是在相关的法律中作了重新规定，有些法律规范被明确宣布废止，有的没有明确。

就同样一部法律（部门法）来讲，立法机关在不同时间制定生效的，先法或旧法一般随着新法的产生自动失效。这种情形比较常见。以宪法为例，我国现行宪法是 1982 年制定的，在它之前，我们有过三部宪法，分别是 1954 年宪法、1975 年宪法和 1978 年宪法，这三部宪法相对于现行宪法来说都属于旧法、先法，都已经失效，不再适用了。再如 1979 年制定的《刑法》与 1997 年制定的《刑法》相比较，1979 年《刑法》作为旧法、前法已经失效，不再适用。

就规范同一事项的法律条文来讲，新旧法的适用存在两种情形，一种情形是旧法的规定已经失效。比如，现行《刑法》于 1997 年 10 月 1 日施行后，原全国人民代表大会常务委员会通过的很多条例、补充规定和决定已不再适用，刑法用附件中列举的方式明确地加以废止，包括《中华人民共和国惩治军人违反职责罪暂行条例》、《关于严惩严重破坏经济的罪犯的决定》等十五件条例、补充规定和决定。另一种情形是旧法的规定仍然有效，但司法机关应选用新的规定。如同样是全国人民代表大会常务委员会制定的，1993 年公布生效的《产品质量法》与 1989 年公布生效的《标准化法》现都仍然有效，但是在关于产品不符合标准的条款规定中，如果规定相同，都可以适用；如果规定不同，则应该适用《产品质量法》。

《立法法》第 83 条所讲的新法（新的规定）优于旧法（旧的规定）的适用规则，是指在两个规范性文件的规定都有效的情况下，适用从新的原则。对于已经失效的旧法、旧的规定，严格来讲，司法机关应不再适用，也不存在新旧法之区分。

新旧法的区分是以新法的生效时间为标志。一般来讲，新法做出了对同一事项的规范之后，关于该事项的规范应适用新法。但在新法生效的初始阶段，对新法的适用可能会导致社会秩序的不稳定或不利于新旧法律的衔接，为此有的法律中明确规定了旧法的清理及在新法实行后的过渡适用问题。如《行政处罚法》第 64 条规定："本法自 1996 年 10 月 1 日起施行。本法公布前制定的法规和规章关于行政处罚的规定与本法不符合的，应当自本法公布之日起，依照本法的规定予以修订，在 1997 年 12 月 31 日前修订完毕。"但是，对于修订之前这些规定的效力如何，行政处罚法并未明确规定。而国务院颁布的《关于贯彻实施〈中华人民共和国行政处罚法〉的通知》（国发［1996］13 号）对在此期间规章的效力作出如下规定："修订规章的工作要在 1997 年 12 月 31 日之前完成。在这之前，现行规章已规定的行政处罚仍然有效。"肯定了过渡时期不符合行政处罚法规定的规章的效力。也就是说，新法生效之后，它并没有及时否认旧法的效力，允许旧法继续适用一段时间，但是过渡期结束之后，与新法不一致的旧规定若未能及时修订，就自然失去效力。

二、"新法优于旧法"规则的适用范围

新法（新的规定）优于旧法（旧的规定），也称为后法优于前法（Lex posterior deroga legi priori），这是很多国家司法实践中都遵循的一项法律适用规则，例如《意大利民法典》第 15 条规定："法律

只能由立法者在嗣后制定的法律中明确宣布废除，或者因旧法与新制定的法律规则相抵触而废除，或者由于新法全面规范了由旧法调整的领域而废除。"我国《立法法》第一次明确阐述了该项规则的内涵，在此之前司法实践中早已适用了该项规则。一些法律法规中也隐含着这一内容，如《行政处罚法》第 64 条规定："本法自 1996 年 10 月 1 日起施行。本法公布前制定的法规和规章关于行政处罚的规定与本法不符合的，应当自本法公布之日起，依照本法的规定予以修订，在 1997 年 12 月 31 日前修订完毕。"《刑法》第 452 条也规定："列于本法附件二的全国人民代表大会常务委员会制定的补充规定和决定予以保留，其中，有关行政处罚和行政措施的规定继续有效；有关刑事责任的规定已纳入本法，自本法施行之日起，适用本法规定。"

然而我们讲"新法优于旧法"的适用规则是有一定范围的，并不是关于同一事项规定的各个不同法律规范在生效时间上有着前后的区别，都可以称之为"新法、旧法"，都可以适用"新法优于旧法"这样的规则。

《立法法》第 83 条明确揭示了该项规则适用的范围。①必须是同位法，才能适用这一规则。所谓同位法是指同等位阶的立法主体制定的法规范性文件。不同位阶即构成上下位阶等级的法规范不适用此项规则。②必须是同一机关制定的法律规范，才能适用该项规则。同一机关制定的法律、行政法规、地方性法规、部门规章、地方政府规章、自治条例和单行条例中有关于同一事项的法律规范时才能适用该规则。显然以上这两条规定反映出旧法与新法之间的关系，也反映出特别法与一般法的关系。所谓一般法是指在时间上、空间上、对象上以及立法事项上所作出的一般规定的法律规范，特别法则是与一般法不同的适用于特定时间、特定空间、特定主体（或对象）、特定事项（或行为）的法律规范。司法机关在适用同一机关制定的一般法与特别法时遵循的是"特别法优于一般法"的规则。

此外，适用该项规则必须注意以下事项。①并不是所有的同位法都可以适用该项规则。同一机关制定的法规范当然是同位法，具有同等效力；不同机关制定的法规范也可以构成同位法，如国务院的部门规章，不论国务院部、委、局还是直属机构，都可以制定属于部门规章的法规范，都具有同等位阶，但不能对它们进行新旧法之区分，因此不能适用此规则。正如我国学者指出的："不同的国务院部门制定的规章无疑是同位法，但这种同位法不是出自同一部门，且部门之间首先存在着职权范围上的划分，其规章的效力和适用范围首先取决于其职权范围，因而在法律效力上不具有特别与一般或都有在后与在先的可比性，不适用特别法优于普通法以及后法优于前法的法律适用规则。"〔1〕②同一部法律的不同条款虽然就同一事项作出了不同的规定，但这种规定不能作为新法或旧法来对待，不能适用该项规则。例如，我国刑法分则规定了"生产、销售伪劣商品罪"，第140条规定了"生产、销售伪劣产品罪"，第141～148条分别是生产、销售特定对象的伪劣商品罪。这两者之间只存在一个特别法与普通法（一般法）的关系而不属于新法与旧法的关系。〔2〕

具体来讲，同一机关制定的法律文件，新旧规定不一致应当适用新的规定，包括以下情形：①同一机关制定的法律文件对同一事项的新的一般规定与旧的一般规定不一致；②同一机关制定的法律文件对同一事项的新的特别规定与旧的特别规定不一致的；③同一机关制定的法律文件对同一事项的新的特别规定与旧的一般规定不一致。

三、"新法优于旧法"规则的适用条件

讨论"新法优于旧法"的适用情形，主要考察了三个方面，即

---

〔1〕 参见孔祥俊：《法律规范冲突的选择适用与漏洞填补》，人民法院出版社2004年版，第271页。

〔2〕 参见张军等：《刑法纵横谈——理论、立法、司法》，法律出版社2003年版，第451页。

新法与旧法必须是同一机关制定的（同位阶的）法规范文件；新法与旧法必须同是有效的（至少旧法尚未明文废止）；新旧法的规定不能存在于同一件部门法中。这些因素就是"新法优于旧法"的适用条件。

在立法内容上，"新法优先于旧法"的前提是，关于同一事项的法律规范，新法与旧法不一致，甚至相冲突，在选择不一致与相冲突的两个或两个以上的法律规范时，司法机关选择新法（新的规定）适用。

应该说，如果法律关于同一事项的规范是相同的或一致的，则没有必要在同一机关制定的法规范性文件中作出同样的规定。所谓新法优于旧法，强调的正是其差异性。只有不同，才有优先之说，如果相同，就无所谓优先。

《立法法》中，对相同位阶（或者准相同位阶）的法律规范，其使用的法律用语是"不一致"，对不同位阶的法律规范之间，使用的是"相抵触"。[1]

2004 年北京市朝阳区法院审理了我国第一件"保险无责赔付案"，该案的焦点是：机动车撞死行人，在交管部门无法确定事故责任的情况下，保险公司该不该理赔第三者责任险。根据 1995 年 6 月 30 日第八届全国人民代表大会常务委员会第十四次会议通过的并于 1995 年 10 月 1 日正式施行的《中华人民共和国保险法》以及 1991 年国务院颁布的《道路交通事故处理办法》的规定，交通事故责任者应当按照所负交通事故责任承担相应的损害赔偿责任。而根据 2003 年 10 月 28 日第十届全国人民代表大会常务委员会第五次会议通过的并自 2004 年 5 月 1 日起施行的《中华人民共和国道路交通安

---

〔1〕《立法法》同时规定了法律规范之间的"不一致"和"相抵触"。《立法法》第 83 条、第 85 条、第 86 条、第 87 条使用了"不一致"这个词，《立法法》第 7 条、第 63 条、第 64 条、第 78 条、第 88 条、第 90 条、第 91 条使用了"相抵触"这个词。从这两个词适用的法律规范的位阶来看，"不一致"适用于同位阶的法律规范之间；而"相抵触"则适用于不同位阶的法律规范之间。

全法》第76条的规定，投保的机动车发生交通事故造成人员伤亡、财产损失的，由保险公司在机动车第三者责任强制保险责任限额范围内予以赔偿。很显然，前两部法律、法规在保险公司所负理赔责任问题上实行的是"有责赔付"的规则，而新交法实行的是"无责先赔"规则，即不论机动车有没有过错，保险公司都应该先行理赔。

北京市朝阳区法院根据《立法法》确立的"新法优于旧法"的适用规则，作出了一审判决，被告保险公司赔偿车主4万元损失并负担诉讼费用。从该案可以看出，同是确立保险公司赔偿责任的法律法规有着不同的法律规定，且内容是互相冲突的，适用一方必然排除适用另一方。同一机关制定的两个规定发生冲突，法院根据"新法优于旧法"的适用规则作出裁决是合乎法理与情理的。

四、"新法优于旧法"、"特别法优于一般法"适用规则竞合时的司法选择

《立法法》第83条不仅确立了"新法优于旧法"的法律适用规则，同时也确立了"特别法优于一般法"的适用规则。对于同一机关制定的法律、行政法规、地方性法规、自治条例和单行条例、规章，这两个规则都可以适用，也就是说在这种情况下，会产生"新法优于旧法"、"特别法优于一般法"适用规则竞合的情形。在这两项规则发生竞合时，司法机关应该做出什么样的选择呢？

同一机关制定的法规范性文件不仅有新旧法的区分，更有特别法与一般法的不同，基于此，同一机关制定的法规范文件的不一致可以分解为这样几重关系：①同一机关制定的法律文件对同一事项的新的一般规定与旧的一般规定不一致；②同一机关制定的法律文件对同一事项的新的特别规定与旧的特别规定不一致；③同一机关制定的法律文件对同一事项的新的特别规定与旧的一般规定不一致；④同一机关制定的法律文件对同一事项的新的一般规定与旧的特别规定不一致。

显然对于前三种情形，不论是根据"新法优于旧法"还是"特

别法优于一般法"的观则，都会出现适用新法的情况，即同一机关制定的法律对同一事项的新的一般规定与旧的一般规定不一致时，适用新的一般规定；同一机关制定的法律文件对同一事项的新的特别规定与旧的特别规定不一致时，适用新的特别规定；同一机关制定的法律文件对同一事项的新的特别规定与旧的一般规定不一致时，适用新的特别规定。

关于同一机关制定的法律文件对同一事项的新的一般规定与旧的特别规定不一致时，司法机关该如何适用问题，《立法法》第85条、第86条作了明确规定，如果新的一般规定与旧的特别规定不一致，不能确定如何适用时，送请一定的立法机关进行裁决；这里并不是说，遇到新的一般规定与旧的特别规定不一致的情况下，都必须送请有关机关进行裁决。只是在司法机关"不能确定如何适用"时才需要送请有关机关裁决。如果司法机关能够确定适用何种规则时，则可以自行选择，不必送请有关机关裁决。

在司法实践中，出现下列情形之一者司法机关可以自行选择适用规则：[1]

第一种情形：新的一般规定允许旧的特别规定继续适用的，适用旧的特别规定。例如1999年4月29日全国人大常务委员会通过并于同年10月1日正式生效的《行政复议法》第31条第1款规定："行政复议机关应当自受理申请之日起60日内作出行政复议决定；但是法律规定的行政复议期限少于60日的除外。"在行政复议法通过之前的《食品卫生法》第50条第2款规定"复议机关应当在接到复议申请之日起15日内作出复议决定。"这两种规定不一致。行政复议法是行政复议的一般规定，《食品卫生法》中有关行政复议决定期限的规定则是特别的规定，而且是旧的特别规定。《行政复议法》认可了《食品卫生法》中，"但是法律规定的行政复议期限少于六十

---

〔1〕 参看孔祥俊：《法律规范冲突的选择适用与漏洞填补》，人民法院出版社2004年版，第288~289页。

日的除外"的规定，毫无疑问，在选择适用这两种规则时，应优先适用《食品卫生法》中关于复议决定期限的特别规定。

第二种情形：新的一般规定废止了旧的特别规定，适用新的一般规定。《行政复议法》第42条规定："本法施行前公布的法律有关行政复议的规定与本法不一致的，以本法的规定为准。"由于《行政复议法》是行政复议的一般法（一般规定），该规定明文废止了其施行前公布的与该法的规定不一致的有关行政复议的规定。该法第9条第1款规定："公民、法人或者其他组织认为具体行政行为侵犯其合法权益的，可以自知道该具体行政行为之日起60日内提出行政复议申请；但是法律规定的申请期限超过60日的除外。"而制定于1986年9月5日又于1994年5月12日修正的《治安管理处罚条例》第39条规定："被裁决受治安管理处罚的人或者被害人不服公安机关或者（乡镇）人民政府裁决的，在接到通知后5日内，可以向上一级公安机关提出申诉；不服上一级公安机关裁决的，可以在接到通知后的5日内向当地人民法院提起诉讼。"该法律将行政复议期间规定为5日，又没有一般法的授权，应属于与《行政复议法》第9条第1款相抵触的规定，按照"新法优于旧法"的规则应适用《行政复议法》的规定。

当司法机关不能确定选择适用的规则时，应按照《立法法》第85条、第86条的规定，逐级上报到最高人民法院或最高人民检察院，由最高人民法院或最高人民检察院送请有关机关裁决：①同一机关制定的新的一般规定与旧的特别规定不一致时，由制定机关裁决；②地方性法规与部门规章之间对同一事项的规定不一致，不能确定如何适用时，由国务院提出意见，国务院认为应当适用地方性法规的，应当决定在该地方适用地方性法规的规定；认为应当适用部门规章的，应当提请全国人民代表大会常务委员会裁决；③部门规章之间、部门规章与地方政府规章之间对同一事项的规定不一致时，由国务院裁决；④根据授权制定的法规与法律规定不一致，不能确定如何适用时，由全国人民代表大会常务委员会裁决。

附 录

不动产登记暂行条例

第一章 总则

第一条 为整合不动产登记职责，规范登记行为，方便群众申请登记，保护权利人合法权益，根据《中华人民共和国物权法》等法律，制定本条例。

第二条 本条例所称不动产登记，是指不动产登记机构依法将不动产权利归属和其他法定事项记载于不动产登记簿的行为。

本条例所称不动产，是指土地、海域以及房屋、林木等定着物。

第三条 不动产首次登记、变更登记、转移登记、注销登记、更正登记、异议登记、预告登记、查封登记等，适用本条例。

第四条 国家实行不动产统一登记制度。

不动产登记遵循严格管理、稳定连续、方便群众的原则。

不动产权利人已经依法享有的不动产权利，不因登记机构和登记程序的改变而受到影响。

第五条 下列不动产权利，依照本条例的规定办理登记：

（一）集体土地所有权；

（二）房屋等建筑物、构筑物所有权；

（三）森林、林木所有权；

（四）耕地、林地、草地等土地承包经营权；

（五）建设用地使用权；

（六）宅基地使用权；

（七）海域使用权；

（八）地役权；

（九）抵押权；

（十）法律规定需要登记的其他不动产权利。

第六条 国务院国土资源主管部门负责指导、监督全国不动产登记工作。

县级以上地方人民政府应当确定一个部门为本行政区域的不动产登记机构，负责不动产登记工作，并接受上级人民政府不动产登记主管部门的指导、监督。

第七条 不动产登记由不动产所在地的县级人民政府不动产登记机构办理；直辖市、设区的市人民政府可以确定本级不动产登记机构统一办理所属各区的不动产登记。

跨县级行政区域的不动产登记，由所跨县级行政区域的不动产登记机构分别办理。不能分别办理的，由所跨县级行政区域的不动产登记机构协商办理；协商不成的，由共同的上一级人民政府不动产登记主管部门指定办理。

国务院确定的重点国有林区的森林、林木和林地，国务院批准项目用海、用岛，中央国家机关使用的国有土地等不动产登记，由国务院国土资源主管部门会同有关部门规定。

第二章　不动产登记簿

第八条 不动产以不动产单元为基本单位进行登记。不动产单元具有唯一编码。

不动产登记机构应当按照国务院国土资源主管部门的规定设立统一的不动产登记簿。

不动产登记簿应当记载以下事项：

（一）不动产的坐落、界址、空间界限、面积、用途等自然状况；

（二）不动产权利的主体、类型、内容、来源、期限、权利变化等权属状况；

（三）涉及不动产权利限制、提示的事项；

（四）其他相关事项。

第九条 不动产登记簿应当采用电子介质，暂不具备条件的，可以采用纸质介质。不动产登记机构应当明确不动产登记簿唯一、合法的介质形式。

不动产登记簿采用电子介质的，应当定期进行异地备份，并具有唯一、确定的纸质转化形式。

第十条 不动产登记机构应当依法将各类登记事项准确、完整、清晰地记载于不动产登记簿。任何人不得损毁不动产登记簿，除依法予以更正外不得修改登记事项。

第十一条 不动产登记工作人员应当具备与不动产登记工作相适应的专业知识和业务能力。

不动产登记机构应当加强对不动产登记工作人员的管理和专业技术培训。

第十二条 不动产登记机构应当指定专人负责不动产登记簿的保管，并建立健全相应的安全责任制度。

采用纸质介质不动产登记簿的，应当配备必要的防盗、防火、防渍、防有害生物等安全保护设施。

采用电子介质不动产登记簿的，应当配备专门的存储设施，并采取信息网络安全防护措施。

第十三条 不动产登记簿由不动产登记机构永久保存。不动产登记簿损毁、灭失的，不动产登记机构应当依据原有登记资料予以重建。

行政区域变更或者不动产登记机构职能调整的，应当及时将不动产登记簿移交相应的不动产登记机构。

第三章 登记程序

第十四条 因买卖、设定抵押权等申请不动产登记的，应当由当事人双方共同申请。

属于下列情形之一的，可以由当事人单方申请：

（一）尚未登记的不动产首次申请登记的；

（二）继承、接受遗赠取得不动产权利的；

（三）人民法院、仲裁委员会生效的法律文书或者人民政府生效的决定等设立、变更、转让、消灭不动产权利的；

（四）权利人姓名、名称或者自然状况发生变化，申请变更登记的；

（五）不动产灭失或者权利人放弃不动产权利，申请注销登记的；

（六）申请更正登记或者异议登记的；

（七）法律、行政法规规定可以由当事人单方申请的其他情形。

第十五条 当事人或者其代理人应当到不动产登记机构办公场所申请不动产登记。

不动产登记机构将申请登记事项记载于不动产登记簿前，申请人可以撤回登记申请。

第十六条 申请人应当提交下列材料，并对申请材料的真实性负责：

（一）登记申请书；

（二）申请人、代理人身份证明材料、授权委托书；

（三）相关的不动产权属来源证明材料、登记原因证明文件、不动产权属证书；

（四）不动产界址、空间界限、面积等材料；

（五）与他人利害关系的说明材料；

（六）法律、行政法规以及本条例实施细则规定的其他材料。

不动产登记机构应当在办公场所和门户网站公开申请登记所需

材料目录和示范文本等信息。

第十七条　不动产登记机构收到不动产登记申请材料，应当分别按照下列情况办理：

（一）属于登记职责范围，申请材料齐全、符合法定形式，或者申请人按照要求提交全部补正申请材料的，应当受理并书面告知申请人；

（二）申请材料存在可以当场更正的错误的，应当告知申请人当场更正，申请人当场更正后，应当受理并书面告知申请人；

（三）申请材料不齐全或者不符合法定形式的，应当当场书面告知申请人不予受理并一次性告知需要补正的全部内容；

（四）申请登记的不动产不属于本机构登记范围的，应当当场书面告知申请人不予受理并告知申请人向有登记权的机构申请。

不动产登记机构未当场书面告知申请人不予受理的，视为受理。

第十八条　不动产登记机构受理不动产登记申请的，应当按照下列要求进行查验：

（一）不动产界址、空间界限、面积等材料与申请登记的不动产状况是否一致；

（二）有关证明材料、文件与申请登记的内容是否一致；

（三）登记申请是否违反法律、行政法规规定。

第十九条　属于下列情形之一的，不动产登记机构可以对申请登记的不动产进行实地查看：

（一）房屋等建筑物、构筑物所有权首次登记；

（二）在建建筑物抵押权登记；

（三）因不动产灭失导致的注销登记；

（四）不动产登记机构认为需要实地查看的其他情形。

对可能存在权属争议，或者可能涉及他人利害关系的登记申请，不动产登记机构可以向申请人、利害关系人或者有关单位进行调查。

不动产登记机构进行实地查看或者调查时，申请人、被调查人应当予以配合。

第二十条　不动产登记机构应当自受理登记申请之日起 30 个工作日内办结不动产登记手续，法律另有规定的除外。

第二十一条　登记事项自记载于不动产登记簿时完成登记。

不动产登记机构完成登记，应当依法向申请人核发不动产权属证书或者登记证明。

第二十二条　登记申请有下列情形之一的，不动产登记机构应当不予登记，并书面告知申请人：

（一）违反法律、行政法规规定的；

（二）存在尚未解决的权属争议的；

（三）申请登记的不动产权利超过规定期限的；

（四）法律、行政法规规定不予登记的其他情形。

第四章　登记信息共享与保护

第二十三条　国务院国土资源主管部门应当会同有关部门建立统一的不动产登记信息管理基础平台。

各级不动产登记机构登记的信息应当纳入统一的不动产登记信息管理基础平台，确保国家、省、市、县四级登记信息的实时共享。

第二十四条　不动产登记有关信息与住房城乡建设、农业、林业、海洋等部门审批信息、交易信息等应当实时互通共享。

不动产登记机构能够通过实时互通共享取得的信息，不得要求不动产登记申请人重复提交。

第二十五条　国土资源、公安、民政、财政、税务、工商、金融、审计、统计等部门应当加强不动产登记有关信息互通共享。

第二十六条　不动产登记机构、不动产登记信息共享单位及其工作人员应当对不动产登记信息保密；涉及国家秘密的不动产登记信息，应当依法采取必要的安全保密措施。

第二十七条　权利人、利害关系人可以依法查询、复制不动产登记资料，不动产登记机构应当提供。

有关国家机关可以依照法律、行政法规的规定查询、复制与调查处理事项有关的不动产登记资料。

第二十八条 查询不动产登记资料的单位、个人应当向不动产登记机构说明查询目的，不得将查询获得的不动产登记资料用于其他目的；未经权利人同意，不得泄露查询获得的不动产登记资料。

第五章 法律责任

第二十九条 不动产登记机构登记错误给他人造成损害，或者当事人提供虚假材料申请登记给他人造成损害的，依照《中华人民共和国物权法》的规定承担赔偿责任。

第三十条 不动产登记机构工作人员进行虚假登记，损毁、伪造不动产登记簿，擅自修改登记事项，或者有其他滥用职权、玩忽职守行为的，依法给予处分；给他人造成损害的，依法承担赔偿责任；构成犯罪的，依法追究刑事责任。

第三十一条 伪造、变造不动产权属证书、不动产登记证明，或者买卖、使用伪造、变造的不动产权属证书、不动产登记证明的，由不动产登记机构或者公安机关依法予以收缴；有违法所得的，没收违法所得；给他人造成损害的，依法承担赔偿责任；构成违反治安管理行为的，依法给予治安管理处罚；构成犯罪的，依法追究刑事责任。

第三十二条 不动产登记机构、不动产登记信息共享单位及其工作人员，查询不动产登记资料的单位或者个人违反国家规定，泄露不动产登记资料、登记信息，或者利用不动产登记资料、登记信息进行不正当活动，给他人造成损害的，依法承担赔偿责任；对有关责任人员依法给予处分；有关责任人员构成犯罪的，依法追究刑事责任。

第六章 附则

第三十三条 本条例施行前依法颁发的各类不动产权属证书和制作的不动产登记簿继续有效。

不动产统一登记过渡期内，农村土地承包经营权的登记按照国家有关规定执行。

第三十四条　本条例实施细则由国务院国土资源主管部门会同有关部门制定。

第三十五条　本条例自 2015 年 3 月 1 日起施行。本条例施行前公布的行政法规有关不动产登记的规定与本条例规定不一致的，以本条例规定为准。

跋

    2007 年《物权法》颁布之前，关于不动产统一登记的呼吁就不绝于耳，《物权法》颁布后，明确了我国不动产物权变动的登记生效原则，登记的重要性更加凸显。实践中不动产登记的长期不统一导致交易安全受阻、公共资源浪费、市场经济秩序错乱等大量问题，影响物权"物尽其用、定纷止争"功能的有效发挥。

    在各界呼吁之下，不动产统一登记领域的试点性立法《不动产登记暂行条例》历经多次审议，于 2014 年 12 月 22 日正式公布，2015 年 3 月 1 日起施行。而这本《〈不动产登记暂行条例〉条文解析（案例应用版)》也终于完稿。

    不动产统一登记既涉及广泛的民法基本理论，甚至与物权行为理论这一民法中的难题联系密切，又需要深厚的行政法理论指导实践操作，充分体现公法调整与私法调整并行不悖、相互协调之适用。而《不动产登记暂行条例》基于程序法的定位对不动产统一登记的主要程序问题予以原则性规定，具体落实需要后续实施细则的配套举措。

    在此基础上，本书分为两大部分：条文解析和案例释解。条文解析部分旨在系统阐述不动产统一登记于公法、私法领域内涉及的基本理论问题，理清体系的同时以期为后续实施细则的制定提供可供参考的资料。案例释解部分旨在通过典型案例的释明揭示基本法理，为司法实践提供可供借鉴的思路。

    同时，本书不仅期望成为法学专业人才研究不动产统一登记的参考资料，更希望成为非法学专业人士理解不动产统一登记的入门之选。因为不动产的统一登记不仅是法学理论问题，更是涉及国家发展、社会安定且与每个人息息相关的民生之事。

我接触民法至今已近三十年，从事民法的案例研究也已二十多年，通过不断汲取法官们在司法实践中形成的审判经验，将其解决实际问题的临时措施定型化为案例的研究和适用法律的成功经验，以期采他山之玉的大旨，通过案例重述方式为法律入门之人、也为从事审判实践的法官们提供一部案头必备，以"听得懂、记得住、用得上"为其特点的读物。揭示我国不动产登记的基本原则和基本制度所储存的价值，使读者全面了解和掌握我国不动产登记的理论和实务问题。

在本书撰写过程中，我的学生倪淑颖、申艳红、金丽娜、牟彤、田淑燕、李小兵、郭东妹、谢涛、王胜龙、赵传毅、焦健、魏昕、苏继成、邢国威、向定位、李婷婷、田春雨、张瑶瑶、李蕾、李琼、沙雪妮、林美灵、尹程香、高颖、高哲都参加进来，付出了艰辛的努力，做了大量的文字整理和案例收集工作。当然，我的老伴高海玲，老同学陈绍芳等，也都参加本书的编撰，付出其自己独特的贡献。

特别是倪淑颖、申艳红和金丽娜三位弟子，从始至终，做了自己特有的贡献。还是那句老话，作为一个学术共同体的成员，在我这个导师的带领，每一个成员，都是在不断探索中，前赴后继，每一位都有自己不可替代的作用。在此不一一缀叙。

学术就是在如此的衔接中，才得以延续。

李显冬

2014 年 12 月 28 日星期日于蓟门桥老校